D1696554

Egger/Samer/Bertl

●

Der Jahresabschluss nach dem Unternehmensgesetzbuch Band 3

Bibliografische Information der Deutschen Nationalbibliothek

Die Deutsche Nationalbibliothek verzeichnet diese Publikation in der Deutschen National-
bibliografie; detaillierte bibliografische Daten sind im Internet über http://dnb.d-nb.de
abrufbar.

ISBN 978-3-7073-3721-1

Es wird darauf verwiesen, dass alle Angaben in diesem Fachbuch trotz sorgfältiger Bearbei-
tung ohne Gewähr erfolgen und eine Haftung der Autoren oder des Verlages ausgeschlossen
ist.

© LINDE VERLAG Ges.m.b.H., Wien 2019
1210 Wien, Scheydgasse 24, Tel.: 01/24 630
www.lindeverlag.at

Druck: Hans Jentzsch u Co. Ges.m.b.H.
1210 Wien, Scheydgasse 31

Der Jahresabschluss nach dem Unternehmensgesetzbuch

Band 3
Jahresabschlussanalyse und Unternehmensplanung mit Kennzahlen

2. Auflage

Autoren dieser Auflage:

em. o. Univ.-Prof. Dkfm. Dr. Dr. h. c. Anton Egger
Beeideter Wirtschaftsprüfer
und Steuerberater

o. Univ.-Prof. Mag. Dr. Romuald Bertl
Beeideter Wirtschaftsprüfer
und Steuerberater

Univ.-Prof. MMag. Dr. Klaus Hirschler
Steuerberater

Ass.-Prof. Dipl.-Ing. Dr. Stéphanie
Mittelbach-Hörmanseder MIM (CEMS)

Vorwort zur 2. Auflage

Der Umfang der finanziellen Berichterstattung wird insbesondere für große und börsennotierte Unternehmen laufend ausgeweitet. Damit verbunden ist ein Verlust der Übersichtlichkeit und Lesbarkeit von Unternehmensberichten.

Gleichzeitig wird das Ziel der Bilanzrichtlinie, den europaweiten Vergleich von Jahresabschlüssen durch einheitliche Bilanzierungsvorschriften, durch nationale Wahlrechte beeinträchtigt und in Österreich durch das deklarierte Ziel einer Einheitsbilanz negativ beeinflusst.

Informationsflut und komplexe Regelungen sowie gesetzliche Einschränkungen bei der Bilanzierung zeigen die Notwendigkeit auf, Bilanzen schnell und einfach lesbar zu machen. Dazu dient das Instrument der Bilanzanalyse in Form von Kennzahlenermittlungen.

Die Kennzahlen sind aber auch wesentlicher Bestandteil des internen Reportings sowie der Unternehmensführung.

Der vorliegende Band stellt eine umfassende Überarbeitung der Erstauflage aus dem Jahr 2014 dar. Die Inhalte wurden nicht nur der geänderten Rechtslage angepasst, sondern auch neu strukturiert, um dem Leser die Möglichkeit zu geben, sich sowohl in das theoretische Konstrukt als auch in die praktische Umsetzung rasch einzuarbeiten. Anhand eines umfassenden Beispiels werden die Rechentechnik, aber auch die damit verbundene Aussagekraft von Kennzahlen gezeigt. Das Buch ist gleichermaßen für Studierende als auch für den Anwendungsfall in der Praxis gedacht.

Unser Dank gilt Herrn Kevin Dix, BSc. für die ambitionierte Mitarbeit, insbesondere bei der Überarbeitung des Rechenbeispiels.

em. Univ.-Prof. Dr. Dr. h.c. Anton Egger   Univ.-Prof. Dr. Romuald Bertl
Univ.-Prof. Dr. Klaus Hirschler   Ass.-Prof. Dipl.-Ing. Dr. Stéphanie
Mittelbach-Hörmanseder

Inhaltsübersicht

Inhaltsverzeichnis

Abkürzungsverzeichnis

AFRAC	Austrian Financial Reporting und Auditing Committee
AG	Aktiengesellschaft
AICPA	American Institute of Certified Public Accountants
AktG	Aktiengesetz
APB	Accounting Principles Board
APV	Adjusted Present Value
BGA	Betriebs- und Geschäftsausstattung
BW	Betriebswirtschaft
CAPM	Capital Asset Pricing Model
CCC	Cash Conversion Cycle
CE	Capital Employed
CF	Cash Flow
CFROI	Cash Flow Return on Investment
dHGB	Deutsches Handelsgesetzbuch
DRS	Deutscher Rechnungslegungsstandard
DRSC	Deutsches Rechnungslegungs Standards Committee
EAT	Earnings after Tax
EBIT	Earnings before Interest and Taxes
EBITA	Earnings before Interest, Taxes and Amortization
EBITDA	Earnings before Interest, Taxes, Depreciation and Amortization
EBT	Earnings before Taxes
EGT	Gewinn vor Steuern
EK	Eigenkapital
EKR	Eigenkapitalrentabilität
ErlRV	Erläuterungen zur Regierungsvorlage
EStG	Einkommensteuergesetz
EVA	Economic Value Added
FASB	Financial Accounting Standards Board

FIFO	Fist in, First out
FK	Fremdkapital
FKZ	Fremdkapitalzinsen
gem	gemäß
GesRÄG	Gesellschaftsrechtsänderungsgesetz
GK	Gesamtkapital
GKR	Gesamtkapitalrentabilität
GmbH	Gesellschaft mit beschränkter Haftung
GRI	Global Reporting Initiative
IAS	International Accounting Standards
IASB	International Accounting Standards Board
IASC	International Accounting Standards Committee
IC	Invested Capital
idR	in der Regel
IDW	Institut der Wirtschaftsprüfer in Deutschland eV
IFAC	International Federation of Accountants
IFRS	International Financial Reporting Standards
IIRC	International Integrated Reporting Council
insb	insbesondere
IRÄG	Insolvenzrechtsänderungsgesetz
IWP	Institut Österreichischer Wirtschaftsprüfer
iZm	im Zusammenhang mit
KCFV	Kurs-Cash-Flow-Verhältnis
KFS	Fachsenat der Kammer
KGV	Kurs-Gewinn-Verhältnis
KMU	Klein- und Mittelunternehmen
KPI	Key Performance Indicator
KWT	Kammer der Wirtschaftstreuhänder
NA	Net Asset
NaDiVeG	Nachhaltigkeits- und Diversitätsverbesserungsgesetz
NOP	Net Operating Profit
NOPAT	Net Operating Profit after Tax
OENB	Oesterreichische Nationalbank

og	oben genannter
PEG	Price Earnings to Growth
PER	Price Earnings Ratio
RAP	Rechnungsabgrenzungsposten
RL	Rechnungslegung
ROA	Return on Asset
ROC	Return on Capital
ROCA	Return on Controllable Asset
ROCE	Return on Capital Employed
ROE	Return on Equity
ROI	Return on Investment
ROIC	Return on Invested Capital
RONA	Return on Net Asset
ROS	Return on Sales
RWZ	Zeitschrift für Recht und Rechnungswesen
Rz	Randzahl
s	siehe
sog	sogenannte
Tz	Textzahl
ua	unter anderem
uÄ	und Ähnliches
UGB	Unternehmensgesetzbuch
UNEP	United Nations Environment Program
URÄG	Unternehmensrechtsänderungsgesetz
URG	Unternehmensreorganisationsgesetz
US-GAAP	US-General Accepted Accounting Principles
V	Vermögen
WACC	Weighted Average Capital Cost
WC	Working Capital
WPg	Die Wirtschaftsprüfung
Z	Zahl
ZVEI	Zentralverband der Elektrotechnik- und Elektronikindustrie

Literaturhinweise

1. Bücher

Baetge, J; Kirsch, H-J; Thiele, S: Bilanzanalyse[2], Düsseldorf 2004

Baumüller; Kreuzer: Bilanzanalyse SWK-Spezial, Wien 2014

Bertl, R; Deutsch-Goldoni, E; Hirschler K: Buchhaltungs- und Bilanzierungshandbuch[8], Wien 2013

Bertl, R; Mandl, D: Handbuch zum Rechnungslegungsgesetz (Loseblattausgabe), Wien 1991 ff

Coenenberg, A; Haller, A; Schultze, W: Jahresabschluss und Jahresabschlussanalyse[22], Stuttgart 2012

Egger, A; Winterheller M: Kurzfristige Unternehmensplanung – Budgetierung[14], Wien 2007

Egger A; Samer H; Bertl R: Der Jahresabschluss nach dem Unternehmensgesetzbuch, Band 1, Der Einzelabschluss[16], Wien 2018

Egger A; Samer H; Bertl R: Der Jahresabschluss nach dem Unternehmensgesetzbuch, Band 2, Der Konzernabschluss[8], Wien 2016

Gahleitner, H; Hess, W; Leitsmüller, H; Naderer, R: Bilanzanalyse, Wien 1995

Haeseler, H; Kirchberger T-P: Bilanzanalyse, Wien 2003

Hauschildt, J: Erfolgs-, Finanz- und Bilanzanalyse, Köln 1996

Kralicek, P; Böhmdorfer, F; Kralicek G: Kennzahlen für Geschäftsführer[6], München 2013

Küting K; Weber C-P: Die Bilanzanalyse[10], Stuttgart 2012

Lachnit, L: Bilanzanalyse, Wiesbaden 2004

Lechner K; Egger, A; Schauer, R: Einführung in die Allgemeine Betriebswirtschaftslehre[27], Wien 2016

Radke, M: Die große betriebswirtschaftliche Formelsammlung[4], München 1973

Stern, J-M; Shiely, J-S; Ross, I: Wertorientierte Unternehmensführung mit EVA, München 2002

Wagenhofer, A: Bilanzierung und Bilanzanalyse[13], Wien 2017

2. Aufsätze

Diese werden jeweils im Text genannt.

1. Grundlagen der Jahresabschlussanalyse

1.1 Inhaltsbestimmung und Erkenntnisziele

Die **Jahresabschlussanalyse**, in der Literatur allgemein als **Bilanzanalyse** bezeichnet, ist nach *Baetge* „die methodische Untersuchung von Jahresabschluss und Lagebericht mit dem Ziel, entscheidungsrelevante Informationen über die gegenwärtige wirtschaftliche Lage und die künftige wirtschaftliche Entwicklung eines Unternehmens zu gewinnen" (*Baetge/Kirsch/Thiele*, Bilanzanalyse[2], S 1).

Die Definition Baetges bezieht sich zwar auf veröffentlichte Jahresabschlüsse von Kapitalgesellschaften, ist jedoch nicht auf diese beschränkt. So fällt unter den Begriff der Bilanzanalyse auch die auf den Jahresabschluss und, wenn vorhanden, weitere Unterlagen basierende Informationsbeschaffung über Einzelunternehmen und Personengesellschaften.

1.2 Der Jahresabschluss als Datengrundlage

Für die Jahresabschlussanalyse gelten **zwei wesentliche Grundsätze**, ohne deren Beachtung die Gefahr von Fehlschlüssen und Fehlentscheidungen wie bspw Fehlinvestitionen besteht.

1. Jede Jahresabschlussanalyse verlangt vom Analytiker **gute Kenntnisse des Bilanzrechtes** und vor allem das Wissen, inwieweit Jahresabschlüsse durch bilanzpolitische Maßnahmen beeinflusst sein können.
2. Kein Jahresabschluss kann mehr Informationen geben, als in seinen Daten enthalten sind. Durch die Jahresabschlussanalyse kann die im Jahresabschluss enthaltene Information idR besser verarbeitet und dargestellt werden. Da sich der Jahresabschluss auf die Vergangenheit bezieht, kann der Analytiker im Zusammenhang mit dem Lagebericht zwar Trends für die Zukunft ableiten, aber keinesfalls, dass die Zukunft jedenfalls gleich verlaufen wird.

In Österreich bestehen derzeit im Wesentlichen zwei voneinander abweichende gesetzliche Bestimmungen für die Erstellung von Jahresabschlüssen. Während Einzelabschlüsse zwingend nach den Bestimmungen des UGB erstellt werden müssen, besteht für Konzernabschlüsse bei nicht an einer Börse notierenden Gesellschaften das Wahlrecht, den Konzernabschluss nach den Bestimmungen des UGB oder nach IFRS zu erstellen. Börsennotierte Gesellschaften müssen ihren Konzernabschluss gem § 245a nach den Bestimmungen der IFRS veröffentlichen.

Grundsätzlich ist darauf hinzuweisen, dass die Vorgehensweise der Jahresabschlussanalyse unabhängig vom System der Rechnungslegung bei allen Abschlüssen gleich ist. Aufgrund der unterschiedlichen Ansatz- und Bewertungsvorschriften sowie der zum Teil unterschiedlichen Realisationszeit-
punkte kann es allerdings zu abweichenden Ergebnissen kommen. So wird
ein Jahresabschluss nach den Bestimmungen der IFRS möglicherweise bessere Vermögensrelationen und Eigenkapitalquoten, dafür aber schlechtere
Rentabilitätsverhältnisse aufweisen. Bei dem Vergleich zweier Abschlüsse
mit jeweils unterschiedlichen Rechnungslegungsformen ist daher der Analytiker insoweit gefordert, als er Unterschiede, die auf abweichende Rechnungslegungsvorschriften zurückzuführen sind, erkennen muss.

Das bedeutet, dass der Analytiker gute Kenntnisse sowohl des einen als auch
des anderen Bilanzrechtes haben muss. Er muss wissen, dass unter Umständen eine nach dem UGB erstellte Bilanz andere Sichtweisen erfordert als eine
IFRS-Bilanz und dass Konzernabschlüsse, die ausschließlich zum Zweck der
Information des Bilanzadressaten aufgestellt werden, grundsätzlich ein besseres Bild zeigen als Bilanzen, die auch Grundlagen der Besteuerung oder
der Gewinnausschüttung an die außenstehenden Gesellschafter sind.

Die genannten Probleme gelten jedoch nur im zwischenbetrieblichen Vergleich, wenn also zwei Unternehmen, deren Bilanzen einerseits nach UGB
und andererseits nach den IFRS erstellt wurden, im Rahmen einer Analyse
verglichen werden.

1.21 Besonderheiten bei Jahresabschlüssen von Einzelunternehmen und Personengesellschaften

Bei Einzelunternehmen und Personengesellschaften, bei denen mindestens
ein Gesellschafter eine natürliche Person ist, entfällt die Pflicht zur Erstellung eines Anhanges und Lageberichtes. Die Bilanzen dieser Unternehmen
sind auch nicht offenlegungspflichtig, dh, sie müssen nicht beim Firmenbuch
eingereicht werden.

Jahresabschlussanalysen dieser Unternehmen sind daher idR interne Analysen oder Analysen seitens der Kreditgeber (Banken) oder potentieller Gesellschafter, denen die Jahresabschlüsse samt den darüber hinausgehenden, vom
Adressaten gewünschten Informationen vom Unternehmen zur Verfügung
gestellt werden.

Die Analyse selbst unterscheidet sich grundsätzlich nicht von der Analyse
einer Kapitalgesellschaft, wobei allerdings zu beachten ist, dass hinter dem

Unternehmen in der Person der unbeschränkt haftenden Eigentümer ein weiteres Haftungspotential vorhanden ist. Weiters ist darauf zu achten, dass der oder die unbeschränkt haftenden Gesellschafter wesentlich einfacher auf das Eigenkapital des Unternehmens zugreifen können, als dies bei Kapitalgesellschaften der Fall ist.

1.3 Adressaten der Jahresabschlussanalyse

Als **Bilanzadressaten** werden jene Personen oder Institutionen bezeichnet, die den Jahresabschluss eines Unternehmens aus unterschiedlichen Interessenlagen heraus lesen, sei es, weil sie am Unternehmen beteiligt sind oder in geschäftlichen oder persönlichen (Arbeitnehmer) Beziehungen zu diesem stehen oder sei es, weil sie sich aus gewerblichen oder wissenschaftlichen Gründen mit der Jahresabschlussanalyse beschäftigen. Je nachdem, welchen Zugang sie zu den Informationen des Unternehmens haben, die über den veröffentlichten Jahresabschluss hinausgehen, werden sie als **interne oder externe Adressaten** bezeichnet. Zu Ersteren zählen insbesondere Mitarbeiter sowie das Management, während externe Adressaten von den potentiellen Investoren, dem Fiskus bis hin zu Banken reichen.

Während etwa der **Konkurrent** durch die **Umsatz- und Bruttoergebnisanalyse** Marktanteil und Ertragsstärke des publizierenden Unternehmens feststellen möchte, ist der Kreditgeber an der Fähigkeit des Unternehmens zur **Zinsenzahlung** und **Kreditrückzahlung** und damit an der Stabilität der langfristigen finanziellen Lage interessiert. Der **(Anteils-)Investor** hingegen betrachtet das Unternehmen unter dem Gesichtspunkt möglicher Dividendenzahlungen und eines gegebenen Kurssteigerungspotentials.

Aussagekräftige Daten, insbesondere im Hinblick auf die Extrapolation verschiedener Trends, ergeben sich nur bei der Auswertung mehrerer Jahresabschlüsse. Die Verwendung mehrerer Jahresabschlüsse für die Jahresabschlussanalyse bedingt jedoch die **Vergleichbarkeit des Inhaltes**.

Im Rahmen der Jahresabschlussanalyse unterscheidet man außerdem **externe und interne Analysen**. Bei beiden Verfahren ist der Vorgang der **Kennzahlenbildung** gleich, es unterscheidet sich lediglich der Zugang zum analysierten Unternehmen durch den Analysten. So bauen beide auf Vergangenheitszahlen auf und versuchen, mit den aus diesen Daten gewonnenen Kennzahlen Schlüsse auf die Ertrags-, Vermögens- und Finanzlage des Unternehmens zu ziehen und, wenn möglich, Trends bezüglich der Unternehmensentwicklung für die Zukunft abzuleiten.

1.31 Externe Jahresabschlussanalyse

Externe Analysen unterscheiden sich idR von **internen Analysen** dadurch, dass dem externen Analytiker der Zugang zu internen Daten des Unternehmens nicht möglich ist und er sich mit den im Jahresabschluss veröffentlichten Daten zufriedengeben muss.

Von **externer Jahresabschlussanalyse** spricht man auch dann, wenn die Grunddaten zur Ermittlung der Kennzahlen unmittelbar aus dem Jahresabschluss übernommen werden, ohne dass weitere nicht im Jahresabschluss und dem Lagebericht enthaltene Daten herangezogen werden. Auch die Kennzahlendarstellung durch den Bilanzersteller im Sinne der §§ 243 und 267 (Lagebericht) wird zur **externen Jahresabschlussanalyse** gerechnet und zwar deswegen, weil die gem § 243 darzustellenden finanziellen Leistungsindikatoren idR nur auf jenen Angaben des Jahresabschlusses und des Lageberichtes beruhen, die auch öffentlich zugänglich sind.

So vielfältig wie die **Bilanzadressaten** sind auch die Gründe für die Durchführung einer **externen Jahresabschlussanalyse**. Sie reichen von der Vertiefung der Kenntnis über die Finanz-, Vermögens- und Ertragslage des Unternehmens bis zur Information über spezielle Probleme, wie bspw die Ermittlung der Kreditfähigkeit des Unternehmens oder die Fähigkeit des Unternehmens, erhaltene Einlagen so zu investieren, dass der Investor einen angemessenen Gewinnanteil daraus erzielen kann. **Allgemeine Analysen** werden von wissenschaftlichen Institutionen, gewerblich tätigen Finanzdienstleistern, Kreditgebern (hier vor allem Banken), Investoren bzw deren Beauftragten durchgeführt.

1.32 Interne Jahresabschlussanalyse

Im Gegensatz zur externen Jahresabschlussanalyse, bei der die Kennzahlen idR aus den unveränderten Daten der veröffentlichten Jahresabschlüsse und der dazugehörigen Lageberichte abgeleitet werden, versucht **der interne Jahresabschlussanalytiker** über die Daten des Anhanges und Lageberichtes hinaus fehlende interne Daten einzuholen und zu verwenden. Dies geschieht bspw bei der Berücksichtigung zukünftiger Entwicklungen.

Eine **interne Jahresabschlussanalyse** liegt somit dann vor, wenn der Analyse eine besondere Aufbereitung der Daten des Jahresabschlusses unter Heranziehung interner Daten vorangeht. Die **interne Analyse** liefert idR detailliertere und aussagekräftigere Daten als die externe Analyse. Dies gilt bspw für die Ermittlung der Kreditfähigkeit, den Erwerb von Anteilen am analysierten Unternehmen und für die Feststellung der Sanierungsfähigkeit.

1.4 Methoden der Jahresabschlussanalyse

Sowohl die **Jahresabschlussanalyse** als auch die **Unternehmenssteuerung** arbeiten mit **Kennzahlen**. Der wesentliche Unterschied ist, dass im ersten Fall die Kennzahlen idR aus einem bestehenden (veröffentlichten) Jahresabschluss erarbeitet werden, um daraus Erkenntnisse über die Lage des Unternehmens und seine voraussichtliche Entwicklung zu erzielen. Im **zweiten Fall** werden die Kennzahlen als Zielgrößen verwendet, die während der Unternehmensplanung erarbeitet werden und die es zu **erreichen** gilt.

Im Wesentlichen unterscheiden sich die in der Jahresabschlussanalyse ermittelten Kennzahlen von jenen, die der Unternehmenssteuerung zugrunde gelegt werden, dadurch, dass Erstere auf Basis von Daten aus der Vergangenheit und Gegenwart ein Bild von der Finanz-, Ertrags- und Vermögenslage des Unternehmens geben sollen, während Letztere der Unternehmensplanung, dh zielorientiert, vorgegeben werden.

Im Rahmen der internen Jahresabschlussanalyse sind die errechneten Kennzahlen gleichzeitig der Maßstab, wie weit die Zielgrößen tatsächlich erreicht werden konnten, wohingegen bei der externen Jahresabschlussanalyse die Zielvorgaben idR fehlen. In diesem Fall dienen die ermittelten Kennzahlen lediglich der Feststellung der Lage des Unternehmens, um daraus Schlüsse für seine zukünftige Entwicklung zu ziehen.

1.41 Grundsätze der Kennzahlenbildung

Jeder **Jahresabschlussanalyse** geht eine kritische Würdigung der im Jahresabschluss und im Lagebericht enthaltenen quantitativen und qualitativen Informationen voraus. In der Folge werden aus dem Jahresabschluss **Kennzahlen abgeleitet**, die als Zahlenverhältnisse insbesondere von Aufwands-, Ertrags-, Bestands- und Zahlungsgrößen, welche für ein betriebswirtschaftliches Erkenntnisziel unmittelbaren Aussagewert besitzen, dargestellt werden.

Zum Zweck der Jahresabschlussanalyse und zum Ableiten der Kennzahlen werden idR die im Jahresabschluss und dem Lagebericht enthaltenen Daten neu geordnet, nach sachlichen Gesichtspunkten verknüpft und zusammengefasst.

Die Verarbeitung der Kennzahlen erfolgt im Wesentlichen in internen und externen Vergleichen

- in zeitlicher Hinsicht mit Daten vergangener Perioden (Periodenvergleich),
- mit jenen anderer (gleichartiger) Unternehmen (Fremdvergleich),
- mit Soll- oder Normwerten. Während sich die Sollwerte aus der Unternehmensplanung ergeben und idR nur bei der internen Analyse zur Verfü-

gung stehen, sind Normwerte allgemein anerkannte Größen von Unternehmen bestimmter Branchen und Größen.

Aus diesen Vergleichen können Analysten die entsprechenden Schlüsse ziehen und, falls notwendig, können Maßnahmen getroffen werden.

1.42 Unternehmenssteuerung mit Hilfe von Kennzahlen

Neben der Jahresabschlussanalyse werden auch für die interne Unternehmenssteuerung Kennzahlen herangezogen. Im Gegensatz zur Jahresabschlussanalyse ist das Ziel der **Unternehmenssteuerung mit Hilfe von Kennzahlen** jedoch nicht, Kennzahlen aus den Vergangenheitsdaten herauszuarbeiten, um daraus Erkenntnisse über die Lage des Unternehmens zu schöpfen. In der Unternehmenssteuerung mit Hilfe von Kennzahlen wird auf Basis der gegebenen Erfolgspotentiale ein Gesamtziel erarbeitet, welches die Grundlage für die Zukunftsplanung darstellt. Da das Gesamtziel grundsätzlich ein abstraktes Ziel (zB 20 % Gewinn vom eingesetzten Kapital) ist, müssen aus diesem operable Teilziele und Teilpläne abgeleitet werden.

Es entsteht eine in Kennzahlen zerlegte **Zielhierarchie (Zielpyramide)**, in der die oberste Kennzahl (zB die Gesamtrentabilität) und die daraus abgeleiteten Bereichskennzahlen nicht aus gegebenen Daten errechnet werden, sondern die Grundlage für alle auf das Ziel ausgerichteten Handlungen sind.

Im Zusammenhang mit der **Unternehmenssteuerung mit Kennzahlen** hat auch die während oder nach Ablauf der Planperiode durchgeführte interne **Teil-Periodenabschlussanalyse** primär die Aufgabe, aufgrund des im Zuge der Analyse durchgeführten Soll-Ist-Vergleiches den **Zielerreichungsgrad** zu bestimmen. Dieser ist gleichzeitig die Grundlage für weitere Steuerungsmaßnahmen.

2. Von der quantitativen Jahresabschlusserstellung zur qualitativen Jahresabschlussanalyse

2.1 Der Jahresabschluss im Spannungsfeld heterogener Funktionen

Der Jahresabschluss soll ein möglichst getreues Bild der Vermögens-, Finanz- und Ertragslage (UGB) bzw einen True and Fair View (IFRS) der wirtschaftlichen Lage des Unternehmens geben. Diese Grundsätze sind innerhalb des rechtlichen Rahmenwerks der jeweiligen Rechnungslegungsvorschriften zu erfüllen und daher insbesondere von den die Rechnungslegungsvorschriften leitenden Funktionen abhängig. Während der IFRS-(Konzern-)Abschluss als einzige Funktion die Informationsfunktion kennt, muss ein UGB-(Jahres-)Abschluss neben der Informationsfunktion jedenfalls auch die Erhaltungs-, Ausschüttungsbemessungs- und die Steuerbemessungsfunktion erfüllen. Bereits dieser Hinweis auf die zahlreichen, insbesondere von einem UGB-(Jahres-)Abschluss zu erfüllenden Funktionen zeigt das Spannungsfeld auf, in dem sich die Vermittlung des möglichst getreuen Bildes der Vermögens-, Finanz- und Ertragslage bewegt.

Ballwieser (Fragwürdige Bilanzen – 1948, heute und in Zukunft, in: Der Betrieb 2018, S 1 ff) zeigt in seinem kürzlich erschienenen Beitrag sehr deutlich, dass Gesetzgeber bzw Standardsetter von bis zu vier verschiedenen Zielen der Jahresabschlusserstellung getrieben sind und sich zwangsläufig eine Zielhierarchie ergeben muss.

Das übergeordnete Ziel ist seit fast einem Jahrhundert der Gläubigerschutz bzw die dem Gläubigerschutz dienende Vermögensdarstellung. Diesem hat sich traditionell das zweite Ziel, die eigentümerorientierte „richtige" Erfolgsermittlung, untergeordnet.

Dies zeigt sich am Anschaffungskostenprinzip, am stichtagsbezogenen strengen Niederstwertprinzip, am (statischen) Höchstwertprinzip, am Verbot der Gewinnrealisierung bei langfristiger Fertigung oder am Aktivierungsverbot für selbsterstellte immaterielle Vermögensgegenstände.

Die Bildung stiller Reserven ist daher vorprogrammiert. Die gesetzlich erlaubte Bildung willkürlicher stiller Reserven wurde jedoch durch massive Einschränkung der Wahlrechte und durch das 2014 erlassene Zuschreibungsgebot weitestgehend ausgeschaltet.

Anders ausgedrückt: Das Imparitäts- und Vorsichtsprinzip dominiert das Realisationsprinzip. Dies öffnet das Tor für ein drittes Ziel der Rechnungslegung, das der steuerlichen Gewinnermittlung. Für diese steht das Realisationsprinzip im Vordergrund und schließt Lücken bzw führt zwangsläufig zu materieller Umkehrmaßgeblichkeit (zB Aktivierung der Gemeinkosten in den Herstellungskosten vor dem RÄG 2014, Behandlung der Rechnungsabgrenzungsposten).

Als viertes Ziel trat spätestens mit der EU-Verordnung 2002 die entscheidungsnützliche Information des IFRS-Konzernabschlusses dazu. Dieser Ansatz trennt sich – im Lichte der reinen Informationsfunktion – vollständig vom Gläubigerschutz und stellt die Erfolgsermittlung und die Fair-Value-Bewertung in den Vordergrund.

Durch die Bilanzrichtlinie 2013 wurde die Möglichkeit eröffnet, die europäischen Rechnungslegungsvorschriften (teilweise allerdings nur durch nationale Wahlrechte) den IFRS-Vorschriften anzupassen.

Dem wurde in Österreich nur sehr eingeschränkt gefolgt. Zu erwähnen sind Zuschreibungspflicht und (abgesehen von der kleinen Kapitalgesellschaft) Verpflichtung zur Aktivierung latenter Steuern als Annäherung, weiterhin trennt UGB vom IFRS insbesondere das Verbot der Aktivierung selbsterstellter immaterieller Vermögensgegenstände des Anlagevermögens, das Verbot der anteiligen Gewinnrealisierung langfristiger Fertigungsaufträge und das Verbot des Fair-Value-Ansatzes.

Man darf aber nicht übersehen, dass im UGB durch die Einführung des Begriffes des beizulegenden Wertes und des beizulegenden Zeitwertes eine Dynamisierung der Bewertung der Vermögensgegenstände begonnen hat.

Die statische Betrachtungsweise in der Bilanz weicht zunehmend einer dynamischen (gekennzeichnet durch Bewertungsansätze wie die Effektivzinsmethode oder die zwingende Abzinsung langfristiger Rückstellungen).

Abschließend muss festgehalten werden, dass unterschiedliche Anforderungen an den Jahresabschluss (Gläubigerschutz, Rechtfertigung des Managements, entscheidungsnützliche Information, Bemessungsgrundlage für die Ertragsteuern) nicht von einem Rechenwerk erfüllt werden können und daher je nach Bilanzadressaten unterschiedliche Anpassungen der Jahresabschlussinformationen durch Bilanzanalyse zu erfolgen haben, um zieladäquate Informationen zu schaffen.

Zu all den oben genannten Daten kommt noch der Vergangenheitsbezug des Jahresabschlusses hinzu. Der Bilanzleser hat es mit Ausnahme der Angaben im Prognosebericht des Lageberichtes, der idR keine zahlenmäßigen Angaben beinhaltet und aus verständlichen Gründen sehr vorsichtig abgefasst ist, ausschließlich mit Vergangenheitsdaten zu tun, aus denen sich wohl Trends ableiten lassen, die aber keineswegs zwingend den erwarteten Verlauf neh-

men müssen. Jeder Managementwechsel, jede Änderung der Umweltsitua-
tion und unternehmenspolitischer Maßnahmen nach dem letzten Bilanzstichtag können derartige Trends schlagartig in eine andere Richtung drängen,
ohne dass dies dem externen Leser zunächst zur Kenntnis gelangt. Mit dem
Fehlen jener Daten, wie sie etwa aus **Planbilanzen und Planerfolgsrech-
nungen** abgeleitet werden, auf die der externe Bilanzadressat keinen Zugriff
hat und die auch nicht freiwillig vom Bilanzersteller offengelegt werden, fehlen in den Bilanzen grundsätzlich alle zukunftsorientierten Daten.

2.11 Konsequenzen der heterogenen Rechnungslegungsvorschriften im Allgemeinen

Die Konsequenzen für die Anwender bestehen darin, dass die Bilanzersteller
eine hohe Arbeitslast haben, die darin bestehen kann, dass sie (bei notierenden Unternehmen) neben dem IFRS-Konzernabschluss die jeweiligen UGB
oder sonstigen nationalrechtlichen Einzelabschlüsse zu erstellen haben, und
damit eine Doppelgleisigkeit in der Rechnungslegung aufweisen bzw unter
Berücksichtigung des Steuerrechts sogar drei verschiedene Systeme abbilden
müssen.

Ständig wechselnde Regeln im IFRS (zB IFRS 15 und 16) können sich sogar
auf die Geschäftsmodelle auswirken, um den hohen Reporting-Aufwand zu
vermindern, insbesondere um eine Gleichstellung zwischen IFRS und UGB
zu erlangen.

Gleichzeitig ist der Versuch festzustellen, alle jene Informationen, die in Bilanz
und GuV nicht darstellbar sind, in Notes oder in den Anhang zu verlagern.

Eine Analyse des IASB hat gezeigt, dass derzeit folgende wesentliche Kritik
an den IFRS-Rechnungslegungsstandards bzw deren praktischer Umsetzung
besteht:

1. Die Informationen sind nicht ausreichend relevant
2. Es gibt eine Fülle irrelevanter Informationen
3. Es gibt zu viele Informationen bzw die Kommunikation mit den Adressaten ist gestört

Aus der Sicht der Prüfer und der Enforcement-Behörde stellt sich zusätzlich
die Problematik, dass die Standards immer mehr Ermessensspielräume und
Interpretationen beinhalten und daher nicht eindeutig sind. Die Prüfer sind
daher gezwungen, auch als Normsetzer zu agieren.

Schließlich darf man nicht vergessen, dass infolge diversifizierter gesell-
schaftlicher Strömungen (Stichwort: Umweltschutz, Transparenz), verbun-

den mit der Macht globaler Konzerne und der Angst vor diesen Konzernen, vermehrte Informationsbedürfnisse entstehen.

Besonders hervorzuheben wäre zB der Bericht über Zahlungen an staatliche Stellen und die Corporate-Social-Responsibility-Initiative (CSR), die sich in Österreich im NaDiVeG und in den Nachhaltigkeitsberichten niedergeschlagen hat. Eine neue EU-Richtlinie aus dem Jahr 2017 verlangt mehr Kommunikation zwischen Hauptversammlung und AG iZm Vorstandsvergütungen (Say-or-Pay) sowie Offenlegung der Informationsgewinnung von Seiten der Rating-Agenturen, Investment-Bankern usw.

2.12 Konsequenzen für den Analytiker

Der Analytiker, dem es obliegt, auf Grund der Analyse des Jahresabschlusses entscheidungsrelevante Informationen über die gegenwärtige wirtschaftliche Lage und die künftige wirtschaftliche Entwicklung eines Unternehmens zu gewinnen, kann den Jahresabschluss auf Grund der oben dargestellten Bilanzinhalte nicht so ohne weiters informativ verwerten, sondern hat wegen der erwähnten, zum Teil einander widersprechenden Funktionen vorbereitende Maßnahmen zu treffen, die unter den Begriffen „Aufbereitung bzw Bereinigung des Jahresabschlusses" zusammengefasst werden.

Es ist allerdings anzumerken, dass auf Grund der in den letzten 20 Jahren informativ-freundlicher gestalteten bzw neu aufgenommen Normen die UGB-Bilanzierungsregeln die Forderung der Jahresabschlussanalyse nach der Darstellung des „true and fair view" bereits weitgehend erfüllen, womit die Zahlen des Jahresabschlusses, abgesehen von bestimmten Umgliederungs- bzw Saldierungserfordernissen, idR weitgehend unverändert übernommen werden können, wobei allerdings die nachstehend angeführten analysehemmenden Regeln beachtet werden müssen.

2.121 Analysefördernde und -hemmende Regelungen

2.121.1 Analysefördernde Regelungen

• **Gesetzliche Verankerung der Bewertungsstetigkeit**

Neben den beiden Grundsätzen der Bilanzvorsicht und des Going-concern-Prinzips kommt der materiellen Bilanzkontinuität, die in der Bestimmung der „Einhaltung einmal gewählter Bewertungsmethoden" ihren Niederschlag findet (§ 201 Abs 2 Z 1), ganz besondere Bedeutung zu. Sie verbietet, dass die im Gesetz bestehenden Bewertungsspielräume durch unterschiedliche Ansätze in aufeinanderfolgenden Perioden zur Ergebnismanipulation ausgenützt werden. So darf etwa der Roh-, Hilfs- und Betriebsstoffverbrauch nicht in einem Jahr nach dem FIFO-Verfahren und im nächsten Jahr nach dem Durchschnittsverfahren ermittelt werden.

Sollte aber das Unternehmen trotz der Verpflichtung zur Einhaltung der materiellen Bilanzkontinuität aus besonderen Gründen davon abweichen, ist die Auswirkung der Abweichung betragsmäßig im Anhang darzulegen. Damit wird dem Bilanzleser die Möglichkeit gegeben, Ergebnisänderungen, die aus einer Änderung der Bewertungsmethode resultieren, zu korrigieren, um den Vergleich mit dem Vorjahr herzustellen.

- **Weitgehendes Verbot der Bildung willkürlicher stiller Reserven**
- **Informationen aus dem Anlagenspiegel**
  Durch den gem § 226 vorgeschriebenen Anlagenspiegel werden im Bereich des Anlagevermögens wesentliche Informationen im Hinblick auf das Alter der Anlagen, auf mögliche Investitionserfordernisse sowie die Abschreibungspolitik des Unternehmens vermittelt.
- **Gliederungs- und Ausweisvorschriften der Bilanz**

Die Gliederungs- und Ausweisvorschriften der Bilanz zeigen, abgesehen von der klaren Darstellung der Vermögens- und Kapitalstruktur, auch die zeitliche Bindung vor allem der Forderungen und Verbindlichkeiten, wobei für Letztere über die Jahresbindung hinaus auch die Bindung über mehr als 5 Jahre (Letztere allerdings im Anhang) darzustellen ist (§§ 225 und 237).

Einschränkend ist allerdings zu bemerken, dass für wesentliche Vermögens- und Schuldposten, nämlich Vorräte einerseits und Rückstellungen andererseits, die zeitliche Bindung nicht angezeigt werden muss bzw wegen der zeitlichen Unbestimmtheit der Bindung bzw Fälligkeit nicht angezeigt werden kann. Hier ist der externe Leser nach wie vor auf mögliche erläuternde Angaben im Anhang bzw eine annähernde Aufteilung angewiesen.

- **Angaben im Anhang auf Grund von Einzelvorschriften**

Der Bilanzierende hat in dem von Kapitalgesellschaften aufzustellenden Anhang eine Reihe von Angaben über vorgenommene Bewertungs- und Bilanzierungsmaßnahmen zu machen. Für den Analytiker bildet daher der Anhang eine jedenfalls zu beachtende Fundgrube bei der Aufbereitung der Jahresabschlusszahlen.

- **Betriebswirtschaftlicher Aufbau der Gewinn- und Verlustrechnung**

Eine weitgehende Informationsverbesserung wird durch den betriebswirtschaftlichen Aufbau der Gewinn- und Verlustrechnung nach den Bestimmungen des UGB erzielt.

In der Diskussion, welche der beiden Möglichkeiten – Gesamtkosten- oder Umsatzkostenverfahren – im Hinblick auf die Informationswirkung vorzuziehen sei, ist zunächst darauf hinzuweisen, dass das Gesamtkostenverfahren jenen Einblick in die dem Kontinentaleuropäer eher vertraute Aufwandsartenstruktur gibt, die das Umsatzkostenverfahren nicht vorsieht. Aus diesem Grunde wird vom UGB bei Anwendung des Umsatzkostenverfahrens gefordert, dass im Anhang eine Darstellung der Materialaufwendungen und sonstigen bezogenen Herstellungsleistungen und der Personalaufwendungen mit der gleichen Aufteilung wie beim Gesamtkostenverfahren durchgeführt wird. Damit bekommt das Umsatzkostenverfahren zusätzlich zu der ihm eigentümlichen Informationswirkung bezüglich des **Bruttoergebnisses (Rohgewinnes, Handelsspanne**) eine dem Gesamtkostenverfahren gleichwertige Informationswirkung auch hinsichtlich der Aufwandsartenstruktur.

Wie später noch dargestellt werden wird, ist auf Basis der vorgeschriebenen Informationen für den Leser eine Überleitung vom Gesamtkostenverfahren auf das Umsatzkostenverfahren allerdings unmöglich, vom Umsatzkostenverfahren auf das Gesamtkostenverfahren mit Ausnahme von (geringfügigen) Einschränkungen (Unkenntnis der aktivierten Eigenleistungen und des genauen Betrages der Bestandsveränderungen infolge der Zusammenfassung der Fertigerzeugnisse und Waren) aber durchaus möglich.

- **Angaben im Lagebericht**

Der Lagebericht hat eine umfassende und ausgewogene Analyse des Geschäftsverlaufs unter Einbeziehung des Geschäftsergebnisses und der Lage des Unternehmens zu beinhalten. Diese Analyse hat nicht nur anhand verbaler Erläuterungen, sondern auch finanzieller Leistungsindikatoren zu erfolgen. Zur Darstellung der Lage bzw deren Entwicklung sollen auch die wesentlichen Risiken und Ungewissheiten, denen das Unternehmen ausgesetzt ist, geschildert werden. Weiters haben große Kapitalgesellschaften auch die wichtigsten nicht-finanziellen Leistungsindikatoren, einschließlich Informationen über Umwelt- und Arbeiternehmerbelange, darzustellen.

Der Lagebericht stellt somit für die Jahresabschlussanalyse die wichtigste Informationsquelle in Bezug auf die künftige Entwicklung des Unternehmens dar.

- **Angaben zu Finanzinstrumenten**

Ein Beitrag zur Aufdeckung stiller Reserven ergibt sich aus der verpflichtenden Angabe des beizulegenden Zeitwerts derivativer Finanzinstrumente, soweit dieser verlässlich ermittelbar ist. Ferner ist der Buchwert sowie der beizulegende Zeitwert für Finanzinstrumente des Anlagevermögens, die aufgrund des Unterlassens einer außerplanmäßigen (vorübergehenden) Abschreibung über ihrem beizulegenden Zeitwert ausgewiesen werden, anzuführen.

2.121.2 Analysehemmende Regeln

- **Anschaffungskostenprinzip**

In Bezug auf die Darstellung der richtigen Vermögenslage bildet das **Anschaffungskostenprinzip** bezüglich der Aufdeckung stiller Reserven ein – manchmal erhebliches – Hindernis.

Bei Vorliegen eines IFRS-Abschlusses ist allerdings zu beachten, dass die Ansatz- und Bewertungsvorschriften für eine Reihe von Vermögenswerten eine über die Anschaffungskosten hinausgehende Bewertung zulassen oder sogar verlangen, womit sich, auf eine Periode bezogen, ein anderes Bild ergibt als bei einem Jahresabschluss nach dem UGB.

- **Verbot der Aktivierung selbst erstellter immaterieller Vermögensgegenstände**

Ein Problem für die Jahresabschlussanalyse bilden die selbst erstellten immateriellen Vermögensgegenstände des Anlagevermögens. Nach den Bestimmungen des UGB und des Einkommensteuerrechtes ist die Aktivierung nicht entgeltlich erworbener (also auch selbst erstellter) immaterieller Vermögensgegenstände untersagt.

Dies bringt eine Verzerrung der Aufwandsverteilung auf die einzelnen Perioden mit sich, da einerseits die in der Entwicklungsphase entstehenden Aufwendungen nicht neutralisiert werden und andererseits in den Folgeperioden die den immateriellen Vermögenswerten zuzurechnenden Abschreibungen in der Gewinn- und Verlustrechnung fehlen.

Damit können zwei gewichtige Kennzahlen in die negative Richtung verfälscht werden. Es sind dies die **Eigenkapitalquote** einerseits und das in Zukunft zu erwartende **EBIT** des Unternehmens andererseits, zwei Kennzahlen, die für die Unternehmenszukunft von großer Bedeutung sind.

Diese Verfälschung kann zu Problemen mit den Kennzahlen der §§ 23 und 24 des **Unternehmensreorganisationsgesetzes** führen.

Im Rahmen der **internen Jahresabschlussanalyse** besteht idR die Möglichkeit, den Umfang dieser immateriellen Vermögensgegenstände festzustellen und die notwendige Aktivierung im Rahmen der bereinigten Bilanz vorzunehmen.

Bei der **externen Bilanzanalyse** ist zu unterscheiden, ob das Unternehmen an der Börse notiert oder nicht. Da notierende Unternehmen den zu veröffentlichenden Jahresabschluss nach den IFRS aufzustellen haben, die eine Aktivierung von selbst erstellten immateriellen Vermögensgegenständen bei Vorliegen der Voraussetzungen zwingend verlangen, gibt es insoweit keine Probleme.

Bei allen nach UGB bilanzierenden Unternehmen stehen idR dem externen Analytiker auch keine Anhaltspunkte über die Herstellungskosten derartiger Vermögensgegenstände zur Verfügung.

- **Fehlender Zwang zur Darstellung einer Geldflussrechnung im Einzelabschluss**

Als Mangel in Bezug auf die Darstellung der Finanzlage kann die fehlende gesetzliche Bestimmung der obligatorischen Aufstellung einer Geldflussrechnung im Einzelabschluss gesehen werden, wie sie etwa im IAS 7 und im Fachgutachten des Fachsenates für Betriebswirtschaft der Kammer der Wirtschaftstreuhänder über die Geldflussrechnung als Ergänzung zum Jahresabschluss (KFS/BW 2) verlangt wird. Dieser Mangel ist jedoch durch die Aufstellung einer Geldflussrechnung durch den Analytiker behebbar.

Trotz aller Einwendungen erscheint die **externe Jahresabschlussanalyse** aber doch ein wesentliches Hilfsmittel zu sein, einen besseren Einblick in die Lage des Unternehmens zu bekommen und damit bessere Entscheidungsgrundlagen für **Investitionsentscheidungen** welcher Art auch immer zu erhalten.

In Bezug auf eine Analyse im Zeitvergleich kann außerdem die Feststellung sinnvoll sein, inwieweit Veränderungen in den **Bewertungsmethoden und Umgliederungen** in den vergangenen Jahresabschlüssen vorgenommen wurden. Hilfestellung hierfür bieten die Vorschriften des § 223 im Hinblick auf die Beibehaltung der einmal gewählten Form der Darstellung und § 201 im Hinblick auf die Beibehaltung angewandter Bewertungsmethoden. Dabei ist allerdings zu beachten, dass sich diese Angaben jeweils nur auf die Veränderung gegenüber dem Vorjahr, nicht aber auf weiter zurückliegende Jahre beziehen.

2.2 Die Aufbereitung des Jahresabschlusses

2.21 Aufbau und Ablauf der Jahresabschlussanalyse

Die Ableitung der Kennzahlen aus dem Jahresabschluss kann aus den oben erwähnten Gründen ein verzerrtes Ergebnis zur Folge haben, da bereits bestehende Bilanzverzerrungen in die Analyse übertragen werden. Obwohl die

Gliederungs- und Bewertungsvorschriften des UGB so gestaltet sind, dass die für die Analyse erforderlichen Zahlen **idR unverändert** aus dem Jahresabschluss entnommen werden können, bedarf es jedoch zunächst einer Untersuchung darüber, wie weit die Zahlen des Jahresabschlusses geeignet sind, unverändert als Grundlage der Jahresabschlussanalyse zu dienen bzw welche Veränderungen und Anpassungen durchzuführen sind, um den Jahresabschluss für die Analyse aufzubereiten.

Der Durchführung der Jahresabschlussanalyse geht idR die **Vorbereitung** des Jahresabschlusses voraus, welche neben einer Aufbereitung (Umgliederung nach Fristigkeiten) auch eine Bereinigung umfassen kann. Grundsätzlich hängt jedoch der Umfang der Vorbereitungs- und Aufbereitungsarbeiten ua von der Zielsetzung ab, mit der die Jahresabschlussanalyse vorgenommen wird.

Allgemeine Jahresabschlussanalysen, die von wissenschaftlichen oder anderen Instituten ohne konkreten Anlass erstellt werden, werden idR weniger in die Tiefe gehen und Adaptionen der vorgelegten Jahresabschlüsse nur im notwendigsten Ausmaße vornehmen. Werden Jahresabschlussanalysen von oder im Auftrag speziell interessierter Bilanzadressaten erstellt, werden die Vorbereitungs- und Aufbereitungsarbeiten insgesamt wesentlich intensiver durchgeführt werden müssen, aber auch hier nach dem Zweck der Analyse variieren.

2.22 Die Behandlung einzelner Posten des Jahresabschlusses

2.221 Aktive und passive latente Steuern

Der Zweck der unternehmensrechtlichen **Steuerabgrenzung** besteht darin, den im Einzelabschluss ausgewiesenen Steueraufwand mit dem unternehmensrechtlichen Ergebnis vor Steuern abzustimmen. Grundsätzlich sind die hierfür geltenden Regelungen des § 198 Abs 9 und 10 ausreichend, weswegen die im Jahresabschluss ausgewiesenen latenten Steuern idR auch in die Analyse übernommen werden.

In manchen Fällen stellt sich jedoch die Frage, ob die Ausnahmebestimmungen des Abs 10 Z 1–3 auch in der Analyse angewendet werden sollen, da deren Anwendung zu Verzerrungen führen kann (s bspw die Ausnahmebestimmung für PKW mit Anschaffungskosten über 40.000 €).

Es ist zu beachten, dass die Berücksichtigung aktiver und passiver latenter Ertragsteuern (Körperschaftsteuer) nur bei Kapitalgesellschaften erfolgt. Einzelunternehmen und Personengesellschaften unterliegen als Unternehmen keiner Ertragsteuer. Ertragsteuerpflichtig sind in diesem Falle der Inhaber bzw die Gesellschafter, deren Steuer aber nicht im Unternehmen erfasst wird.

Handelt es sich bei den Gesellschaftern ausschließlich um juristische Personen (andere Kapitalgesellschaften), erscheint es aus Vergleichsgründen zweckmäßig, die auf deren Gewinnanteile entfallende Körperschaftsteuer analysemäßig schon in der Personengesellschaft zu berücksichtigen.

Kapitalgesellschaften unterliegen grundsätzlich einem Körperschaftsteuersatz von 25 %. Das UGB untersagt eine **Abzinsung der latenten Steuern** in der Bilanz. Da die Schätzungen des tatsächlichen zeitlichen Anfalles für den Analytiker kaum zu verlässlichen Ergebnissen führen, wird auch in der Analyse, wenngleich der Barwert der betriebswirtschaftlich zutreffendere Wert wäre, idR auf die **Abzinsung der Steuerlatenz verzichtet.**

Im Rahmen der Bilanzanalyse sind latente Steuern jedenfalls als langfristig zu qualifizieren.

2.222 Rechnungsabgrenzungsposten

Rechnungsabgrenzungsposten dienen der Periodenreinheit. Da sie **weder kurz- noch langfristig** zahlungswirksam sind, besteht kein Hindernis, sie gegen ein Eigenkapitalkonto aufzulösen. Der Effekt ist, dass die Eigenkapitalverminderung bzw -erhöhung zeitlich vorgezogen wird.

Das **Disagio** ist ebenso – wie auch die anderen Rechnungsabgrenzungsposten – die Aktivierung einer geleisteten Aufwandszahlung für eine spätere Periode. Es wird daher in gleicher Weise wie die Rechnungsabgrenzungen behandelt.

2.223 Derivativer Firmenwert

Problematisch kann die Behandlung des aktivierten Firmenwertes sein. Ein Firmenwert kann in der UGB-Bilanz einer Kapitalgesellschaft in folgenden Fällen ausgewiesen werden:

- Erwerb eines Einzelunternehmens, das in der Kapitalgesellschaft aufgeht.
- Erwerb aller Anteile an einer Personengesellschaft, die in der Kapitalgesellschaft aufgeht.
- Erwerb des Betriebes oder Teilbetriebes eines anderen Unternehmens, gleichgültig welcher Rechtsform.
- Erwerb eines Betriebes oder Teilbetriebes durch Umgründung, insbesondere durch
- Verschmelzung, Spaltung oder Einbringung unter Ansatz des beizulegenden Wertes gem § 202 Abs 1 oder zur Vermeidung eines Buchverlustes nach § 202 (Abs 2 Z 2 und 3).

- Die Kapitalgesellschaft ist aus einer Einbringung eines Einzelunternehmens bzw einer Personengesellschaft oder durch andere Umgründung eines Unternehmens, in deren Bilanz bereits ein Firmenwert ausgewiesen war, entstanden.

In den Fällen, in denen alle oder ein Teil der Anteile an einer anderen Kapitalgesellschaft erworben wurden (share deal), erscheint der Kaufpreis hierfür in der Bilanz des Erwerbers als **Beteiligung**, wobei diese das (anteilige) buchmäßige Eigenkapital des erworbenen Unternehmens, etwaige vorhandene stille Reserven und den Firmenwert enthält. Die **Beteiligung** ist jedoch kein abnutzbarer Gegenstand des Anlagevermögens; sie wird idR daher nur dann abgeschrieben, wenn eine Wertminderung, etwa infolge eines Ertragseinbruches beim beteiligten Unternehmen, aufgetreten ist. Das Gleiche gilt für den Erwerb eines Anteils an einer Personengesellschaft.

Während im Falle des **Bestehens einer Beteiligung** kein Zweifel über ihre Aufnahme als Vermögensgegenstand besteht, da hier ein selbständiger, verkehrsfähiger Vermögensgegenstand vorliegt, der einen eigenen Ertrag abwirft, stellt sich das Problem des **Firmenwertes** in einem anderen Licht.

Während die Beteiligung sowohl den Substanzwert als auch den kapitalisierten Ertrag des die Beteiligung repräsentierenden Unternehmens umfasst, enthält der Firmenwert lediglich den kapitalisierten Ertrag.

Im Unterschied zur Beteiligung ist der **Firmenwert** der Ausdruck der (im Kaufpreis abgegoltenen) zukünftigen Erträge eines ursprünglich selbständigen und **nunmehr in das Unternehmen eingegliederten Betriebes oder Teilbetriebes. Die im UGB verlangte Abschreibung desselben soll die vorausbezahlten** Erträge neutralisieren.

Für den Analytiker bedeutet dies, dass sowohl der Firmenwert als auch seine Abschreibung aus den Bilanzen ausgeschieden werden. Die Alternative wäre, sowohl den Firmenwert als auch seine Abschreibung in der Bilanz zu belassen. Nur die Abschreibung auszuscheiden bzw nicht anzusetzen, wie dies etwa im Rahmen der Bilanzierung nach IFRS geschieht, halten die Verfasser für falsch, da es dadurch zu einem zu hohen Eigenkapitalausweis kommt.

2.224 Aktivierungsverbot für nicht entgeltlich erworbene immaterielle Gegenstände des Anlagevermögens

Immaterielle Vermögensgegenstände des Anlagevermögens, die nicht entgeltlich erworben wurden, unterliegen gem § 197 Abs 2 einem Aktivierungsverbot. Diesem ist im Zuge der Jahresabschlussanalyse nicht zu folgen. Eine entsprechende Bereinigung wird jedoch bei einer externen Jahresabschlussanalyse regelmäßig am Informationsdefizit des Analytikers scheitern.

2.23 Behandlung der stillen Reserven und stillen Lasten

Die Bilanz ist auf etwaige stille Reserven zu untersuchen. Anknüpfungspunkte hierfür wären bspw jährlich (nicht einmalig) stattfindende gewinnerhöhende Auflösungen von Rückstellungen sowie ein gegenüber dem Durchschnitt anderer Unternehmen der gleichen Branche erheblich höherer Abschreibungssatz für die planmäßige Abschreibung des abnutzbaren Anlagevermögens (ersichtlich aus dem Anlagenspiegel gem § 226).

Ferner bieten auch die für Kapitalgesellschaften erforderlichen Anhangangaben zu derivativen Finanzinstrumenten eine Möglichkeit zur Aufdeckung stiller Reserven.

Grundsätzlich sollte beachtet werden, dass aufgedeckte stille Reserven in der Ertragskraft der aufgewerteten Vermögensgegenstände ihre Deckung finden müssen; dh, dass zukünftige, von den aktivierten Beträgen verursachte Abschreibungen oder sonstige Verbrauchsdaten durch die zukünftigen Erträge aus diesen Vermögensgegenständen gedeckt sein müssen.

Bei der Berücksichtigung der stillen Reserven ist weiters zu bedenken, dass diese nicht zur Gänze dem Eigenkapital zuzuweisen sind, sondern latente Steuerschulden enthalten, die zum Fremdkapital gehören.

Zu niedrig angesetzte Passivposten (zB Pensionsrückstellungen) sind, soweit es um die Ermittlung statischer Kennzahlen (zB Verschuldungsgrad) geht, in ihrer richtigen Höhe anzusetzen.

2.24 Leasing

Der Darstellung von nicht zur Aktivierung des Leasinggegenstandes beim Leasingnehmer führenden Leasingverhältnissen wird im UGB insoweit Rechnung getragen, als Verpflichtungen aus der Nutzung von in der Bilanz nicht ausgewiesenen Sachanlagen im Anhang gem § 238 Abs 1 Z 14 anzugeben sind, wobei der Betrag der Verpflichtungen des folgenden Jahres und der Gesamtbetrag der folgenden fünf Jahre anzugeben ist.

Diese Bestimmung war wegen des zunehmenden Anteiles der über Leasing finanzierten Investitionen notwendig geworden, da mit Eingehen einer Finanzierungsleasingverpflichtung langfristig laufende Zahlungsverpflichtungen übernommen werden, denen sich das Unternehmen nicht entziehen kann.

Dies gilt allerdings auch für Operatingleasing-Verhältnisse, die einer Kündigungsfrist von mehr als einem Jahr unterliegen.

Unterstützt durch die Bestimmungen des Steuerrechts, aber auch durch den Einfluss internationaler Rechnungslegungsbestimmungen (IAS 17 bzw zukünftig noch mehr durch IFRS 16) und die ausdrückliche Kodifizierung der wirtschaftlichen Betrachtungsweise in § 196a Abs 1, ist die Aktivierung der im Finanzleasing geleasten Gegenstände beim Leasingnehmer auch im Anwendungsbereich des UGB keinesfalls ausgeschlossen, sondern in zahlreichen Fällen gefordert.

So ist bspw gem den österreichischen Einkommensteuerrichtlinien (Rz 137.3) das Leasinggut dem Leasingnehmer zuzurechnen und damit bei diesem aktivierungspflichtig, wenn dieser bei einer Grundmietzeit zwischen 40 und 90 % der betriebsgewöhnlichen Nutzungsdauer eine vertraglich vereinbarte Kaufoption gegen Leistung eines wirtschaftlich nicht angemessenen Entgeltes hat.

IAS 17.8 stuft ein Leasingverhältnis dann als **Finanzierungsleasing** und damit als beim Leasingnehmer aktivierungspflichtig ein, wenn es im Wesentlichen alle Risiken und Chancen, die mit dem Eigentum verbunden sind, an diesen überträgt. IFRS 16.9 definiert das Leasingverhältnis als Vertrag, der dazu berechtigt, die Nutzung eines identifizierten Vermögenswerts gegen Zahlung eines Entgelts für einen bestimmten Zeitraum zu kontrollieren, mit der Folge, dass der Leasingnehmer einen Vermögenswert für das gewährte Nutzungsrecht aktivieren muss und korrespondierend eine Leasingverbindlichkeit zu erfassen hat.

Sind **geleaste Anlagen** aus welchen Gründen auch immer nicht aktiviert worden, verbleibt der Ausweis der Zahlungsverpflichtungen wie oben angeführt im Anhang. Der Analytiker hat in diesem Fall zu entscheiden, ob aus betriebswirtschaftlicher Betrachtung nicht doch eine Aktivierung ein besseres Bild von der Vermögens- und Ertragslage, insbesondere aber auch von der Anlagenintensität, gäbe als die tatsächlich getroffene Vorgangsweise. Handelt es sich um eine externe Bilanzanalyse, hat der Analytiker keinerlei Möglichkeit festzustellen, wie weit es sich um Finanzierungs- oder Operatingleasing handelt, da im Anhang nur die Summe der Verpflichtungen aus der Nutzung von in der Bilanz nicht ausgewiesenen Sachanlagen des folgenden Geschäftsjahres und der Gesamtbetrag der folgenden fünf Jahre ausgewiesen sind. Die Diskontierung der ausgewiesenen Zahlungsverpflichtungen führt ebenfalls zu keinem befriedigenden Ergebnis.

Der **wesentliche Erkenntnisunterschied** der Aktivierung zur Nichtaktivierung von Leasingverhältnissen liegt in der Feststellung einer höheren Anlagenintensität und einer höheren Verschuldung. In der Gewinn- und Verlustrechnung werden Aufwendungen statt Zahlungsvorgänge ausgewiesen.

Auf Grund dieser Tatsachen wird der externe Analytiker idR die Leasingverhältnisse in der Form in die Analyse übernehmen, wie sie bilanzmäßig dargestellt sind. Nehmen die Leasingverhältnisse aber einen größeren Umfang ein oder sind sogar wesentlich, zB im Verhältnis zu den Abschreibungen im Unternehmen oder im Bezug zu anderen Unternehmen der Branche, wird der Analytiker in seiner Analyse zumindest verbal Stellung nehmen.

Darüber hinaus wäre auch eine Bereinigung des Anlagenspiegels, dh Aufnahme der geleasten Anlagengegenstände in denselben, erforderlich. Eine solche Bereinigung scheitert jedoch an den Informationsdefiziten des externen Analytikers, etwa hinsichtlich der Anschaffungskosten.

2.25 Umgliederungen

2.251 Die Fristigkeit des Vermögens und der Passiva

Im Rahmen der Aufbereitung werden die unterschiedlichen Bilanzpositionen je nach ihren Fristigkeiten zusammengefasst, bis die Bilanz nur mehr aus folgenden Größen besteht:

AKTIVA	PASSIVA
(Bereinigtes) langfristiges Vermögen	(Bereinigtes) Eigenkapital
(Bereinigtes) Kurzfristiges Vermögen	(Bereinigtes) Langfristiges Fremdkapital
	(Bereinigtes) Kurzfristiges Fremdkapital

Die Fristigkeit sowohl des Vermögens als auch des Kapitals kann im Rahmen der Analyse nur grundsätzlich auf **das Jahr** abgestellt werden, da einerseits nähere Angaben fehlen und andererseits die unmittelbare Liquidität für die Analyse wegen des zeitlichen Abstandes vom Bilanzstichtag keine Rolle mehr spielt. Die sich aus der Fristigkeit des Vermögens und der Schulden im Rahmen der Jahresabschlussanalyse ergebende Liquidität kann daher nur grundsätzlich festgestellt werden. Die Entwicklung über mehrere Jahre zeigt allerdings, ob sich die Liquiditätslage eines Unternehmens verbessert oder verschlechtert hat.

2.251.1 Fristigkeit des Vermögens

Die **Fristigkeit eines Vermögensgegenstandes** ist jener Zeitraum, innerhalb dessen dieser realisiert, dh „zu Geld gemacht" werden kann, wobei nicht nur die Zeit, sondern auch der realisierbare Geldbetrag zu beachten ist.

Die **Frage der Fristigkeit** ist gleichlaufend mit der Regelung im UGB dahingehend zu lösen, dass alle Vermögensgegenstände so weit als kurzfristig zu klassifizieren sind, als deren Restlaufzeit ein Jahr nach dem Bilanzstichtag nicht übersteigt.

Anlagevermögen wird idR als langfristig eingestuft, es sei denn, es ist im folgenden Geschäftsjahr mit der Realisierung einzelner Gegenstände des Anlagevermögens zu rechnen. Dies gilt bspw bei langfristigen Darlehen für die Rückzahlungsbeträge oder bei Versicherungsverträgen für die Auszahlungsbeträge, die im Folgejahr fällig werden.

Umlaufvermögen wird idR als kurzfristig eingestuft.

Die Feststellung der Fristigkeit bietet bei **Forderungen** keine Schwierigkeit, da in der Bilanz die über ein Jahr hinauslaufende Fälligkeit angegeben werden muss. Sonstige unter dem Posten Forderungen und sonstige Vermögensgegenstände ausgewiesene Beträge sind im Anhang zu erläutern, wenn diese Information wesentlich ist (§ 225 Abs 3).

Schwierigkeiten gibt es bei der Feststellung der **Fristigkeit der Vorräte**, da es hier keine Fristigkeitsangaben gibt. Hier kann der Analytiker im Wesentlichen nur auf die **Umschlagshäufigkeit** zurückgreifen. Ist diese, bezogen auf ein Jahr, größer als 1, was idR der Fall ist, werden die Vorräte dem kurzfristigen Vermögen zugerechnet. Allerdings bietet die Feststellung der Umschlagshäufigkeit bei Anwendung des Gesamtkostenverfahrens gewisse Schwierigkeiten (s dort).

Rechnungsabgrenzungen sind weder kurz- noch langfristig zahlungswirksam. Sie werden jedoch idR, falls sie nicht ohnehin im Zuge der Bilanzbereinigung ausgeschieden werden, dem kurzfristigen Vermögen zugeordnet.

Aktive latente Steuern werden typischerweise dem langfristigen Vermögen zugeordnet.

Bestehen Zweifel an der Frist der Fälligkeit, sind Vermögensgegenstände dem **langfristigen Vermögen** zuzuordnen.

2.251.2 Die Fristigkeit des Fremdkapitals

Die **Fristigkeit des Fremdkapitals** spielt für die Zahlungsfähigkeit des Unternehmens eine wesentliche Rolle. Wie auch beim Vermögen gelten alle Beträge mit einer Fälligkeit oder Restlaufzeit von weniger als einem Jahr als kurzfristig.

Im Hinblick auf die Verbindlichkeiten (§ 224 Abs 3 C) bestehen für den Bilanzanalytiker keine Probleme, da gem § 225 Abs 6 bei allen Verbindlichkeiten die Restlaufzeit bis zu einem Jahr jedenfalls anzumerken ist.

Schwierigkeiten können sich bei den Rückstellungen (§ 224 Abs 3 B) ergeben. Treten Zweifel bzw Unklarheiten bezüglich der Restlaufzeit auf, sollte im Interesse einer eher vorsichtigen Analyse eine Zuweisung dieses Postens zum kurzfristigen Fremdkapital erfolgen.

Fristigkeiten des Fremdkapitals:

Posten laut unternehmensrechtlicher Bilanz	Fristigkeit
Rückstellungen	
Abfertigungsrückstellung (C1)	IdR langfristig. Anhaltspunkte geben jedoch die gem § 239 Abs 1 Z 2 und 3 zu leistenden Angaben sowie die jährliche Veränderung der Abfertigungsrückstellung.
Pensionsrückstellung (C2)	IdR langfristig. Der kurzfristige Anteil ist für den externen Analytiker kaum feststellbar. Anhaltspunkte geben jedoch die gem § 239 Abs 1 Z 2 und 3 zu leistenden Angaben sowie die jährliche Veränderung der Pensionsrückstellung.
Steuerrückstellungen(C3)	Diese gelten idR als kurzfristig, es sei denn, klare Aussagen im Anhang sprechen für das Gegenteil.
Latente Steuern (C3)	Grundsätzlich langfristig.
Sonstige Rückstellungen (C 4)	Wenn nicht aus den Anhangangaben Fristen abgeleitet werden können, sind die sonstigen Rückstellungen zur Gänze dem kurzfristigen Fremdkapital zuzuweisen.
Jubiläumsrückstellungen	IdR langfristig mit Anmerkung zu den oben angeführten Personalrückstellungen.
Verbindlichkeiten	
Verbindlichkeiten (D 1–8)	Soweit Restlaufzeiten bis zu einem Jahr gegeben sind, ist der Betrag zwingend in der Bilanz anzumerken.
Rechnungsabgrenzungsposten (E)	IdR kurzfristig; sie sind aber weder kurz- noch langfristig zahlungswirksam.

2.251.3 Die Fristigkeit des Eigenkapitals

Das bereinigte Eigenkapital ergibt sich normalerweise als Saldo aus dem berichtigten Vermögen und dem Fremdkapital. Eigenkapital ist dem Grunde nach **langfristig**.

Zu beachten ist, dass zur **Ausschüttung bestimmte Gewinnanteile** im Zuge der Jahresabschlussanalyse dem **kurzfristigen Fremdkapital** zuzuweisen sind. Für die Entscheidung zur Umgliederung ist nicht unbedingt ein bestehender Beschluss der Organe notwendig. Für den Analytiker genügt die bisherige Übung, wobei aber gleichbleibende Ertragsverhältnisse wie in den Vorjahren gegeben sein sollten.

2.26 Saldierungen

2.261 Liquide Mittel mit täglich fälligen Bankverbindlichkeiten

Liquide Mittel (täglich fällige Bankguthaben) können mit den täglich fälligen Bankverbindlichkeiten (Bankkontokorrentkrediten) saldiert werden, da ihre Höhe zum Bilanzstichtag vielfach zufälligen Charakter trägt und die liquiden Mittel jederzeit zur Rückzahlung dieser täglich fälligen Bankverbindlichkeiten herangezogen werden können. Aufgrund des idR auftretenden Informationsdefizits hinsichtlich der Höhe der täglich fälligen Bankverbindlichkeiten können vereinfachend die im Verbindlichkeitenspiegel dargestellten kurzfristigen Bankverbindlichkeiten zur Saldierung mit den liquiden Mitteln herangezogen werden.

2.262 Erhaltene Anzahlungen auf Bestellungen

Erhaltene Anzahlungen auf Bestellungen sind insoweit offen von den Vorratsposten abzusetzen, als bereits entsprechende Aufwendungen angefallen sind, die zum Bilanzstichtag ihren Niederschlag in den Vorräten gefunden haben. Sollte diese Saldierung nicht bereits durch den Bilanzaufsteller entsprechend § 225 Abs 6 erfolgt sein, kann dies aufgrund des gesonderten Ausweises dieser Anzahlungen durch den Analysten erfolgen.

2.263 Aktiva zur Deckung bestimmter Fremdkapitalposten

Unterschiedliche Ansichten bestehen in der Behandlung der (realisierbaren) Aktiven, die zur Deckung bestimmter Fremdkapitalposten dienen; hierzu gehören bspw die Wertpapierdeckung oder der Kapitalwert der Rückdeckungsversicherung für Pensionsrückstellungen. Für die Darstellung statischer Kennzahlen, die zur Bestimmung der Vermögens- und Kapitalstruktur herangezogen werden, erscheint eine Saldierung durchaus angebracht, da diese Wertpapiere zweckbestimmt sind und bei Abbau der Verpflichtungen idR ebenfalls abgebaut werden. Erforderlich ist allerdings die Kongruenz hinsichtlich Fälligkeit und Höhe der Pensionsverpflichtung und der Rückdeckungsversicherung. Durch die Saldierung kommt es zu einer höheren Eigenkapitalquote.

2.3 Die Aufstellung der bereinigten Bilanz

2.31 Bereinigung der Aktiv-Seite

Das bereinigte Vermögen ergibt sich auf Grundlage folgender Rechnung:

	Unternehmensrechtliches Vermögen
	Anpassung der Werte
+	Bilanzansatz der nicht aktivierten selbst erstellten immateriellen Vermögensgegenstände[1]
+	Aktivierung der geringwertigen Vermögensgegenstände, soweit Informationen vorhanden sind
+	Sonstige Stille Reserven im unternehmensrechtlichen Vermögen
−	Sonstige Stille Lasten im unternehmensrechtlichen Vermögen[2]
+	Barwert der zukünftigen Leasingverpflichtungen im Falle von betriebswirtschaftlichem Finanzierungsleasing, das unternehmensrechtlich als Miete bilanziert wurde **(gilt nur für den internen Analytiker)**
±	Anpassung der latenten Steuern auf die geänderten Vermögenswerte)[3]
	Saldierungen
−	Liquide Mittel bis zur Höhe der kurzfristigen Verbindlichkeiten gegenüber Kreditinstituten
−	Vorratsposten bis zur Höhe der diese betreffenden passivierten erhaltenen Anzahlungen auf Bestellungen
−	Sonstige Aktivposten, die der Deckung bestimmter Passivposten dienen
=	**bereinigtes Vermögen**
−	Kurzfristig gebundenes Vermögen (Vermögensbestandteile, deren Restlaufzeit ein Jahr beträgt)
=	Langfristig gebundenes Vermögen (Vermögensbestandteile, deren Restlaufzeit mehr als ein Jahr beträgt)

[1] Soweit erkennbar, werden selbst erstellte immaterielle Vermögensgegenstände des Anlagevermögens im Rahmen der Jahresabschlussanalyse aktiviert. Die darauf lastenden Ertragsteuern werden unter dem (langfristigen) Fremdkapital angesetzt. Die nicht aktivierten immateriellen Vermögensgegenstände werden bei externen Jahresabschlussanalysen idR nicht, wohl aber bei internen Analysen festgestellt werden können.

[2] Die stillen Lasten werden zur Gänze vom Vermögen abgezogen; die dadurch entfallenden Ertragsteuern werden den aktiven latenten Steuern zugezählt. Eine Saldierung in der Form, dass die stillen Lasten nur mit dem Nettobetrag nach Steuern (75 %) abgezogen werden, ist deswegen zu vermeiden, weil sich stille Lasten sowohl im Anlage- als auch im Umlaufvermögen befinden können, die darauf lastende latente Ertragsteuer aber jedenfalls langfristig ist.

2.32 Bereinigung der Passiv-Seite
2.321 Fremdkapital

	Unternehmensrechtliches Fremdkapital
	Anpassung der Werte
–	Sonstige Stille Reserven im unternehmensrechtlichen Fremdkapital
+	Sonstige Stille Lasten im unternehmensrechtlichen Fremdkapital
±	Anpassung der passiven latenten Steuern auf die geänderten Schulden[3]
	Saldierungen
–	Liquide Mittel bis zur Höhe der kurzfristigen Verbindlichkeiten gegenüber Kreditinstituten
–	Vorratsposten bis zur Höhe der diese betreffenden passivierten erhaltenen Anzahlungen auf Bestellungen
–	Sonstige Aktivposten, die der Deckung bestimmter Passivposten dienen
+	**Umgliederung** des auszuschüttenden Gewinnes auf kurzfristiges Fremdkapital
=	**Bereinigtes Fremdkapital**
–	Kurzfristig gebundenes Fremdkapital (Fremdkapitalbestandteile, deren Restlaufzeit unter ein Jahr beträgt)
=	Langfristig gebundenes Fremdkapital (Fremdkapitalbestandteile, deren Restlaufzeit mehr als ein Jahr beträgt)

[3] Die latenten Ertragsteuern in Höhe von 25 % werden dem (langfristigen) Fremdkapital bzw Vermögen zugezählt.

2.322 Eigenkapital

	Unternehmensrechtliches Eigenkapital
	Anpassung der Werte
+	Aufgedeckte Stille Reserven im Vermögen und Fremdkapital abz latente Steuer
–	Stille Lasten im Vermögen und Fremdkapital abz latente Steuer
–	Ausgeschiedene Vermögensbestandteile, wie etwa Firmenwert oder Rechnungsabgrenzungsposten
+	Ausgeschiedene Fremdkapitalbestandteile, wie etwa Rechnungsabgrenzungsposten
–	**Umgliederung** des auszuschüttenden Gewinnes auf kurzfristiges Fremdkapital
	Saldierungen
	Berichtigtes Eigenkapital (idR langfristig)

2.4 Bereinigung und Aufbereitung der Gewinn- und Verlustrechnung

2.41 Korrekturen im Einklang mit Bereinigungen der Vermögensbilanz

Korrespondierend zu den Bereinigungen der Bestandsgrößen ist auch die Gewinn- und Verlustrechnung zu bereinigen. Dabei ist darauf zu achten, dass Veränderungen in den Vermögensbeständen häufig mit den entsprechenden Folgewirkungen in der Gewinn- und Verlustrechnung verbunden sind.

Als Beispiele hierfür können angeführt werden:

- Die Aktivierung bzw Passivierung latenter Steuern führt zu einem geänderten Ertragsteueraufwand.
- Die Aktivierung selbst erstellter immaterieller Vermögensgegenstände des Anlagevermögens erhöht, soweit die Aktivierung Vorjahresleistungen betrifft, unmittelbar das Eigenkapital und, soweit sie das laufende Geschäftsjahr betrifft, die aktivierten Eigenleistungen und in beiden Fällen die (laufenden bzw) zukünftigen Abschreibungen.
- Die Saldierung liquider Mittel und kurzfristiger Bankverbindlichkeiten führt zur Saldierung der anteiligen Zinserträge und Zinsaufwendungen.
- Die Saldierung sonstiger Aktiva und Passiva führt zur Saldierung der damit zusammenhängenden Erfolgsposten.
- Die Aufdeckung stiller Reserven im abnutzbaren Anlagevermögen bringt (auch für die Folgejahre) zusätzliche Abschreibungen mit sich.
- Das Ausscheiden von Anlagevermögensgegenständen aus der Bilanz bringt häufig die Verminderung vorhandener Abschreibungen mit sich.

Falls die Rechnungsabgrenzungen ausgeschieden werden, ist darauf zu achten, dass die darauf entfallenden Aufwendungen bzw Erträge ebenfalls nicht mehr anfallen.

Da der Zeitvergleich ein wesentlicher Bestandteil einer Jahresabschlussanalyse ist, da sich aussagekräftige Daten nur bei Auswertung mehrerer Jahresabschlüsse ergeben, müssen auch die Gewinn- und Verlustrechnungen der Vergleichsjahre entsprechend den Bilanzen bereinigt werden.

2.42 Außerordentliche Erträge und Aufwendungen

Der einzige Hinweis im Jahresabschluss auf außergewöhnliche Erträge und Aufwendungen befindet sich im Anhang, da der Bilanzierende gem § 237 Abs 1 Z 4 den Betrag und die Wesensart der einzelnen Ertrags- oder Aufwandsposten von außerordentlicher Größenordnung oder von außerordentlicher Bedeutung im Anhang anzugeben hat.

Bei Auftreten derartiger Aufwendungen oder Erträge hat der Analytiker zunächst zu untersuchen, ob sich diese Posten für die Zukunft negativ oder positiv auf das analysierte Unternehmen auswirken. In diesem Fall hat er eventuelle Folgewirkungen (zB Auswirkungen auf den künftigen Cashflow) in seiner Analyse zu berücksichtigen. Ist dies nicht der Fall, hat er festzustellen, ob diese Posten nur einmaligen Charakter tragen oder in größerem oder kleinerem Umfang periodisch wiederkehren. Handelt es sich um einmalige Vorkommnisse ohne Wahrscheinlichkeit einer Wiederholung, werden diese Aufwendungen und Erträge aus der Erfolgsrechnung herausgenommen

Als Unterlage für seine Entscheidungen dienen dem Analytiker die Angaben im Anhang über die Wesensart und Bedeutung dieser Beträge. Zur Beantwortung der Frage nach der Einmaligkeit kann er in die Erfolgsrechnungen mehrerer Jahre Einblick nehmen.

2.43 Sonstige unregelmäßige/außerplanmäßige Erträge und Aufwendungen

Um den planmäßigen, regelmäßig wiederkehrenden Erfolg von den eher einmaligen Ereignissen abzugrenzen, empfiehlt sich insbesondere eine Analyse der GuV-Posten (§ 231 Abs 2 Z 4 bzw Abs 3 Z 6) sowie eine gesonderte Erfassung der außerplanmäßigen Abschreibungen.

3. Kennzahlen in der Jahresabschlussanalyse

Den Kern der klassischen Jahresabschlussanalyse bildet die Ermittlung verschiedenster Kennzahlen, um die Fülle an Informationen des Jahresabschlusses auf wenige Zahlen zu aggregieren und bestimmte Aussagen daraus abzuleiten.

Der Einteilung **Coenenbergs** (*Coenenberg/Haller/Schultze*, Jahresabschluss und Jahresabschlussanalyse[23], S 1019) folgend, werden die Kennzahlen nachfolgend in finanzwirtschaftliche (Investition, Finanzierung und Liquidität) und erfolgswirtschaftliche Kennzahlen (Ertragskraft) eingeteilt.

Die **finanzwirtschaftliche Analyse** umfasst im Wesentlichen die

- Investitionsanalyse oder auch Analyse der Vermögensstruktur,
- Finanzierungsanalyse bzw Analyse der Kapitalstruktur und die
- Liquiditätsanalyse bzw Analyse der horizontalen Bilanzstruktur.

Die **erfolgswirtschaftliche Analyse** hingegen dient der Analyse

- des Ergebnisses,
- der Erfolgsstruktur,
- der Rentabilität,
- der Wertschöpfung.

Eine zunehmend gebräuchliche Einteilung ist außerdem die Gliederung der Kennzahlen nach **Gewinn- (Rentabilitäts-)Kennzahlen** und nach **Risikokennzahlen**. Während Gewinnkennzahlen im Hinblick auf die Ertragslage Aussagen treffen, erwartet man von den Risikokennzahlen Aussagen in Bezug auf die Risikolage des Unternehmens. Diese Einteilung wird in starkem Ausmaß in zukunftsbezogenen Analysen vorgenommen.

In den nachfolgenden Abschnitten werden die kennzahlengestützte Analyse zuerst theoretisch erläutert und etwaige Formeln in ihrer Grundform dargestellt. Im Kapitel 7 befindet sich ein ausführliches Fallstudienbeispiel, das auch die Berechnung der hier erläuterten Kennzahlen inkludiert.

3.1 Finanzwirtschaftliche Bilanzanalyse

3.11 Investitionsanalyse

Bei der **Investitionsanalyse** handelt es sich um eine vertikale Strukturanalyse der **Aktivseite der Bilanz**, die den Zweck verfolgt, einen Überblick über die **Art und Zusammensetzung des Vermögens** und ein aussagekräftiges Bild über die **Entwicklung der Vermögenslage** zu geben. Untersuchungsobjekt ist demnach die **Mittelverwendung** des eingesetzten Kapitals. Dabei ist neben Art und Zusammensetzung auch von Interesse, wie lang die Mittel vermögensseitig gebunden sind, um später Schlüsse über die Liquiditätssituation treffen zu können. Untenstehende Abbildung zeigt grau hinterlegt jenen Teil der Bilanz, der das Analyseobjekt dieses Kapitels darstellt:

Bilanz

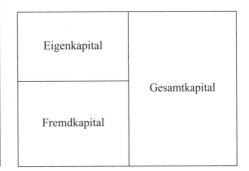

Die **Vermögensstruktur** gibt dabei **Aufschluss über die Flexibilität**, mit der das Unternehmen auf Veränderungen reagieren kann. Sind Vermögenswerte langfristig gebunden und nicht sofort liquidierbar, so entstehen zB leistungswirtschaftliche Risiken im Zusammenhang mit Absatzeinbrüchen. Außerdem lassen sich mittels Vermögensstrukturanalyse **Aussagen über das Wachstumspotential** eines Unternehmens treffen, indem die **Investitionspolitik** untersucht wird. Bei der Ermittlung von Vermögensstrukturzahlen ist zu beachten, dass die Vermögensstruktur durch den Geschäftszweig (Branche), die Betriebsgröße, die angewendeten Fertigungsverfahren, Außer-Haus- oder Im-Haus-Fertigung, die Finanzierungsform (Kauf oder Leasing), das Alter der Anlagen und in nicht unerheblichem Maße auch durch Bilanzpolitik bestimmt wird. Bei **überbetrieblichen Vergleichen** sollte daher mit Vorsicht vorgegangen und auf Vergleichbarkeit geachtet werden. Vermögensstrukturzahlen sind besonders im innerbetrieblichen **Zeitvergleich** von guter Aussagekraft, da – unter Beachtung anderer Indikatoren – **Veränderungen der Vermögensstruktur** Hinweise auf Betriebserweiterung bzw -rationalisierung oder Änderungen in der Betriebstätigkeit geben können. Um handfeste Aussagen treffen zu können, sind zusätzlich unterschiedliche Nebenfeststellungen zu treffen:

- Hat sich die **Tätigkeit** des Unternehmens **gewandelt**? Aussagen hierzu finden sich im Lagebericht (§ 243) und im Anhang über die Zusammensetzung des Umsatzes nach Tätigkeitsbereichen und der geografischen Verteilung des Umsatzes (§ 240).

- Will man aus der **Anlagenintensität** bzw der **Vorräte-** und **Forderungsintensität** Schlüsse irgendwelcher Art ziehen, muss man darüber hinaus beachten, ob ein **saisonabhängiges oder nicht saisonabhängiges Unternehmen** analysiert wird, da sich die Vermögensstruktur zu Beginn und am Ende der Saison bzw während und nach der Saison sehr stark unterscheidet. Die Vorräte werden normalerweise zu Beginn der Saison immer am höchsten sein.
- Will man durch **Zeitvergleich** die Entwicklung einzelner Vermögensposten feststellen, spielt die Frage der Saison keine so große Rolle; man muss jedoch darauf achten, immer **denselben Jahreszeitpunkt** zum Vergleich heranzuziehen.
- Bei Unternehmen mit starker **Leasingfinanzierung** spielt diese im Rahmen der Investitionsanalyse eine wesentliche Rolle. Ist der leasingfinanzierte Anteil am Anlagevermögen gestiegen? Anhaltspunkte ergeben sich aus Veränderungen in der Miet- und Leasingbelastung des Unternehmens (§ 238 Abs 1 Z 14).

3.111 Intensitätskennzahlen

Zu Beginn der Investitionsanalyse bietet sich die Ermittlung sog Intensitätskennzahlen an. Dabei handelt es sich um Verhältniskennzahlen, die den prozentuellen Anteil einzelner Vermögensteile am Gesamtvermögen darstellen. Unter dem Gesichtspunkt der Fristigkeit ist vor allem die Anlagenintensität zu nennen, die aufzeigt, wie viel Prozent des Gesamtvermögens langfristig gebunden sind. Eine hohe **Anlagenintensität** deutet einerseits auf relativ hohe Fixkosten und geringe Flexibilität hin. Allerdings ist bei dieser Aussage besonders auf die Branchenzugehörigkeit des Unternehmens zu achten. Zum Anlagevermögen selbst gehören gem § 224 Abs 2 A die immateriellen Vermögensgegenstände, die Sachanlagen und die Finanzanlagen. Für (produzierende) Industrieunternehmen bietet sich daher auch die Ermittlung der Sachanlagenintensität an, die nur einen der Posten miteinbezieht. Diese Sachanlagen sind für den Produktionsprozess von besonderer Bedeutung und eine steigende **Sachanlagenintensität** gilt vor allem im Hinblick auf die Liquidität des Unternehmens als problematisch, da Sachanlagen idR sehr schwer zu liquidieren sind. Es sollte jedoch bereits hier darauf hingewiesen werden, dass nicht auf Basis einer einzigen Kennzahl voreilig Schlüsse gezogen werden dürfen. Es wäre an dieser Stelle denkbar, dass durch Rationalisierung der Vorratsbestände das Gesamtvermögen bei gleichbleibendem SAV sinkt und somit die Sachanlagenintensität steigt, was jedoch nicht auf eine Verschlechterung der Liquidität hindeutet. Um valide Aussagen im Rahmen der Bilanzanalyse treffen zu können, muss eine umfassendere Analyse stattfinden! Komplementär zur (Sach-) Anlagenintensität kann selbstverständlich auch der Anteil des kurzfristig im Unternehmen gebundenen Vermögens mittels der **Umlaufintensität** ermittelt werden.

$$\text{Anlageintensität} = \frac{\text{Anlagevermögen}}{\text{Gesamtvermögen}}$$

$$\text{Sachanlagenintensität} = \frac{\text{Sachanlagevermögen}}{\text{Gesamtvermögen}}$$

$$\text{Umlaufintensität} = \frac{\text{Umlaufvermögen}}{\text{Gesamtvermögen}}$$

Aus der Ermittlung dieser Intensitätskennzahlen lassen sich zwei allgemeine Aussagen ableiten, die jedoch keinesfalls allgemeingültig sind und daher immer anhand des konkreten Analyseobjektes betrachtet werden sollten:

- Je höher die Umlaufintensität, desto **flexibler** ist das Unternehmen aufgestellt. Das Vermögen ist relativ kurzfristig gebunden und kann schneller liquidiert werden. Es besteht demnach eine hohe Anpassungsfähigkeit bei Beschäftigungs- und Strukturänderungen, was in einer **verbesserten finanzwirtschaftlichen Stabilität** resultiert. Darüber hinaus ist der Fixkostenanteil aufgrund der kurzen Vermögensbindung relativ gering, wodurch ein **geringeres leistungswirtschaftliches Risiko** im Hinblick auf Auslastungsveränderungen besteht.

- Eine geringe Anlagenintensität kann idR auf zwei Sachverhalte zurückzuführen sein: Entweder liegt eine hohe **Kapazitätsauslastung** vor, welche als allgemeines Signal für eine **gute Ertragslage** gilt. Andererseits kann auch ein **hohes Alter** der zu fortgeführten Anschaffungs- und Herstellungskosten bewerteten Anlagen einen niedrigen Wert der Anlagenintensität bewirken.

3.12 Kennzahlen des (Sach-)Anlagenbereichs

Neben der Ermittlung von Intensitätskennzahlen ist es für Analysezwecke vor allem hilfreich, das Anlagevermögen im Detail zu untersuchen. Gem §§ 224 und 226 ist das Anlagevermögen **vertikal und horizontal zu gliedern**. Die Bedeutung der **vertikalen Gliederung** innerhalb der Bilanz liegt für den externen Leser vor allem im Erkennen der Leistungsschwerpunkte des Unternehmens. Die **horizontale Gliederung** im Anhang gem § 226 bringt besonders in Bezug auf den Erzeugungsbetrieb eine bedeutende Informationsverbesserung mit sich, da dem externen Leser die Anschaffungs- oder Herstellungskosten der genutzten Anlagen, Zu- und Abgänge zu Anschaffungs- oder Herstellungskosten, die kumulierten Abschreibungen, die Jahresabschreibungen sowie die Restwerte getrennt nach Anlagenkategorien kenntlich gemacht werden. Die Informationswirkung der horizontalen Gliederung liegt vor allem in der Möglichkeit der Feststellung der **Abschreibungs-** und **Investitionspolitik** des Unternehmens, der **Feststellung des Al-**

ters der Anlagen und daraus folgender möglicher **Reinvestitionserfordernisse** in den kommenden Jahren. Zusätzliche Informationen, die bei der Analyse des Anlagenbereiches zu berücksichtigen sind, ergeben sich aus folgenden gesetzlichen Vorschriften:

- Angabe der Verpflichtungen aus der Nutzung nicht in der Bilanz ausgewiesener Sachanlagen (**geleaste Anlagen**) gem § 238 Abs 1 Z 14.
- **Selbst erstellte Anlagen** gem § 231 Abs 2 Z 3. Diese Information entfällt allerdings bei Anwendung des Umsatzkostenverfahrens, da die aktivierten Eigenleistungen mit den Herstellungskosten saldiert sind.
- Erträge aus dem **Abgang des Anlagevermögens** gem § 231 Abs 2 Z 4a. Die Erträge zuzüglich der Buchwerte lt Anlagespiegel ergeben die Erlöse. Verluste sind im Posten § 231 Abs 2 Z 8 enthalten, allerdings kann sie der externe Analyst mangels Anhangsangabepflicht nicht erkennen, es sei denn, dass es sich um Beträge von außerordentlicher Größenordnung oder von außerordentlicher Bedeutung (§ 237 Abs 4 Z 4) handelt. Durch Feststellung der Buchwerte der abgegangenen Anlagen, vermindert um die Verluste, können, falls notwendig, die Erlöse aus den verlustbringenden Anlagenabgängen ermittelt werden.

Obwohl das Anlagevermögen gem § 224 Abs 2 A auch immaterielle Anlagen und Finanzanlagen ausweist, liegt das Hauptaugenmerk der Analyse auf dem Sachanlagevermögen. Hierbei sind vor allem die **Altersstruktur** der vorhandenen Sachanlagen sowie die **Investitions- und Abschreibungspolitik** von Interesse.

3.121 Sachanlagenabnutzungsgrad

Rein statisch betrachtet gilt der **Sachanlagenabnutzungsgrad** als verlässlicher Indikator für die Altersstruktur des SAV. Der Grundgedanke hinter der Altersstruktur ist die Annahme, dass mit modernen Fertigungsanlagen und -verfahren die Marktposition besser gesichert werden kann. Diese Kennzahl gibt außerdem über möglicherweise bevorstehende **Reinvestitionserfordernisse** und den damit verbundenen Kapitalbedarf Auskunft. Bei der Interpretation dieser Kennzahl ist auch die **Abschreibungsmethode**, erkenntlich aus den Angaben der Bilanzierungs- und Bewertungsmethoden gem § 236, zu berücksichtigen. Bei degressiver Abschreibung ist bspw die **kumulierte Abschreibung** bei gleichem Alter einer Anlage erheblich größer als bei linearer Abschreibung. Gleiches gilt für den Fall, dass in der Vergangenheit **außerplanmäßige Abschreibungen** vorgenommen wurden.

Die Daten für die Ermittlung der Kennzahl lassen sich aus dem Anlagenspiegel entnehmen. Für detaillierte Einblicke kann der Sachanlagenabnutzungsgrad auf die einzelnen Anlagenkategorien bezogen werden, wobei es dem externen Analysten allerdings nicht möglich ist, Informationen über einzelne Anlagen zu gewinnen. Je höher der Abnutzungsgrad, desto älter sind die Sachanlagen im Schnitt und desto mehr Investitions- bzw Modernisierungsbedarf besteht potentiell.

$$\text{Sachanlagenabnutzungsgrad} = \frac{\text{kum Abschreibungen auf das abnutzbare SAV}}{\text{historische AK/HK der abnutzbaren Sachanlagen zum Ende des GJ}}$$

3.122 Abschreibungsquote

Die Abschreibungspolitik des Unternehmens wird regelmäßig durch die Kennzahl **Abschreibungsquote** analysiert. Hierbei wird ermittelt, welcher Prozentsatz der historischen Anschaffungs- und Herstellungskosten des SAV im abgelaufenen Geschäftsjahr abgeschrieben wurde. Wird diese Kennzahl getrennt nach Anlagenkategorien dargestellt, kann der Bilanzleser feststellen, ob das Unternehmen eher konservativ (Annahme einer kürzeren Nutzungsdauer) oder unter der Annahme einer längeren Nutzungsdauer abschreibt. Die konservative Methode schafft bis zu einem gewissen Ausmaß **stille Reserven** auf Kosten des Gewinns, bietet aber zugleich dem Investor einen Indikator für positive **Investitionsentscheidungen**, vor allem wenn das Unternehmen trotz der höheren Abschreibungen positive Ergebnisse ausweist und auch auszuschütten vermag. Eine steigende Abschreibungsquote im Zeitverlauf deutet dabei auf die Bildung stiller Reserven hin, während eine sinkende Quote eine Auflösung selbiger anzeigt. Das Bild der Abschreibungsquote kann generell durch **folgende Tatsachen verzerrt** werden:

- **Geringwertige Vermögensgegenstände** sind zwar in den Abschreibungen, nicht jedoch im Anfangs- und Endbestand enthalten. Dadurch ergibt sich eine höhere Abschreibungsquote, als der Wirklichkeit entspricht.
- **Anzahlungen** und **im Bau befindliche Anlagen** sind auszuscheiden, da sie noch keiner planmäßigen Abschreibung unterliegen.
- **Anlagegegenstände, die bereits voll abgeschrieben** sind, scheinen noch so lange im Anlagenspiegel auf, bis sie aus dem Betrieb ausscheiden. Da für sie keine Abschreibung mehr anfällt, ergibt sich ein schlechteres Bild als der Wirklichkeit entspricht. Dies trifft vor allem dann zu, wenn der **Sachanlagenabnutzungsgrad** bereits sehr hoch ist.

$$\text{Abschreibungsquote} = \frac{\text{planmäßige Jahresabschreibung auf das abnutzbare SAV}}{\substack{\text{abnutzbare Sachanlagen zu historischen AK/HK} \\ \text{(Endbestand+Abgänge der Periode)*}}}$$

* Um eine sinnvolle Bezugsgröße für die Abschreibungen zu erhalten, werden die nicht abnutzbaren Sachenanlagen, also Grundstücke und Anlagen in Bau abgezogen.

3.123 Investitionsquote

Die Abschreibungsquote ist aufgrund der Informationsdefizite des externen Analysten für sich genommen nur ein schwacher Indikator für die Abschreibungs- und Investitionspolitik. In Kombination mit der Investitions- und auch der Wachstumsquote kann man allerdings durchaus Aussagen über die Unternehmensentwicklung treffen. Sind sowohl Abschreibungs- als auch Investitionsquote rückläufig, so gilt dies als relativ starkes Indiz dafür, dass das betroffene Unternehmen von der Substanz lebt (*Küting/Weber*, Bilanzanalyse[11], S 128). Die **Investitionsquote** selbst zeigt, welcher Prozentsatz des Bestands der Sachanlagen zu Anschaffungs- und Herstellungskosten im Analysejahr neu investiert wurde, sie ist somit der klassische Indikator für die Investitionspolitik eines Unternehmens und gibt groben Aufschluss über Wachstums- oder Schrumpfungstendenzen. Es wird dabei nicht von den im Anlagespiegel leicht erkenntlichen Zugängen (gesamte Neuinvestitionen des Geschäftsjahres) ausgegangen, sondern unter Berücksichtigung der Desinvestitionen von den **Nettoinvestitionen in das Sachanlagevermögen**.

$$\text{Investitionsquote} = \frac{\text{Nettoinvestitionen in das SAV}}{\text{SAV zu historischen AK/HK}}$$

Die **Nettoinvestitionen in das SAV** ergeben sich aus den Gesamtinvestitionen abzüglich der Abgänge zu Restbuchwerten. Diese **Abgänge zu Restbuchwerten** lassen sich aus dem Anlagenspiegel auf folgende zwei Arten berechnen:

VOR RÄG 2014:

	Anfangsbestand der Sachanlagen zu Buchwerten
+	Zugänge und Umbuchung inkl Anlagen in Bau (Investitionen)
+	Zuschreibungen des GJ auf das SAV
–	Jahresabschreibungen auf das SAV
=	Zwischensumme
–	Buchwert zum Jahresende laut Anlagenspielgel
=	**Abgänge zu Buchwerten**

NACH RÄG 2014:

Abgänge zu AK
− kumulierte Abschreibungen auf Abgänge
= **Abgänge zu Buchwerten**

Eine vergleichsweise höhere Investitionsquote deutet letztlich auf eine erhöhte Investitionstätigkeit des Unternehmens hin, was häufig vom Bilanzanalytiker positiv gewertet wird. Es sollte jedoch bei der Interpretation beachtet werden, dass Investitionen häufig in Schüben stattfinden, wodurch die Investitionsquote im Zeitablauf zyklischen Schwankungen unterliegt. Dieser Effekt wird dadurch verstärkt, dass hohe Nettoinvestitionen einer Periode den Nenner (Summe der historischen AK/HK) der Folgeperioden erhöhen und somit zusätzlich auf die Investitionsquote drücken.

3.124 Wachstumsquote

Eine weitere Kennzahl aus dem Sachanlagenbereich für die Beurteilung der Unternehmensentwicklung ist die **Wachstumsquote** (auch als **Investitionsdeckung** bezeichnet). Diese Kennzahl zeigt, inwiefern die Jahresabschreibungen durch Nettoinvestitionen kompensiert werden. Sie drückt durch einen Quotienten aus, ob das Unternehmen wächst, stagniert oder sogar schrumpft. Bei gesunden Unternehmen sollte daher die Wachstumsquote über einen mehrjährigen Zeitraum betrachtet generell größer als 100 % sein und zusätzlich die Preissteigerungsrate übersteigen. Ein dauerhafter Wert unter 100 % deutet auf einen Substanzverzehr hin. Dies kann allerdings auch auf die Substitution von Neuinvestionen durch Leasingverträge oder Abschreibungen über den Wertverzehr hinaus zurückzuführen sein, weshalb bei der Interpretation Vorsicht geboten ist.

$$\text{Wachstumsquote} \quad = \quad \frac{\text{Nettoinvestitionen in das SAV}}{\text{Jahresabschreibungen auf das SAV}}$$

Generell ist die Kennzahl nur dann aussagefähig, wenn sie im Vergleich über mehrere Jahre hinweg ermittelt wird. Dies gilt umso mehr, wenn ein Unternehmen wenige große Anlagen einsetzt, die stoßweise ersetzt werden. Des Weiteren können bei der Feststellung der **Wachstumsquote** zusätzliche Probleme auftreten:

● Im Falle einer Unterdeckung muss sich der Analytiker darüber informieren, ob Investitionen zunehmend im **Leasingverfahren** durchgeführt werden. Dies ergibt sich aus den Angaben des § 238 Abs 1 Z 14. Diese Aussage gilt dann nicht, wenn leasingfinanzierte Anlagen entweder bereits in der unternehmensrechtlichen Bilanz oder im Zuge der Aufbereitung aktiviert werden.

- Die Rechnung wird durch die allgemeine steigende **Preisentwicklung** insoweit beeinflusst, als die Investitionen zu Tageswerten, die Abschreibungen jedoch zu historischen Werten angesetzt werden, womit eine gleichbleibende Substanz nur dann gegeben ist, wenn die Nettoinvestitionen um mindestens die Preissteigerungsrate höher sind als die Abschreibungen.
- Die Rechnung berücksichtigt nicht den **technischen Fortschritt**, der auch bei im Unternehmen konstant gehaltener Produktionskapazität Anpassungen im Investitionsbereich nötig machen kann. Dieses Problem ist aber für den externen Analytiker idR nicht zu lösen.

3.13 Vermögensumschlagszahlen und Umschlagsdauer

Um einen besseren Einblick in die **Bindungsdauer** des in das Vermögen investierten Kapitals zu erhalten, verlässt man sich nicht nur in die Unterteilung in Anlage- und Umlaufvermögen, sondern ermittelt zusätzlich **Umschlagshäufigkeiten bzw -dauern**. Die Umschlagshäufigkeiten geben dabei an, wie oft sich ein bestimmter Vermögensposten bzw das gesamte Vermögen, aber auch einzelne Kapitalposten wie bspw Lieferantenkredite, die die Vermögensstruktur indirekt beeinflussen, in einer bestimmten Periode erneuern (umgeschlagen werden). Sie gehören generell zu den **zentralen Indikatoren** der Vermögens- und Finanzwirtschaft des Unternehmens, da sie sowohl die Vermögens- als auch die Kapitalstruktur erheblich beeinflussen. Je **höher** die **Umschlagshäufigkeit**, desto **kürzer** die **Umschlagsdauer**, also jener Zeitraum, den die vollständige Erneuerung eines Vermögens- oder Kapitalpostens benötigt. Sie ist ein reziproker Wert der Umschlagshäufigkeit und wird idR in Tagen oder Monaten ermittelt. Aus einer hohen Umschlagshäufigkeit (kurzen Umschlagsdauer) ergeben sich bei gleichem Umsatz geringere Vermögens- bzw Kapitalbestände und somit eine geringere Kapitalbindung, was sich wiederum positiv auf die Rentabilität auswirkt. Dieser Zusammenhang wird durch das DuPont-Kennzahlensystem an anderer Stelle verdeutlicht (vgl Kapitel 8.61).

$$\text{Umschlagshäufigkeit des Vermögens} = \frac{\text{Umsatzerlöse}}{\text{durchschnittliches Gesamtvermögen}}$$

$$\text{Umschlagsdauer in Tagen} = \frac{365}{\text{Umschlagshäufigkeit}}$$

$$\text{Umschlagsdauer in Monaten} = \frac{12}{\text{Umschlagshäufigkeit}}$$

Eine **steigende Umschlagshäufigkeit** des **Gesamtvermögens** als Ergebnis eines sparsamen und rationellen Vermögenseinsatzes durch sog **Vermögens-**

management (zB Lagerorganisation, Mahnwesen) führt zu folgenden allgemeinen Konsequenzen:

- Bei gleichem Umsatz **verringert** sich der **Vermögenseinsatz** und das damit verbundene **Risiko** sowie der **Kapitaleinsatz** mit der Folge einer **besseren Kapitalstruktur** (Eigen- zu Fremdkapital), einer besseren **Kreditstruktur** (Verhältnis verschiedener Fremdkapitalposten zueinander) und **geringerer Zinsaufwendungen**. Diese Zinsensenkung wird in vielen Fällen sogar progressiv verlaufen, da nicht nur weniger Kapital zum Einsatz kommt, sondern auch das teurere Kapital rückgezahlt werden kann.
- Der **geringere Vermögenseinsatz** führt wiederum bei gleicher **Umsatzrentabilität** zu einer höheren **Vermögensrentabilität (ROI)**.

Eine Steigerung der Umschlagshäufigkeit muss jedoch nicht immer das Ergebnis eines rationelleren Vermögenseinsatzes sein. Eine steigende Umschlagshäufigkeit kann sich bspw auch dann ergeben, wenn notwendige Reinvestitionen in das Anlagevermögen nicht vorgenommen werden oder wenn das Unternehmen in großem Maße auf Leasing umsteigt und den Vermögenseinsatz nunmehr ohne Berücksichtigung der geleasten Anlagen ermittelt. Im Zuge der Auswertung dieser Kennzahl muss daher darauf geachtet werden, ob sich die Prämissen nicht geändert haben.

Das Hauptaugenmerk bei der Ermittlung von Umschlagshäufigkeiten liegt jedoch meist nicht auf der Analyse des Gesamtvermögens, sondern auf der **Analyse des Umlaufvermögens**, wobei vor allem Vorräte, Forderungen und liquide Mittel von Interesse sind. Die **Umschlagshäufigkeit** der Vorräte gibt dabei Aufschluss über die **Mittelbindung der Vorräte**. Sie stellt die umsatznahen Vorräte als Bilanzgröße in Zusammenhang mit deren Verbrauch aus Aufwandsposten der GuV.

$$\text{Umschlagshäufigkeit der Vorräte} \quad = \quad \frac{\text{Vorratsverbrauch (Herstellungskosten des Vorratseinsatzes)}}{\text{durchschnittliches Lager}}$$

Die Vorräte sind dem § 224 Abs 2 B 1 und deren Verbrauch im Falle des **Umsatzkostenverfahrens** den Herstellungskosten gem § 231 Abs 3 Z 2 zu entnehmen. Die **Umschlagshäufigkeit der Vorräte** kann grundsätzlich auf die Roh-, Hilfs- und Betriebsstoffe, die unfertigen und fertigen Erzeugnisse und Waren oder auf die gesamten Vorräte bezogen werden (s hierzu auch das Kapitel 8.611.321 auf den Seiten 272 ff.

Dem externen Bilanzleser ist es bei Anwendung des **Gesamtkostenverfahrens** kaum möglich, eine annähernd exakte Umschlagshäufigkeit der Vorratsbestände zu ermitteln, da die Zählergröße, der **Vorratsverbrauch** bzw Vorratseinsatz fehlt. Möglich wäre die **approximative** Ermittlung der Umschlagshäufigkeit der Roh-, Hilfs- und Betriebsstoffe auf Basis des **Materialeinsatzes** gem § 231 Abs 2 Z 5a. Auch hier ist allerdings Vorsicht geboten, da der externe Bilanzleser nicht in der Lage ist, festzustellen, wie weit außer dem Roh-, Hilfs- und Betriebsstoffverbrauch noch andere Materialaufwendungen, etwa Energiekosten, aber auch ein Handelswareneinsatz, in der Zählergröße enthalten sind. Aufgrund dieser Schwierigkeiten findet sich in der Praxis und Literatur häufig die Ermittlung der Umschlagshäufigkeit auf **Basis der Umsatzerlöse**.

Es ist in Anbetracht nur der absoluten Werte **ein Verstoß gegen das Äquivalenzprinzip**, bei Ermittlung der Umschlagshäufigkeit der Vorräte anstelle des Vorratseinsatzes (Herstellungskosten der verkauften Produkte) den **Umsatz als Zählergröße** heranzuziehen. Da der Umsatz abgesehen von den reinen Herstellungskosten noch die Verwaltungs- und Vertriebskosten sowie den Gewinnanteil enthält und somit unterschiedliche Wertansätze zugrunde gelegt werden, ist das Ergebnis dieser Rechnung erheblich (manchmal bis zum Mehrfachen der tatsächlichen Umschlagshäufigkeit) verfälscht.

Ein Beispiel möge dies verdeutlichen:

(in 1.000 €)	
Erlös	10.000
Wareneinsatz	6.000
Handelsspanne	4.000
Das Durchschnittslager beträgt, bewertet zu Einstandspreisen,	2.500

Obwohl die tatsächliche Umschlagshäufigkeit 2,4 ist (6000: 2.500), würde sich im Falle der Verwendung des Umsatzes im Zähler eine solche von 4 ergeben. Dieser Fehler kann deswegen unangenehme Folgen haben, als dem Leser eine durchschnittliche Lagerdauer von 3 Monaten angezeigt wird, die tatsächliche Lagerdauer aber 5 Monate beträgt.

Baetge/Kirsch/Thiele (Bilanzanalyse[2], S 214) empfehlen daher eine Umrechnung des Vorratsbestandes auf die gleichen Wertansätze, die dem Umsatz zugrunde liegen.

Grundsätzlich gilt ein **höherer Wert** der Umschlagshäufigkeit als **positiv**, da dies auf ein höheres **Liquiditätspotential** hindeutet. Umgekehrt ist zu beachten, dass niedrige Vorratsbestände dazu führen, dass häufige Ersatzbeschaffungen durchgeführt werden müssen, was zum einen Unsicherheit mit sich bringt und zum anderen auch tendenziell höhere Beschaffungspreise.

Bei Anwendung des **Umsatzkostenverfahrens** gibt der Posten „Herstellungskosten der zur Erzielung der Umsatzerlöse erbrachten Leistungen" gem

§ 231 Abs 3 Z 2 eine relativ gute Möglichkeit zur Ermittlung der Umschlagshäufigkeit der Vorräte.

Allerdings führt auch die Verwendung der Herstellungskosten zu einem **besseren Ergebnis**, als es der Wirklichkeit entspricht. Während die Herstellungskosten zur Erzielung der Umsatzerlöse erbrachten Leistungen zur Gänze die anteiligen Fertigungskosten (Fertigungslöhne, Fertigungsgemeinkosten) enthalten, enthalten die im Vorratslager enthaltenen Materialien (Rohstoffe) keine und die unfertigen Erzeugnisse (in Produktion befindliche Erzeugnisse) Fertigungskosten in unterschiedlicher Höhe. Trotz ihrer Unzulänglichkeit gibt die Entwicklung der **Umschlagsgröße der Vorräte** relativ gute Informationen über das **Lagermanagement**. Eine steigende Umschlagshäufigkeit bringt, wie schon dargestellt, eine geringere durchschnittliche Lagerdauer mit sich. Geringere Lagerdauer mindert auf der einen Seite das Risiko des Entstehens von Ladenhütern und auf der anderen Seite den Einsatz von Fremdkapital und erspart damit Zinsen.

Wird ein bestimmter Zeitraum durch die zugehörige Umschlagshäufigkeit dividiert, so erhält man die **Umschlagsdauer** der Vorräte. Die Kennzahl bringt zum Ausdruck, wie lange die Vorräte durchschnittlich (bei gleichmäßigem Verbrauch) im Unternehmen verbleiben, bis sie abgesetzt werden. Eine niedrige Umschlagsdauer deutet auf wenig Mittelbindung und ist eher positiv zu bewerten.

$$\text{Umschlagsdauer der Vorräte in Tagen} \quad = \quad \frac{365}{\text{Umschlagshäufigkeit}}$$

Bei der Abgrenzung der Vorräte besteht die Frage, ob geleistete Anzahlungen in den Vorratsbestand einzurechnen sind, was eher zu bejahen ist, da die Kapitalbindung jedenfalls gegeben ist, auch wenn die durch Anzahlungen repräsentierten Vorräte noch beim Lieferanten liegen.

Neben der Analyse der Vorräte sollte bei der Bilanzanalyse auch der **Forderungsstruktur** Beachtung geschenkt werden, da diese für die Beurteilung der finanzwirtschaftlichen Stabilität des Unternehmens von besonderer Bedeutung ist. Zahlreiche Unternehmenskrisen lassen sich auf absatzseitige Probleme (wie zB Forderungsausfälle) zurückführen. Um die Forderungsstruktur und deren zeitliche Entwicklung zu untersuchen, wird idR der Forderungsbestand zu den Umsatzerlösen in Relation gesetzt. Analog zu obigen Umschlagskennzahlen lässt sich somit eine **Umschlagshäufigkeit der Forderungen** (Debitoren) ermitteln (s auch Kapitel 8.611.322, S 274 f).

$$\text{Umschlagshäufigkeit der Forderungen} \quad = \quad \frac{\text{Umsatzerlöse inkl USt}}{\text{durchschnittlicher Forderungsbestand aus L\&L}}$$

Als Umsatz wird der Posten 1 gem § 231 Abs 2 herangezogen. Der **durchschnittliche Forderungsbestand** wird mangels besserer Information aus dem Mittel der jeweiligen Forderungsbestände zum Anfang und Ende der Periode ermittelt. Dabei können sich aus mehr oder minder großen Schwankungen des Jahres Fehlerquellen ergeben. Der Forderungsbestand ergibt sich zu den Stichtagen ganz allgemein aus:

	Forderungen aus Lieferungen und Leistungen
+	Forderungen aus Lieferungen und Leistungen gegenüber verbundenen Unternehmen
+	Forderungen aus Lieferungen und Leistungen gegenüber Unternehmen, mit denen ein Beteiligungsverhältnis besteht
+	von den Forderungen abgezogene Pauschalwertberichtigung
=	**Debitorenstand**

Im Detail besteht jedoch für den externen Analytiker eine Reihe von Schwierigkeiten:

- Die in den **Forderungen gegen verbundene Unternehmen** und gegen **Unternehmen, mit denen ein Beteiligungsverhältnis besteht**, enthaltenen Entgelte aus Forderungen aus Lieferungen und Leistungen müssen gem § 223 Abs 5 entweder im Anhang angegeben oder in der Bilanz bei dem Posten Forderungen gegenüber verbundenen Unternehmen gesondert vermerkt werden. Dies gilt allerdings nur für den Fall, dass dies zur Aufstellung eines klaren und übersichtlichen Jahresabschlusses erforderlich ist, wenn also diese Forderungen nicht von untergeordneter Bedeutung sind.
- In den Forderungen berücksichtigte **Pauschalwertberichtigungen** sind gem § 226 Abs 5 für den entsprechenden Posten der Bilanz im Anhang anzugeben. Ein für den externen Bilanzanalytiker idR nicht zu lösendes Problem bilden **Forderungsausfälle** und **Einzelwertberichtigungen** zu Forderungen. Beide haben den Forderungsbestand in der Bilanz verringert und bewirken damit eine scheinbare Erhöhung der Umschlagshäufigkeit der Forderungen, was jedoch nicht der Realität entspricht. Sie sollten daher ebenfalls wieder den Forderungen zugezählt werden.
- Die Verbuchung der Forderungen inkl Umsatzsteuer, während die Umsatzerlöse netto ausgewiesen sind, führt zu einem Äquivalenzproblem. Die Feststellung der **in den Forderungen enthaltenen Umsatzsteuer** ist für den externen Bilanzleser nicht ohne weiteres möglich, wenn das Unternehmen sowohl **Inlands- als auch Auslandsumsätze** tätigt, die Inlandsumsätze unterschiedlichen Steuersätzen unterliegen oder Lieferungen an verbundene Unternehmen getätigt werden, mit denen ein umsatzsteuerliches Organschaftsverhältnis besteht. Eine Trennung in Nettoforderung und Um-

satzsteuer ist dann für den externen Bilanzanalytiker aufgrund fehlender Jahresabschlussinformationen nicht möglich. Daher wird man die Umsatzerlöse näherungsweise um die Umsatzsteuer erhöhen, um eine vergleichbare Berechnungsbasis zu erhalten, wobei vor allem auf Auslands- und Binnenmarktumsätze geachtet werden muss. Entsprechende Informationen sind zumindest bei großen Gesellschaften dem Anhang (§ 240) zu entnehmen. Näherungsweise können zumindest die Inlandsumsätze mit dem relevanten Steuersatz in Bruttoumsätze transformiert werden.

- Ein weiteres Problem, das wohl dem externen, nicht aber dem internen Analytiker Schwierigkeiten bereiten kann, ist die für den externen Leser nicht erkennbare Aufteilung von **Kassen- und Zielumsätzen**. Die Trennung ist deshalb von Bedeutung, weil Kassenumsätze der Systematik nach bei der Ermittlung der Debitorenumschlagshäufigkeit jedenfalls eliminiert werden müssten.

Im Gegensatz dazu ist die Umschlagshäufigkeit der Forderungen für den **internen Analytiker** insoweit ein hervorragendes **Steuerungs- und Kontrollinstrument**, als er obenstehende Informationsdefizite nicht hat und durch den Vergleich der vertraglich gewährten Zahlungsziele mit der tatsächlichen Außenstanddauer die Güte des Mahnwesens und die Zahlungsfreudigkeit der Kunden feststellen kann. Für den externen Analytiker bieten sich im **Zeitvergleich** Informationen über die Entwicklung der Stellung des Unternehmens gegenüber seinen Kunden, möglicherweise auch die positive oder negative Entwicklung des Mahnwesens. Im **zwischenbetrieblichen Vergleich** kann festgestellt werden, wie sich die Zielgewährung des Unternehmens im Vergleich zu anderen gleichartigen Unternehmen darstellt.

Durch Ermittlung des Kehrwertes kann auch bei der Debitorenumschlagshäufigkeit wieder eine **Umschlagsdauer** ermittelt werden, die treffender als **Kundenziel** bezeichnet wird. Sie gibt die durchschnittliche Dauer an, in der Kunden ihre Außenstände bezahlen. Eine Erhöhung dieser Kennzahl im Zeitverlauf gilt als Indiz für **Zahlungsschwierigkeiten** bedeutsamer Kunden des Unternehmens oder für die Belieferung neuer Kunden mit geringerer Bonität. Hierbei ist jedoch Vorsicht bei der Interpretation geboten, da nicht zwangsläufig Zahlungsschwierigkeiten die Ursache sein müssen. Denkbar wäre auch, dass das Unternehmen gezielt günstigere Zahlungsbedingungen an gewisse Kunden gewährt (zB zur Erschließung neuer Märkte). Durch gezielte Gestaltungsmaßnahmen wie Factoring kann der Bestand an Forderungen gesenkt und so Liquidität geschaffen werden, was sich positiv auf den Wert der Kennzahl auswirkt, obwohl das tatsächliche Risiko häufig beim Unternehmen verbleibt.

$$\text{Kundenziel in Tagen} = \frac{\text{durchschnittlicher Forderungsbestand aus L\&L} \times 365}{\text{Umsatzerlöse inkl USt}}$$

Die auf Basis eines Stichtages des Geschäftsjahres ermittelte durchschnittliche Außenstanddauer kann bei Unternehmen mit **saisonalen Schwankungen** insoweit zu großen Fehlern führen, als der Durchschnittsbestand wesentlich zu hoch oder zu niedrig ist, je nachdem, ob sich das Unternehmen am Saisonanfang oder -ende befindet. Für den Zeitvergleich spielt dies allerdings eine geringere Rolle, wobei allerdings der jeweilige Jahreszeitpunkt der Ermittlung ident sein muss.

$$\text{Umschlagshäufigkeit der Verbindlichkeiten} = \frac{\text{Materialzukauf inkl USt}}{\text{durchschnittlicher Vebindlichkeitsstand aus L\&L}}$$

Diese **nicht** unmittelbar zur **Investitionsanalyse** gehörende Kennzahl soll dem Analytiker insoweit Informationen vermitteln, als dieser aus einer fallenden Umschlagshäufigkeit schließen kann, dass das Unternehmen andere (günstigere) Kreditquellen nicht mehr in Anspruch nehmen kann und auf die **Lieferantenfinanzierung** ausweicht. Abgesehen vom Problem der in den Kreditoren enthaltenen Umsatzsteuer ergibt sich für den externen Bilanzanalytiker bei der Ermittlung dieser Umschlagshäufigkeit die nicht zu lösende Schwierigkeit, dass der Kreditorenstand auch andere Leistungen (zB sonstige betriebliche Aufwendungen gem § 231 (2) 8 als den reinen Roh-, Hilfs- und Betriebsstoffeinkauf und bezogene Leistungen umfasst. Zähler und Nenner weichen inhaltlich somit erheblich voneinander ab, worin ein Verstoß gegen das Äquivalenzprinzip besteht. Hinzu kommt, dass der externe Analytiker den **Materialzukauf** nicht unmittelbar dem Jahresabschluss entnehmen kann und er diesen aus dem Materialverbrauch zuzüglich Lageraufbau abzüglich Lagerabbau der Roh-, Hilfs- und Betriebsstoffe schätzen muss. Das Gleiche gilt für reine Warenbestände. Dies sollte den **Analytiker zu großer Vorsicht** bei der Verwendung dieser Kennzahl veranlassen (s auch Kapitel 8.611.323, S 276 ff).

3.131 Cash Conversion Cycle (Kapitalbindungsdauer vom Einkauf zum Verkauf)

Durch die Verbindung der Kennzahlen **Kundenziel, Umschlagsdauer der Vorräte** und **Lieferantenziel** lässt sich ein Gesamturteil über die **Kapitalbindungsdauer** (auch **Cash Conversion Cycle, Finanzierungslücke**) bilden. Unter Kapitalbindungsdauer versteht man grundsätzlich den Zeitraum zwischen dem Zahlungszeitpunkt für erworbene Gegenstände (Waren, Roh-,

Hilfs- und Betriebsstoffe) und den Zahlungseingang aus dem Absatz des aus den erworbenen Gegenständen erzeugten Produktes. Je kürzer dieser Zeitraum ist, desto mehr liquide Mittel stehen dem Unternehmen zur Verfügung. Grundsätzlich erfordert eine längere Kapitalbindungsdauer einen höheren Kapitalbedarf und damit höhere Kredite und einen höheren Zinsaufwand. Wenn durch starke Verhandlungsmacht oder striktes Forderungsmanagement das Lieferantenziel eines Unternehmens länger ist als die Summe aus Kundenziel und Umschlagsdauer der Vorräte, so kann die Kapitalbindungsdauer auch einen negativen Wert erreichen. Dies würde bedeuten, dass die Lieferanten die Rohstoffe über den gesamten Wertschöpfungsprozess hinweg finanzieren und darüber hinaus noch Mittel zur Verfügung stellen.

	Kundenziel
+	Umschlagsdauer der Vorräte
–	Lieferantenziel[1)
=	**Kapitalbindungsdauer**

[1) Analog zum Kundenziel ist das Lieferantenziel als Kehrwert der Umschlagshäufigkeit der Verbindlichkeiten zu ermitteln

Die obenstehende Rechnung ist allerdings verzerrt, da die jeweiligen Betragsinhalte der einzelnen Komponenten Kreditoren, Vorräte und Debitoren insbesondere in Erzeugungsbetrieben unterschiedlich ausgeprägt sind.

3.14 Finanzierungsanalyse

Durch die Analyse der **Kapitalstruktur** (auch **Finanzierungsanalyse**) soll vor allem Aufschluss über die **Zusammensetzung des Kapitals**, das dem Unternehmen zur Verfügung gestellt wird, gewonnen werden. Zentral ist dabei die Ermittlung des Verhältnisses zwischen Eigen- und Fremdkapital (mittels Eigenkapitalquote, Fremdkapitalquote und Verschuldungsgrad). Darüber hinaus sollen auch Erkenntnisse über die **Fristigkeit** der zur Finanzierung aufgenommenen Mittel entstehen. Durch die Analyse der **Kreditstruktur** (Verhältnis der einzelnen Kreditformen zueinander) können darüber hinaus Finanzierungsrisiken festgestellt und auch die Kreditwürdigkeit des Unternehmens ermittelt werden. Eine Untersuchung der Kapitalstruktur bietet sich letztlich vor allem dann an, wenn das Unternehmen weiteren Kapitalbedarf hat und somit die zukünftige Zahlungsfähigkeit von der Möglichkeit der Kapitalbeschaffung abhängt. Der Erfolg der Kapitalbeschaffung hängt selbst maßgeblich von der Struktur der schon bestehenden Finanzierung ab. Das folgende Analyseobjekt der Kapitalstrukturanalyse ist der grau markierte Bereich der Bilanz:

Bilanz

Gesamt-vermögen	Anlage-vermögen	Immaterielle Vermögensgegen-stände	Eigenkapital	Gesamtkapital
		Sachanlagen		
		Finanzanlagen		
	Umlauf-vermögen	Vorräte	Fremdkapital	
		Forderungen		
		Liquide Mittel		

3.141 Eigenkapitalquote, Fremdkapitalquote

$$\text{Eigenkapitalquote} \quad = \quad \frac{\text{Eigenkapital}}{\text{Gesamtkapital}}$$

$$\text{Fremdkapitalquote} \quad = \quad \frac{\text{Fremdkapital}}{\text{Gesamtkapital}}$$

Die Analyse der Eigen- und Fremdkapitalquote ist eine statische (zeitpunktbezogene) Betrachtung. Beide Kennzahlen geben zu einem bestimmten Zeitpunkt Aufschluss über die Fähigkeit des Unternehmens, Verluste abzufangen. Dabei gilt jenes Unternehmen grundsätzlich als solide finanziert, das einen höheren Anteil an **Eigenkapital** aufweist, denn Eigenkapital steht den Gläubigern potentiell als **Haftungsmasse** zur Verfügung. Da mit höherer Eigenkapitalquote somit das Risiko der Gläubiger für Kapitalverluste sinkt, wird dadurch auch die Neuaufnahme von Fremdkapital erleichtert. Insgesamt reduziert somit eine höhere Eigenkapitalquote das Risiko sowohl einer überschuldungsbedingten Insolvenz als auch einer Insolvenz aufgrund von Illiquidität. Diesen vorrangig sicherheitsorientierten Vorzügen des Eigenkapitals stehen allerdings auch Nachteile gegenüber, weshalb keineswegs ein höchstmöglicher Grad an Eigenkapitalausstattung angestrebt wird. Dabei ist bspw an die **steuerliche Benachteiligung von Eigenkapital** zu denken, da die Kosten der betrieblichen Verwendung von Eigenkapital von der Einkommen- bzw Körperschaftsteuer nicht als Betriebsausgaben absetzbar sind. Neben den Risikoaspekten, die tendenziell für ein Mehr an Eigenkapital sprechen, spielt für die Kapitalstruktur der Aspekt der Rentabilität eine erhebliche Rolle, da der sog **Leverage-Effekt** die Rentabilität des Eigenkapitals in Abhängigkeit vom Verschuldungsgrad beeinflusst, was sich unter Umständen negativ auf die Bereitschaft zur Bereitstellung von Eigenkapital auswirkt.

Abgesehen von einer rein statischen Analyse der Kapitalstruktur ist auch eine Betrachtung vor allem der Eigenkapitalquote im Zeitablauf möglich. Vorsicht ist jedoch bei der Interpretation der Ergebnisse geboten. Aus einer steigenden Eigenkapitalausstattung lässt sich nicht ohne weiteres eine höhere Sicherheit für die Kapitalgeber ableiten. Das Risiko der Kapitalgeber ist neben der Eigenkapitalquote vor allem von Umweltfaktoren des Unternehmens und der betrieblichen Tätigkeit des Unternehmens innerhalb dieser Umwelt abhängig. Aufschluss über derartige Entwicklungen lassen sich vor allem dem Lagebericht entnehmen und bieten eine sinnvolle Ergänzung zur dynamischen Betrachtung der Eigenkapitalquote im Zeitablauf.

3.142 Verschuldungsgrad

Statt der oben dargestellten Quoten kann auch das Verhältnis von Fremd- zu Eigenkapital, der sog Verschuldungsgrad, ermittelt werden. Da sich jedoch das Gesamtkapital (die Nennergröße der Quoten) als Summe aus Eigen- und Fremdkapital ergibt, ist der Aussagegehalt Verschuldungsgrades äquivalent.

$$\text{Verschuldungsgrad} \quad = \quad \frac{\text{Fremdkapital}}{\text{Eigenkapital}}$$

3.143 Fremdkapitalstruktur

3.143.1 Verzinsliches und unverzinsliches Fremdkapital

Für das Ergebnis einer Analyse ist die Frage des eingesetzten Kapitals (Eigenkapital versus Fremdkapital, verzinsliches Fremdkapital versus unverzinsliches Fremdkapital) von großer Bedeutung, weil davon wesentliche Finanzierungsentscheidungen (zB Ausnützung des Leverage-Effekts) abhängen. Erfolgt die Finanzierung mit Fremdkapital, führt dies zu einer Erhöhung eines Fremdkapitalpostens auf der Passivseite der Bilanz. Werden für diese Fremdkapitalposten Zinsen in Rechnung gestellt, erscheinen diese idR als Zinsaufwand in der Gewinn- und Verlustrechnung. Dies gilt grundsätzlich für **Bankkredite jeder Art, Wechselfinanzierung, Anleihenfinanzierung und erhaltene Darlehen.** Diese zählen somit zum sog **verzinslichen Fremdkapital.** Werden, wie schon vorne dargestellt, im Rahmen der Bilanzbereinigung zusammengehörige Aktiva und Passiva saldiert, wie bspw die Rückdeckungsversicherung mit Pensionsrückstellungen, liquide Bankguthaben mit täglich fälligen Bankschulden (Bankkontokorrentkrediten), so sind auch die entsprechenden Zinsaufwendungen mit den Zinserträgen zu saldieren. Weniger eindeutig ist die Feststellung einer etwaigen Verzinsung der Lieferantenkredite, soweit diese nicht ausdrücklich mit Zinsen belegt werden, was idR nur bei **langfristigen Lieferantenkrediten** geschieht.

Kurzfristige Lieferantenkredite hingegen werden üblicherweise als unverzinsliches Fremdkapital betrachtet, obwohl auch hier häufig eine Verzinsung vorliegt, die regelmäßig im Preis inbegriffen ist. Wird bei prompter Zahlung ein Skonto gewährt, der dazu noch mit einer hohen Risikoprämie versehen ist, wird der Skontoabzug idR als Ertrag und damit als Minderung des Einkaufspreises verbucht. Die korrekte Verbuchung wäre die sofortige Einbuchung des Nettoeinkaufspreises und des Skontos als Zinsenaufwand, der bei prompter Zahlung gegen die Lieferverbindlichkeit aufgelöst wird. In der Praxis der Jahresabschlussanalyse werden daher die laufend entstehenden Lieferantenkredite und Forderungen aus Lieferungen und Leistungen, soweit sie **kurzfristig** sind, als dem laufenden Geschäft zugehörig und als **unverzinst** behandelt, obwohl Lieferantenkredite zu den teuersten Krediten gehören. Dies liegt auch an der Form der Verbuchung von Lieferantenkrediten. Nur **langfristige Lieferantenkredite** und Forderungen, die ausdrücklich mit Zinsen belastet werden, zählen in der Jahresabschlussanalyse zu den **verzinslichen Fremdkapitalien und Vermögensgegenständen**.

Die Frage der Verzinsung spielt nicht nur auf Ebene der Verbindlichkeiten eine Rolle, sondern ist auch für **Rückstellungen** zu klären. **Langfristige Personalrückstellungen**, wie die Abfertigungsrückstellungen, die Pensionsrückstellungen oder Jubiläumsrückstellungen werden grundsätzlich zum **verzinslichen Fremdkapital** gezählt. Dies bedingt aber auch, dass bei der Dotierung dieser Rückstellungen die Zinsenkomponenten unter dem Zinsaufwand erfasst werden. Es wäre falsch, diese Posten bei der Analyse zum verzinslichen Fremdkapital zu zählen und die Zinsen unter dem Personalaufwand zu verbuchen. Die **sonstigen langfristigen Rückstellungen** sind seit Inkrafttreten des RÄG 2014 steuerlich mit jährlich 3,5 % und unternehmensrechtlich mit einem marktüblichen Zinssatz abzuzinsen. IdR wird man beim erstmaligen Ansatz den Barwert dieser Rückstellungen verbuchen und die jährliche Aufstockung über den Zinsaufwand durchführen. Insoweit zählen langfristige sonstige Rückstellungen zum **verzinslichen** und kurzfristige Rückstellungen zum **unverzinslichen Fremdkapital. Latente Steuerrückstellungen** werden von Gesetzes wegen zum unverzinslichen Fremdkapital gerechnet (§ 198 Abs 10).

Ermittlung des verzinslichen Fremdkapitals

Aus den vorigen Ausführungen ergibt sich bei der Ermittlung des verzinslichen Fremdkapitals folgende Rechnung:

	Rückstellungen für Abfertigungen, Pensionen und Jubiläumsgelder[1]
+	Sonstige langfristige Rückstellungen
+	Anleihen und Verbindlichkeiten gegenüber Kreditinstituten
+	Wechselverbindlichkeiten, soweit ihnen Finanzgeschäfte zugrunde liegen
+	Erhaltene Finanzdarlehen von Dritten und verbundenen Unternehmen
+	Sonstige Verbindlichkeiten, soweit diese Zinsvereinbarungen enthalten[2]
	Verzinsliches Fremdkapital

[1] Ist der entsprechende Zinsaufwand nicht in den Finanzierungsaufwendungen ausgewiesen, muss er umgegliedert werden. Ist die Feststellung des anteiligen Zinsaufwandes mangels vorhandener Information nicht möglich, sind die Zinsen zu schätzen und aus den Sozialaufwendungen auf die Zinsen zu übertragen. IdR findet sich der Zinssatz im Anhang.

[2] Hierzu gehören etwa auch Steuerschulden, für die Zinsen vorgeschrieben werden. Das verzinsliche Fremdkapital entspricht nicht dem langfristigen Kapital, sondern enthält kurz- und langfristige Elemente (zB Bankkredite).

Entscheidend für die Zurechnung zum verzinslichen oder unverzinslichen Fremdkapital ist das Vorhandensein eines entsprechenden Aufwandspostens für die Nutzung des Kapitals, der aber nicht immer unter den **Zinsenaufwendungen bzw Finanzierungsaufwendungen** ausgewiesen wird. Soweit dieser Aufwandsposten nicht unmittelbar unter den Zinsen gebucht ist, könnte das Zinsenäquivalent bspw im Fall der Rückstellungen für das Sozialkapital (Pensionen, Abfertigungen, Dienstnehmerjubiläum) in den Aufwendungen für Altersvorsorge bzw in den Abfertigungsaufwendungen bzw Jubiläumsaufwendungen enthalten sein. Es ist im Zuge der Jahresabschlussanalyse jedenfalls erforderlich, bei der Feststellung des verzinslichen Fremdkapitals die nicht unter den Zinsen **verbuchten Zinsenäquivalente zu erfassen** und in den Bereich der Finanzierungsaufwendungen **umzugliedern**. Es wäre falsch, lediglich den Fremdkapitalposten zum verzinslichen Kapital zu zählen, Zinsenäquivalente, gleichgültig in welcher Aufwandsform, aber nicht zu berücksichtigen. Geschieht dies, kann es zu erheblichen Verzerrungen in allen Kennzahlen kommen, die auf dem Ergebnis vor Zinsen basieren.

3.143.11 Nettoverschuldung

Eine Abwandlung des klassischen Verschuldungsgrades findet sich sowohl im Fachgutachten *KFS/BW 3* als auch in der internationalen Praxis. Geht man bei der Ermittlung des Verschuldungsgrades von der **Nettoverschuldung**, sprich vom verzinslichen Fremdkapital abzüglich liquider Mittel und kurzfristiger Finanzanlagen aus, so erhält man den Nettoverschuldungsgrad (international als Gearing bzw Gearing Ratio bezeichnet). Die Nettoverschuldung ergibt sich, indem vom verzinslichen Fremdkapital die liquiden Mittel in Abzug gebracht werden.

	Verzinsliches Fremdkapital[1]
–	Kurzfristige Wertpapiere des Umlaufvermögens[2]
–	Kassenbestand, Schecks und Guthaben gem § 224 Abs 2 Z IV[2]
=	**Nettoverschuldung**
–	Langfristige, verzinsliche Rückstellungen
=	**Nettofinanzverschuldung**

[1] Das verzinsliche Fremdkapital ist wie zuvor dargestellt zu ermitteln

[2] Gem Fachgutachten KFS/BW 3 wird die Summe der beiden Posten als „Flüssige Mittel bezeichnet"

Nicht einbezogen in die Nettoverschuldung wird das sog unverzinsliche Abzugskapital, das sind Lieferantenkredite, Anzahlungen und sonstige kurzfristige Kredite des täglichen Unternehmensgeschäftes).

3.143.12 Gearing

$$\text{Gearing} \ = \ \frac{\text{Nettoverschuldung}}{\text{Eigenkapital}}$$

Die Kennzahl **Gearing** setzt, genau wie der klassische Verschuldungsgrad, die zwei Finanzierungsquellen Eigen- und Fremdkapital zueinander in Bezug. Wie die Berechnungsformel deutlich zeigt, ist die Gearing Ratio jedoch immer (uU erheblich) niedriger als der auf übliche Weise gemessene Verschuldungsgrad, da zum einen nicht das gesamte Fremdkapital zur Ermittlung herangezogen wird. Es werden stattdessen die unverzinslichen Teile des Fremdkapitals aus der Analyse der Kapitalstruktur ausgeklammert. Außerdem wird bei der Nettoverschuldung das Fremdkapital um die liquiden Mittel gekürzt.

In vielen Fällen wird das **Gearing** ausgehend von der **Nettofinanzverschuldung** errechnet.

3.143.13 Effektivverschuldung

Im Unterschied zur **Nettoverschuldung**, bei welcher das verzinsliche Fremdkapital um die liquiden Mittel und kurzfristigen Finanzanlagen gekürzt wird, ist zur Ermittlung der **Effektivverschuldung** das gesamte **Fremdkapital** um das gesamte **monetäre Umlaufvermögen** zu kürzen. Das monetäre Umlaufvermögen umfasst hierbei Forderungen und sonstige Vermögensgüter gem § 224 Abs 2 B II abzüglich solcher Forderungen mit einer Restlaufzeit von über einem Jahr. Außerdem sind die Wertpapiere des Umlaufvermögens und die liquiden Mittel einzubeziehen. Es ergibt sich sodann nach Abzug des monetären Umlaufvermögens vom Fremdkapital eine Restverschuldung, die nicht mit monetären Mitteln gedeckt werden kann, sondern durch Liquidierung anderer Aktiva bedient werden muss. Diese Effektivverschuldung ist eine absolute Kennzahl, die somit isoliert betrachtet nicht viel Aufschluss gibt. Sie muss vielmehr im Zusammenhang mit Aktivgrößen, wie zB dem langfristigen Vermögen, gesehen werden. Für die Aufrechterhaltung der Zahlungsfähigkeit muss zumindest Vermögen in Höhe der Effektivverschuldung und mit einer maximalen Fristigkeit der in der Effektivverschuldung erfassten Fremdkapitalien vorhanden sein.

	Fremdkapital
−	monetäres Umlaufvermögen
=	**Effektivverschuldung**

3.143.14 Optimaler Verschuldungsgrad

In der Literatur und Praxis wurden verschiedene (vertikale) **Finanzierungsregeln** für das „optimale" Verhältnis von Eigen- und Fremdkapital entwickelt, wobei die Skala dieser Regeln sehr weit reicht, ohne dass hierfür, außer der Forderung nach ausreichendem Eigenkapital (s Sicherheitsaspekte weiter oben), entsprechende Begründungen angegeben werden können. Empirisch steht jedoch fest, dass die **Fremdkapitalquote** im Laufe der Jahrzehnte immer größer geworden ist und heute in der österreichischen Industrie unter Berücksichtigung vorhandener stiller Reserven bei etwa 65–80 % liegt.

In der Tat gibt es keine allgemein gültige Regel, da bei der Bestimmung des **„optimalen" Verschuldungsgrades zwei gegenläufige Aspekte** berücksichtigt werden müssen:

1. Der Gesichtspunkt der Rentabilität

Ist die Rentabilität des im Unternehmen eingesetzten Gesamtkapitals höher als die Kosten des Fremdkapitals, führt der Einsatz von Fremdkapital zu einer Erhöhung der Rentabilität des Eigenkapitals. Diese sich ergebende Auswirkung wird als „**Leverage-Effekt**" bezeichnet. Dieser Chance steht allerdings das Risiko gegenüber, dass die Gesamtkapitalrentabilität unter die Fremdkapitalkosten sinkt, wodurch es zu einer Umkehr des Leverage-Effekts kommt. Dieses Risiko nimmt mit steigendem Verschuldungsgrad zu.

2. Der Gesichtspunkt des Risikos

Mit zunehmender Verschuldung vermindern sich jene Funktionen des **Eigenkapitals**, die dem Schutz des Unternehmens und der Gläubiger dienen. Dazu gehören insbesondere folgende Aufgaben:

- Das Eigenkapital als **Krisenvorsorge**: Eigenkapital ist liquiditätsschonend, da in Zeiten schlechter Konjunktur Gewinnausschüttungen und Zinsenbelastung entfallen. Ein Unternehmen kann trotz erlittener Buchverluste noch längere Zeit hindurch seinen Zahlungsverpflichtungen nachkommen, wenn der Mittelzufluss (bedingt durch nicht ausgabenwirksame Aufwendungen) noch positiv ist. Umfangreiche Fremdmittelaufnahme erhöht die Gefahr von Liquiditätsengpässen und Rückzahlungsschwierigkeiten und macht das Unternehmen konjunkturanfälliger; mit steigenden Zinsen kann das Unternehmen in eine Liquiditätsklemme kommen.

- Das Eigenkapital als **Risikoträger**: Je risikoreicher Investitionen sind, desto höher müsste der Eigenkapitalanteil sein, da die Wahrscheinlichkeit eines Misserfolges und des damit verbundenen Auftretens von Zahlungsschwierigkeiten steigt; dh die Höhe eines möglichen Verschuldungsgrades hängt nicht von der Chance der Erzielung eines bestimmten Ertrages, sondern vor allem vom Risiko des Ertragsausfalles ab.

- Das Eigenkapital als Instrument zur Sicherung der **Unabhängigkeit**: Bei hoher Fremdfinanzierung besteht stets die Gefahr verschiedenartigster unerwünschter Einflussnahmen der Kreditgeber auf die unternehmerische Autonomie des Kreditnehmers.

- Das Eigenkapital als **Wettbewerbsvorteil**: Das Unternehmen kann in Krisenzeiten in der Preisgestaltung vorübergehend auf nicht ausgabenwirksame Kosten (Zinsen vom Eigenkapital, Abschreibungen, die nicht mit Tilgungsquoten verbunden sind) verzichten.

Grenzen des Verschuldungsgrades

Wo die oberen **Grenzen für den Verschuldungsgrad** liegen, kann nicht eindeutig beantwortet werden. Allgemein kann jedoch gesagt werden, dass die Grenzen dort liegen, wo die **Vorteile eines steigenden Verschuldungsgrades** (Verbesserung der Rentabilität, Verbesserung des betrieblichen Wachstums, Expansionseffekt, Ausschaltung des Einflusses eines Partners) **durch die zunehmende Gefahr** des Eintrittes finanzieller Schwierigkeiten und durch den wachsenden Einfluss des Kreditgebers **überholt** werden.

Hat das Unternehmen einen **Verschuldungsgrad** erreicht, der seitens der Kreditgeber als **unternehmensgefährdend** angesehen wird, werden zusätzliche Kredite entweder gar nicht oder nur unter erschwerten Bedingungen (Mitspracherecht des Kreditgebers, Einräumung sonstiger Sicherheiten, höhere Zinsen) gewährt werden. Dies kann sich dann für das Unternehmen besonders unangenehm auswirken, wenn solche Kredite nur vorübergehend zur Abdeckung kurzfristig auftretender Liquiditätsengpässen benötigt werden. Die **absolute Grenze des Verschuldungsgrades** liegt demnach bei jenem Punkt, ab dem die Kreditgeber nicht mehr bereit sind, weitere Kredite zu gewähren.

Ein zu **hoher Verschuldungsgrad** als Maßstab für das Risiko des Kreditgebers kann außerdem zu einer Erhöhung der Finanzierungskosten führen. Unter dem Titel **Basel II bis IV** sind die Kreditinstitute der Europäischen Union gezwungen, in Abhängigkeit von der Bonität ihrer Kreditnehmer (gemessen an Bilanzkennzahlen) die Höhe der Eigenkapitalunterlegung zu bemessen. Dies führt in weiterer Folge zu entsprechend höheren **Finanzierungskosten bei „schlechteren" Unternehmen** und damit unter Umständen zur vorzeitigen Zahlungsunfähigkeit.

3.143.2 Lang- und kurzfristige Kredite

Von relativ hohem Informationswert ist auch die Feststellung der **Kreditstruktur**, die sich aus dem Verhältnis verschiedener Kreditposten zueinander ergibt. Für den externen Bilanzanalytiker geht es in diesem Zusammenhang in erster Linie um die Fristigkeit des Fremdkapitals bzw das **Verhältnis der lang- und kurzfristigen Kredite**, da dieses von großem Einfluss auf die im folgenden Abschnitt zu besprechende **Liquidität** des Unternehmens ist. Eine Finanzierung kann zwar grundsätzlich als umso solider betrachtet werden, je langfristiger das Fremdkapital angelegt ist, da das Risiko plötzlicher Rückzahlungsverpflichtungen geringer ausfällt, allerdings bietet kurzfristiges Fremdkapital erheblich mehr Flexibilität bei schwankendem

Kapitalbedarf. Sinnvolle normative Aussagen über eine optimale Fremd-kapitalstruktur lassen sich daher auch nur unter Einbeziehung der Aktivseite der Bilanz treffen. Ausgehend von einer Strukturanalyse des Fremdkapitals bietet daher vor allem die horizontale Bilanzanalyse (auch Liquiditätsana-lyse) wichtige Einblicke.

3.15 Liquiditätsanalyse (Analyse der horizontalen Bilanzstruktur)

Durch die **Liquiditätsanalyse** soll festgestellt werden, ob die für den Be-stand des Unternehmens neben dem vorrangig zu **erfüllenden Rentabilitäts-ziel** notwendige Bedingung der dauernden **Aufrechterhaltung der Zah-lungsfähigkeit erfüllt** ist. Diese Fähigkeit ist von der **Abstimmung aus Zahlungspotential und Zahlungsverpflichtungen** abhängig. Versucht man, die **Liquidität**, dh die Fähigkeit eines Unternehmens, seine Schulden ohne wesentliche Beeinträchtigung des Betriebsablaufes zu bezahlen, auf Grundlage einer Jahresabschlussanalyse zu ermitteln, muss man sich bewusst sein, dass es nicht möglich ist, aus der Bilanz die momentane Liquiditätssitu-ation des Unternehmens zu ersehen, da die Bilanz einerseits nur einen Au-genblickszustand wiedergibt und andererseits die Analyse zu einem Zeit-punkt erstellt wird, an dem der zum Bilanzstichtag bestehende Liquiditäts-zustand bereits überholt ist (Vergangenheitsbezug).

Die Jahresabschlussanalyse ist daher nur geeignet, die **grundsätzliche Liqui-dität** eines Unternehmens bzw deren Entwicklung (Verbesserung oder Ver-schlechterung) über mehrere Jahre hinweg festzustellen. Während im voran-gegangenen Kapitel die vertikale Struktur der Aktiv- und Passivseite isoliert untersucht wurde, wird über die Liquiditätsanalyse der (horizontale) **Zusam-menhang zwischen Investition** (Vermögen) **und Finanzierung** (Kapital) hergestellt. Dabei geht der Analyst sinnvollerweise von der **Unternehmens-fortführung** aus (*Going-concern*-Prämisse) und nicht vom Potential, die Zah-lungsverpflichtungen im Zerschlagungsfall durch Liquidation der Vermö-genswerte zu decken. Prinzipiell stehen zur Analyse zwei Vorgehensweisen zur Verfügung:

- Die **Liquiditätsanalyse auf Basis von Bestandsgrößen** zieht die jeweili-gen zeitpunktbezogenen Bestände an Aktiva und Passiva heran und unter-sucht, ob die Fristen der Kapitalüberlassung und Kapitalbindung in sinn-vollem Verhältnis zueinander stehen.
- Die **Liquiditätsanalyse auf Basis von Stromgrößen** bedient sich idR des Cashflows aus der Geschäftstätigkeit des Unternehmens und untersucht dessen Verhältnis zur Investitions- und Finanzierungstätigkeit.

3.151 Statische Liquiditätsanalyse (Bestandsgrößen als Grundlage der Liquiditätsanalyse)

3.151.1 Fristenkongruenz

Obwohl mit der **Höhe des Verschuldungsgrades** die Gefahr von Zahlungsschwierigkeiten steigt, ist die Frage der Aufrechterhaltung des finanziellen Gleichgewichtes nicht allein eine Frage von Eigen- und Fremdkapital, sondern in erster Linie eine Frage der **Fristenentsprechung von Vermögen und Kapital**. Die Kapitalstruktur (Mittelherkunft) wird daher in einem zahlungsfähigen Unternehmen weitgehend in ihrer Fristigkeit der Vermögensstruktur (Mittelverwendung) anzupassen sein. Dieser Zusammenhang wird als Grundsatz der Fristenkongruenz bezeichnet und aus ihm leiten sich eine Reihe von Regeln ab.

3.151.11 Deckungsregeln (horizontale Finanzierungsregeln)

Diese horizontalen Finanzierungsregeln, die man auch als **Deckungsregeln** bezeichnet, bestimmen das Verhältnis des Vermögens und der Schulden in Bezug auf deren Fristigkeit. Die engste Auslegung findet sich in der sog **Goldenen Bilanzregel**, die fordert, dass zumindest das Anlagevermögen mit eigenen Mitteln finanziert sein müsse. Im weiteren Sinne fordert die Goldene Bilanzregel, dass darüber hinaus auch die eisernen Bestände des Umlaufvermögens durch Eigenmittel gedeckt sein sollen. Es ist jedoch zur **Goldenen Bilanzregel** kritisch zu bemerken, dass sie nicht in dieser schematischen Form angewendet werden kann, da auch verschiedene Eigenkapitalteile kurzfristigen Charakter tragen, wie etwa der zur Ausschüttung bestimmte Gewinn einer Kapitalgesellschaft (der im Rahmen der Jahresabschlussanalyse daher auch zu den kurzfristigen Verbindlichkeiten gezählt wird), Eigenkapitalbeträge der Gesellschafter bei Personengesellschaften bzw des Eigentümers eines Einzelunternehmens, die für Steuerzahlungen oder sonstige Entnahmen bereitgehalten werden müssen, womit diese Beträge zur Deckung langfristig gebundener Vermögensteile nicht geeignet erscheinen. Andererseits können Schulden, deren Laufzeit auf die Nutzungsdauer der Anlagen abgestimmt ist, wie etwa langfristige Hypothekardarlehen oder Leasingfinanzierungen, ohne weiteres als Deckung für das Anlagevermögen dienen.

Die **horizontalen Finanzierungsregeln** dürfen dabei nicht so ausgelegt werden, dass bestimmte Kapitalteile zur Deckung bestimmter Vermögensteile dienen, sondern dahingehend, dass der Umfang des **langfristig gebundenen Kapitals** zumindest der Größe des **langfristig gebundenen Vermögens** entsprechen soll. Das Gleiche gilt für mittelfristig und kurzfristig gebundene bzw liquidierbare Vermögensteile. Den Ausgangspunkt der Liquiditätsanalyse auf Basis von Bestandsgrößen bilden demnach Untersuchungen, ob die goldene Finanzierungsregel erfüllt ist:

Horizontale Deckungsregel der Bilanz	
Langfristiges Vermögen	Eigenkapital
	Langfristiges Fremdkapital
Kurzfristiges Vermögen	Kurzfristiges Fremdkapital

Die Deckungsregel muss demnach lauten:

Anlagevermögen	$\leq$	Eigenkapital + Langfristiges Fremdkapital
Umlaufvermögen	$\geq$	Kurzfristiges Fremdkapital
Vermögen	$=$	Kapital

Der erste (langfristige) Teil der Regel fordert, dass nicht mehr finanzielle Mittel in langfristigem Vermögen gebunden sein dürfen, als dem Unternehmen auch tatsächlich langfristiges Kapital überlassen wurde. Die **Zahlungsfähigkeit** des Unternehmens gilt als umso stabiler, je stärker die langfristige Mittelherkunft die langfristige Mittelverwendung übersteigt. Im umgekehrten Fall läuft das Unternehmen Gefahr, bei Fälligkeit kurzfristiger Kapitalteile diese durch Liquidation von langfristigem Vermögen (zB Anlagen) decken zu müssen. Damit der geforderte Zusammenhang gelten kann, muss zwangsläufig die untere Ungleichung erfüllt sein; also das kurzfristige Vermögen sollte zumindest gleich hoch (besser wäre höher) als das kurzfristige Fremdkapital sein. In diesem Fall wird bei Fälligkeit (definitionsgemäß innerhalb des nächsten Jahres) jenes Fremdkapital durch die Liquidation von Teilen des Umlaufvermögens zu decken sein und die Zahlungsfähigkeit gilt als gewährleistet. Aufgrund der oben genannten Kritikpunkte ist jedoch eine Liquiditätsanalyse rein auf Basis der Goldenen Bilanzregel unzulänglich.

3.151.111 Anlagendeckungsgrade

Eine andere Möglichkeit der horizontalen Bilanzstrukturanalyse im Hinblick auf **Fristenkongruenz** ist die Ermittlung von **Anlagendeckungsgraden**. Da der in der Goldenen Bilanzregel festgelegte Grundsatz in der Praxis nur geringe Relevanz besitzt, werden vor allem für betriebsübergreifende Vergleiche Anlagendeckungsgrade ermittelt, in denen das Anlagevermögen mit dem Eigenkapital bzw dem langfristigen Kapital in Zusammenhang gesetzt wird. Auch hier wird gefordert, dass das Anlagevermögen zur Gänze mit langfristigem Kapital finanziert werden soll. In Bezug auf die Kapitalgröße im Nenner der Formel finden sich häufig mehrere Ausprägungen:

Der **Anlagendeckungsgrad I** untersucht zunächst, ob das Anlagevermögen zur Gänze mit **Risikokapital** finanziert ist. Zum Risikokapital gehört neben dem **Eigenkapital** auch das **Sozialkapital**, bestehend aus Abfertigungs-, Pensions- und Jubiläumsgeldrückstellungen.

Soweit im Anlagevermögen Vermögensgegenstände enthalten sind, die der Deckung von Fremdkapitalbestandteilen dienen (zB Rückdeckungsversicherungen oder Wertpapiere), scheiden sie, in gleicher Weise wie die gedeckten Fremdkapitalbestandteile selbst, aus dieser Rechnung aus. Genauso sind Wertpapiere des Anlagevermögens, soweit sie der Veranlagung freier liquider Mittel dienen und jederzeit veräußert werden können, nicht in das zu deckende Anlagevermögen einzubeziehen. Da für den Firmenwert keine Ersatzbeschaffung stattfinden wird, ist eine Deckung nicht erforderlich. Er ist daher ebenfalls aus dem zu deckenden Anlagevermögen auszusondern. Unter Berücksichtigung dieser Details ist der Anlagendeckungsgrad I folgendermaßen zu ermitteln:

$$\text{Anlagendeckungsgrad I} = \frac{\text{Risikokapital}}{\text{zu deckendes Anlagevermögen}}$$

wobei gilt:

	Eigenkapital
+	Rückstellungen für Abfertigungen (ohne im kommenden Jahr fällige Beträge)
+	Pensionsrückstellungen
+	Jubiläumsgeldrückstellungen
=	**Risikokapital**

Der Anlagendeckungsgrad I hat allerdings nur geringe Bedeutung, da ein nicht unbeträchtlicher Teil des Anlagevermögens durch anderes langfristiges Fremdkapital, welches vor allem zeitlich auf dasselbe Anlagevermögen zugeschnitten ist (zB Leasingfinanzierung, Hypothekarkredite, sonstige Spezialkredite), gedeckt ist. Der **Anlagendeckungsgrad II** untersucht daher ähnlich der Goldenen Bilanzierungsregel, ob das Anlagevermögen grundsätzlich mit langfristigem Kapital finanziert ist.

$$\text{Anlagendeckungsgrad II} = \frac{\text{langfristiges Kapital}}{\text{langfristiges Vermögen}}$$

3.151.112 Working Capital

Neben den relativen Kennzahlen (Deckungs- und Liquiditätsregeln) zur Beurteilung der Liquidität eines Unternehmens bestehen zB mit dem Working Capital auch **absolute Kennzahlen** zur Analyse der **Zahlungsfähigkeit**. Das Working Capital ergibt sich als **Differenz aus kurzfristigem Vermögen und kurzfristigem Fremdkapital**. Das Umlaufvermögen ist um die darin enthaltenen langfristig gebundenen Bestandteile zu kürzen, sodass nur jene Bestandteile enthalten sind, die innerhalb eines Jahres monetarisiert werden können. Forderungen mit einer Restlaufzeit von mehr als einem Jahr sind daher auszunehmen. Außerdem sind sowohl in das kurzfristige Vermögen als auch in das kurzfristige Fremdkapital die Rechnungsabgrenzungsposten einzubeziehen, sofern diese eine Fälligkeit bis zum Ende des nächsten Geschäftsjahres aufweisen. Das Working Capital gilt als Maßzahl für die Zahlungsfähigkeit eines Unternehmens. Im Fachgutachten *KFS/BW 3* wird die Ermittlung dieser Kennzahl daher unter der Bezeichnung **Nettoumlaufvermögen** ebenfalls empfohlen. Abweichend davon wird das Nettoumlaufvermögen auch als Umlaufvermögen (ohne verzinsliche Bankguthaben) abzüglich unverzinslichen Fremdkapitals definiert, wobei zum unverzinslichen Fremdkapital die Lieferantenverbindlichkeiten und Kundenanzahlungen gezählt werden (*Coenenberg/Haller/Schultze*[23], S 1083).

Grundsätzlich lässt es sich auch vertreten, die Rechnungsabgrenzungsposten aus der Working-Capital-Berechnung herauszulassen, da sie zu keiner Zahlung führen.

	kurzfristiges Vermögen
–	kurzfristiges Fremdkapital
=	**Working Capital**

Dividiert man das kurzfristige Umlaufvermögen durch das kurzfristige Fremdkapital, erhält man die Working Capital Ratio. Der Quotient zeigt den relativen Polster, den das Unternehmen für die Befriedigung der kurzfristigen Verbindlichkeiten zur Verfügung hat.

$$\text{Working Capital Ratio} \quad = \quad \frac{\text{kurzfristiges Vermögen}}{\text{kurzfristiges Fremdkapital}}$$

Working Capital und **Working Capital Ratio** spielen in der US-amerikanischen Bilanzierungspraxis eine herausragende Rolle, da angenommen wird, dass aus der Entwicklung des Working Capitals und der Working Capital Ratio gute Schlüsse auf die Aufrechterhaltung des grundsätzlichen finanziellen

Gleichgewichtes gezogen werden können. Es ist daher Bestandteil der Bilanzpolitik US-amerikanischer Unternehmen, die **Working Capital Ratio** möglichst hoch zu halten, wobei *Baetge et al*[2] (S 270) anmerken, dass das Working Capital verhältnismäßig wenig bilanzpolitischen Spielraum bietet. Das **Working Capital** steht zur Deckung der durch die Geschäftstätigkeit bedingten laufenden Aufwendungen zur Verfügung und bietet einen mehr oder weniger großen Spielraum zum Ausgleich der rhythmischen oder unrhythmischen Schwankungen und Anspannungen. Liegt die Working Capital Ratio unter 1, so ist das Working Capital negativ. Die kurzfristigen Schulden übersteigen das kurzfristige Umlaufvermögen, was bedeutet, dass das Unternehmen langfristige Investitionen mit kurzfristigem Fremdkapital finanziert hat und sich damit in einer latent schwierigen Liquiditätslage befindet.

Abweichend vom Working Capital, das das *komplette* kurzfristige Vermögen mit den kurzfristigen Verbindlichkeiten in Beziehung setzt, wird, vorwiegend im anglo-amerikanischen Raum, eine daran angelehnte Liquiditätskennzahl ermittelt. Das sog **Trade Working Capital** bezieht nur jene kurzfristigen Vermögens- und Kapitalbestände in die Berechnung ein, die mit dem täglichen operativen Geschäft in Zusammenhang stehen. Auf diese Weise wird eine Maßzahl ermittelt, die einen fokussierteren Blick auf die Liquiditätssituation des Tagesgeschäfts ermöglicht. Das Trade Working Capital wird wie folgt ermittelt:

	Vorräte
+	Forderungen aus Lieferungen und Leistungen
−	Verbindlichkeiten aus Lieferungen und Leistungen
=	**Trade Working Capital**

3.151.12 Kritik der statischen Liquiditätsanalyse

Die aus den Beständen der Bilanz ermittelte Liquidität stellt grundsätzlich eine **Vergangenheitsrechnung** dar, die die finanzielle Lage des Unternehmens für einen in der Vergangenheit liegenden **Zeitpunkt** (idR zum Bilanzstichtag) zeigt. Die daraus ermittelten Kennzahlen können daher nicht über die momentane Liquiditätssituation des aus externer Sicht analysierten Unternehmens informieren und auch keine Dispositions- oder Entscheidungsgrundlage für die (interne) Unternehmensführung sein. Aus der Entwicklung der einzelnen Kennzahlen über einen mehrjährigen Zeitraum hinweg kann aber geschlossen werden, ob sich die Liquiditätslage des Unternehmens grundsätzlich gebessert oder verschlechtert hat. Neben der Tatsache, dass es sich um vergangenheitsbezogene Daten handelt, liegt ein weiteres Defizit darin, dass bisher lediglich die in der Bilanz abgebildeten **Bestandsgrößen** herangezogen wurden. Ein idR besseres Bild über die Liquidität des Unternehmens ergibt sich jedoch, wenn zusätzlich dazu **Stromgrößen** herangezogen werden. Durch Einbeziehung von **Cashflows** oder der Informationen aus einer **Geldflussrechnung** können so Erkenntnisse über die einzelnen Finanzströme im Unternehmen gewonnen werden, die wiederum von zentraler Bedeutung für das Analyseziel der Liquiditätsanalyse – nämlich die Untersuchung der Zahlungsfähigkeit – sind.

3.152 Dynamische Liquiditätsanalyse (auf Basis von Stromgrößen)

In der dynamischen Betrachtung der Liquidität treten an die Stelle von Bestandsgrößen **Stromgrößen** in Form von Geldbewegungen (Cash Flows). Da allerdings das Rechnungswesen in Form der Doppik auf periodisierten Größen (Aufwendungen und Erträge) aufgebaut ist, müssen idR die **Cash Flows** gesondert ermittelt werden. Dies geschieht in Form der direkten oder indirekten Ermittlung.

Im Gegensatz zur direkten Ermittlung der Einnahmen und Ausgaben erfolgt bei der indirekten Ermittlung, ausgehend vom periodisierten Ergebnis der Buchhaltung, die Überleitung durch Hinzufügung von Nichtausgaben und durch Ausscheiden von Nichteinnahmen.

Direkte Ermittlung	**Indirekte Ermittlung**
Erfolgswirksame Einnahmen	**Jahresergebnis**
– erfolgswirksame Ausgaben	+ Nichtausgaben in den Aufwendungen
= **Cashflow**	– Nichteinnahmen in den Erträgen
	= **Cashflow**

Ein Beispiel mögen dies verdeutlichen (in T€):

Dem Jahresumsatz eines Unternehmens von 7.000 stehen Aufwendungen 6.000 gegenüber. In den Aufwendungen sind 400 Abschreibungen vom Anlagevermögen enthalten. Investitionen in das Anlagevermögen wurden 250 getätigt und auch bezahlt. Vom Umsatz sind 800 noch nicht bezahlt, sämtliche Forderungen aus dem Vorjahr sind in Höhe von 600 eingegangen

Direkte Ermittlung des Cashflows:

Erfolgswirksame Einnahmen	*(7.000 – 800 + 600)*	*6.800*
Abzüglich Ausgaben	*(6.000 – 400 + 250)*	*– 5.850*
Cashflow in der Periode		*950*

Indirekte Ermittlung des Cashflows

Umsatzerlöse		***7.000***
Abzüglich Aufwendungen		*6.000*
Jahresergebnis		*1.000*
zuzüglich Anlagenabschreibung		*400*
abzüglich Investitionen		*– 250*
abzüglich ausstehende Forderungen Stand 31.12.	*800*	
1.1.	*600*	*– 200*
Cashflow		*950*

Da die direkte Ermittlung den unmittelbaren Zugang zu den Buchhaltungs-konten eines Unternehmens erfordert und in seiner Durchführung sehr ar-beitsintensiv ist, hat sich allgemein die indirekte Ermittlung des Cashflow durchgesetzt

Da die vom Unternehmen aufgenommenen Verbindlichkeiten, letztlich nur aus den im Leistungsprozess erwirtschafteten Mitteln getilgt werden können, wird der Cashflow auch als Indikator der **Verschuldungsfähigkeit** herange-zogen. Grundsätzlich bleibt aber festzuhalten, dass der Cashflow selbst zwar in der Lage ist, eine grundlegende Information über Zahlungsströme wieder-zugeben, dass jedoch eine echte Aussagekraft nur im Zusammenhang mit der sonstigen Mittelaufbringung (Außenfinanzierung) und der Mittelverwendung (Investitionen, Schuldentilgungen, Ausschüttungen) entsteht (s Kapitel 3.16 Geldflussrechnung).

3.152.1 Selbstfinanzierung

Die wichtigste Stromgröße des Unternehmens ist der Gewinn. Selbstfinan-zierung ist jener Teil der Finanzierung des Unternehmens, der aus den selbst geschaffenen Ressourcen erfolgt, dh Finanzierung aus stehengebliebenen Gewinnen.

3.152.11 Selbstfinanzierungsgrad

Die Kennzahl des Selbstfinanzierungsgrades gilt als Maßstab für die Thesau-rierungsfähigkeit und -bereitschaft eines Unternehmens und findet internatio-nal bei der Analyse veröffentlichter Bilanzen großen Anklang. Deshalb zei-gen etwa die US-amerikanischen Unternehmen in den „**retained earnings**" bzw „**earnings reinvested in the business**" (Gewinnrücklagen) die **nicht ausgeschütteten** Gewinne und im „**capital surplus**" (Kapitalrücklagen) die über das Nennkapital hinaus eingezahlten Eigenkapitalbeträge der Gesell-schafter. Auch die Bilanzierungsvorschriften des UGB stellen auf die Darstellung der Eigenkapitalstruktur durch Trennung eingezahlter Eigenkapitalteile (Nominalkapital und Kapitalrücklagen) und zurückbehaltener Gewinne (Bilanzgewinn, Gewinnrücklagen) ab.

$$\text{Selbstfinanzierungsgrad} = \frac{\text{nicht ausgeschüttete Gewinne}}{\text{Gesamtkapital}}$$

3.152.2 Innenfinanzierung

Von der **Selbstfinanzierung** ist die **Innenfinanzierung** zu unterscheiden. Die **Innenfinanzierung** geht über die Selbstfinanzierung hinaus, da sie neben der Finanzierung aus zurückbehaltenen Gewinnen auch die Finanzierung aus (langfristigen) Rückstellungen und Abschreibungen umfasst. Die Finanzierung aus Rückstellungen und Abschreibungen wird auch als **unechte Selbstfinanzierung** bezeichnet.

Diese entspricht im Wesentlichen dem **Cashflow aus dem Ergebnis**.

	Ergebnis vor Steuern
+	Abschreibungen vom Anlagevermögen
–	Zuschreibungen zum Anlagevermögen
–/+	Erträge aus der Veräußerung von Anlagen
+/–	Erhöhung/Verminderung langfristige Rückstellungen
=	Cashflow aus dem Ergebnis

Bei der Durchführung der Jahresabschlussanalyse wird man idR auf die im Rahmen der Geldflussrechnung ermittelten Cashflow-Größen zugreifen. So findet man den **Cashflow aus dem Ergebnis** im Aktivitätsbereich „Nettogeldfluss aus der laufenden Geschäftstätigkeit" als Zwischensumme Ia.

Der so ermittelte Cashflow dient als Basis weiterer Kennzahlen, die vor allem zur **Beurteilung der Innenfinanzierungskraft** und der **Verschuldungsfähigkeit** des Unternehmens herangezogen werden. Die Innenfinanzierung kann anhand der beiden Kennzahlen **Innenfinanzierungsgrad der Investition** und **Investitionsgrad** analysiert werden. Beide Größen setzen den Cashflow mit den Nettoinvestitionen in das Anlagevermögen in Zusammenhang. Während der Innenfinanzierungsgrad der Investition misst, welcher Anteil der Nettoinvestitionen mittels des erwirtschafteten Cashflows aus der Innenfinanzierungskraft des Unternehmens gedeckt werden kann, zeigt der Kehrwert Investitionsgrad an, welcher Anteil des Cashflows tatsächlich für Nettoinvestitionen genutzt wird. Die finanzwirtschaftliche Situation ist dabei grundsätzlich umso besser zu beurteilen, je höher der Wert des Innenfinanzierungsgrads der Investition ist. Wobei dies auch auf geringere Nettoinvestitionen zurückführen sein könnte, was für die künftige Ertragskraft des Unternehmens schädlich sein kann.

3.152.21 Innenfinanzierungsgrad der Investition und Investitionsgrad

$$\text{Innenfinanzierungsgrad der Investition} = \frac{\text{Cashflow aus dem Ergebnis}}{\text{Nettoinvestitionen in das Anlagevermögen}}$$

$$\text{Investitionsgrad} = \frac{\text{Nettoinvestitionen in das Anlagevermögen}}{\text{Cashflow aus dem Ergebnis}}$$

S hierzu die Erläuterung im Kapitel 3.164.

3.16 Geldfluss- bzw Kapitalflussrechnung

3.161 Zweck und Gesetzeslage

Mit der Generalnorm gem § 222 Abs 2 wird festgehalten, dass der Jahresabschluss neben der Ertrags- und Vermögenslage auch ein möglichst **getreues Bild der Finanzlage** des Unternehmens zu vermitteln hat.

Obwohl das UGB mit der Darstellung der Fristen gem §§ 225 Abs 3 und 6, 227 und 237 Abs 1 Z 5 ursprünglich der Generalnorm Genüge zu tun vermeinte, hat sich international, insbesondere unterstützt durch das aus 1987 stammende (amerikanische) Statement of Financial Accounting Standards SFAS 95 und dem 1992 revidierten International Accounting Standard IAS 7, die Auffassung durchgesetzt, dass ein ausreichendes Bild der Finanzlage des Unternehmens nur durch eine umfassende **Geldflussrechnung** in der Form des Cashflow-Statements gezeigt werden kann.

Mit dem ReLÄG 2004 vom Dezember 2004 wurde im Hinblick auf die Konzernrechnungslegung § 250 Abs 1 durch die Bestimmung ergänzt, dass auch der **Konzernabschluss nach UGB verpflichtend eine Kapitalflussrechnung** zu enthalten habe. Für Einzelabschlüsse ist die Aufstellung einer Kapitalflussrechnung nicht verpflichtend. Wird keine Kapitalflussrechnung vom Unternehmen selbst veröffentlicht, so kann der externe Bilanzanalytiker versuchen, diese selbst zu rekonstruieren, falls eine detaillierte Analyse der Finanzlage erfolgen soll. In diesem Fall können jedoch Schwierigkeiten bestehen, die einzelnen Zahlungsströme auf Basis der Jahresabschlussdaten zu ermitteln und zuzuordnen.

Wie *Küting/Weber* (Bilanzanalyse[11], S 189 ff) hinweisen, **ergänzt** die Kapitalflussrechnung (Geldflussrechnung) die statische Liquiditätskontrolle durch eine **dynamische Betrachtungsweise**. „Während bei der statischen Analyse lediglich die Bilanzbestände in unterschiedlicher Weise zusammengefasst und ins Verhältnis zueinander gesetzt werden, soll die Kapitalflussrechnung (Geldflussrechnung) eine Beurteilung der Bewegung dieser Bilanzbestände während der Periode ermöglichen". Eine generelle gesetzliche Vorschrift für Kapitalgesellschaften zur Aufstellung einer Kapitalflussrechnung (mit Ausnahme des § 250) gibt es nicht. Allerdings zählt das AFRAC in seiner Stellungnahme zur Lageberichterstattung gem §§ 243 und 267 die Kapitalflussrechnung zu den finanziellen Leistungsindikatoren (Tz 40) und verlangt in Tz 41 für Kapitalgesellschaften zumindest die Veröffentlichung von Teilergebnissen der Kapitalflussrechnung (Geldfluss aus laufender Geschäftstätigkeit, Geldfluss aus der Investitionstätigkeit und Geldfluss aus der Finanzierungstätigkeit).

Der Fachsenat für Betriebswirtschaft und Organisation der Kammer der Steuerberater und Wirtschaftsprüfer schlägt in seinem Fachgutachten KFS/BW 2 vom **27. Mai 2008 „Die Geldflussrechnung als Ergänzung des Jahresabschlusses und Bestandteil des Konzernabschlusses"**, das im Jänner 2016 eine Überarbeitung erfuhr, mit Hinweis auf die Generalklausel § 222 die Erstellung und Veröffentlichung einer Kapitalflussrechnung auch für Kapitalgesellschaften vor. Gem den Vorbemerkungen orientiert sich das Fachgutachten weiterhin an der internationalen Praxis, insbesondere dargelegt im International Accounting Standard (IAS) 7 „Cash Flow Statements" des International Accounting Standards Committee (IASC) und im auf DRS 2 basierenden Deutschen Rechnungslegungsstandard DRS 21 „Kapitalflussrechnung" aus dem Jahr 2014. Durch dieses Fachgutachten wird eine **Vereinheitlichung der veröffentlichten Geldflussrechnungen** in Österreich angestrebt. Darüber hinaus soll dieses Fachgutachten als Grundlage für die Beurteilung von Geldflussrechnungen durch den Abschlussprüfer und für die Darstellung einer Geldflussrechnung im Prüfungsbericht des Abschlussprüfers sowie im Rahmen der Beratungstätigkeit des Wirtschaftstreuhänders dienen. Zusammen mit den Informationen, die der Jahresabschluss liefert, ermöglicht die Geldflussrechnung eine bessere Beurteilung des Unternehmens über

- die Fähigkeit zur Erwirtschaftung von Zahlungsmittelüberschüssen;
- die Fähigkeit zur Erfüllung der Zahlungsverpflichtungen und zur Bedienung des Eigenkapitals;
- die Auswirkungen von Investitions- und Finanzierungsvermögen auf die Finanzlage;
- die Gründe für die Divergenz zwischen Jahresergebnis und Nettogeldfluss aus laufender Geschäftstätigkeit und
- erste Anzeichen von Finanznöten.

Wie auch in IAS 7/5 dargelegt, werden historische Informationen über Cashflows häufig als Indikator für den Betrag, den Zeitpunkt und die Wahrscheinlichkeit künftiger Cashflows herangezogen. Außerdem sind die Informationen nützlich, um die Genauigkeit in der Vergangenheit vorgenommener Einschätzungen künftiger Cashflows zu prüfen und die Beziehung zwischen der Rentabilität und dem Netto-Cashflow sowie die Auswirkungen von Preisänderungen zu untersuchen.

3.162 Aktivitätsbereiche und Fondskonzeptionen

Ein wie im Kapitel 3.152.2 ermittelter Cashflow bietet zwar Einblicke in die Höhe der erwirtschafteten finanziellen Mittel, er vermag es jedoch nicht, anzugeben, für welchen Zweck und in welcher Höhe eben diese Mittel verwendet wurden. Die im deutschen Sprachgebrauch sog **Kapitalflussrechnung** stellt hingegen eine das gesamte Unternehmen umfassende **Geldflussrechnung** dar, die ursprünglich als einfache Bewegungsrechnung getrennt nach **Mittelherkunft und Mittelverwendung** aufgestellt wurde und nunmehr nach den **Aktivitätsbereichen**

- laufende Geschäftstätigkeit,
- Investitionstätigkeit und
- Finanzierungstätigkeit

gegliedert wird. Die ursprüngliche Bewegungsrechnung bildet heute lediglich eine Vorstufe zur Geldflussrechnung.

3.162.1 Finanzmittelfonds

Zentraler Punkt der Kapitalflussrechnung/Geldflussrechnung ist ein sog **Finanzmittelfonds**, in den die Mittel aus den Aktivitätsbereichen hineinfließen und von dort aus in die Aktivitätsbereiche zurückfließen. Kapitalflussrechnungen sind daher Finanzrechnungen, welche die Veränderung eines **Finanzmittelfonds** aufgrund der fondswirksamen Vorgänge der laufenden Geschäftstätigkeit sowie aufgrund der Investitions- und Finanzierungsaktivitäten in der Periode aufzeigen sollen.

Der Finanzmittelfonds stellt den Kern der Kapitalflussrechnung dar. In der Vergangenheit wurden eine Reihe von unterschiedlich weit gefassten Finanzmittelfonds verwendet, die folgenden Umfang annehmen konnten:

(37)	Finanzmittelfonds			
	a	b	c	d
	Flüssige Mittel	**Netto verfügbare flüssige Mittel**	**Netto-' Geld-vermögen**	**Netto-Umlaufvermögen (working capital)**
Kurzfristige AKTIVA (mit einer Restlaufzeit bis zu einem Jahr)				
Flüssige Mittel (Aktivseite B IV)	×	×	×	×
Wertpapiere des Umlaufvermögens und sonstige Anteile (B III, 2)	×[1]	×	×	×
Forderungen und sonstige Vermögensgegenstände (B II)	−	−	×	×
Vorräte (B I)				×
Rechnungsabgrenzungsposten (C)				×
Kurzfristige PASSIVA (mit einer Restlaufzeit bis zu einem Jahr)				
Steuerrückstellungen (Passivseite C III)	−	−	×	×
Sonstige Rückstellungen (C IV)	−	−	×	×
Verbindlichkeiten des Postens D mit einer Restlaufzeit bis zu einem Jahr ohne erhaltene Anzahlungen und kurzfristige Bankverbindlichkeiten	−	−	×	×
Erhaltene Anzahlungen auf Bestellungen (D 3)	−	−	−	×
Kurzfristige Bankverbindlichkeiten (D 2)	−	×	×	×
Rechnungsabgrenzungsposten (E)	−	−	−	×
Finanzmittelfonds	Σ	Σ	Σ	Σ

[1] Soweit mit einer maximalen Laufzeit von drei Monaten und jederzeit in Geld umwandelbar

Die Größe des Finanzmittelfonds bestimmt, welche Zahlungsströme in der jeweiligen Variante der Kapitalflussrechnung dargestellt werden müssen und damit den Inhalt der Kapitalflussrechnung. Je mehr Posten der Fonds umfasst, desto geringer ist der Umfang der außerhalb des Fonds anfallenden Zahlungsströme. In den USA wurde für Kapitalflussrechnungen bis Ende der 1980er Jahre vornehmlich das **Working Capital als Finanzmittelfonds** herangezogen. Erst mit dem SFAS 95 aus November 1987 hat der FASB (Financial Accounting Standards Board) eine Richtlinie zur (verpflichtenden) Darstellung von Kapitalflussrechnungen in den veröffentlichten Jahresabschlüssen von an den amerikanischen Börsen notierenden Gesellschaften herausgegeben, welche als Finanzmittelfonds ausschließlich den Bestand an **flüssigen Mitteln ersten Grades** (cash and cash equivalents) zulässt. Dadurch wird die **Kapitalflussrechnung** zur **Geldflussrechnung**. Dieser **Fonds der flüssigen Mittel** entspricht nach der Gliederung der Bilanz gem § 224 Abs 2 dem Posten B IV (Kassenbestand, Schecks, Guthaben bei Banken) zuzüglich sonstiger flüssiger Mittel aus dem Posten B III (Wertpapiere), das sind kurzfristige Geldanlagen als Liquiditätsreserve (zB Wertpapiere mit einer Gesamtlaufzeit von nicht mehr als drei Monaten, die sofort in Geld umgewandelt werden können und dabei nur einem unwesentlichen Wertschwankungsrisiko unterliegen). Guthaben bei Kreditinstituten, die nicht innerhalb von drei Monaten liquidiert werden können, dürfen nicht in den Finanzmittelfonds aufgenommen werden.

Sowohl der 1992 revidierte IAS 7 als auch der DRS 21 und das oben zitierte Fachgutachten des Fachsenates für Betriebswirtschaft der Kammer der Steuerberater und Wirtschaftsprüfer lassen als Fonds ausschließlich den Bestand an **flüssigen Mitteln ersten Grades** zu, wobei IAS 7 allerdings auch einen Nettofonds unter Abzug der kurzfristigen Bankverbindlichkeiten gestattet. Die unter c und d dargestellten Fonds haben daher heute keine Bedeutung mehr. Spätestens mit der Reduzierung des Fonds auf den **Bestand an flüssigen Mitteln ersten Grades** hat der Begriff **Kapitalflussrechnung** seine Berechtigung verloren; der nach wie vor in Deutschland, aber auch im UGB gebrauchte Begriff Kapitalflussrechnung entspricht nicht mehr den Tatsachen, weshalb wir in der Folge ausschließlich den Begriff **Geldflussrechnung** verwenden werden.

3.162.2 Aktivitätsbereiche

In der einfachsten Form findet die nach **Mittelherkunft (MH)** und **Mittelverwendung (MV)** gegliederte Geldflussrechnung ihren Niederschlag in der **Bewegungsbilanz**, die die Veränderung der Vermögens- und Schuldposten einer Bilanz zu Beginn und am Ende der Periode zeigt. Verbindet man die **Bewegungsbilanz** mit einem **Finanzmittelfonds**, wird ausgehend vom **Finanzmittelfonds** zu Beginn der Periode festgestellt, woher die dem Finanzmittelfonds zufließenden Mittel kommen und wofür sie verwendet wurden. Der Saldo aus Mittelzu- und -abfluss vergrößert oder verkleinert den Inhalt des Fonds. Der **Mittelzufluss** in den Fonds resultiert aus dem positiven Ergebnis der Geschäftstätigkeit (GuV) sowie aus erfolgsneutralen Vorgängen, wie der Verminderung von nicht dem Fonds zugehörigen Vermögensposten, der Erhöhung des Fremdkapitals oder der Einzahlung durch Gesellschafter. **Abflüsse** aus dem Finanzmittelfonds ergeben sich aus dem negativen Ergebnis der Geschäftstätigkeit, Erhöhung von Vermögensposten (soweit diese nicht Bestandteil des Fonds sind), der Verminderung des Fremdkapitals und der Auszahlung an die Gesellschafter (Eigentümer).

Während die Gliederung der Geldflussrechnung in der Vergangenheit fast ausschließlich nach den Kriterien der **Mittelherkunft und Mittelverwendung** erfolgte, hat mit IAS 7 ein Umdenken begonnen, wonach eine Geldflussrechnung die gewünschten Kennzahlen zur Ermittlung und Analyse der Finanz- und Liquiditätslage eines Unternehmens nur geben kann, wenn die Zahlungsströme je nach Informationsbedarf in mehrere Aktivitätsbereiche gegliedert werden, wobei jeder Bereich mit einem Saldo (Nettozufluss/-abfluss) abschließt. Als Aktivitätsbereiche werden vom Fachsenat in Anlehnung an die Standards SFAS 95 und IAS 7 die Bereiche der

- **Operating activities** (laufende Geschäftstätigkeit)
- **Investing activities** (Investitionstätigkeit) und
- **Financing activities** (Finanzierungstätigkeit)

vorgeschlagen. Seit Herausgabe der beiden internationalen Standards wurde die Gliederung nach **Mittelherkunft** und **Mittelverwendung** vollständig durch die **Gliederung der Geldflussrechnung nach Aktivitätsbereichen** verdrängt. Die Bewegungsbilanz bzw Veränderungsbilanz als Mittelherkunfts- und -verwendungsrechnung wird jedoch nach wie vor als Vorprodukt zur Geldflussrechnung verwendet. In der **Veränderungsbilanz** findet der Ersteller der Geldflussrechnung die notwendigen Daten für die sich aus der Veränderung der Bilanzposten ergebenden Zahlungsströme. Die nachfolgenden Ausführungen sind überwiegend dem oben angeführten Fachgutachten über die **Geldflussrechnung als Ergänzung des Jahresabschlusses und Bestandteil des Konzernabschlusses** des Fachsenates für Betriebswirtschaft und Organisation der Kammer der Steuerberater und Wirtschaftsprüfer entnommen. Die Gliederung der Geldflussrechnung erfolgt somit nach folgenden Aktivitätsbereichen:

	Netto-Geldfluss aus laufender Geschäftstätigkeit
+/–	Netto-Geldfluss aus der Investitionstätigkeit
+/–	Netto-Geldfluss aus der Finanzierungstätigkeit
=	**zahlungswirksame Veränderung des Finanzmittelbestands**

Fondsveränderungsrechnung	
	Finanzmittelbestand am Anfang der Periode
+/–	**zahlungswirksame Veränderung des Finanzmittelbestands**
+/–	wechselkursbedingte und sonstige Wertänderungen des Finanzmittelbestands
=	**Finanzmittelbestand am Ende der Periode**

3.162.21 Nettogeldfluss aus laufender Geschäftstätigkeit

Der zentrale Indikator stromgrößenbasierter Liquiditätsanalysen ist der Netto-**Cashflow (Nettogeldfluss) aus laufender Geschäftstätigkeit**, als der sich aus der betrieblichen Tätigkeit ergebende Einnahmenüberschuss. Im Gegensatz zu den Größen der Gewinn- und Verlustrechnung ist er **primär finanzwirtschaftlich** und **nicht erfolgswirtschaftlich** orientiert, was bedeutet, dass er die **Finanzierungskraft** des Unternehmens anzeigt.

Grundsätzlich zeigen die Geldflüsse aus der laufenden **Geschäftstätigkeit** an, inwieweit das Unternehmen in der Lage war, Geldmittel zur Aufrechterhaltung der Geschäftstätigkeit, zur Kredittilgung und Dividendenzahlungen sowie für Investitionen ohne Zugriff auf externe Finanzmittel zu schaffen.

Die Geldflüsse aus der laufenden Geschäftstätigkeit werden in zwei Stufen erfasst, nämlich die **aus der Erfolgsrechnung abgeleiteten Geldflüsse (= Geldfluss aus dem Ergebnis)** und die **Geldflüsse aus der Veränderung der kurzfristigen Bestände (ohne liquide Mittel)**.

Die Veränderung der liquiden Mittel ist nicht im Geldfluss enthalten, da sich die liquiden Mittel im Finanzmittelfonds befinden.

1		**Ergebnis vor Steuern**
2	+/–	Abschreibungen/Zuschreibungen auf Vermögensgegenstände des Investitionsbereichs
3	–/+	Gewinn/Verlust aus dem Abgang von Vermögensgegenständen des Investitionsbereichs
4	+/–	Veränderung langfristiger Rückstellungen
5	+/–	Sonstige zahlungsunwirksame Aufwendungen/Erträge, soweit nicht Posten aus 6 bis 8 betreffend
		Geldfluss aus dem Ergebnis
6	–/+	Zunahme/Abnahme der Vorräte, der Forderungen aus Lieferungen und Leistungen sowie anderer Aktiva[1]
7	+/–	Zunahme/Abnahme von Rückstellungen
8	+/–	Zunahme/Abnahme der Verbindlichkeiten aus Lieferungen und Leistungen sowie anderer Passiva[1]
		Geldfluss aus der Veränderung der kurzfristigen Bestände (Working Capital)
9	=	**Netto-Geldfluss aus dem Ergebnis vor Steuern**
10	–	Zahlungen für Ertragsteuern[2]
11	=	**Netto-Geldfluss aus laufender Geschäftstätigkeit**

---

[1]   Soweit der gewöhnlichen Geschäftstätigkeit zuzuordnen. Eine weitere Untergliederung einzelner Posten, insbesondere nach Vorräten, Lieferforderungen und Lieferverbindlichkeiten sowie der gesonderte Ausweis der Auflösung von Investitionszuschüssen können zur Informationsverbesserung beitragen.

[2]   Hier ist nicht die auf das Ergebnis entfallende, sondern die tatsächlich in der Periode bezahlte Ertragsteuer anzusetzen.

Der Nettogeldfluss aus laufender Geschäftstätigkeit (**operativer Cashflow**) bildet die auf Erlöserzielung ausgerichteten Zahlungsmittelströme ab. Er beinhaltet demnach zahlungswirksame Erträge und Aufwendungen. Da er durch die Negativabgrenzung zum Investitions- und Finanzierungsbereich entsteht, enthält er auch „sonstige Bestandteile", die sich nicht unmittelbar aus der Leistungserstellung ergeben (zB Aufwand aus Rechtsstreitigkeiten oder Versicherungsentschädigungen). Zur Ermittlung des Geldflusses aus laufender Geschäftstätigkeit wird der Jahresüberschuss/-fehlbetrag um die zahlungsunwirksamen Aufwendungen erhöht und um die zahlungsunwirksamen Erträge vermindert. Die erfolgsneutralen Veränderungen jener Bilanzposten, die dem Bereich laufende Geschäftstätigkeit zuzuordnen sind, werden ebenfalls erfasst.

Die Ermittlung des Nettogeldflusses aus der laufenden Geschäftstätigkeit kann nach der **direkten oder indirekten Methode** erfolgen. Während die direkte Methode den Zahlungsfluss unmittelbar (originär) erfasst, leitet die indirekte Methode den Zahlungsfluss im Wesentlichen aus den Zahlen des Periodenabschlusses ab.

3.162.211 Geldfluss aus dem Ergebnis

Der **Geldfluss aus dem Ergebnis** entspricht der Innenfinanzierung (s hierzu Kabitel 3.152.2).

Seine gesonderte Erfassung ist deswegen von Bedeutung, weil er idR als nachhaltig angesehen werden kann und zum Teil auch die Veränderung der kurzfristigen Bestände (des Working Capitals) bestimmt, da die Steigerung und Verminderung desselben auch vom Geschäftsumfang abhängt.

KFS/BW2 äußert sich zu den **Geldflüssen aus laufender Geschäftstätigkeit** folgendermaßen (Pkt 5.3):

Geldflüsse in diesem Bereich resultieren primär aus den mit der **Haupttätigkeit des Unternehmens** zusammenhängenden und daher letztlich in die Gewinn- und Verlustrechnung eingehenden Geschäftsfällen. Zu diesen Geldflüssen gehören:

- Einzahlungen aus der **betrieblichen Leistungserstellung**,
- Einzahlungen aus **Beteiligungs-, Zinsen- und Wertpapiererträgen**,

- **sonstige** Einzahlungen, die **nicht der Investitions- oder Finanzierungstätigkeit** zuzuordnen sind,
- Auszahlungen für die betriebliche Leistungserstellung,
- Auszahlungen für Zinsen und ähnliche Aufwendungen,
- sonstige Auszahlungen, die nicht der Investitions- oder Finanzierungstätigkeit zuzuordnen sind.

Ertragsteuerzahlungen (bzw -rückerstattungen) sind idR der laufenden Geschäftstätigkeit zuzuordnen und gesondert auszuweisen. In sachlich begründeten Fällen kommt eine Zuordnung zu den Geldflüssen aus der Investitions- bzw Finanzierungstätigkeit in Betracht.

In Sonderfällen kann es sinnvoll sein, die Ausgaben für Forschung und Entwicklung aus dem Geldfluss der laufenden Geschäftstätigkeit auszugliedern und in den Geldfluss aus der Investitionstätigkeit einzubeziehen. Die Geldflüsse aus für Sicherungszwecke von bestimmten Positionen abgeschlossenen Kontrakten sind nach den gleichen Kriterien einzustufen wie die Geldflüsse aus den gesicherten Positionen.

Bezüglich **erhaltener und bezahlter Zinsen** stehen das Fachgutachten KFS/BW 2 sowie die ÖVFA (Österreichische Vereinigung für Finanzanalyse) auf dem Standpunkt, dass diese dem Bereich der laufenden Geschäftstätigkeit zuzuordnen sind. **Erhaltene Dividenden** sind ebenfalls dem Bereich der laufenden Geschäftstätigkeit zuzuordnen, während Zahlungen zur Bedienung des Eigenkapitals (**zu bezahlende Dividenden**) dem Finanzierungsbereich zugeordnet werden. Abweichend davon lässt IAS 7 die wahlweise Zuordnung zum Bereich der laufenden Geschäftstätigkeit oder dem Investitionsbereich (erhaltende Dividenden bzw Zinserträge) bzw Finanzierungsbereich (zu zahlende Dividenden bzw Zinsenaufwand) zu. Nach dem aktuellen DRS 21 sind sowohl Zinsen als auch Dividenden zwingend im zuständigen Bereich (Investitionsbereich bei Zuflüssen oder Finanzierungsbereich bei Abflüssen) und nicht mehr im Bereich laufende Geschäftstätigkeit zu erfassen. Den Autoren dieses Buches erscheint dieser Vorschlag einerseits wegen der tatsächlichen Zugehörigkeit, aber andererseits auch wegen der Tatsache, dass eine Reihe von Ertragskennzahlen vom Ergebnis vor Zinsen ausgehen, sinnvoll.

3.162.212 Geldfluss aus der Veränderung der kurzfristigen Bestände

Während die aus der **Erfolgsrechnung abgeleiteten Geldflüsse** insbesondere dann, wenn mehrere Perioden nebeneinandergestellt werden, idR einen guten Indikator über die **Nachhaltigkeit der Ergebnisse** abgeben, haben die

Geldflüsse aus der **Veränderung der kurzfristigen Bestände** keinerlei Nachhaltigkeit. Bei gleichbleibendem Geschäftsumfang müssen sich die daraus entstehenden Geldflüsse über mehrere Jahre hinweg ausgleichen. Sie können aber gute Auskunft über die wirtschaftliche Gebarung der kurzfristigen Aktivbestände und Schulden geben.

Der Nettogeldfluss aus laufender Geschäftätigkeit kann prinzipiell direkt und indirekt ermittelt werden. Die **originäre (direkte) Ermittlung** der Zahlungsströme aus den Ein- und Auszahlungen ist zwar grundsätzlich durchführbar, bietet aber im Hinblick auf die erfolgs- und bilanzorientierte Datenbasis der Buchhaltung erhebliche Schwierigkeiten und lässt überdies den Zusammenhang mit der Erfolgsrechnung des Unternehmens vermissen. Während die indirekte Methode von einem Saldo (Ergebnis vor Steuern) ausgeht, entwickelt die **direkte Methode** aus den einzelnen Posten der Gewinn- und Verlustrechnung durch Hinzufügen entsprechender Beträge der Veränderungsbilanz die Ein- und Auszahlungen im Rahmen der laufenden Geschäftätigkeit.

Die **direkte Methode** ist allerdings nur dann möglich, wenn dem Ersteller der Geldflussrechnung jene Informationen zur Verfügung stehen, die es erlauben, die Zahlungsströme aus den Daten der Finanzbuchhaltung abzuleiten. Diese Ableitung ist für den **externen Finanzanalytiker** wegen des teilweise komplexen Inhaltes der einzelnen Bilanz- und G&V-Posten idR nicht möglich, **weswegen die direkte Methode für diesen auch kaum anwendbar erscheint**. Dies bedeutet, dass eine nach der direkten Methode erstellte Geldflussrechnung bereits Bestandteil des veröffentlichten Jahresabschlusses sein müsste.

Für den externen Bilanzanalytiker ist es daher zweckmäßig, die Geldflüsse des Aktivitätsbereiches **laufende Geschäftätigkeit indirekt (derivativ)** aus den Jahresabschlussdaten abzuleiten, sofern keine Geldflussrechnung veröffentlicht wird, und ergänzend einzelne Kontenumsätze heranzuziehen, um sonst nicht erkennbare finanzwirtschaftlich relevante Vorgänge zu identifizieren. Die indirekte Methode bietet im Wesentlichen **alle Informationen** an, die auch die direkte Methode gibt. Darüber hinaus zeigt sie die **Gründe für die Divergenz zwischen Jahresergebnis und Finanzmittelfondsveränderung** auf. Obwohl die direkte Methode sowohl in FAS 95 als auch in IAS 7 als vorrangig empfohlen wird, findet sie in der **Praxis fast keine Anwendung**. So wenden nach einer (jährlich durchgeführten) Untersuchung des AICPA (American Institute of Certified Public Accountants) weniger als 1 % der Unternehmen die direkte Methode an. Auf eine nähere Erläuterung der direkten Methode wird in der Folge wegen ihrer praktischen Irrelevanz verzichtet. Detaillierte Ausführungen zur direkten Methode finden sich im Fachgutachten der Kammer der Steuerberater und Wirtschaftsprüfer „Die Geldflussrechnung als Ergänzung des Jahresabschlusses und Bestandteil des Konzernabschlusses".

3.162.22 Nettogeldfluss aus der Investitionstätigkeit

Der **Nettogeldfluss aus der Investitionstätigkeit** gibt den Saldo von **Ein- und Auszahlungen iZm Unternehmensressourcen**, die **langfristig** (> 1 Jahr) **gebunden** sind und die zukünftig Cashflows erwirtschaften sollen, an. Er beinhaltet sowohl Zahlungen für die Produktion von Gütern und Dienstleistungen dienenden Investitionen (Sachanlagen und immaterielle Vermögensgegenstände) als auch Finanzinvestitionen, das sind Finanzanlagen und sonstige selbständige (nicht unmittelbar mit Beschaffungs- und Absatzvorgängen verbundene) Finanzinstrumente, wie Aktiva des Umlaufvermögens, die weder der laufenden Geschäftstätigkeit zuzuordnen noch Bestandteil des Finanzmittelfonds sind. Einzahlungen im Investitionsbereich resultieren aus dem Verkauf und Auszahlungen aus dem Einkauf og Vermögensgegenstände. Gem Abschnitt 7 des Fachgutachtens sind **unbare (Des-)Investitionsvorgänge** nicht in der Geldflussrechnung zu berücksichtigen.

Investitionsvorgänge, die zwar die Vermögensstruktur des Unternehmens beeinflussen, aber nicht mit Zahlungen verbunden sind, sind demnach gesondert darzustellen und zu erläutern.

Die **Auszahlungen für das Anlagevermögen** sind als Saldo aus den Zugängen lt Anlagenspiegel und der Veränderung der Verbindlichkeiten für den Erwerb von Anlagegegenständen zu ermitteln. Sind diese Verbindlichkeiten in der Buchhaltung nicht gesondert erfasst, sollten zumindest wesentliche Beträge ermittelt werden, um die sonst bewirkte Verzerrung zwischen den Bereichen laufende Geschäftstätigkeit und Investitionstätigkeit zu minimieren. Die aus Desinvestitionen im Anlagevermögen resultierenden **Einzahlungen** ergeben sich aus den um Gewinne und Verluste aus Anlagenabgängen berichtigten Restbuchwerten der abgegangenen Vermögensgegenstände unter Berücksichtigung der Veränderung von allfälligen Forderungen aus dem Verkauf.

Zu den **Geldflüssen aus Investitionsaktivitäten** gehören laut Abschnitt 5.3 des Fachgutachtens:

1 Auszahlungen für die Anschaffung von Sachanlagen und immateriellen Vermögensgegenständen (dazu gehören auch im Anlagevermögen aktivierte Eigenleistungen),

2 Auszahlungen für den Erwerb von Finanzanlagen und für sonstige Finanzinvestitionen (Gewährung von Finanzkrediten, Erwerb von Umlaufwertpapieren uÄ),

3 Einzahlungen aus dem Abgang von Sachanlagen und immateriellen Vermögensgegenständen,

4 Einzahlungen aus dem Abgang von Finanzanlagen und sonstigen Finanzinvestitionen (Veräußerungserlöse, Tilgungsbeträge uÄ).

Wird ein als Investition zu qualifizierender Vermögensgegenstand gegen unmittelbare Kreditaufnahme beim Lieferanten (dh Übernahme der Kreditfunktion durch Gewährung branchenunüblicher Zahlungsziele) erworben, kann dieser Vorgang einerseits als Investitionstätigkeit und andererseits als Finanzierungstätigkeit eingestuft werden. Nach IAS 7 ist dieser Vorgang den nicht zahlungswirksamen Investitions- und Finanzierungsvorgängen zuzurechnen (Abschnitt 5.4 des Fachgutachtens). Die Geldflüsse aus der **Investitionstätigkeit** werden idR **originär**, dh **direkt** ermittelt. Wesentliches Informationsmittel ist der Anlagenspiegel.

Der Saldo der Geldflüsse aus der **laufenden Geschäftstätigkeit** und der **Investitionstätigkeit** wird häufig als „**Free Cash flow**" bezeichnet, weil er jenen Betrag darstellt, der dem Unternehmen zur Bedienung des aufgenommenen Kapitals, also für Dividendenzahlungen, Rückzahlung von Finanzkrediten oder die Gewährung von Darlehen, aber auch für weitere zukünftige Investitionen zur Verfügung steht.

Mindestgliederung des Netto-Geldflusses aus der Investitionstätigkeit gem Fachgutachten

12		Einzahlungen aus Anlagenabgang (ohne Finanzanlagen)
13	+	Einzahlungen aus Finanzanlagenabgang und sonstigen Finanzinvestitionen
14	–	Auszahlungen für Anlagenzugang (ohne Finanzanlagen)
15	–	Auszahlungen für Finanzanlagenzugang und sonstige Finanzinvestitionen
16		**Netto-Geldfluss aus der Investitionstätigkeit**

3.162.23 Nettogeldfluss aus der Finanzierungstätigkeit

Im Finanzierungsbereich werden zahlungswirksame Vorgänge der **Außenfinanzierung**, also solche, die sich auf Umfang und Zusammensetzung des Eigen- und Fremdkapitals auswirken, erfasst. Laut Fachgutachten erweist sich dafür eine Gliederung in die Teilbereiche **Eigenfinanzierung**, **Verbundfinanzierung** und **sonstige Fremdfinanzierung** als zweckmäßig. Die gesonderte Darstellung dieser einzelnen Geldflüsse ist im Hinblick auf die Auszahlungsansprüche der Kapitalgeber von Bedeutung. Der Netto-Geldfluss **aus Finanzierungstätigkeit** ist idR **direkt** zu ermitteln.

Während die **Eigenfinanzierung** alle Zahlungsströme zwischen dem Unternehmen und den **Anteilseignern**, die aus deren Gesellschafterstellung resultieren, umfasst, gehören zur **Verbundfinanzierung** Finanzierungsvorgänge im Bereich **verbundener Unternehmen**, soweit diese nicht Lieferungen und Leistungen betreffen. Einzahlungen von Eigenkapital ergeben sich idR aus Kapitalerhöhungen, Einforderungen ausstehender Einlagen, sonstigen gesellschaftsrechtlich bedingten Zuzahlungen, Emissionen von Genussrechten mit Eigenkapitalcharakter, Einlagen stiller Gesellschafter mit Eigenkapitalcharakter, soweit diese Vorgänge liquiditätswirksam sind. Rückzahlungen von Eigenkapital ergeben sich ua aus liquiditätswirksamen Kapitalherabsetzungen, Rückzahlungen von als Eigenkapital bilanzierten Genussrechten, Einlagen stiller Gesellschafter. Einen Spezialfall stellt der Rückkauf eigener Aktien dar, der dann nicht als Eigenkapitalrückzahlung zu qualifizieren ist, wenn der Erwerb zum Zweck der Weitergabe erfolgt. Als Mittelabfluss sind auch die in der Periode gezahlten **Ausschüttungen an die Anteilseigner** zu zeigen.

Im Teilbereich **Fremdfinanzierung** sind sämtliche **Finanzverbindlichkeiten** zu erfassen. Dazu gehören die Anleihen, Verbindlichkeiten gegenüber Kreditinstituten, Finanzwechsel sowie Finanzkredite, soweit sie in den Posten Verbindlichkeiten gegenüber verbundenen Unternehmen, Verbindlichkeiten gegenüber Unternehmen, mit denen ein Beteiligungsverhältnis besteht, und sonstige Verbindlichkeiten enthalten sind. Finanzierungsvorgänge im **langfristigen Kapitalbereich** sind **brutto** darzustellen. Dazu gehört auch die Umwandlung kurzfristiger Finanzkredite in langfristige. Im Übrigen können die Einzahlungen und Auszahlungen **im kurzfristigen Bereich** auf **Nettobasis** dargestellt werden. Die Erhöhung der Bilanzansätze der Verbindlichkeiten ist um allfällige darin enthaltene Disagiobeträge zu kürzen. Die Abschreibungen auf das aktivierte Disagio sind von den Zinsaufwendungen abzuziehen.

Der **Finanzierungsbereich** umfasst gem Abschnitt 5.4 Fachgutachten **Geldflüsse** aus der

1 Beschaffung und Rückzahlung von Eigenkapital,
2 Bedienung des Eigenkapitals (zB Dividenden),
3 Begebung und Tilgung von Anleihen,
4 Aufnahme und Tilgung von sonstigen (Finanz-)Krediten.

(Finanz-)Kredite umfassen kurz- und langfristiges Fremdkapital, soweit dieses nicht der laufenden Geschäftstätigkeit zuzuordnen ist. Dazu gehören Kredite von Kredit- und Finanzinstituten und sonstigen Kreditgebern, aber auch Verbindlichkeiten gegenüber Lieferanten und Kunden, wenn sie wesentlich über das branchenübliche zeitliche Ausmaß hinausgehen. Die Bedienung dieses Fremdkapitals in Form von Zinsen ist dem Geldfluss aus der Geschäftstätigkeit zuzuordnen. Abweichend vom Fachgutachten KFS/BW 2 können **Dividendenzahlungen** nach IAS 7 auch unter den Geldflüssen aus der Geschäftstätigkeit eingestuft werden. Diese Zuordnung erlaubt ein Urteil über die Fähigkeit des Unternehmens, die Kosten für das Eigenkapital aus dem Nettogeldfluss aus der Geschäftstätigkeit zu decken. Wie schon oben angeführt, sind sowohl Zinsaufwendungen als auch Dividenden in Deutschland seit Anwendung des DRS 21 insoweit neu zu behandeln, als beide jeweils dem Finanzierungsbereich bzw dem Investitionsbereich zuzuordnen sind. Den Autoren dieses Buches erscheint die Änderung der Zurechnung ein logischer Schritt zu sein. Darüber hinaus wird diese Vorgangsweise wahlweise auch im IAS 7 praktiziert. Bezüglich nicht liquiditätswirksamer Finanzierungsvorgänge siehe die ergänzenden Aussagen des Fachgutachtens zum Bereich der Investitionstätigkeit.

Finanzierungsvorgänge, die zwar die Kapitalstruktur des Unternehmens beeinflussen, aber nicht mit Zahlungen verbunden sind, sind demnach gesondert darzustellen und zu erläutern. Zu diesen nicht zahlungswirksamen Finanzierungsvorgängen gehören insbesondere

- die Gewährung von Gesellschaftsrechten gegen Sacheinlagen,
- die Umwandlung von Fremd- in Eigenkapital einschließlich der Wandlung von Wandelschuldverschreibungen,
- die Kapitalerhöhung aus Gesellschaftsmitteln.

Sind in den Sacheinlagen dem Finanzmittelfonds zuzurechnende Vermögensgegenstände enthalten, sind diese im Finanzierungsbereich als Einzahlungen gesondert auszuweisen.

Mindestgliederungsschema des Geldflusses aus der Finanzierungstätigkeit:

17		Einzahlungen von Eigenkapital
18	–	Rückzahlungen von Eigenkapital
19	–	Auszahlungen zur Bedienung des Eigenkapitals
20	+	Einzahlungen aus der Begebung von Anleihen und der Aufnahme von Finanzkrediten
21	–	Auszahlungen für die Tilgung von Anleihen und Finanzkrediten
22		**Netto-Geldfluss aus der Finanzierungstätigkeit**

3.162.24 Fondsveränderungsrechnung

Während die obige Geldflussrechnung die Quellen der einzelnen Finanzströme abbildet, stellt die Fondsveränderungsrechnung das Ergebnis der

Geldflussrechnung dar und zeigt, in welchem Umfang sich der Finanzmittel-fonds in der Periode verändert hat. Die Fondsveränderungsrechnung dient dem **Finanzmittelnachweis**. Die Finanzmittelbestände am Beginn und Ende der Periode müssen mit den Beträgen aus der Bilanz übereinstimmen. Dem **Fonds der Finanzmittel** dürfen von den **Wertpapieren** nur solche angehö-ren, die eine Laufzeit von längstens **drei Monaten** besitzen und **keinen Wertschwankungen** unterliegen. Damit dürfen Aktien also dem Fonds nicht angehören. Die in der Zeile 25 angeführten **nichtliquiditätswirksamen Ver-änderungen** betreffen vor allem im Fonds enthaltene Fremdwährungs-beträge. Veränderungen der Fremdwährungskurse werden, soweit sie den Endbestand von Fremdwährungsbeständen betreffen, unmittelbar diesen Be-ständen zugeschlagen bzw von diesen abgezogen.

23		**zahlungswirksame Veränderung des Finanzmittelbestands (Z 11+16+22)**
24	+/–	wechselkursbedingte und sonstige Wertänderungen des Finanzmittelbestands
25	+	Finanzmittelbestand am Beginn der Periode
26		**Finanzmittelbestand am Ende der Periode**

Das Mindestgliederungsschema der Geldflussrechnung nach KFS/BW 2 er-gibt sich aus der Zusammensetzung der einzelnen Bausteine der drei Netto-Geldflüsse aus laufender Geschäftstätigkeit, Investitions- und Finanzierungs-tätigkeit sowie der Fondveränderungsrechnung. Das Fachgutachten enthält in Anlage 1 und 2 jeweils die Gliederungsschemata für die direkte und indirekte Methode der Ermittlung. Für den Fall der externen Aufstellung der Geld-flussrechnung auf Basis der Jahresabschlussdaten (Veränderungsbilanz, G&V, Anhang) enthält das Fachgutachten zusätzlich in Anlage 3 und 4 Er-mittlungsschemata für die direkte und die indirekte Methode.

3.163 BMC-Methode

*Mandl/Bertl (*Betriebs- und Bilanzanalyse-Handbuch, S 145 ff) integrieren alle

Nettogeldflüsse aus der laufenden Geschäftstätigkeit, Investitions- und Fi-nanzierungstätigkeit in eine **Gesamtnettogeldflussrechnung**. Weiters unter-scheiden sie (ähnlich wie die ÖVFA) innerhalb der laufenden Geschäftstätig-keit zwei verschiedene betriebliche Nettogeldflussgrößen (Nettogeldfluss aus dem Ergebnis oder theoretischer Cashflow und Nettogeldfluss aus der lau-fenden Geschäftstätigkeit oder realer Cashflow). Bei der BMC-Methode wird insbesondere auf den Zusammenhang mit der Finanzplanung geachtet (vgl *Bertl*, Finanzierungsplanung im Klein- und Mittelbetrieb, in *Gerhard Seicht* [Hrsg], Gläubigerschutz, Betriebswirtschaftslehre und Recht, S 230 ff).

Der Nettogeldfluss aus dem Ergebnis wird als besonders prognosefähig gesehen und kann bei unterjährigen Analysen sehr einfach als Differenz der Salden der Erlös- und Aufwandskonten (Saldo der Saldenliste) aus der laufenden Buchhaltung entnommen werden.

Im **Nettogeldfluss aus laufender Geschäftstätigkeit** (realer Cashflow) werden alle Zahlungsvorgänge, die sich aus der unternehmerischen Tätigkeit durch Aufwandsauszahlungen und Ertragseinzahlungen ergeben, unabhängig davon, ob es sich dabei um Aufwendungen oder Erträge der Betrachtungsperiode oder anderer Perioden handelt, berücksichtigt. Dieser Cashflow gibt jenen Betrag an, der während der Betrachtungsperiode für verschiedene Zahlungszwecke zur Verfügung steht (stand), die in keinem direkten Zusammenhang zum laufenden Leistungsprozess stehen. Er stellt daher das **reale Innenfinanzierungspotential** des Unternehmens dar. Langfristig muss die Summe der **Nettogeldflüsse** aus dem Ergebnis bei gleichbleibender Unternehmensgröße jener der Nettogeldflüsse aus laufender Geschäftstätigkeit entsprechen. Ein Auseinanderdriften dieser Kennzahlen weist auf **strukturelle Finanzierungsprobleme** des Unternehmens hin. Im **Gesamtnettogeldfluss aus Innen- und Außenfinanzierung** wird dann die **Außenfinanzierungskomponente (Zufluss)** und im **Cashflow** auch die **Mittelverwendungs- und -abflusskomponente** mitberücksichtigt.

BMC-Methode	
	Jahresüberschuss/Jahresfehlbetrag gem § 231
+	Abschreibungen (einschließlich Anlageabgängen)
–	Zuschreibungen
=	**Nettogeldfluss aus dem Ergebnis (theoretischer Cashflow)**
+	Erhöhung von Rückstellungen, Verbindlichkeiten (ausgenommen Geldkreditkonten) und Posten der Passiven Rechnungsabgrenzung bzw minus Verminderung dieser Posten
–	Erhöhung der Posten des Umlaufvermögens (ausgenommen liquider Mittel) und der Posten der Aktiven Rechnungsabgrenzung bzw plus Verminderung dieser Posten
=	**Nettogeldfluss aus laufender Geschäftstätigkeit (realer Cashflow)**
+	Erhöhung von Geldkrediten einschließlich Finanzwechseln
+	Kapitalerhöhung (bar) und Bareinlagen
=	**Gesamtnettogeldfluss aus Innen- und Außenfinanzierung**
–	Privatentnahmen und Gewinnausschüttungen
–	Verminderung von Geldkrediten einschließlich Finanzwechsel
–	Investitionen ins Anlagevermögen (ohne Sacheinlagen)
=	**Cashflow (Veränderung der liquiden Mittel)**

3.164 Analyse der Kapital- bzw Geldflussrechnung

Grundsätzlich versetzt die **Analyse** der Geldflussrechnung den Analytiker in die Lage, tiefere Einblicke in die Liquiditätsströme der zu analysierenden Periode zu gewinnen und darüber hinaus Aussagen über die finanzwirtschaftliche Stabilität und zukünftige Finanzlage treffen zu können. Insbesondere gilt es, einzuschätzen, ob das Unternehmen auch zukünftig Überschüsse erwirtschaften kann, um seinen Zahlungsverpflichtungen nachzukommen und Ausschüttungen an die Eigenkapitalgeber zu leisten. Die Erkenntnisse der erfolgswirtschaftlichen Analyse sind stets unter der existenziellen Nebenbedingung der Zahlungsfähigkeit zu beurteilen.

*Coenenberg/Meyer (*Kapitalflussrechnung als Instrument der Unternehmensanalyse, in FS Wöhe, S 173) nennen für Analyse der Kapitalflussrechnung drei untergeordnete Analyseziele, wobei

- die **Finanzgebarung** Aufschluss über das finanzielle Gleichgewicht gibt,
- die **Finanzkraft** zeigt, ob das Unternehmen in der Lage ist, seinen Finanzbedarf intern oder extern zu decken und
- die **Zahlungsfähigkeit** angibt, ob das Unternehmen seinen Zahlungsverpflichtungen künftig nachkommen kann.

Zur Gewinnung von Erkenntnissen über die **Finanzgebarung** bietet sich die **Analyse der Fondsveränderung** im Hinblick auf die einzelnen Bereichs-Geldströme an. Durch das Aktivitätsformat der Geldflussrechnung (auch Ursachenrechnung) lässt sich gut erkennen, welchen Beitrag die einzelnen Netto-Geldflüsse zur Veränderung des Finanzmittelfonds geleistet haben. Ein wachsender Finanzmittelfonds allein lässt keine Schlüsse auf zukünftige Entwicklungen zu. Von Interesse ist daher, ob die Zuwächse aus der laufenden Geschäftstätigkeit oder der Finanzierungstätigkeit stammen oder gar auf Desinvestition zurückzuführen sind. Eine isolierte Betrachtung der einzelnen Geldflüsse ist indes nicht sehr aufschlussreich, da die drei Aktivitätsbereiche systematisch wie folgt in Zusammenhang stehen: Je höher der Anteil des Geldflusses aus der Geschäftstätigkeit tendenziell ausfällt, desto stärker ist die **Innenfinanzierungskraft**. Abgesehen von sehr jungen oder stark expandierenden Unternehmen sollte der Geldfluss dieses Bereichs stets positiv sein, da er benötigt wird, um Investitionen zu tätigen und finanzielle Ansprüche zu befriedigen. Ein positiver Geldfluss in diesem Bereich wird idR außerdem von gewisser Nachhaltigkeit sein. Bei andauernd negativem Geldfluss aus der Geschäftstätigkeit gilt der Fortbestand des Unternehmens als gefährdet. Der Investitionsbereich ergibt sich als Saldo zwischen **Investitions- und Desinvestitionsvorgängen** und sollte im Normalfall einen negativen Geldfluss aufweisen, der durch die Geschäfts- und Finanzierungstätigkeit zu kompensieren ist. Sollte das Unternehmen über längere Dauer erhöhte Desinvestitionseinzahlungen durch Verkauf von Anlagevermögen verzeichnen, so kann dies auf ein „Leben von der Substanz" hindeuten. Der Finanzierungsbereich gibt schließlich Auskunft über Zu- und Abflüsse gegenüber den **Finanzmärkten** und sonstigen Kreditgebern. Der Saldo dieses Bereichs sollte idR das **finanzielle Gleichgewicht** derart herstellen, dass ein verbleibendes Defizit aus dem Geschäfts- und Investitionsbereich ausgeglichen wird (vgl *Baetge/Kirsch/Thiele*, Bilanzanalyse[2], S 288 f).

Neben der Finanzgebarung kann mithilfe der Geldflussrechnung auch das Analyseziel der **Finanzkraft** befriedigt werden. Hiermit ist vorrangig die Fähigkeit des Unternehmens, Überschüsse aus dem Leistungsprozess zu erwirtschaften, gemeint. Eine zentrale Kennzahl in diesem Zusammenhang ist der mit Verweis auf das URG schon im vorangegangenen Kapitel angesprochene **dynamische Verschuldungsgrad**. In Anlehnung an die fiktive Schuldentilgungsdauer kann mithilfe des Geldflusses der gewöhnlichen Geschäftstätigkeit jener Zeitraum ermittelt werden, den das Unternehmen benötigen würde, um seine Schulden bei konstanter operativer Tätigkeit (ohne Berücksichtigung von Desinvestition oder Neufinanzierungen) zu decken.

3.164.1 Innenfinanzierungsgrad und Investitionsdeckung

Eine ebenfalls aus der Liquiditätsanalyse durch Stromgrößen bekannte Kennzahl der Finanzkraft ist der schon genannte **Innenfinanzierungsgrad der Investition** bzw die **Investitionsdeckung (Kapitel 3.152.21)**.

Als Quotient aus dem **Geldfluss aus laufender Geschäftstätigkeit** und (betragsmäßigem) **Geldfluss aus Investitionstätigkeit** zeigt sie, inwiefern das Unternehmen seine Investitionen aus der Geschäftstätigkeit zu decken vermag. Liegt dieser Quotient über 1, gibt es eine Überdeckung. Dieser überschießende Betrag, der sich aus der Subtraktion des Ergebnisses aus Investitionstätigkeit vom Ergebnis der laufenden Geschäftstätigkeit ergibt, wird, wie schon weiter oben dargestellt, in der Finanzierungslehre auch als **Free Cash Flow** bezeichnet. Bei der Ermittlung dieser Kennzahl ist im Allgemeinen allerdings zu beachten, wie weit der Geldfluss der Geschäftstätigkeit zur Tilgung der Schulden aus früheren Jahren herangezogen werden muss, womit für die Finanzierung laufender Investitionen unter Umständen nichts mehr bleibt. Aus diesem Grunde hat die Investitionsdeckung bezogen auf ein einziges Jahr kaum Aussagekraft.

3.164.2 Dynamischer Verschuldungsgrad

$$\text{Dynamischer Verschuldungsgrad} = \frac{\text{Fremdkapital}}{\text{Geldfluss aus der laufenden Geschäftstätigkeit}}$$

3.164.3 Dynamischer Liquiditätsgrad

Schließlich kann mithilfe der Geldflussrechnung auch die **(zukünftige) Zahlungsfähigkeit** analysiert werden. Der **dynamische Liquiditätsgrad** zeigt an, in welchem Ausmaß durch den Cashflow aus laufender Geschäftstätigkeit die kurzfristigen Verbindlichkeiten abzüglich liquider Mittel gedeckt werden können.

$$\text{Dynamischer Liquiditätsgrad} = \frac{\text{Geldfluss aus der laufenden Geschäftstätigkeit}}{\text{kurzfristige Verbindlichkeiten} - \text{liquide Mittel}}$$

3.164.4 Cash Burn Rate

Bei anhaltendem negativem Geldfluss stellt sich die Frage, wie lange das Unternehmen dies aushält. Die Formel hierzu ist die sog **Cash Burn Rate**, die angibt, in welcher Zeit die Mittel des Unternehmens verbraucht sind:

$$\text{Cash Burn Rate} = \frac{\text{Finanzmittelbestand am Periodenende}}{\text{negativer Geldfluss aus der laufenden Geschäftstätigkeit}}$$

Bei Heranziehung des Geldflusses aus der laufenden Geschäftstätigkeit als Bemessungsgrundlage ist das Ergebnis der Cash Burn Rate mit hoher Vorsicht zu betrachten, weil im Geldfluss aus der laufenden Geschäftstätigkeit alle Veränderungen des working capitals enthalten sind, die zum Teil auch Einmalcharakter tragen können.

Die Formel wird dann brauchbar, wenn im Nenner statt des gesamten Geldflusses aus der Geschäftstätigkeit nur die Zwischengröße, der **negative Geldfluss aus dem Ergebnis**, ohne die Veränderungen aus dem working capital herangezogen wird.

3.2 Erfolgswirtschaftliche Analyse

3.21 Analyse der Erfolgsstruktur

Zur Darstellung der Aufwands- und Ertragsstruktur werden die jeweiligen Aufwands- und Ertragsbestandteile als prozentualer Anteil am Gesamtaufwand bzw -ertrag aus der Gewinn- und Verlustrechnung ermittelt. Ziel ist die Gewinnung von Erkenntnissen über die Zusammensetzung der einzelnen Erfolgsquellen. Das Hauptaugenmerk liegt dabei auf der Analyse des ordentlichen Betriebserfolges und des Gesamtergebnisses. Durch die Ermittlung von bestimmten aufwands- bzw ertragsbezogenen Strukturkennzahlen sollen Informationen über die jeweiligen Bestandteile des Ergebnisses und vor allem auch über deren Entwicklung gewonnen werden, um gegebenenfalls auch die zukünftige Ertragskraft des Unternehmens prognostizieren zu können. Der Ausgangspunkt wird im Folgenden die nach § 231 aufgestellte GuV sein.

3.211 Ertragsstruktur

Die **Ertragsstruktur** kann in Bezug auf unterschiedliche Tätigkeitsbereiche sowie auf die unterschiedlichen Ertragsarten ermittelt werden. Die unterschiedlichen Tätigkeitsbereiche sowie die In- und Auslandsumsätze können bei großen Gesellschaften aus dem Anhang gem § 240 ersehen werden.

Ermittelt man die Ertragsstruktur aus der **Gewinn- und Verlustrechnung**, ergibt sich **bei Anwendung des Gesamtkostenverfahrens folgendes Schema:**

	Umsatzerlöse[1]
+/–	Bestandsveränderungen[2]
+	aktivierte Eigenleistungen
=	**Gesamtleistung**
+	sonstige betriebliche Erträge[3]
+	Beteiligungserträge, soweit betrieblich bedingt[4]
+	Erträge aus anderen Wertpapieren und Finanzausleihungen, soweit betrieblich bedingt[4]
+	Zinsertrag, soweit betrieblich bedingt[4]
+	Abgangs- und Zuschreibungserträge Finanzanlagen und Wertpapiere des Umlaufvermögens[4]
	Bereinigte betriebliche Erträge

[1] Durch die **Umsatzerlöse** wird der Erfolg eines Unternehmens realisiert. Diese unterliegen allerdings im Zeitablauf Schwankungen, die branchenabhängig sein können, aber auch von Faktoren wie der allgemeinen wirtschaftlichen Lage und der Wettbewerbssituation abhängen. Auch Veränderungen von innerbetrieblichen Verhältnissen können positive und negative Umsatzschwankungen herbeiführen. Bis zu einem bestimmten Umfang bieten die Umsatzerlöse durch zeitungleiches Fakturieren bzw das Vorziehen oder die Verzögerung von Auslieferungen auch bilanzpolitischen Spielraum (sog earnings management), welcher für den Bilanzanalytiker tendenziell schwierig aufzudecken ist. Allerdings weist das Fachgutachten *KFS/BW 3* auf die notwendigen Erläuterungen der Umsatzerlöse im Lagebericht hin, die nur unter den Voraussetzungen des § 279 Z 2 unterbleiben kann.

[2] Die im Gesamtkostenverfahren gesondert ausgewiesenen Bestandsveränderungen und aktivierten Eigenleistungen sind im Umsatzkostenverfahren in den Materialaufwendungen oder direkt in den Beständen bzw errichteten Vermögensgegenständen erfasst.

[3] Die **sonstigen betrieblichen Erträge** sind gem § 231 Abs 2 Z 4 bzw Abs 3 Z 6 gesondert auszuweisen. Die Analyse dieses Postens hängt vom jeweiligen Analysezweck ab (zB Kreditwürdigkeitsbeurteilung). Generell empfiehlt sich eine kritische Betrachtung, da es sich zum Teil um periodenfremde und nicht regelmäßige Erfolgskomponenten wie Zuschreibungen zum Anlagevermögen oder Erträge aus der Auflösung von Rückstellungen handelt. Die sonstigen betrieblichen Erträge

gem § 231 Abs 2 Z 4a–c scheiden idR als dauerhafter Beitrag zum Unternehmenserfolg aus, da sie normalerweise keine Nachhaltigkeit aufweisen, es sei denn, das Unternehmen handelt sehr vorsichtig und setzt Rückstellungen von vornherein zu hoch und die Nutzungsdauer von Anlagen zu kurz an. Dies kann der Analytiker aber aus den vergangenen Jahresabschlüssen feststellen.

[4)] Die übrigen Ertragskomponenten lassen sich unter dem Begriff des **Finanzerfolgs** zusammenfassen. Hierbei handelt es sich um Erfolgsbestandteile, die sich aus Kapitalveranlagungen und Verflechtungen innerhalb eines Konzerns ergeben. Derartige Bestandteile stammen zwar nicht aus der eigentlichen Geschäftätigkeit, dennoch stellen sie einen nachhaltigen Beitrag dar, da sie idR durch geringe Schwankungen gekennzeichnet sind.

3.212 Aufwandsstruktur

Im Gegensatz zur Analyse der Ertragsstruktur, die sich recht gut mittels absoluter Werte analysieren lässt, eignen sich für die Analyse der **Aufwandsstruktur** vor allem Verhältniskennzahlen.

Nach *Baetge et al* lassen sich grundsätzlich zwei Arten von Verhältniskennzahlen unterscheiden (Bilanzanalyse[2], S 391 f):

- **Strukturkennzahlen**, bei denen eine Teilgröße (zB eine bestimmte Aufwandsart) in Zusammenhang mit der zugehörigen Gesamtgröße (zB Summe aller betrieblicher Aufwendungen) gesetzt wird und
- **Quotenkennzahlen**, die eine Aufwands- oder Ertragsart mit der Gesamtleistung oder dem Umsatz ins Verhältnis setzen.

Durch das Verhältnis verschiedener Aufwandsarten zum gesamten betrieblichen Aufwand (Aufwandsstrukturkennzahlen) bzw verschiedener Aufwandsarten zu einer anderen Aufwandsart kann die **Bedeutsamkeit einer** bestimmten **Aufwandsart** festgestellt werden. Derartige Untersuchungen geben Aufschluss darüber, ob bspw die Höhe des **Materialanteiles** oder des **Personalkostenanteiles** (un)gerechtfertigt oder branchen(un)üblich ist und ob nicht in irgendeiner Form Ersparnisse erzielt werden können. Schwierigkeiten in der Analyse bereitet allerdings die Tatsache, dass durch atypische Beschäftigungsverhältnisse, Outsourcing von Tätigkeiten uÄ der Anteil der „bezogenen Leistungen" in der GuV zu Lasten des Personalaufwands zunimmt. Setzt man bspw die **Anlagenkosten** und die **Energiekosten** zu den **Personalkosten** in ein Verhältnis, kann man daraus bei steigendem Anteil der Anlage- und Energiekosten den Fortschritt der Automatisierung des Betriebes erkennen oder aber, wenn dieser nicht gegeben ist, auf einen rationelleren Personaleinsatz bzw eine Verschlechterung der Wirtschaftlichkeit des Anlageneinsatzes schließen.

Bei den Quotenkennzahlen wird als Basis für die Ermittlung der Produktionsverhältnisse im Nenner der Umsatz bzw die **Gesamtleistung** herangezogen. Aufgrund des geringeren bilanzpolitischen Spielraumes des Umsatzes (der Gesamtleistung) bietet sich der Vorteil, dass sich ein verlässlicheres Urteil über die Intensität einer Aufwandsart treffen lässt. Bei Verwendung des Umsatzes können sich allerdings Verzerrungen ergeben, wenn Bestandsveränderungen und aktivierte Eigenleistungen nicht von untergeordneter Bedeutung sind, weshalb sich die Verwendung der Gesamtleistung (Summe aus Umsatzerlösen, Bestandsveränderungen und aktivierten Eigenleistungen) empfiehlt. Der Nachteil besteht darin, dass sich die Gesamtleistung nur aus der GuV nach dem Gesamtkostenverfahren ableiten lässt, was aber gleichermaßen für die einzelnen Aufwandsarten (s unten) gilt.

Unabhängig davon, ob die **Aufwandsarten** ins Verhältnis zum Gesamtaufwand oder der Gesamtleistung gesetzt werden, verfolgt die Aufwandsstrukturanalyse das Ziel, in hoch aggregierter Form Informationen über die Produktionsverhältnisse und Produktionsfaktoren des Unternehmens zu gewinnen. Bei der Beurteilung der zukünftigen Ertragslage des Unternehmens können sodann auch Faktorpreise miteinbezogen werden. Die zentralen Kennzahlen der Aufwandsstrukturanalyse sind daher die **Material-, die Personal-** und die **Anlagenintensität**. Erstellt das Unternehmen die Gewinn- und Verlustrechnung nach dem **Umsatzkostenverfahren**, muss, um die Intensitäten feststellen zu können, das Umsatzkostenverfahren zunächst in das **Gesamtkostenverfahren** übergeleitet werden bzw die Anhangsangaben des § 238 Abs 1 Z 13 hinsichtlich Material- und Personalaufwand übernommen werden, da im Zähler jeweils Material- und Personalaufwand sowie Abschreibungen auf das Sachanlagevermögen einzusetzen sind.

$$\text{Materialintensität} = \frac{\text{Materialaufwand}}{\text{Gesamtleistung}}$$

$$\text{Personalintensität} = \frac{\text{Personalaufwand}}{\text{Gesamtleistung}}$$

$$\text{Anlagenintensität} = \frac{\text{Abschreibungen auf das Anlagevermögen}}{\text{Gesamtleistung}}$$

3.22 Erfolgsspaltung nach der Nachhaltigkeit

Die **Erfolgsspaltung** hat im Rahmen der Erfolgsanalyse sowohl in der Theorie als auch in der Praxis erhebliche Bedeutung. Ihre Aufgabe besteht in der Spaltung des im Jahresabschluss ausgewiesenen Periodenerfolgs derart, dass **tiefere Einblicke in die Ertragslage** des Unternehmens ermöglicht werden. Es sollen die einzelnen Erfolgskomponenten erkennbar gemacht werden mit dem Ziel, zukünftige Erfolgspotentiale abzuschätzen. Dazu ist eine Aufspaltung der aggregierten Größe „Jahresüberschuss" in **nachhaltige** und **nicht**

nachhaltige Bestandteile vonnöten; Ausgangspunkt ist also die Gewinn- und Verlustrechnung gem § 231, die selbst schon erfolgsspaltungsorientiert aufgebaut ist.

3.221 Nachhaltige Ergebnisbestandteile

Die **nachhaltigen (gewöhnlichen) Bestandteile** des Ergebnisses sind dadurch gekennzeichnet, dass mit ihrem regelmäßigen Wiederkehren in künftigen Perioden gerechnet werden darf, während nicht nachhaltige (= **außergewöhnliche) Komponenten** nur einmalig bzw unregelmäßig auftreten. Letztere sind der Grund für eine gewisse Volatilität des Jahresergebnisses, während Erstere für die **Beurteilung des Erfolgspotentials** eines Unternehmens durch den Analytiker von besonderer Bedeutung sind. In weiterer Folge werden dann die nachhaltigen Erfolgskomponenten in **betrieblich veranlasste** (Betriebsergebnis) und **betriebsfremde** (Finanzergebnis) Bestandteile aufgeschlüsselt.

3.222 Nicht nachhaltige (außergewöhnliche) Ergebnisbestandteile

Zu den außergewöhnlichen Ergebnisbestandteilen zählen idR:

- **ungewöhnliche** (vor allem der Höhe nach) bzw **selten anfallende** Erträge und Aufwendungen,
- **periodenfremde** Ergebnisbestandteile,
- Erfolge aus der **Liquidation** von Anlagevermögen,
- **bewertungsbedingte** Erfolgsbestandteile wie außerplanmäßige Abschreibungen und Zuschreibungen.

Mit den Änderungen des RÄG 2014 entfiel für die Erfolgsspaltung der Aspekt der Nachhaltigkeit nach dem UGB-Gliederungsschema der Gewinn- und Verlustrechnung. Gleichzeitig wurde der Posten der Umsatzerlöse neu definiert und damit auch die Abgrenzung zu den sonstigen betrieblichen Erträgen verschoben. Die nunmehr breitere Umsatzerlösdefinition gem § 189a Z 5 erfasst weite Teile der regelmäßig wiederkehrenden Erträge, weshalb die Restgröße der sonstigen betrieblichen Erträge gem § 231 Abs 2 Z 4 bzw Abs 3 Z 6 als Ausgangspunkt für die Ermittlung des außergewöhnlichen Ergebnisses herangezogen werden kann. Dieser Posten enthält sowohl Erträge aus der Liquidation von Anlagevermögen als auch bestimmte bewertungsbedingte Erträge (zB aus der Auflösung von Wertberichtigungen oder der Auflösung von Rückstellungen) und erfüllt damit das zuvor erläuterte Kriterium der betriebswirtschaftlichen Außergewöhnlichkeit. Folgerichtig ist der Posten **„sonstige betriebliche Erträge"**, insofern es sich dabei vollständig um außergewöhnliche Bestandteile handelt, nicht in die Ermittlung des Ergebnisses aus der gewöhnlichen Geschäftstätigkeit einzubeziehen, sondern in das außergewöhnliche Ergebnis.

Mit dem RÄG 2014 entfielen im § 231 die Posten Abs 2 Z 18 bis 20 bzw Abs 3 Z 17 bis 19, außerordentliche Erträge und außerordentliche Aufwendungen. An deren Stelle bestimmt nunmehr § 237 Abs 1 Z 4, dass im Anhang der Betrag und die Wesensart der einzelnen Ertrags- oder Aufwandsposten von außerordentlicher Größenordnung oder von außerordentlicher Bedeutung anzugeben sind.

Unter Zuhilfenahme der Angaben im § 237 hat der Analytiker nunmehr vor der Errechnung von Ergebniskennzahlen eine Bereinigung der Gewinn- und Verlustrechnung dahingehend durchzuführen, dass er alle in den einzelnen Aufwands- und Ertragsposten enthaltenen außergewöhnlichen Bestandteile, sofern diese einmaligen Charakter haben und mit ihrer Wiederkehr nicht zu rechnen ist, ausscheidet.

Dies gilt durch die Neudefinition der Umsatzerlöse, die nunmehr alle möglichen Umsatzerlöse des Unternehmens umfassen, auch für die verbleibende Restgröße in den sonstigen betrieblichen Erträgen gem § 231 Abs 2 Z 4 bzw Abs 3 Z 6. Diese bestehen sowohl aus Erträgen aus dem Ausscheiden von Anlagevermögen und der Auflösung von Rückstellungen und Wertberichtigungen, womit sie das Kriterium der betriebswirtschaftlichen Außergewöhnlichkeit erfüllen

Daraus ergibt sich folgendes Schema für die Ermittlung des außergewöhnlichen Ergebnisses:

Bereinigung aller Aufwands- und Ertragsposten um ihre außergewöhnlichen und voraussichtlich nicht wiederkehrenden Bestandteile und Sammlung dieser Beträge auf dem Posten außergewöhnliches Ergebnis:

	Sonstige betriebliche Erträge, soweit sie außergewöhnlich sind
–	Abschreibungen auf Gegenstände des Umlaufvermögens, soweit diese die im Unternehmen üblichen Abschreibungen überschreiten
–	Außerplanmäßige Abschreibungen auf immaterielle Gegenstände des Anlagevermögens und Sachanlagen
–	Abschreibungen auf Finanzanlagen
–	Aufwendungen, soweit sie außergewöhnlich sind
=	**Außergewöhnliches Ergebnis**

3.23 Gesamtkonzept der Erfolgsspaltung nach der Nachhaltigkeit

Das Gesamtkonzept der Erfolgsspaltung unter dem Aspekt der Nachhaltigkeit sollte daher nach Gesamt- bzw Umsatzkostenverfahren wie folgt aussehen, wobei sich diese Gliederung eng an § 231 Abs 2 (Gesamtkostenverfahren) und an § 231 Abs 3 (Umsatzkostenverfahren) anlehnt.

Gesamtkostenverfahren

	Umsatzerlöse
±	Bestandsveränderungen
+	Aktivierte Eigenleistungen
=	**Gesamtleistung**
+	Sonstige betriebliche Erträge, soweit sie nicht außergewöhnlich sind
=	**Betriebsleistung**
–	Betriebliche Aufwendungen iSd § 231 Abs 2 Z 5,6 und 8, soweit sie nicht außergewöhnlich sind
–	Abschreibungen vom Anlagevermögen, soweit sie nicht außergewöhnlich sind
=	**Betriebsergebnis ohne außergewöhnliche Bestandteile**
	Aufwendungen und Erträge aus Finanzinvestitionen, soweit nicht außergewöhnlich
	Finanzierungsaufwendungen, soweit nicht außergewöhnlich
±	**Finanzergebnis ohne außergewöhnliche Bestandteile**
=	**Ergebnis der gewöhnlichen Geschäftstätigkeit**
±	Außergewöhnliches Ergebnis als Zusammenfassung der oben ausgeschiedenen Beträge
=	**Ergebnis vor Steuern**
–	Steuern vom Einkommen und Ertrag
=	**Jahresüberschuss/Jahresfehlbetrag**
±	Dotierung und Auflösung unversteuerter und versteuerter Rücklagen
±	Gewinn-/Verlustvortrag
	Bilanzgewinn/Bilanzverlust

Umsatzkostenverfahren

	Umsatzerlöse
–	Herstellungskosten der zur Erzielung der Umsatzerlöse erbrachten Leistungen, soweit sie nicht außergewöhnlich sind
=	**Bruttoergebnis vom Umsatz**
+	Sonstige betriebliche Erträge, soweit sie nicht außergewöhnlich sind
–	Vertriebskosten, soweit sie nicht außergewöhnlich sind
–	Verwaltungskosten, soweit sie nicht außergewöhnlich sind
–	Restaufwand (nicht den Kostenstellen zugewiesener sonstiger Aufwand), soweit nicht außergewöhnlich
=	**Betriebsergebnis ohne außergewöhnliche Bestandteile**
–	Aufwendungen und Erträge aus Finanzinvestitionen soweit nicht außergewöhnlich
	Finanzierungsaufwendungen soweit nicht außergewöhnlich
	Finanzergebnis ohne außergewöhnliche Bestandteile
=	**Ergebnis der gewöhnlichen Geschäftstätigkeit**
±	Außergewöhnliches Ergebnis als Zusammenfassung der oben ausgeschiedenen Beträge
=	**Ergebnis vor Steuern**
–	Steuern vom Einkommen und Ertrag
=	**Jahresüberschuss/Jahresfehlbetrag**
±	Dotierung und Auflösung unversteuerter und versteuerter Rücklagen
±	Gewinn-/Verlustvortrag
=	**Bilanzgewinn/Bilanzverlust**

Einige der oben angeführten Zwischenergebnisse müssen nach der gesetzlichen GuV-Gliederung nicht gesondert ausgewiesen werden, haben aber durchaus Relevanz für die Jahresabschlussanalyse. Die **Gesamtleistung** stellt eine Besonderheit des Gesamtkostenverfahrens dar und entspricht der Summe der GuV-Posten gem § 231 Abs 2 Z 1 bis 3. Diese Zwischensumme hat insbesondere für die Aufwandsstrukturanalyse (vgl Kapitel 3.212) Bedeutung. Addiert man noch jene sonstigen betrieblichen Erträge hinzu, die nicht außergewöhnlich sind, erhält man die **Betriebsleistung** als Zwischensumme aller Erträge, die der gewöhnlichen betrieblichen Tätigkeit entspringen.

Das **Betriebsergebnis ohne außergewöhnliche Bestandteile** stellt jenes Zwischenergebnis dar, das sich ergibt, wenn von allen gewöhnlichen betrieblichen Erträgen die korrespondierenden Aufwendungen abgezogen werden. Es entspricht damit der gesetzlichen Zwischensumme gem § 231 Abs 2 Z 9 bzw Abs 3 Z 8 bereinigt um außergewöhnliche Ergebnisbestandteile. Die Zwischensumme ist sowohl nach Gesamt- als auch nach Umsatzkostenverfahren ausgewiesen und betraglich gleich. Von hier an entsprechen die Berechnungen nach dem GKV und UKV einander.

Bildet man die Summe aus dem **Betriebsergebnis** und **Finanzergebnis** (jeweils **exkl außergewöhnlicher Bestandteile**), so erhält man das **Ergebnis der gewöhnlichen Geschäftstätigkeit** (EGT). Es grenzt die gewöhnliche Geschäftstätigkeit vom außergewöhnlichen Ergebnis (vgl Kapitel 3.222) ab und stellt somit jene Ergebnisgröße dar, die alle als nachhaltig geltenden (betrieblichen und betriebsfremden) Erträge und Aufwendungen enthält. Das EGT dient dem Analysten als Maßgröße für den betriebswirtschaftlichen Erfolg eines Unternehmens.

Zur Erläuterung des außergewöhnlichen Ergebnisses sei auf Kapitel 3.222 verwiesen. Summiert man das EGT mit dem außergewöhnlichen Ergebnis, so erhält man das Jahresergebnis vor Steuern, das dem gleichnamigen Posten gem § 231 Abs 2 Z 17 bzw Abs 3 Z 16 entspricht.

3.231 Bruttoergebnis vom Umsatz nach dem Umsatzkostenverfahren

Eine nur in der Erfolgsrechnung nach dem Umsatzkostenverfahren dargestellte Kennzahl von hohem Erkenntniswert ist das **Bruttoergebnis vom Umsatz**, im englischen auch als **Gross Margin** bezeichnet (§ 231 Abs 3 Z 3), die sich aus der Differenz zwischen Umsatzerlösen und deren Erzielung in unmittelbarem Zusammenhang stehenden Aufwendungen ergibt. Diese Kennzahl kann vom externen Analytiker nur bei Vorliegen des **Umsatzkostenverfahrens** ermittelt werden, da er bei Anwendung des Gesamtkostenverfahrens nicht in der Lage ist, die Beziehung zwischen Umsatzerlösen einerseits und den mit den Umsatzerlösen in unmittelbarem Zusammenhang stehenden Aufwendungen herzustellen.

Die Kenntnis dieser Marge gibt Aufschluss darüber, wie sich die Profitabilität der Produktion unter ausschließlicher Berücksichtigung der umsatzabhängigen Kosten im **innerbetrieblichen Zeitvergleich** und im **betriebsübergreifenden Vergleich** darstellt. Es können also daraus sowohl Aussagen über die Entwicklung der Wirtschaftlichkeit eines Unternehmens im Zeitablauf als auch über die Wirtschaftlichkeit in Bezug auf Wettbewerber getroffen werden.

Umsatz
abzüglich Herstellungskosten der zur Erzielung
der Umsatzerlöse erbrachten Leistungen
_____
Bruttoergebnis vom Umsatz

3.232 Bruttogewinnspanne

Vor allem beim überbetrieblichen Vergleich unterschiedlich großer Unternehmen ist es sinnvoll, das Bruttoergebnis bzw die Handelsspanne in Bezug zu den Umsatzerlösen zu setzen und so eine relative Kennzahl zu ermitteln, die sog **Bruttogewinnspanne**.

$$\text{Bruttogewinnspanne} \ = \ \frac{\text{Bruttoergebnis vom Umsatz}}{\text{Umsatzerlöse}}$$

Schwankungen bzw Abweichungen des Bruttoergebnisses vom Umsatz und damit auch der **Bruttogewinnspanne** können, abgesehen von Faktor- oder Absatzpreisänderungen, auch auf folgende Veränderungen zurückzuführen sein:

- Verschlechterung der Wirtschaftlichkeit durch höhere Aufwendungen,
- Managementfehler, die zu Fehldispositionen geführt haben und nunmehr die Aufwendungen belasten (zB Abschreibungen von Roh-, Hilfs- und Betriebsstoffen),
- Änderung des Beschäftigungsgrades und damit Ansatz unterschiedlich hoher Fixkosten,
- Änderungen des Umfangs der im Umsatz enthaltenen sonstigen betrieblichen Erträge und der auf diese entfallenden Aufwendungen.

3.233 Handelsspanne

Unter **Handelsspanne** versteht man die im Handelsbetrieb erzielte und auf die Umsatzerlöse bezogene Differenz aus Umsatzerlösen und Einstandspreis (Rohgewinn) der verkauften Handelsware

Umsatz
abzüglich Einstandskosten der verkauften Produkte (Handelswarenverbrauch)
Rohertrag (Rohgewinn)

$$\text{Handelspanne} \ = \ \frac{\text{Rohertrag}}{\text{Umsatzerlöse}}$$

Im Gesamtkostenverfahren kann, wie festgehalten, eine derart genaue Berechnung des Bruttoergebnisses vom Umsatz nicht vorgenommen werden. Um zumindest ansatzweise eine vergleichbare Ergebnisgröße zu ermitteln, kann bei Handelsbetrieben vom Umsatzerlös bzw der Gesamtleistung der Materialaufwand als typischerweise in unmittelbarem wirtschaftlichem Zusammenhang mit dem Erlös stehender Aufwandsposten abgezogen und der Saldo als **Rohgewinn** ausgewiesen werden.

3.234 Betriebserfolg

Als **Betriebserfolg** wird üblicherweise der Saldo der betrieblichen Erträge abzüglich der betrieblichen Aufwendungen bezeichnet (§ 231 Abs 2 Z 9 bzw Abs 3 Z 8). Ab diesem Punkt sind das Gesamtkostenverfahren und das Umsatzkostenverfahren ident. Lässt man die Frage eines eventuellen Einbezuges der Finanzerträge in den Betriebserfolg offen, entspricht dieser Saldo dem sog EBIT (Earnings before Interest and Taxes).

3.235 Finanzerfolg

In der Gewinn- und Verlustrechnung gem § 231 Abs 2 ist der **Finanzerfolg** nachfolgend gegliedert:

		(...)
	10.	Erträge aus Beteiligungen
+	11.	Erträge aus anderen Wertpapieren und Ausleihungen des Finanzanlagevermögens
+	12.	Sonstige Zinsen und ähnliche Erträge
+	13.	Erträge aus dem Abgang von und der Zuschreibung zu Finanzanlagen und Wertpapieren des Umlaufvermögens
−	14.	Aufwendungen aus Finanzanlagen und aus Wertpapieren des Umlaufvermögens
−	15.	Zinsen und ähnliche Aufwendungen
=	**16.**	**Zwischensumme aus Z 10 bis 15**

Die im § 231 Abs 2 Z 10–15 unter dem Begriff Finanzerfolg zusammengefassten Erfolgsposten, **Ergebnisse aus Finanzinvestitionen** einerseits und **Finanzierungsaufwendungen** andererseits, haben ihre Entstehungsursache in völlig unterschiedlichen Bereichen und werden auch in der Jahresabschlussanalyse unterschiedlich gehandhabt:

3.235.1 Ergebnis aus Finanzinvestitionen

- Die Ergebnisse aus **Finanzinvestitionen** (Beteiligungen, Wertpapiere, Bankguthaben, gewährte Darlehen) können positiv als Erträge (Dividenden, Zinserträge, Kurs- und sonstige Wertsteigerungen) und negativ als mit den Finanzinvestitionen zusammenhängende Aufwendungen (Abwertungen, Manipulationskosten, Ausfälle, Veräußerungsverluste) in Erscheinung treten. Diese Ergebnisse basieren grundsätzlich auf **Investitionsentscheidungen**.

3.235.2 Finanzierungsaufwendungen

- **Finanzierungsaufwendungen** hingegen sind die Gegenleistung des Unternehmens für zur Verfügung gestelltes Kapital zur Finanzierung der Unternehmensleistungen. Dazu gehören vor allem das Entgelt (Zinsaufwendungen) und sonstige damit zusammenhängende Aufwendungen, die das Unternehmen an Dritte zu leisten hat. Diese Aufwendungen basieren auf **Finanzierungsentscheidungen**.

In jenen Unternehmen, deren Zweck nicht direkt die Veranlagung von Finanzmitteln ist, wird der Posten Z 15 idR die Posten Z 10–14 übersteigen. Finden sich in der G&V Erträge aus der vorübergehenden Veranlagung für kurze Zeit freiwerdender Finanzmittel (zB liquide Mittel, durch die ein Betriebsmittelkredit vorübergehend auf die Aktivseite drehte) oder Zinserträge aus Finanzmitteln, die vom Darlehensgeber zur Verfügung gestellt wurden, die aber erst später benötigt und daher bis dahin angelegt werden, werden die Zinserträge mit den Zinsaufwendungen aus dem zugehörigen Passivposten saldiert und der verbleibende Aufwand den Finanzierungergebnissen zugerechnet. Das Gleiche gilt für jene Fälle, in denen Aktivposten als Sicherung für bestimmte Passivposten dienen (zB Rückdeckungsversicherung für Pensionsrückstellungen).

Für die Zwecke der Ergebnisspaltung sollte auch beim Finanzergebnis eine Anpassung des GuV-Schemas im Hinblick auf die Nachhaltigkeit erfolgen. Dafür kann es notwendig sein, die bewertungs- und liquidationsbedingten Komponenten des Finanzerfolgs auszusondern und in das außergewöhnliche Ergebnis umzugliedern. Dafür kommen vorrangig Erträge aus dem Abgang und der Zuschreibung zu Finanzanlagen und Abschreibungen auf Finanzanlagen und Wertpapiere des Umlaufvermögens infrage.

3.236 Earnings-before-Kennzahlen: EBIT, EBT, EBITDA

Neben den Zwischensummen, die sich aus dem unternehmensrechtlichen GuV-Schema ableiten, sind vor allem zu Analysezwecken weitere Zwischenergebnisse hilfreich, die als sog Pro-Forma-Ergebnisse bezeichnet werden und häufig durch Bereinigung um gewisse außerordentliche oder nicht zahlungswirksame Komponenten von den unternehmensrechtlichen Zwischenergebnissen abweichen. Die geläufigsten „Earnings-before"-Kennzahlen dieser Art entspringen dem angelsächsischen Raum bzw dem IFRS-Gewinnermittlungsschema. Vor allem in der internationalen Berichterstattungs- und Analysepraxis haben sich vier geläufige Ausprägungen herauskristallisiert:

- Earnings before Interest, Taxes, Depreciation and Amortization (**EBITDA**),
- Earnings before Interest, Taxes and Amortization (**EBITA**),
- Earnings before Interest and Taxes (**EBIT**) und
- Earnings before Taxes (**EBT**).

3.236.1 EBITDA

Das **EBITDA** ist eine Kennzahl zur Beurteilung der operativen Leistungs-fähigkeit eines Unternehmens unter Außerachtlassen von Investitions- und Finanzierungsaufwand sowie Abschreibungen auf Sachanlagevermögen und Firmenwerte. Es handelt sich daher um eine **vermögensstrukturneutrale Größe**, da sie vor dem Abzug der Abschreibungen vom Vermögen ermittelt wird. Sie ist aber auch finanzierungs(kapital)neutral, da die Fremdkapitalzin-sen wie beim EBIT außer Ansatz bleiben.

Die Ermittlung des EBITDA kann ausgehend von den betrieblichen Erträgen oder auch vom EBIT erfolgen:

	Betriebliche Erträge
–	Betriebliche Aufwendungen iSd § 231 Abs 2 Z 5,6 und 8
	vor Abschreibungen vom Anlagevermögen und Amortisation des Firmenwertes
=	**EBITDA (Ergebnis vor Abschreibungen, Firmenwertamortisation, Zinsen und Steuern)**

	EBIT
+	Jahresabschreibungen vom Anlagevermögen inkl Amortisation des Firmenwertes
	EBITDA

Das **EBITDA** entspricht idR dem Geldfluss aus dem Ergebnis im Rahmen der Geldflussrechnung. Es ist daher eher eine Cashflow-Kennzahl als eine Ertragsgröße, als die sie häufig missbraucht wird. *Coenenberg/Haller/Schultze* (Jahresabschluss und Jahresabschlussanalyse[14], S 1049) betrachten diese Zwischenergebnisgröße als eine „vereinfachende Approximation für eine ertragsorientierte Cashflow-Ziffer". Da die Abschreibungen im **EBITDA** noch nicht abgezogen und damit die wesentlichen nichtausgabe-wirksamen betrieblichen Aufwendungen in dieser Kennzahl noch enthalten sind, wird ihre Verwendung damit begründet, dass sie verzerrte Unterneh-mensergebnisse, die durch unterschiedliche Abschreibungspolitik auftreten können, ausgleiche und somit einen besseren Vergleich mit anderen Unter-nehmen als die Kennzahl **EBIT (s unten)** ermögliche. Diese Begründung kann dann gerechtfertigt sein, wenn durch die Ermittlung des EBITDA eine allfällig unterschiedliche Abschreibungspolitik zwischen zwei Unternehmen neutralisiert wird. Es stellt sich allerdings die Frage, ob eine derartige Infor-mation nicht zweckmäßiger aus dem Anlagespiegel (aus dem sogar die durchschnittliche Abschreibungsdauer der einzelnen Vermögensgruppen ab-geleitet werden kann) erfasst wird und im Zusammenhang mit einem EBIT-Vergleich zu einem detaillierteren und aussagekräftigeren Bild führt. Völlig unmöglich wird der zwischenbetriebliche Vergleich mittels des EBITDA, wenn eines der Unternehmen vornehmlich mithilfe geleaster Anlagen, die beim Leasinggeber bilanziert werden, wirtschaftet. Für diesen Fall bietet sich an, die Miet(Leasing)aufwendungen (vereinfachend durch Berücksichtigung der Vorjahres-Anhangangabe, § 238 Abs 1 Z 14) dem EBITDA hinzuzurechnen und den zwischenbetrieblichen Vergleich auf Basis des **EBITDAR** (*earnings before interest, taxes, depreciation, amortization, and restructuring or rent costs*) zu bestimmen.

Ihrer Funktion als Erfolgskennzahl wird das EBITDA daher uE nicht gerecht, weil die fehlenden Abschreibungen nichts anderes sind als periodisierte Ausgaben für Investitionen, welche gleichermaßen einzubeziehen sind, wie alle laufend anfallenden Ausgaben. Ein Weglassen solcher Abschreibungen wäre nur dann möglich, wenn sie nicht mehr für Ersatzinvestitionen gebraucht werden. In Wahrheit dient die Verwendung der Kennzahl EBITDA sehr häufig einer Verschleierung der tatsächlichen Ertragslage des Unternehmens, da sie durch die Hinzurechnung der Abschreibung noch immer positiv sein kann, während die Kennzahl EBIT bereits einen negativen Wert ausweist.

3.236.2 EBIT

Für Analysezwecke von besonderer Bedeutung und daher auch in der Praxis die am häufigsten berichtete Zwischenergebniskennzahl ist das **EBIT**, welches sich mittlerweile in jedem veröffentlichten Jahresabschluss findet. Es wird auch als **operatives Ergebnis** (operating income) bezeichnet und gibt die aus dem operativen Geschäft stammende Ertragskraft des Unternehmens wieder. Durch die Bereinigung von Zinsaufwendungen ist das **EBIT** von Finanzierungseffekten unbeeinflusst. Das **EBIT** ist daher für Analysezwecke besonders geeignet, da es das Ergebnis des Unternehmens unabhängig von der Finanzierung abbildet und sich somit als Vergleichsbasis anbietet. Aus diesem Grunde sind auch die aus dem **EBIT** abgeleiteten Kennzahlen (zB ROI) von hohem Erkenntniswert.

Die Errechnung des **EBIT** kann ausgehend vom Ergebnis vor Steuern erfolgen, wie dies im Fachgutachten *KFS/BW 3* der Kammer der Steuerberater und Wirtschaftsprüfer vorgeschlagen wird:

Ergebnis vor Steuern gem § 231 Abs 1 Z 17 (EBT)
+ Zinsen und ähnliche Aufwendungen gem § 231 Abs 2 Z 15 bzw Abs 3 Z 14
Ergebnis vor Zinsen und Steuern (EBIT)

Die alternative Art der Berechnung geht vom Betriebserfolg aus

	Betriebserfolg gem § 231 Abs 2 Z 8
+/–	(bereinigte) Erträge/Aufwendungen aus Finanzinvestitionen gem Z 10–14
=	**Ergebnis vor Zinsen und Steuern (EBIT)**

Wie schon im Kapitel 3.235 angeführt, sind die Aufwendungen gem Abs 10–14 darauf zu untersuchen, wie weit diese in den Finanzierungsbereich fallen (vorübergehende Veranlagung freier Gelder etc) und nicht das Produkt gezielter und unabhängig von der Finanzierung geplanter Finanzinvestitionen sind. Im ersten Fall sind sie den Finanzierungskosten zuzurechnen und teilen das Schicksal derselben. Dieser Fall ist in der Unternehmenspraxis der Übliche.

Basieren die Erträge und Aufwendungen der Posten 10–14 auf Investitionsentscheidungen, die nicht finanzierungsbedingt sind, erfolgt eine Einrechnung in das EBIT, es sei denn, die Investition erfolgt in einem eigenen (betriebsfremden) Sektor, der nicht der laufenden Betriebstätigkeit zuzurechnen ist. Das wäre bspw eine Beteiligung an einem anderen Unternehmen oder der gewollte Erwerb von Anleihen zur Ertragserzielung, die völlig getrennt vom analysierten Betrieb abgerechnet wird (vgl hierzu Kapitel 3.243.1 über das Capital Employed).

In der Praxis wird das EBIT häufig mit dem Betriebserfolg gem § 231 Abs 2 Z 8 gleichgestellt, da man idR der Einfachheit halber fälschlicherweise auch die Erträge und Aufwendungen aus Finanz**investitionen** zu den Finanzierungsaufwendungen zählt. Die **häufige Gleichsetzung des EBIT mit dem Betriebserfolg** in veröffentlichten Geschäftsberichten stimmt nur dann in dieser Form, wenn die Finanzinvestitionen entweder Teil der Finanzierungskosten oder betriebsfremd sind und gesondert behandelt werden. Andernfalls müssen sie zum Betriebserfolg zugezählt werden

3.236.3 EBITA

Aufbauend auf der obigen Kritik am EBITDA besteht die Möglichkeit, ein **EBITA** (Earnings before Interest, Tax and Amortization) zu ermitteln. Bei dieser Größe handelt es sich uE um eine geeignetere Ertragskennzahl, da sie mit der **Firmenwertabschreibung** (Amortization) nur jene Abschreibungen nicht erfasst, die nicht wiederkehren. Damit gibt diese Kennzahl tatsächlich ein Bild der Finanz- und Ertragslage wieder, das auch der Wirklichkeit entspricht. Diese Kennzahl ist vor allem bei der Analyse von Konzernabschlüssen von besonderer Bedeutung, da sich die Amortisation der aus der Erstkonsolidierung resultierenden Firmenwerte sehr stark auf die Ertragslage des Konzerns niederschlagen kann. Es ist allerdings anzumerken, dass es seit

2005 bei allen Konzernabschlüssen, die nach den Bestimmungen der IFRS/ IAS aufgestellt werden, eine planmäßige Amortisation des Firmenwertes nicht mehr gibt, womit die Kennzahl EBITA automatisch mit dem EBIT zusammenfällt. Das EBITA kann durch das Hinzuzählen der Jahresabschreibungen vom Firmenwert zum EBIT ermittelt werden.

	EBIT
+	Jahresabschreibungen vom Firmenwert
	Earnings before Interest, Taxes and Amortization (EBITA)

Da bei Anwendung des Umsatzkostenverfahrens die betrieblichen Abschreibungen über die Herstellungskosten und Verwaltungs- und Vertriebskosten verteilt sind, kann das EBITDA und das EBITA nicht unmittelbar der Gewinn- und Verlustrechnung entnommen werden. Zur Ermittlung des EBITDA und des EBITA müssen die Abschreibungen und die Amortisation des Firmenwertes daher in einer gesonderten Rechnung ermittelt werden.

3.236.4 EBT

Eine Ergebnisgröße vor Abzug der Steuern vom Ertrag stellt das **EBT** dar. Das **EBT** (Earnings before Taxes) dient vor allem als Vergleichskennzahl bei rechtsformübergreifenden Vergleichen oder unterschiedlichen Steuersystemen. Da sich diese Größe durch den Abzug der Kosten der Finanzierung vom EBIT ergibt, ist sie im Gegensatz zu anderen „Earnings-before"-Kennzahlen nicht mehr finanzierungsneutral. Bis zum RÄG 2014 enthielt das GuV-Schema unter § 231 Abs 2 Z 17 alte Fassung ein sog „Ergebnis der gewöhnlichen Geschäftstätigkeit". Mit dem Wegfall der gesonderten Darstellung des außerordentlichen Ergebnisses besteht jedoch nun kein Unterschied mehr zum „Ergebnis vor Steuern" gem § 231 Abs 2 Z 17 neue Fassung, was sich auch begrifflich mit dem EBT deckt.

	Betriebserfolg (§ 231 Abs 2 Z 9 bzw Abs 3 Z 8)
±	Ergebnis aus Finanzinvestitionen
=	**EBIT** = Earnings before interest and tax
–	Finanzierungsaufwendungen
	EBT = Earnings before tax

3.24 Rentabilitätsanalyse

Die **Rentabilität** ist eine Verhältniskennzahl, welche die Ertragsfähigkeit eines Unternehmens in Relation zu einer die Ertragskraft beeinflussenden Größe desselben Unternehmens setzt. Sie wird daher als **Quotient aus einer Ergebnisgröße und dem zur Ergebniserzielung eingesetzten Kapital ei-**

nerseits oder dem das Ergebnis bewirkenden Umsatz andererseits ermittelt. Im ersten Fall spricht man allgemein von der **Kapitalrentabilität**, für die es selbst einige unterschiedliche Erscheinungsformen gibt. Je nachdem, ob das Gesamtkapital oder das Eigenkapital als Bezugsgröße herangezogen wird, spricht man von **Gesamtkapitalrentabilität (Vermögensrentabilität)** oder Eigenkapitalrentabilität. Wird das Gesamtkapital der Rentabilitätsberechnung zugrunde gelegt, ist auch der Ertrag des Fremdkapitals (aus der Sicht des Unternehmens die Kosten des Fremdkapitals) in die Rechnung einzubeziehen.

Im Fall des leistungsbezogenen Umsatzes als Bezugsgröße spricht man von der **Umsatzrentabilität (bzw Marge)**.

Allen Darstellungsformen der Rentabilität ist gemein, dass sie eine relativierte Erfolgsbeurteilung ermöglichen. Der Vorteil besteht generell darin, dass Vergleiche (zB innerhalb der Branche) über verschiedene Größenklassen hinweg erst durch eine Normalisierung im Nenner der Rentabilitätsgröße sinnvoll werden. Weiters besteht aus dem ökonomischen Prinzip eine Notwendigkeit zur Rentabilitätsanalyse, weil sie Aufschluss über eine Erfolgserzielung im Zusammenhang mit dem dazu nötigen Faktoreinsatz gibt, wodurch sie sich vor allem auch für Soll-Ist-Vergleiche anbietet (*Baetge/Kirsch/Thiele*, Bilanzanalyse[2], S 347 f).

3.241 Umsatz- und Kapitalrentabilität

Darstellungsformen der Rentabilität

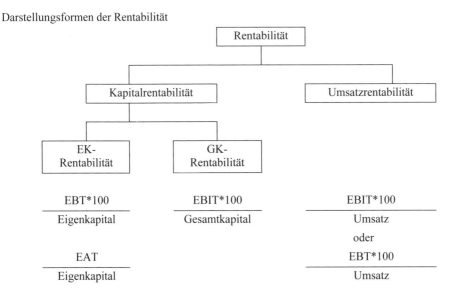

3.241.1 Umsatzrentabilität

Soll für ein Unternehmen die Rentabilität derart analysiert werden, dass Zähler und Nenner in **direktem Zusammenhang** zueinander stehen, wird häufig zuerst auf die **Umsatzrentabilität** zurückgegriffen, da durch die Umsatzerlöse die Realisierung des Ergebnisses erfolgt.

Als Ergebnisgröße wird für die Berechnung der Umsatzrentabilität sehr häufig im Sinne einer Gesamtrechnung das **EBIT** herangezogen. Diese Kennzahl wird auch als **Marge vom Umsatz (operative Marge)** bezeichnet. Sie gibt an, wie effizient ein Unternehmen seine Produktion organisiert und spiegelt auch die Verhältnisse auf den Beschaffungs- und Absatzmärkten aggregiert wider. Aus diesem Grund ist die Umsatzrentabilität auch besonders für brancheninterne Vergleiche zwischen Wettbewerbern geeignet. Im angloamerikanischen Bereich wird die Umsatzrentabilität als **Return on Sales (ROS)** bezeichnet, wobei entweder **EBIT** oder **EBT** als Ergebnisgröße herangezogen werden. Im Fachgutachten *KFS/BW 3* wird zur Berechnung der Umsatzrentabilität das EBIT als Ergebnisgröße herangezogen.

3.241.2 Gesamtkapitalrentabilität

Je nachdem, ob das Gesamtkapital oder das Eigenkapital als Bezugsgröße herangezogen wird, spricht man von **Gesamtkapitalrentabilität** oder von **Eigenkapitalrentabilität**. Beide Kapitalrentabilitäten finden sich aufgrund ihres Aussagegehalts auch im Fachgutachten *KFS/BW 3* in ihrer Grundform.

Wird das Gesamtkapital der Rentabilitätsberechnung zugrunde gelegt, erfolgt die Renditeermittlung **finanzierungsneutral** mit dem EBIT als Ergebnisgröße. Die **Gesamtkapitalrentabilität** drückt damit aus, wie effizient das Unternehmen, losgelöst von der Kapitalstruktur, mit den gesamten ihm zur Verfügung stehenden Mitteln gewirtschaftet hat. Damit lassen sich Vergleiche der Gesamtkapitalrentabilität unternehmensübergreifend auch unabhängig von der Finanzierungsstruktur anstellen.

In der amerikanischen Literatur und Praxis wird die **Gesamtkapitalrentabilität (dort als Return on Investment, kurz ROI bezeichnet)** häufig als Messgröße für die **Effizienz des Managements** bzw dessen Fähigkeit, mit dem ihm zur Verfügung stehenden Vermögen Gewinne zu erzielen, assoziiert.

$$\text{Gesamtkapitalrentabilität} = \frac{\text{EBIT} \times 100}{\text{Ø Gesamkapital}}$$

In der Literatur wird auch häufig von **Vermögensrentabilität** gesprochen, da der Unternehmenserfolg streng genommen durch den Vermögenseinsatz (also die Aktivseite der Bilanz) erwirtschaftet wird. Kapital ist ein abstrakter Begriff, Vermögen ist investiertes Kapital. Erträge werden erst durch den Einsatz des Vermögens geschaffen. Dies sieht man besonders deutlich bei **Investitionsrechnungen**, mit deren Hilfe bspw die Rentabilität eines Vermögensgegenstandes oder eines Teiles des Vermögens, nicht aber eines Teiles des Kapitals, errechnet wird. Aus diesem Grund findet man dieselbe Kennzahl im angloamerikanischen Bereich als **ROI (Return on Investment)** bzw **ROA (Return on Assets)**. Als Bezugsgröße wird im Nenner idR das **durchschnittlich gebundene Kapital** bzw Vermögen herangezogen, wobei vereinfachend auch häufig das Kapital zu Beginn der Periode herangezogen wird. Das durchschnittlich gebundene Kapital ist als Bezugsgröße besser geeignet, da es sich bei der Ergebnisgröße im Zähler um eine (dynamische) Stromgröße handelt. Um also den Nenner auf denselben Zeitraum zu normieren, bildet man den Mittelwert aus Gesamtkapital bzw -vermögen zum Anfang und zum Ende der Periode. Wesentlich ist, dass bei Vergleichen immer von derselben Rechenmethode ausgegangen wird. Treten während des Jahres sehr starke Veränderungen in der Kapitalhöhe (Kapitalerhöhungen, Aktienrückkäufe, größere Aufnahmen/Tilgungen des Fremdkapitals etc) auf, erscheint es jedenfalls besser, das durchschnittlich gebundene Vermögen heranzuziehen.

$$\text{ROI} = \frac{U}{V} \ * \ \frac{EBIT*100}{U} = \frac{EBIT*100}{V}$$

$$\text{ROI} \ = \ \frac{EBIT \times 100}{\text{durchschnittliches Vermögen}}$$

Ein für die **Rentabilitätsanalyse** wesentlicher Zusammenhang besteht in der Verknüpfung der **Gesamtkapitalrentabilität** mit der **Umsatzrentabilität** über die Kennzahl der **Umschlagshäufigkeit des Vermögens**. Aus der Multiplikation von Umschlagshäufigkeit des Vermögens (U/V) mit der Umsatzrentabilität ergibt sich die Gesamtkapital- bzw Vermögensrentabilität.

Diese Erkenntnis wird von vielen Unternehmen dahingehend ausgenutzt, dass versucht wird, einerseits die Preise zu senken, dafür aber durch Umsatzsteigerung bei gleichem Vermögenseinsatz mit erhöhter Umschlagshäufigkeit das Ergebnis zu halten oder zu steigern. Dieser Zusammenhang soll an folgendem Beispiel kurz illustriert werden:

Beispiel:

Gesamtkapital	*=*	*Gesamtvermögen = 1.000*
Fremdkapital	*=*	*400, FKZ 5 % = 20*
Eigenkapital	*=*	*600*
Umsatz	*=*	*1.200*
EBIT	*=*	*100*
EBT	*=*	*100 – 20 = 80*

- *Wie hoch ist die Umsatzrentabilität?*
- *Wie hoch ist die Gesamtkapitalrentabilität?*
- *Wie hoch ist die Eigenkapitalrentabilität?*
- *Wie hoch ist die Umschlagshäufigkeit des Vermögens?*

UR = 100*100/1.200 = 8,3333 %

GKR = 100*100/1.000 = 10 %

EKR = (100–20) × 100/400 = 13,33 %

UH des Vermögens = 1200/1000 = 1,2

$$GKR = \frac{U}{V} * \frac{EBIT*100}{U} = \frac{EBIT*100}{V} : \frac{1200}{1000} \times \frac{100 \times 100}{1200} = \frac{100 \times 100}{1000} = 10$$

Aus dieser Darstellung wird erkennbar, dass die **Gesamtkapitalrentabilität** bei Abnahme der Umsatzrentabilität unverändert bleibt, wenn Letztere von einer entsprechenden Steigerung der Umschlagshäufigkeit des Vermögens begleitet ist. Derselbe Zusammenhang findet sich, wie im Kapitel 7 dargestellt, auch im Du-Pont-Kennzahlsystem, das verschiedene der hier vorgestellten Kennzahlen in einen Zusammenhang setzt. Diese Erkenntnis bildet häufig die Grundlage einer Unternehmenspolitik, die auf geringeren Gewinnspannen, aber auf hohem Warenumschlag beruht (bspw bei Discontern).

Beispiel Fortsetzung:

Um wie viel muss der Umsatz und damit die Umschlagshäufigkeit des Vermögens bei einer Senkung der Umsatzrentabilität von 8,33 % auf 6 % gesteigert werden, um die gleiche Kapitalrentabilität zu erzielen?

U*0,06= 100

U = 100/0,06

U = 1666,67

Umschlagshäufigkeit = 1666,67/1000 = 1,67

1666,67/1000 * 100*100/1,666,67 =100

Die Umschlaghäufigkeit muss zur Erreichung des gesetzten Zieles von 1,2 auf 1,67 gesteigert werden.

Wegen der Bedeutung der **Gesamtkapitalrentabilität** für die Beurteilung der Ertragskraft eines Unternehmens sind externe Analytiker, vor allem potentielle Kreditgeber, idR eher an der Gesamtkapitalrentabilität als an der Eigenkapitalrentabilität eines Unternehmens interessiert.

Bei der Ermittlung der auf dem EBT lastenden **Ertragsteuern** kann nicht ohne weiteres auf die unter § 231 (2) 18 ausgewiesenen Ertragsteuern zurückgegriffen werden, da diese durch folgende Einflüsse verzerrt sein können:

1. **Periodenfremde Steuernachzahlungen und -gutschriften**
2. **Erträge aus der Auflösung von Steuerrückstellungen**
   Erträge aus Steuergutschriften und Aufwendungen aus Steuernachzahlungen sowie die Auflösung von Rückstellungen für Ertragsteuern sind, soweit sie für die Beurteilung der Ertragslage nicht von untergeordneter Bedeutung sind, gesondert auszuweisen (§ 234)
3. **Bestehende steuerliche Verlustvorträge**
4. **Latente Steuern**

Aus der obigen Darstellung ist ersichtlich, dass grundsätzlich alle nicht auf das betriebliche Jahresergebnis entfallende Steuern herausgerechnet werden können.

Da jedoch eine **Rentabilitätsrechnung** ohnehin unter langfristigen Gesichtspunkten zu erstellen ist, um zwangsläufig auftretende Schwankungen im Ergebnis der gewöhnlichen Geschäftstätigkeit auszugleichen, empfiehlt es sich, das EBT unabhängig von der jeweiligen Steuer der einzelnen Jahre um den Normalsteuersatz (25 % Körperschaftsteuer) zu vermindern.

Für eventuelle **Investitionsentscheidungen** kann aber auch das Vorhandensein von **Verlustvorträgen**, die das gesamte Ergebnis dem Unternehmen zufließen lassen, von Bedeutung sein. Ergibt sich keine diesbezügliche Angabe im Anhang, kann dies nur aus der tatsächlichen Steuerbelastung ersehen werden.

3.241.3 Eigenkapitalrentabilität

Die **Eigenkapitalrentabilität** (auch als **Return on Equity = ROE** bezeichnet) ist eine Größe, die vor allem aus Sicht der Anteilseigner von herausragender Bedeutung ist. Sie gibt an, wie sich das dem Unternehmen überlassene Eigenkapital durch dessen Geschäftstätigkeit innerhalb einer Periode verzinst. Sie dient daher in den meisten Unternehmen als **die Zielgröße für die Effizienz im Sinne der Unternehmenseigner** und ist auch für potentielle Anleger vor allem für den Vergleich verschiedener Anlageoptionen aufschlussreich. Die **Eigenkapitalrentabilität** kann sowohl vor als auch nach Steuern ermittelt werden. Soll allerdings eine tatsächlich **auf die Anteilseigner entfallende Rendite** berechnet werden, muss die Eigenkapitalrentabilität auf Basis des Jahresüberschusses ermittelt werden.

$$\text{Eigenkapitalrentabilität vor Steuern} = \frac{\text{Ergebnis vor Steuern}}{\text{durchschnittliches Eigenkapital}}$$

$$\text{Eigenkapitalrentabilität nach Steuern} = \frac{\text{Jahresüberschuss}}{\text{durchschnittliches Eigenkapital}}$$

3.242 Leverage-Effekt

Während die Gesamtkapitalrentabilität in ihrer Grundform finanzierungsneutral ermittelt wird, wird die Eigenkapitalrentabilität sehr wohl **durch das Verhältnis von Eigen- zu Fremdkapital beeinflusst**. Die **Eigenkapitalrentabilität** ist in diesem Zusammenhang eine **Restgröße**, die sich nach Abzug des Anteiles der Fremdkapitalgeber am Gesamtertrag für die Eigenkapitalgeber ergibt. Bei gegebener Gesamtkapitalrentabilität ist die Eigenkapitalrentabilität von zwei Variablen abhängig:

1. Verschuldungsgrad
2. Fremdkapitalkosten (Höhe der Zinsen auf das FK)

Der funktionale Zusammenhang zwischen der **Eigenkapitalrentabilität** und der Höhe sowie den Kosten des eingesetzten Fremdkapitals wird auch als **Leverage-Effekt** bezeichnet. Dieser Effekt beschreibt folgenden Wirkungszusammenhang: Sind die Kosten des Fremdkapitaleinsatzes (FK-Zinsen) geringer als die erzielte Gesamtkapitalrentabilität, wächst mit zunehmendem Verschuldungsgrad die **Eigenkapitalrentabilität**. Liegt jedoch die **Gesamtkapitalrentabilität** unter den Fremdkapitalkosten, sinkt mit zunehmendem Fremdkapitalanteil die Eigenkapitalrentabilität, bis sie schließlich negativ wird. In ersterem Fall kann somit das Unternehmen seine Eigenkapitalrentabilität durch die zusätzliche Aufnahme von Fremdkapital steigern (sog Leverage-Chance). Liegt allerdings der Fremdkapitalzins über der Gesamtkapitalrentabilität, besteht ein sog Leverage-Risiko. An nachstehendem Beispiel soll die Wirkung des Levarage-Effekts illustriert werden:

GKR = EBIT*100/GK

EKR = EBT*100/EK

FKZ = Kosten des Fremdkapitals

GK = V = Gesamtkapital bzw Vermögen

EKR = GKR+ (GKR – FKZ)* FK/EK

Gesamtvermögen = Gesamtkapital € 1,000.000

Kosten des Fremdkapitals 8 %

r_i= ROI bzw Gesamtkapitalrentabilität (alternativ 15%, 10%, 5%)

r_e = Wie hoch ist die Eigenkapitalrentabilität?

	Betrag	%	Betrag	%	Betrag	%
GK = 1000 GKR = EBIT bezogen auf das Gesamtkapital	150	15	100	10	50	5
Fremdkpitalquote 0 %	0		0		0	
EBT/EKR	150	15	100	10	50	5
Fremdkapitalquote **50 % = 500** davon 8 % FKZ = 40						
Eigenkapitalquote **50 % = 500** EBIT– 40 = EBT	110	22	60	12	10	2
Fremdkapitalquote **75 % = 750** davon 8 % FKZ = 60						
Eigenkapitalquote **25 % = 250** EBIT – 60 = EBT	90	36	40	16	–10	–4

Für den **externen Analytiker** hat die Wirkungsweise des **Leverage-Effekts** insoweit Erkenntniswert, als er aufgrund der Gesamtkapitalrentabilität ersehen kann, zu welchem Zinssatz jeweils zusätzliches Fremdkapital aufgenommen werden kann, ohne den Effekt umkehren zu lassen und somit ein Leverage-Risiko einzugehen. Dabei ist allerdings zu berücksichtigen, dass mit zusätzlichem Fremdkapital häufig die Aufnahme zusätzlicher Aktivitäten des Unternehmens verbunden ist, deren Rentabilität anders gestaltet sein kann als jene der bisherigen Geschäftstätigkeit. Außerdem ist zu beachten, dass der **Fremdkapitalzinssatz mit zunehmender Verschuldung** steigt. Die **Fremdkapitalkosten** sind für die Berechnungen des Leverage-Effekts nicht auf das gesamte Fremdkapital, sondern nur auf das tatsächlich zu verzinsende Fremdkapital zu ermitteln. Es ist daher grundsätzlich der Zinssatz für das **verzinsliche Fremdkapital** maßgebend. In der innerbetrieblichen Analyse ist im Zusammenhang mit der Unternehmenssteuerung der Zinssatz für **neu aufzunehmende Kredite** als Vergleich heranzuziehen.

Im Zusammenhang mit Berechnungen zum Leverage-Effekt, wenn auch nicht direkt hierfür verwendbar, kann zusätzlich die Ermittlung der **durchschnittlichen Belastung des Fremdkapitals mit Zinsen** von Erkenntniswert sein. Die Zinsenbelastung des Fremdkapitals weist eine nicht unerhebliche Bandbreite auf und reicht von zinsfreien erhaltenen Anzahlungen bis zu hoch verzinslichem Fremdkapital (zB Lieferverbindlichkeiten). Die Lieferverbindlichkeiten werden allerdings, wenn sie nicht vertraglich als Finanzierungskredit vereinbart sind, in der Analyse als unverzinsliches Fremdkapital behandelt. Voraussetzung für die Behandlung der Lieferverbindlichkeiten als zinsenfreies Fremdkapital ist allerdings, dass sie grundsätzlich brutto (dh inkl Skonto) verbucht werden und der Skonto bei Inanspruchnahme von den erworbenen Leistungen (Waren, Anlagegegenstände) abgezogen wird. Der Skonto wandelt sich dadurch von einem Finanzierungsfaktor in einen Preisbestandteil.

Die durchschnittlichen Kapitalkosten des Fremdkapitals ergeben sich daher als:

$$\text{Fremdkapitalzinslast} \quad = \quad \frac{\text{Fremdkapitalzinsen}}{\text{durchschnittliches Fremdkapital}}$$

3.243 Berechnungsvarianten der Kapitalrentabilität

Im Bestreben, für die Berechnung von Rentabilitätskennzahlen Basisrentabilitätsgrößen mit einer engeren Verknüpfung zum Ergebnis zu finden, als das beim Gesamtvermögen oder beim Eigenkapital der Fall ist, werden in der Praxis der Rentabilitätsanalyse häufig folgende Basisgrößen herangezogen:

Net Asset

	Anlagevermögen
+	Umlaufvermögen
–	Liquide Mittel
–	Unverzinsliches Fremdkapital
=	**Net Assets**

Mit dem **Net Asset** ist das **Capital Invested** ident.

Capital employed

	Anlagevermögen
+	Umlaufvermögen
–	Zinsbringendes (betriebsfremdes) Vermögen
–	Liquide Mittel
–	Unverzinsliches Fremdkapital
=	**Capital employed**

Der Unterschied zwischen **Net Asset** und **Capital Employed** liegt in der unterschiedlichen Behandlung des zinsbringenden Vermögens. Dabei muss berücksichtigt werden, dass vorübergehend zinsbringend angelegtes Vermögen, zB wegen eines zeitlich bedingten Vermögensüberbestandes, nicht ausgeschieden, sondern mit dem Fremdkapital saldiert wird.

IdR sind **Net Asset** und **Capital Employed** gleich. Beide entsprechen einander dann, wenn das Unternehmen oder der Konzern nicht Vermögen besitzt, welches gezielt anderen Zwecken als dem Betriebszweck dient. Ist solches Vermögen vorhanden, sind bei der Heranziehung des Capital Employed nicht nur das gesonderten Ertrag bringende Vermögen, sondern auch die daraus entstehenden Erträge aus der Rechnung auszuschließen.

Beide Größen können auch von der Passivseite ermittelt werden:

	Eigenkapital
+	Verzinsliches Fremdkapital
−	Liquide Mittel
=	**Net Assets**

	Eigenkapital
+	Verzinsliches Fremdkapital
−	Liquide Mittel
−	Verzinsliches (betriebsfremdes) Vermögen
=	**Capital Employed**

Beiden Größen ist gemein, dass sie jene finanziellen Mittel des Unternehmens erfassen, die tatsächlich dem Geschäftsbetrieb dienen.

Auf Basis der obigen Ableitung des Capital Employed bzw. des Net Assets lassen sich mit dem **Return on Capital Employed (ROCE)** und dem **Return on Net Assets (RONA)** zwei Rentabilitätskennzahlen berechnen. Es handelt sich dabei um Kennzahlen für die operative Leistungsfähigkeit des tatsächlich eingesetzten Kapitals bzw Vermögens und daher um eine Verfeinerung der Gesamtkapitalrentabilität. Sowohl RONA als auch ROCE werden idR immer größer sein als der vergleichbare ROI, weil sich Letzterer auf den gesamten Vermögenseinsatz bezieht, während bei den ersten beiden bestimmte Vermögens- und Kapitalanteile, allerdings auch Ertrags- bzw. Aufwandsbestandteile, ausgeklammert werden.

3.243.1 RONA, ROCE, ROIC

Bei der Ermittlung der Rentabilität von **NA (Net Asset)**, **CE (Capital Employed)** und IC (**Invested Capital**) wird als Ergebnisgröße der EBIT herangezogen, wobei bei der Ermittlung des ROCE Ergebnisbestandteile, die auf das ausgeschiedene Vermögen entfallen, ebenfalls ausgeschieden werden.

3.243.11 NOPAT, NOPLAT

NOPAT = Net operating Profit after Tax

NOPLAT = Net operating Profit less adjusted Tax

Sehr häufig wird bei der Rentabilitätsermittlung nicht das Vorsteuerergebnis, sondern der um die fiktiven Steuern verminderte EBIT herangezogen. Bei der fiktiven Steuer handelt es sich um die Ertragsteuer, die entweder mit dem vollen Satz (25 %) oder dem durchschnittlichen Ertragsteuersatz des Unternehmens (zB 21 %) abgezogen wird.

Diese Form der Berechnung kommt dann zur Anwendung, wenn man die Nachsteuerrentabilität des Unternehmens ohne den Finanzierungseffekt ermitteln will.

Welche Form der Berechnung zur Anwendung kommt, ist Ansichtssache. Wesentlich ist jedoch, dass bei zeitlichen oder zwischenbetrieblichen Vergleichen in allen Fällen entweder die Vorsteuergröße oder die Nachsteuergröße herangezogen wird.

EBIT
− **fiktive Ertragsteuer**
NOPAT (NOPLAT)

Return on Net Assets

$$RONA \;\; = \frac{EBIT*100}{Net\ Asset}$$

alternativ:

$$RONA \;\; = \frac{NOPAT*100}{Net\ Asset}$$

Return on Capital Employed (ROCE)

Mit dem **ROCE** wird die Rentabilität des gebundenen, also im Geschäftsbetrieb eingesetzten Kapitals ermittelt. Mit dem Ausscheiden des gesonderten Ertrag bringenden Vermögens dürfen auch die Erfolgskomponenten des verzinslichen Vermögens (Zinserträge) nicht in der Erfolgsgröße des ROCE enthalten sein. Wird das **EBIT** als Zählergröße herangezogen, ist daher darauf zu achten, dass darin keine Ergebnisse aus veranlagtem Finanzvermögen (soweit dieses nicht den Zwecken des Betriebes dient) enthalten sind (angepasstes EBIT). Vereinfachend könnte daher auch der Betriebserfolg im Sinne des § 231 Abs 2 Z 8 als Zählergröße herangezogen werden.

$$ROCE = \frac{Angepasstes\ EBIT\ *\ 100}{Capital\ Employed}$$

alternativ:

$$ROCE = \frac{Angepasstes\ NOPAT}{Capital\ Employed}$$

Das EBIT ist um alle Erträge, die auf das ausgeschiedene Vermögen entfallen, zu vermindern.

Ein typischer Fall für die Ermittlung des Capital Employed sind auszuscheidende **Beteiligungen** an Unternehmen mit einer Betriebsleistung, die in keinerlei Zusammenhang mit der eigenen Betriebsleistung stehen und die daraus erzielten Beteiligungserträge. Ein weiterer Ausscheidungsfall wäre die **Veranlagung dauerhaft zur Verfügung stehender monetärer Mittel** in langfristigen Anleihen.

Return on invested Capital

$$ROIC = \frac{EBIT*100}{Invested\ Capital}$$

alternativ:

$$ROIC = \frac{NOPAT*100}{Invested\ Capital}$$

Diese Formel entspricht dem RONA.

3.244 CFROI (Cash Flow Return on Investment)

Bei dieser Kennzahl tritt an die Stelle des EBIT der Cashflow aus der laufenden Geschäftstätigkeit (ohne Veränderung des Working Capitals und vor Zinsaufwendungen). Diese Kennzahl entspricht in etwa der EBITDA-Marge

$$CFROI = \frac{Nachhaltige\ Cashflows\ vor\ Zinsaufwendungen}{Durchschnittlich\ invested\ Capital}$$

Im Falle des CFROI wird zur Ermittlung der Gesamtkapitalrentabilität nicht das EBIT, sondern der Cashflow aus der laufenden Geschäftstätigkeit vor Zinsen und nach Ertragsteuern herangezogen. Der CFROI ist eine Kennzahl, die die mögliche Rückflussdauer (in diesem Fall) des Gesamtkapitals feststellen soll. Neben dem obengenannten Nenner finden sich noch Abwandlungen, wie Anschaffungskosten des vorhandenen Anlagevermögens, in welchem Fall die Rückflussdauer der langfristigen Investitionen festgestellt werden soll.

3.3 Kapitalmarktorientierte Erfolgs- bzw Rentabilitätsanalyse

Bei der Beurteilung der Erfolgslage börsennotierter Unternehmen durch (potentielle) Investoren spielen neben den oben dargestellten klassischen Kennzahlen einige weitere Kennzahlen, die sich speziell mit der Kapitalmarktorientierung auseinandersetzen, eine erhebliche Rolle. Neben den finanz- und erfolgswirtschaftlichen Kennzahlen, die auch für die Lageberichterstattung gefordert werden, publizieren börsennotierte Unternehmen in ihren Geschäftsberichten zusätzlich Kapitalmarktdaten, wie Jahresschlusskurs, Marktkapitalisierung, niedrigster Schlusskurs, höchster Schlusskurs, Anzahl der Aktien und weitere aus der Börsennotierung abgeleitete Kennzahlen, die Zusammenhänge zwischen Ertrag, Dividende, Aktienanzahl und Kurs herstellen. Üblicherweise werden viele dieser Kennzahlen durch die Unternehmen selbst neben anderen Kapitalmarktdaten im Geschäftsbericht angegeben. Die veröffentlichten **Börsenkennzahlen** leiten sich idR von den unveränderten Daten des veröffentlichten Jahres- bzw Konzernabschlusses ab. Im Hinblick auf Inhalt und Definition der Kennzahlen ist zu beachten, dass diese in der betrieblichen Anwendung häufig geringfügige Abweichungen gegenüber der allgemeinen Begriffsbildung aufweisen. Es sind daher grundsätzlich die jeweils von den einzelnen Unternehmen individuell beigefügten Erläuterungen zu berücksichtigen. Nachstehend sind die am häufigsten in den Geschäftsberichten börsennotierter Gesellschaften dargestellten Kennzahlen überblicksartig angegeben.

3.31 Earnings per Share

Die zentrale Kennzahl der **Erfolgsanalyse auf Basis von Aktien** ist das **Ergebnis je Aktie**. Dabei handelt es sich um eine nach IFRS verpflichtend zu ermittelnde Kennzahl, die im Rahmen von UGB-Abschlüssen börsennotierter Gesellschaften häufig auf freiwilliger Basis berichtet wird. Andernfalls lässt sie sich relativ einfach aus den veröffentlichten Jahresabschlussdaten ermitteln. Grundsätzlich lässt sich der Gewinn pro Aktie durch Division des Jahresüberschusses durch die Anzahl der emittierten Aktien ermitteln. Eigene Aktien sind, soweit nicht eine Abnahmeverpflichtung eines Dritten besteht, mit dem Eigenkapital zu saldieren.

$$\text{Ergebnis je Aktie} = \frac{\text{Jahresüberschuss bzw -fehlbetrag}}{\text{Anzahl der Aktien}}$$

Die Kennzahl wird von Analysten vor allem in Verbindung mit dem Börsenkurs dazu verwendet, die Preiswürdigkeit von Aktien und damit deren Eignung als Anlage zu beurteilen. Generell gilt sie in der externen Bilanzanalyse als Maß für die (Eigenkapital-)Rentabilität.

3.32 Kurs-Gewinn-Verhältnis

Das **Kurs-Gewinn-Verhältnis** (auch Price-Earnings-Ratio) ist die bei der Analyse börsennotierter Gesellschaften meist verbreitete im Geschäftsbericht dargestellte Kennzahl. Auch sie dient vorrangig der **Beurteilung der Preis-würdigkeit** einer Aktie. Das KGV versteht sich als eine **reziproke Rentabilitätskennzahl**. Anders als bei den gängigen Rentabilitätskennzahlen steht die Ergebnisgröße im Nenner und eine Kapitalgröße im Zähler. Je kleiner das **KGV**, desto höher ist die **Rentabilität** des für den Aktienerwerb eingesetzten Kapitals. Das KGV hingegen verwendet als Kapitalgröße im Nenner den Börsenkurs je Aktie, also einen Marktwert. Dieser wird durch den Gewinn je Aktie, der wie oben zu ermitteln ist, dividiert. Das KGV gibt demnach an, mit welchem Vielfachen der Ergebnisgröße eine Aktie am Markt bewertet ist. Diese Größe bietet vor allem Erkenntnisse im brancheninternen Vergleich verschiedener Anlagemöglichkeiten aus Sicht eines Investors. Ein niedriges KGV deutet in diesem Zusammenhang auf eine vergleichsweise preiswerte Aktie hin.

$$\text{Kurs-Gewinn-Verhältnis} = \frac{\textbf{Aktienkurs zum Ende des Geschäftsjahres}}{\textbf{Gewinn je Aktie}}$$

Da die **Aktienkurse** laufenden Schwankungen unterliegen, kann das KGV nur zu bestimmten Stichtagen ermittelt werden. In Frage kommen etwa der Kurs zum Bilanzstichtag bzw der Kurs zum Tag der Durchführung der Bilanzanalyse. In letzterem Fall ist allerdings zu bedenken, dass der Analyse der Jahresüberschuss des vergangenen Jahres zugrunde gelegt wird. Aktuellere Zahlen stehen allerdings bei notierenden Gesellschaften idR mit den Halbjahres- und Quartalsberichten zur Verfügung. Verglichen mit dem Ergebnis des gleichen Zeitraums des Vorjahres geben sie idR einen guten Indikator für die wirtschaftliche Entwicklung des analysierten Unternehmens her. Das KGV wird im jeweiligen Geschäftsbericht idR unmittelbar auf Basis des im **veröffentlichten Jahresabschluss** ausgewiesenen Jahresüberschusses gerechnet.

Da der Cashflow im Vergleich zu Gewinngrößen weniger bilanzpolitische Spielräume bietet, wird von Analysten auch häufig ein analoges **Kurs-Cash-flow-Verhältnis** (K-Cf-V) ermittelt. Diese Kennzahl stellt dem Börsenkurs nicht den Gewinn (Jahresüberschuss) je Aktie, sondern den Cashflow je Aktie gegenüber und bietet ansonsten die gleichen Erkenntnisse.

$$\text{Kurs-Cashflow-Verhältnis} = \frac{\textbf{Aktienkurs zum Ende des Geschäftsjahres}}{\textbf{Cashflow je Aktie}}$$

3.33 Dividendenrentabilität

Da das Ergebnis je Aktie lediglich angibt, welche Rendite auf das eingesetzte Kapital für die Eigenkapitalgeber möglich gewesen wäre (Ausschüttungsbasis), ist es aufschlussreich, eine weitere Kennzahl zu ermitteln, die die **tat-**

sächliche effektive Verzinsung angibt. Die Dividendenrendite ergibt sich aus dem Verhältnis der tatsächlich ausgeschütteten Dividende pro Aktie zum Börsenkurs derselben an einem bestimmten Stichtag. Als reines Entscheidungskriterium für die Aktienanalyse dient die Dividendenrentabilität jedoch insofern nicht, als in ihr **keine Kursbewegungen** abgebildet werden, sondern eine Renditebetrachtung allein auf Basis der Dividendenzahlungen erfolgt. Es ergibt sich somit eine Rendite, die eher die Ausschüttungspolitik eines Unternehmens als dessen zukünftige Ertragschancen abbildet.

$$\text{Dividendenrentabilität} \ = \ \frac{\text{Dividende pro Aktie}}{\text{Börsenkurs zum Ende des Geschäftsjahres}}$$

Aktienrentabilität

Um die Defizite der Dividendenrentabilität auszugleichen, wird von Analysten häufig zusätzlich die **Aktienrentabilität** (auch Total Shareholder Return, TSR) ermittelt, die sich als eine Art Eigenkapitalrentabilität auf Basis von Marktwerten einordnen lässt. Sie kann einfach als Quotient aus Wertveränderung der Aktie zuzüglich Dividendenzahlung und Aktienkurs zu Beginn der gewählten Periode berechnet werden. Sie dient der Beurteilung der Gesamtperformance des Investments und kann im Falle negativer Kursentwicklungen im Gegensatz zur Dividendenrendite auch einen negativen Wert annehmen.

$$\text{Aktienrentabilität} \ = \ \frac{\text{Börsenkurs Ende GJ-Börsenkurs Beginn GJ+Dividende je Aktie}}{\text{Börsenkurs Beginn des GJ}}$$

3.34 Ausschüttungsquote

Darunter versteht man das Verhältnis der gesamten Ausschüttungen zum erzielten Jahresüberschuss einer Periode. Manche Gesellschaften schütten nicht ihre gesamten Gewinne bzw gar nichts aus, sondern thesaurieren den Gewinn zur Reinvestition in das Unternehmen. Obwohl eine hohe Ausschüttungsquote tendenziell mit einer aktionärsorientierten Ergebnisverwendung assoziiert wird, kann eine Thesaurierung dann von Vorteil für die Anteilseigner sein, wenn mit den nicht ausgeschütteten Erträgen im Unternehmen höhere Renditen erzielt werden können als mit einer eventuellen Vergleichsanlage.

$$\text{Ausschüttungsquote} \ = \ \frac{\text{Ausschüttung je Aktie}}{\text{Ergebnis je Aktie}}$$

Buchwert je Aktie

$$\text{Eigenkapital je Aktie} \ = \ \frac{\text{Buchwert des Eigenkapitals}}{\text{Anzahl der Aktien}}$$

Im Zusammenhang mit der Kennzahlendarstellung börsennotierter Aktien wird auch auf *Bertl/Auer* (Der Lagebericht in der Praxis, in RWZ 2/2005) mit ihrer Untersuchung über den Lagebericht verwiesen. Datengrundlagen für diese Untersuchung sind die Geschäftsberichte 2003 bzw 2003/2004 der im Prime Market und im Standard Market Continuous notierenden österreichischen Gesellschaften. Die Untersuchung bezieht sich ua auf die Verwendung von Kennzahlen in der Lageberichterstattung und führt die in den Lageberichten am häufigsten verwendeten Kennzahlen sowie jene Kennzahlen, die in der „Geschäftsberichterstattung" verwendet wurden, an. Die Untersuchung kommt zur Feststellung, dass zwischen diesen beiden Gruppen von Kennzahlen weitgehend Übereinstimmung besteht.

3.4 Wertorientierte Unternehmensanalyse

Da die bisher erläuterten klassischen Kennzahlen der erfolgswirtschaftlichen Analyse dem zunehmend an Bedeutung gewinnenden Konzept der wertorientierten Unternehmensführung bzw der Berichterstattung darüber sowie der Unternehmensbewertung nicht in vollem Maße gerecht werden, wurden zu diesem Zweck neue Kennzahlenkonzepte entwickelt. Der von der Unternehmensberatung *Stern Stewart & Co* entwickelte **Economic Value Added** (vgl *Stewart*, The quest for value: a guide for senior managers) stellt eines der Rahmenkonzepte zur wertorientierten Unternehmensführung dar, das von vielen Unternehmen verwendet wird und sich auch in deren Berichterstattung wiederfindet.

3.41 Economic Value Added

Der **Economic Value Added** stellt einen periodenbezogenen Indikator für Unternehmenswertänderungen dar, also jenen zusätzlichen Wertbeitrag, den das Unternehmen über die Kapitalkosten hinaus in einer Periode erwirtschaftet (auch **Residualgewinn**). Diese Kennzahl zeigt, wie weit das Unternehmen in der Lage ist, **über die Verzinsung des ihr überlassenen Kapitals** hinaus Ergebnisse zu erzielen. Die Kapitalkosten stellen damit einen Mindestverzinsungsanspruch dar, den das Management zu erfüllen hat. Dieses von der US-Beratungsgesellschaft *Stern Stewart & Co* entwickelte Instrument der (internen) wertorientierten Unternehmenssteuerung trägt den Markennamen EVA.

Ermittelt wird der EVA, indem von einer Ergebnisgröße, die sich aus modifizierten Jahresabschlussdaten ermitteln lässt, dem sog **NOPAT (Net Operating Profit after Taxes)**, die nach CAPM ermittelten durchschnittlichen gewichteten Kapitalkosten (**WACC = Weighted Average Cost of Capital**) multipliziert mit dem eingesetzten Kapital (**Invested Capital**) abgezogen werden. Die Kapitalkosten setzen sich aus Fremdkapitalzinsen und Eigenkapitalkosten (Renditeforderung der Eigenkapitalgeber) zusammen. Der WACC ist ein gewichteter Mischzinssatz aus beiden Kapitalkostensätzen. Die Gewichtung erfolgt nach dem Verhältnis der Marktwerte von Eigen- und Fremdkapital. Der Marktwert des verzinslichen Fremdkapitals entspricht bei marktkonformer Verzinsung idR dem Nominalwert des Fremdkapitals. Die Renditeforderung der Eigenkapitalgeber ergibt sich gem Capital Asset Pricing Model aus der risikolosen Verzinsung (Basiszinssatz) und dem individuellen Risikozuschlag des Unternehmens. Der Analytiker kann den Risikozuschlag entweder schätzen oder mittels des Produktes aus Marktrisikoprämie und Betafaktor ermitteln.

Zur Feststellung des WACC-Satzes werden schließlich der ermittelte Fremd- und Eigenkapitalzinssatz entsprechend dem Verhältnis von Eigen- und Fremdkapital gewichtet und damit der Mischzinssatz ermittelt. Da allerdings die Zinsen aus dem Fremdkapitaleinsatz von der Körperschaftsteuer abzugsfähig sind, ist der Fremdkapitalzinssatz zu „entsteuern", sodass nur der Nachsteuer-Anteil tatsächlich Kapitalkosten darstellt.

Beispiel:

Der marktübliche Zinssatz für Fremdkapital für ein Unternehmen bestimmter Größe und bestimmter Verschuldung beträgt 5 %. Der entsteuerte Satz beträgt 5 % abzüglich 25 % KöSt, das sind 3,75 %.

Der risikofreie Zinssatz beträgt 3 %, die Risikoprämie auf Grund der Marktlage und der Verschuldung des Unternehmens 7 % = 10 %.

Die Eigenkapitalquote beträgt 24 %, die Fremdkapitalquote 76 %.

Der WACC ergibt sich nunmehr aus folgender Rechnung: Eigenkapitalzinssatz

*10% * 24 % = 2,4*

Fremdkapitalzinssatz (5% – 1,25 %) =

*3,75 % *76 % = **2,85***

Mischzinssatz

5,25 %

Der operative Gewinn vor Finanzierungskosten, aber nach Abzug von Steuern (NOPAT) bildet die Ergebnisgröße des EVA. Dieser wird auf Basis der Daten aus der GuV generiert.

EBIT

abzüglich fiktive Ertragsteuern

= **NOPAT**

Der EVA wird also auf Basis des NOPAT mittels der Capital-Charge-Formel folgendermaßen ermittelt:

EVA = NOPAT – (Invested Capital *WACC)

Das Invested Capital ist mit dem **Net Asset** identisch.

Der EVA soll zeigen, wie weit das Unternehmen in der Lage ist, über die Normalverzinsung des eingesetzten Kapitals hinaus positive Ergebnisse zu erzielen.

Schema für die Ermittlung der EVA-Kennzahl:

EBIT
abz adaptierte Ertragsteuern
NOPAT
abz Kapitalkosten (Investiertes Kapital * WACC)
Economic Value Added

Das Grundkonzept des EVA als ein Residualgewinn ist allerdings nicht komplett neu. In der deutschsprachigen Betriebswirtschaftslehre wurden in der Kostenrechnung seit fast 100 Jahren die kalkulatorischen Zinsen, das sind die Zinsen vom sog betriebsnotwendigen Kapital (= betriebsnotwendiges Vermögen abzüglich Abzugskapital) in die Kosten einbezogen. Was heute als EVA bezeichnet wird, war in der deutschen Betriebswirtschaftslehre der die kalkulatorischen Zinsen übersteigende Teil des Ergebnisses und demzufolge ein **kalkulatorischer Gewinn**. Dennoch ist der EVA ein komplexes Konzept, das die Unternehmensfunktionen Investition, Finanzierung, Steuern sowie den operativen Bereich abbilden kann. Anhand der drei obigen Rechengrößen lassen sich folgende Werttreiber identifizieren:

- Im Rahmen der operativen Geschäftätigkeit kann das Unternehmen den NOPAT steigern.
- Durch (Des-)Investitionsentscheidungen kann der NOPAT beeinflusst werden.
- Über Finanzierungsentscheidungen werden das Invested Capital und der WACC beeinflusst.

Beispiel für den EVA:

NOPAT: 170

WACC: 8 %

Invested Capital: 2.000

EVA = 170 – 0,08*2000 = 10

Das Betriebsergebnis liegt knapp über den Kapitalkosten.

3.5 Wertschöpfungsanalyse

3.51 Grundlagen der Wertschöpfungsrechnung

Der Wertschöpfungsanalyse kommt im Rahmen der Bilanzanalyse vor allem als Ergänzung zu klassischen Gewinn- und Renditebetrachtungen, die vor allem aus Investorensicht aufschlussreich sind, Bedeutung zu. Die Ergebnisermittlung der GuV stellt ein Rechnungsinstrument dar, das den an die Anteilseigner ausschüttungsfähigen Gewinn ermittelt. Die Wertschöpfungsrechnung hingegen bedient sich eines **umfassenderen Erfolgsbegriffes** als der rein eigenkapitalorientierte Gewinn- bzw Verlustbegriff und bildet auch das **Einkommen anderer Stakeholder** ab. Neben jenem sind nämlich weitere gesellschaftliche Gruppen am Unternehmenserfolg beteiligt: Arbeitnehmer beziehen ihre Einkünfte aus dem Unternehmen, Fremdkapitalgeber erhalten Zinszahlungen und der Staat generiert Steuereinnahmen. Dieser gesamtwirtschaftliche Strom wird als Wertschöpfung bezeichnet und kann sowohl von der **Entstehungs-** als auch von der **Verteilungsseite** ermittelt werden. Es ergeben sich somit zwei Methoden der Errechnung der Wertschöpfung, wodurch man einerseits den Beitrag des Unternehmens zum Inlandsprodukt ermittelt (**Entstehungsrechnung**) und andererseits feststellt, wie der Wertschöpfungsbetrag auf Kapitaleigner (Gewinn), Arbeitnehmer (Personalkosten), Fremdkapitalgeber (Zinsenaufwand) und öffentliche Hand (Abgaben) aufgeteilt wird (**Verteilungsrechnung**). Rechnerisch stimmt das Ergebnis – also die Wertschöpfung – in beiden Methoden überein, da die Summe der Wertschöpfung aus der Entstehungsrechnung gleich groß jener der Verteilungsrechnung ist.

3.52 Wertschöpfungsentstehungsrechnung

	Unternehmensleistung
–	Vorleistungen
=	Wertschöpfung

Bestandteil der Unternehmensleistung ist jedenfalls die Gesamtleistung, darüber hinaus aber auch alle anderen Erträge des Unternehmens. Von dieser

Ausgangsgröße sind sodann alle Vorleistungen in Abzug zu bringen, um die Wertschöpfung zu ermitteln. Zu den Vorleistungen selbst gehören alle Fremdleistungen, die das Unternehmen bezogen hat (Anlagenabschreibungen, Materialien, Energiekosten, Postkosten, Rechts- und Beratungskosten etc). Da keine gesetzliche Verpflichtung zur Aufstellung einer Wertschöpfungsrechnung besteht, muss diese häufig auf Basis der GuV vom Bilanzanalytiker selbst erstellt werden, wodurch sich einige Probleme ergeben. So lässt sich bspw die Wertschöpfung nicht direkt ermitteln, wenn die Gewinn- und Verlustrechnung nach dem Umsatzkostenverfahren gem § 231 Abs 3 aufgestellt wurde. Ist die Wertschöpfungsrechnung jedoch erst einmal aufgestellt, dient sie selbst wieder der Berechnung und Interpretation diverser Kennzahlen.

3.53 Wertschöpfungsverteilungsrechnung

Die Wertschöpfungsverteilungsrechnung zeigt, in welchem Ausmaß die vier am Unternehmen beteiligten Stakeholder an der Wertschöpfung des Unternehmens teilhaben. In der deutschen Maschinenbauindustrie betrug 2000 der durchschnittliche Anteil der im Unternehmen beschäftigten Mitarbeiter 83,6 %, im Großhandel waren es 67,8 %. Die Verteilungsrechnung verdeutlicht, dass Lohndiskussionen in Unternehmen grundsätzlich Wertschöpfungsverteilungsdiskussionen sind. Ausgehend von der GuV nach dem Gesamtkostenverfahren gem § 231 Abs 2 kann die Verteilungsrechnung wie folgt aufgestellt werden:

Anteil der Arbeitnehmer (Personalaufwand) gem Z 6[1]
Anteil der öffentlichen Hand (Abgaben) gem Z 8, 18 und 20
Anteil der Fremdkapitalgeber (Zinsenaufwand) gem Z 15[2]
Anteil der Eigentümer (Jahresüberschuss/-fehlbetrag) gem Z 21
Wertschöpfung

[1] Nicht zu den Personalkosten zählt die Kommunalsteuer. Da diese nicht gesondert ausgewiesen wird, kann sie aus der Summe der Löhne und Gehälter abgeleitet werden (3 %). Sie ist aus dem Arbeitnehmeranteil herauszurechnen und gehört stattdessen zum Anteil der öffentlichen Hand. Bei Anwendung des Umsatzkostenverfahrens durch (mittel-)große Gesellschaften können die Personalkosten gem § 238 Abs 1 Z 13 dem Anhang entnommen werden. In gleicher Weise sind uE auch der Dienstgeberbeitrag und der Dienstgeberbeitrag-Zuschlagsatz nicht als Anteil der Arbeitnehmer zu behandeln, sondern dem Anteil der öffentlichen Hand zuzurechnen.

[2] Bei Anwendung des Umsatzkostenverfahrens werden bei der Aktivierung der Zinsen vom Fremdkapital gem § 203 Abs 4 nur die um die Aktivierung verminderten Zinsen als Aufwand in der GuV ausgewiesen. Mittelgroße und große Gesellschaften haben im Anhang den Gesamtbetrag der im Geschäftsjahr nach dieser Bestimmung aktivierten Zinsen anzugeben. Bei der Wertschöpfungsverteilungsrechnung sind diese dem Anteil der Fremdkapitalgeber hinzuzurechnen.

Der Anteil der öffentlichen Hand ergibt sich aus

- Kommunalsteuer, die näherungsweise vom Personalaufwand ausgehend zu ermitteln ist, sowie Dienstgeberbeitrag und Zuschlag zum Dienstgeberbeitrag;
- Steuern, die von (mittel-)großen Gesellschaften gem § 231 Abs 2 Z 8 und fallweise 20 auszuweisen sind (solche, die nicht unter Z 18 fallen) und
- Steuern vom Einkommen und Ertrag gem Z 18.

Die Wertschöpfung selbst dient als **absolute Kennzahl** vor allem der Beurteilung der **Größe eines Unternehmens**. Da in der Entstehungsrechnung die Vorleistungen herausgerechnet werden, stecken – anders als bei der Beurteilung nach dem Umsatz – keine Fremdleistungen mehr im Beitrag eines Unternehmens zur gesamtwirtschaftlichen Wertschöpfung. Sie dient nebenher auch als Maßstab für das Wachstum eines Unternehmens im Zeitablauf verglichen mit anderen Unternehmen der Branche oder der gesamten Volkswirtschaft. Wie eingangs erwähnt, dient die Wertschöpfungsrechnung auch als Grundlage der Ermittlung eigener **Wertschöpfungskennzahlen** zur ergänzenden Analyse eines Unternehmens. Häufig wird mittels Wertschöpfung die Einkommensverteilung eines Unternehmens analysiert, indem die einzelnen Anteile (zB Arbeitnehmeranteil) durch die gesamte Wertschöpfung dividiert werden.

3.54 Mitarbeiterproduktivität

Eine weitere Kennzahl, die aus der Wertschöpfungsverteilungsrechnung abgeleitet werden kann, ist die Mitarbeiterproduktivität, mit welcher sich der durchschnittliche Wertschöpfungsbeitrag pro Kopf innerhalb eines Unternehmens feststellen lässt. Im Falle zahlreicher Teilzeitverträge empfiehlt sich, sofern die Informationen diesbezüglich vorliegen, eine Berechnung der Kennzahl auf Basis von Teilzeitäquivalenten, da sonst vor allem im überbetrieblichen Vergleich eine Verzerrung entstehen kann.

$$\text{Mitarbeiterproduktivität} = \frac{\text{Wertschöpfung}}{\text{Durchschnittliche Beschäftigtenanzahl}}$$

3.55 Fertigungstiefe

Eine weitere aufschlussreiche Kennzahl aus dem Wertschöpfungsbereich ist die **Fertigungstiefe**. Sie gibt an, welcher Anteil des Produktionswertes im Unternehmen selbst erwirtschaftet wurde. Andersherum betrachtet ist sie auch ein Maß für die Vernetzung einer Wertschöpfungskette mit anderen Unternehmen. Je höher die Fertigungstiefe ist, desto mehr Vorleistungen hat ein

Unternehmen bezogen. Die Fertigungstiefe von Handelsunternehmen ist daher tendenziell gering. In Produktionsunternehmen hingegen fällt sie annahmegemäß höher aus, wobei zu beachten ist, wie stark die vertikale Integration bzw umgekehrt das Outsourcing der Wertschöpfungskette ausfällt, also wie viele Produktionsschritte im Unternehmen selbst durchgeführt werden. Aus einer niedrigen Fertigungstiefe lassen sich potentielle Risiken ableiten, da es eine höhere Abhängigkeit von Zulieferern gibt und im Falle internationaler Verflechtungen zudem noch erhöhte Wechselkursrisiken. Eine sehr hohe Fertigungstiefe hingegen kann Anzeichen für geringere Flexibilität sein, da viele Transaktionen nicht über den Markt gelöst werden, sondern unternehmensintern, was bei starken Nachfrageschwankungen problematisch sein kann.

$$\text{Fertigungstiefe} = \frac{\text{Wertschöpfung}}{\text{Gesamtleistung}}$$

4. Gesetzliche Verpflichtungen zur Berichterstattung mittels Kennzahlen

4.1 Finanzielle und nicht finanzielle Leistungsindikatoren (Lagebericht)

Mit dem Rechnungslegungsänderungsgesetz (ReLÄG) 2004 gab der Gesetzgeber dem Lagebericht durch die Verpflichtung zur angemessenen Analyse des Geschäftsverlaufes einschließlich des Geschäftsergebnisses und zur Darstellung **finanzieller und nicht finanzieller Leistungsindikatoren** zusätzliches Gewicht. Bereits vorher wurden mit der Rechnungslegungsreform 1990, dem EU-Gesellschaftsrechtsänderungsgesetz (GesRÄG) 1996, dem Insolvenzrechtsänderungsgesetz (IRÄG) 1997 und dem Fair-Value-Bewertungsgesetz 2003 wesentliche Schritte zur **Verbesserung der Informationsfunktion** des zu veröffentlichenden Jahresabschusses gesetzt. Weitere Verbesserungen erfolgten mit dem Unternehmensrechtsänderungsgesetz 2008. Dem Gesetzgeber lag und liegt daran, die Stellung des externen Bilanzadressaten in Form der Investoren, Gläubiger und Arbeitnehmer, aber auch der interessierten Öffentlichkeit gegenüber dem Bilanzersteller im Hinblick auf eine frühere Erkennung der Unternehmensentwicklung zu stärken. Die mit der Umsetzung der Modernisierungsrichtlinie durch das Rechnungslegungsänderungsgesetz (ReLÄG) 2004 in das UGB aufgenommenen Bestimmungen verlangen erstmals die Aufnahme von **Kennzahlen des Jahresabschlusses** in den **Lagebericht** sowohl des Einzelabschlusses als auch des Konzernabschlusses, wobei anzumerken ist, dass dies bei vielen Unternehmen und Konzernen auch schon vorher freiwillig geschah. Entsprechend den Erläuternden Bemerkungen zum ReLÄG sind neben der nunmehr für den Konzern gesetzlich vorgeschriebenen **Kapitalflussrechnung (Geldflussrechnung) gem § 250 Abs 1** die gängigen Kennzahlen der **finanzwirtschaftlichen und erfolgswirtschaftlichen Analyse** (zB Erfolgskennzahlen, insbesondere Rentabilitätskennzahlen, Kennzahlen der Vermögens- und Kapitalstruktur, Finanzierungskennzahlen) zu erfassen. Außerdem ergeben sich seit dem Bilanzjahr 2017 mit dem Nachhaltigkeits- und Diversitätsverbesserungsgesetz (NaDiVeG) für Unternehmen von öffentlichem Interesse erweiterte Aufstellungspflichten in Bezug auf nichtfinanzielle Informationen. Die derzeitigen Fassungen der relevanten Paragraphen, aufgrund derer die Leistungsindikatoren gesetzlichen Eingang in den Jahresabschluss bzw Lagebericht fanden, lauten:

§ 243 UGB

(1) Im Lagebericht sind der Geschäftsverlauf, einschließlich des Geschäftsergebnisses, und die Lage des Unternehmens so darzustellen, dass ein möglichst getreues Bild der Vermögens-, Finanz- und Ertragslage vermittelt

wird, und die wesentlichen Risiken und Ungewissheiten, denen das Unternehmen ausgesetzt ist, zu beschreiben.

*(2) Der Lagebericht hat eine ausgewogene und umfassende, dem Umfang und der Komplexität der Geschäftstätigkeit angemessene Analyse des Geschäftsverlaufs, einschließlich des Geschäftsergebnisses, und der Lage des Unternehmens zu enthalten. Abhängig von der Größe des Unternehmens und von der Komplexität des Geschäftsbetriebs hat die Analyse auf die für die jeweilige Geschäftstätigkeit wichtigsten **finanziellen Leistungsindikatoren** einzugehen und sie unter Bezugnahme auf die im Jahresabschluss ausgewiesenen Beträge und Angaben zu erläutern.*

[...]

*(5) Für große Kapitalgesellschaften, „die nicht der **Pflicht nach § 243b** unterliegen", umfasst die Analyse nach Abs. 2 letzter Satz auch die wichtigsten **nichtfinanziellen Leistungsindikatoren**, einschließlich Informationen über Umwelt- und Arbeitnehmerbelange. Abs. 3 bleibt unberührt.*

§ 243b UGB

*(1) Große Kapitalgesellschaften, die Unternehmen von öffentlichem Interesse sind und an den Abschlussstichtagen das Kriterium erfüllen, im Jahresdurchschnitt (§ 221 Abs. 6) mehr als 500 Arbeitnehmer zu beschäftigen, haben in den Lagebericht an Stelle der Angaben nach § 243 Abs. 5 eine **nichtfinanzielle Erklärung** aufzunehmen.*

§ 250 UGB

*(1) Der Konzernabschluss besteht aus der Konzernbilanz, der Konzern-Gewinn- und Verlustrechnung, dem Konzernanhang, der **Konzernkapitalflussrechnung** und einer Darstellung der Komponenten des Eigenkapitals und ihrer Entwicklung. Er kann um die Segmentberichterstattung erweitert werden.*

§ 267 UGB

*(1) Im **Konzernlagebericht** sind der Geschäftsverlauf, einschließlich des Geschäftsergebnisses, und die Lage des Konzerns so darzustellen, dass ein möglichst getreues Bild der Vermögens-, Finanz- und Ertragslage vermittelt wird, und die wesentlichen Risiken und Ungewissheiten, denen der Konzern ausgesetzt ist, zu beschreiben.*

(2) Der Konzernlagebericht hat eine ausgewogene und umfassende, dem Umfang und der Komplexität der Geschäftstätigkeit angemessene Analyse des Geschäftsverlaufs, einschließlich des Geschäftsergebnisses, und der Lage des Konzerns zu enthalten. Abhängig von der Größe des Konzerns und

von der Komplexität des Geschäftsbetriebs der einbezogenen Unternehmen hat die Analyse auf die für die jeweilige Geschäftstätigkeit wichtigsten finanziellen und nichtfinanziellen Leistungsindikatoren, einschließlich Informationen über Umwelt- und Arbeitnehmerbelange, einzugehen und sie unter Bezugnahme auf die im Konzernabschluss ausgewiesenen Beträge und Angaben zu erläutern.

Aus diesen Gesetzesbestimmungen ergibt sich für die Darstellung der Leistungsindikatoren folgender Stufenbau, wobei anzumerken ist, dass der Begriff Leistungsindikatoren prinzipiell mit der bisherigen Verwendung des Begriffes **Kennzahlen** gleichgesetzt werden kann.

Kleine GmbHs[1]	Kein Lagebericht, womit auch die Verpflichtung zur Darstellung von Leistungsindikatoren entfällt
Kleine AGs und mittlere GmbHs[1]	Finanzielle Leistungsindikatoren gem § 243 Abs 2
Große Kapitalgesellschaften[1]	Finanzielle und nichtfinanzielle Leistungsindikatoren gem § 243 Abs 2 und 5
Konzerne	Finanzielle und nichtfinanzielle Leistungsindikatoren gem § 267 Abs 2, Konzernkapitalflussrechnung gem § 250 Abs 1
Unternehmen von öffentlichem Interesse[2] mit mehr als 500 Arbeitnehmern im Jahresdurchschnitt	Finanzielle Leistungsindikatoren gem § 243 Abs 2, Nichtfinanzieller Bericht gem § 243b
Unternehmen von öffentlichem Interesse, die Mutterunternehmen sind mit mehr als 500 Arbeitnehmern im Jahresdurchschnitt (konsolidiert)	Finanzielle Leistungsindikatoren gem § 267 Abs 2, Konzernkapitalflussrechnung gem § 250 Abs 1, konsolidierter nichtfinanzieller Bericht gem § 267a

[1]   Die einzelnen Größenklassen ergeben sich aus § 221.
[2]   Die Legaldefinition für Unternehmen von öffentlichem Interesse (auch Public Interest Entities, kurz PIEs) findet sich in § 189a Z 1.

4.2 Stellungnahmen und Fachgutachten

Sowohl **das AFRAC** als auch die **Fachsenate für Unternehmensrecht und Revision sowie für Betriebswirtschaft der Kammer der Steuerberater und Wirtschaftsprüfer (KSW)** haben zur Frage der **finanziellen und nichtfinanziellen Leistungsindikatoren im Lagebericht** sowohl begrifflich als auch inhaltlich Stellung genommen. Was die Definitionen der zentralen Begriffe angeht, lassen sich demnach folgende Aussagen treffen:

4.21 AFRAC

Das Austrian Financial Reporting and Auditing Committee beschäftigt sich in seiner AFRAC-Stellungnahme 9 „Lageberichterstattung (UGB)" (Dezember 2017) in Abschnitt 6 näher mit den finanziellen und nichtfinanziellen Leistungsindikatoren. Mangels einer Definition des Begriffes „**Leistungsindikatoren**" sind diese entsprechend dem englischen Begriff „**key performance indicators**" als die **wesentlichen Erfolgsmaßstäbe des Unternehmens zu verstehen. Finanzielle Leistungsindikatoren** sind im Gegensatz zu **nichtfinanziellen Leistungsindikatoren direkt aus dem Jahresabschluss ableitbare und in Geldwerten bzw Geldwertverhältnissen ausdrückbare Kennzahlen** (Zahlen oder Zahlenverhältnisse) der finanzwirtschaftlichen und erfolgswirtschaftlichen Analyse. In sinnvollen Einzelfällen zählen hierzu auch nicht direkt aus dem Jahresabschluss ableitbare Kennzahlen, die unter Darstellung einer zahlenmäßigen Überleitung angegeben werden.

Unter **nichtfinanziellen Leistungsindikatoren** hingegen versteht das AFRAC Kennzahlen, die nicht allein aus dem Jahresabschluss bzw den dort ausgewiesenen Beträgen abgeleitet und nicht in Geldwerten bzw Geldwertverhältnissen ausgedrückt werden können. Inhaltlich werden darunter *„alle Belange, Umstände und Faktoren verstanden, die über die finanziellen Leistungsindikatoren hinaus für das Verständnis von Geschäftsverlauf, Geschäftsergebnis oder Lage von Bedeutung sind und/oder die voraussichtliche Entwicklung wesentlich beeinflussen können."*

4.22 Fachsenat für Betriebswirtschaft

Der **Fachsenat für Betriebswirtschaft** definiert in seinem im Jänner 2016 überarbeiteten Fachgutachten *KFS/BW 3* „Empfehlung zur Ausgestaltung finanzieller Leistungsindikatoren im Lagebericht bzw Konzernlagebericht" in Anlehnung an das AFRAC **finanzielle Leistungsindikatoren** als **wesentliche Erfolgsmaßstäbe** eines Unternehmens, die eine **effektive Messung von Entwicklung, Performance und Geschäftstätigkeit** ermöglichen und **quantifizierbar** sind.

Zu den **finanziellen Leistungsindikatoren** gehören neben **Verhältniszahlen** auch *„absolute Zahlen wie zB die Umsatzerlöse und andere vielfach verwendete Zwischensummen aus der Gewinn- und Verlustrechnung (zB Betriebsergebnis, Finanzergebnis usw). Aus diesen absoluten Zahlen werden Verhältniszahlen abgeleitet, die für die Darstellung der Unternehmensstruktur den Vorteil größerer Anschaulichkeit auch im Vergleich mit anderen Unternehmen besitzen".* Als Beispiele für derartige Verhältniszahlen werden Rentabilitätskennzahlen, Kennzahlen der Vermögens- und Kapitalstruktur und Finanzierungskennzahlen genannt.

Unter Erfassung der **nichtfinanziellen Leistungsindikatoren** sind je nach Anwendbarkeit des § 243 Abs 5 bzw § 243b Abs 2 entweder *„eine **Analyse der ökologischen und sozialen Aspekte**, die für das Verständnis des Geschäftsverlaufes, des Geschäftsergebnisses und der Lage des Unternehmens erforderlich ist"* oder mindestens Umwelt-, Sozial- und Arbeitnehmerbelange, die Achtung der Menschenrechte und die Bekämpfung von Korruption und Bestechung zu verstehen.

Zu erwähnen ist außerdem noch das Deutsche Rechnungslegungs Standard Committee (DRSC), das im DRS 20.11 einen Leistungsindikator als Größe bezeichnet, *„die der **Beurteilung eines Aspekts der Leistung** eines Unternehmens dient. Dabei kann diese Größe qualitativ oder quantitativ sein".*

4.221 Die finanziellen Leistungsindikatoren im Detail

Neben der Definition der Begriffe bleibt zu klären, aus welchen Daten die (nicht-)finanziellen Leistungsindikatoren abzuleiten sind und welche spezifischen Indikatoren sich für die Lageberichterstattung empfehlen. Eingangs ist außerdem zu bemerken, dass alle in dieser Arbeit zur Jahresabschluss- oder Konzernabschlussanalyse getroffenen Aussagen auch für die Analyse des jeweils anderen Abschlusses gelten, es sei denn, es wird auf das Gegenteil hingewiesen.

Was die zur Berechnung heranzuziehenden Daten betrifft, so führt die in den §§ 243 und 267 normierte Bestimmung, wonach die finanziellen Leistungsindikatoren **unter Bezugnahme** auf die im Jahresabschluss ausgewiesenen Beträge und Angaben zu erläutern sind, laut AFRAC zum Schluss, dass im Lagebericht lediglich **direkt aus dem Jahresabschluss ableitbare Kennzahlen** als finanzielle Leistungsindikatoren anzugeben sind. Allerdings sieht die AFRAC-Stellungnahme 9 auch die Möglichkeit vor, dass es **in Einzelfällen** sinnvoll sein kann, unter Darstellung einer **zahlenmäßigen Überleitung auch nicht direkt** aus dem Jahresabschluss **ableitbare Kennzahlen** anzugeben. Auch der **Fachsenat für Unternehmensrecht** verlangt die unmittelbare Ableitung der finanziellen Leistungsindikatoren aus den im Jahresabschluss ausgewiesenen Beträgen und Angaben, erachtet es aber in Übereinstimmung mit dem **Fachgutachten des Fachsenates für Betriebswirtschaft KFS/BW 3** als zulässig,

*„zum Zweck einer wesentlichen und betriebswirtschaftlich begründeten Verbesserung der Aussagefähigkeit finanzieller Leistungsindikatoren bei deren Berechnung Beträge heranzuziehen, die dem Jahres- bzw Konzernabschluss einschließlich des Anhanges bzw Konzernanhanges nicht unmittelbar entnommen werden können, **wenn die Ableitung dieser Beträge aus den im Jahres- bzw Konzernabschluss einschließlich des Anhanges bzw Konzernanhanges angeführten Beträgen nachvollziehbar dargestellt wird."***

Das DRSC äußert sich in DRS 20 ähnlich. Demnach ist

„für Informationen, die sich aus dem Konzernabschluss ableiten, dieser Bezug nachvollziehbar darzustellen, sofern er für den verständigen Adressaten nicht offensichtlich ist. Bspw ist die für den verständigen Adressaten nicht offensichtliche Berechnung einer Rendite-Kennzahl aus den Angaben der Bilanz und/oder der Gewinn- und Verlustrechnung nachvollziehbar abzuleiten und die Berechnung der einzelnen Komponenten darzustellen."

Wesentlich erscheint es also, dass im Lagebericht zumindest in einem **Annex die Berechnung der Kennzahlen** dargestellt wird, damit die Ableitung aus dem Jahresabschluss nachvollziehbar ist. Wenn der Berechnung Zahlen zugrunde gelegt werden, die nicht direkt aus dem Jahresabschluss ersichtlich sind, sind die entsprechenden Beträge ausgehend von den Zahlen des Jahresabschlusses in einer **Überleitungsrechnung** darzustellen. **Dies erscheint auch deswegen von Bedeutung, weil es bei der Berechnung von Kennzahlen in vielen** Fällen (durchaus sinnvolle) Varianten gibt, die die unmittelbare Vergleichbarkeit der Kennzahlen zwischen den Unternehmen beeinträchtigen.

Gem dem Fachgutachten *KFS/BW 3* sollen zur Darstellung des Geschäftsverlaufes die Kennzahlen **zumindest** für das **Geschäftsjahr und das Vorjahr** angegeben werden, wobei Änderungen gegenüber dem Vorjahr, die auf Änderungen der Berechnung oder wesentliche Änderungen der Unternehmensstruktur zurückzuführen sind, zu erläutern sind. Wenn sich die Unternehmensstruktur nicht wesentlich verändert hat, wird der Einblick in die Entwicklung des Unternehmens verbessert, wenn ausgewählte Kennzahlen für einen Zeitraum von drei bis fünf Jahren dargestellt werden.

Im Sinne des § 243 empfiehlt der *Fachsenat für Betriebswirtschaft* im Fachgutachten **KFS/BW3** die Heranziehung folgender **angemessener finanzieller Leistungsindikatoren:**

Kennzahlen der Ertragslage (erfolgswirtschaftliche Kennzahlen)	Kennzahlen zur Vermögens- und Finanzlage (finanzwirtschaftliche Kennzahlen)	Cashflow-Kennzahlen
Umsatzerlöse (Sales)	Nettoumlaufvermögen (Working Capital)	Keine Konkretisierung
Ergebnis vor Zinsen und Steuern (EBIT)	Nettoverschuldung (Net Debt)	
Umsatzrentabilität (ROS)	Nettoverschuldungsgrad (Gearing)	
Gesamtkapitalrentabilität (ROI)	Eigenkapitalquote (Equity Ratio)	
Eigenkapitalrentabilität (ROE)		

Wie schon dargelegt, verlangen die einschlägigen Gremien (AFRAC und Fachsenat), dass die im Lagebericht dargestellten Leistungsindikatoren (Kennzahlen) unmittelbar aus den Zahlen des Jahresabschlusses abgeleitet werden, es sei denn, die direkte Ableitung gibt ein falsches Bild der Vermögens-, Finanz- und Ertragslage wieder. In diesem Fall können andere Grundlagen herangezogen werden, die aber vom **Bilanzadressaten** bis zu den Jahresabschlusszahlen **zurückverfolgbar** sein müssen. Diese Bestimmung ist deswegen für den Bilanzadressaten von so großer Bedeutung, weil dadurch eine Irreführung desselben durch den Bilanzersteller verhindert werden soll. Grundsätzlich werden daher die gem §§ 243 und 267 in den Lageberichten veröffentlichten Kennzahlen aus den Zahlen der unternehmensrechtlichen Jahresabschlüsse **ohne Veränderung oder Bereinigung** derselben abgeleitet. Die Ermittlung der Kennzahlen in diesem Sinne ist somit der externen Jahresabschlussanalyse zuzurechnen. Für detailliertere theoretische Ausführung zu den einzelnen Kennzahlen sei auf die jeweiligen Textstellen in Kapitel 3 verwiesen. Im Folgenden werden lediglich die Aussagen und Berechnungsmethoden der Fachgutachten für die gem *KFS/BW 3* empfohlenen Kennzahlen erläutert, insb sofern sich Abweichungen zu Kapitel 3 ergeben. Ergänzend dazu sei für die praktische Berechnung der Kennzahlen auf die Fallstudie im Kapitel 7 verwiesen. In Kapitel 7 werden basierend auf dem Beispielabschluss der Elektromotoren AG auch die hier angeführten, für die Lageberichterstattung relevanten finanziellen Leistungsindikatoren berechnet.

4.221.1 Umsatzerlöse

Die Darstellung finanzieller Leistungsindikatoren umfasst die Erläuterung der **Umsatzerlöse**. Hierzu verlangt etwa der *DRS 20* zum deutschen Konzernlagebericht, den Umsatz nach Produkten, Regionen oder Währungen aufzugliedern, und zB auf Preis-und Mengeneinflüsse und auf den Einfluss des Sortiments an Produkten und Dienstleistungen gesondert einzugehen. Eine Erläuterung der Umsatzerlöse kann gem *KFS/BW 3* unterbleiben, wenn das berichtende Unternehmen die Umsatzerlöse nicht offenzulegen braucht. Gem § 279 Z 2 dürfen kleine und mittelgroße Aktiengesellschaften die Posten des § 231 Abs 2 Z 1–3 und 5 bzw die Posten des Abs 3 Z 1–3 zu einem Posten unter der Bezeichnung **Rohergebnis** zusammenfassen. Mittelgroße Kapitalgesellschaften iSd § 221 sind solche, die derzeit mindestens zwei der drei nachfolgenden Werte nicht überschreiten:

- jährlicher Umsatz 40 Mio €,
- Bilanzsumme 20 Mio € und
- 250 Arbeitnehmer im Jahresdurchschnitt.

Aus dieser gesetzlichen Möglichkeit ergibt sich eine Verkürzung der GuV, womit die erste Zeile der Gewinn- und Verlustrechnung das **Rohergebnis** ist. Mit dieser Bestimmung, die zum Schutz kleiner und mittelgroßer Gesellschaften gegenüber der Konkurrenz erlassen wurde, wird zum einen dem externen Jahresabschlussanalytiker die Möglichkeit genommen, Kennzahlen der Leistungsverwertung zu erstellen und auszuwerten, da weder der Umsatz noch eine Umsatzspanne ersichtlich ist. Außerdem kann bei besagten Unternehmen eine Erläuterung der Umsatzerlöse im Lagebericht unterbleiben.

4.221.2 Ergebnis vor Zinsen und Steuern

Das Ergebnis vor Zinsen und Steuern (**EBIT**) entspricht gem Fachgutachten dem um den Zinsaufwand korrigierten Ergebnis vor Steuern. Außerdem sind Ertrags- und Aufwandsposten von außerordentlicher Größenordnung oder Bedeutung zu eliminieren, sofern sie eine Verzerrung bewirken, die zukünftig nicht mehr eintreten wird. Das Fachgutachten verweist diesbezüglich auf die Anhangangaben gem § 237 Abs 1 Z 4.

4.221.3 Umsatzrentabilität

Die **Umsatzrentabilität** (**Return on Sales** – ROS) entspricht laut *KFS/BW3* dem Verhältnis aus Ergebnis vor Zinsen und Steuern (EBIT) zu den Umsatzerlösen. Diese auch als EBIT-Marge bezeichnete Kennzahl ist bei notierenden Aktiengesellschaften ein beliebter Indikator für die Ertragskraft, da sie unabhängig vom Finanzergebnis, außerordentlichen Ergebnisbestandteilen und den Ertragsteuern ermittelt wird. Gelegentlich wird der ROS auch auf das EBT, also den Gewinn vor Steuern bezogen. Die Ermittlung dieser Kennzahl kann in der Lageberichterstattung kleiner und mittelgroßer Kapitalgesellschaften unterbleiben und ist wegen der fehlenden Umsatzerlöse für Zwecke der externen Jahresabschlussanalyse ebenfalls nicht ermittelbar.

4.221.4 Kapitalrentabilitäten

Dem Fachgutachten *KFS/BW 3* entsprechend sollte allgemein das Kapital zum Anfang des Geschäftsjahres die Basis für die Errechnung der Kapitalrentabilitätskennzahlen sein. Wird dadurch die Aussage der Kennzahl eingeschränkt (zB durch hohe Kapitalschwankungen unterhalb des Geschäftsjahres) ist eine entsprechende Durchschnittszahl zu ermitteln und zu erläutern. Letzteres erscheint präziser, da die laufenden Ergebnisse des Kapitaleinsatzes jeweils unmittelbar im Geschäftsprozess eingesetzt werden. In der Fachliteratur wird daher im Allgemeinen auf den **durchschnittlichen Kapitaleinsatz** abgestellt. **Außerordentliche Ergebnisbestandteile** werden sowohl bei der Ermittlung der Gesamtkapitalrentabilität als auch der Eigenkapitalrentabilität idR nicht einbezogen, wenn man davon ausgeht, dass diese **unregelmäßig** anfallen und in der Zukunft den Ertrag nicht mehr berühren. Sollte der Analytiker feststellen, dass in der Erfolgsbilanz jährlich ein außerordentliches Ergebnis aufscheint, hat er dies zu untersuchen und gegebenenfalls die betrieblichen Aufwendungen um das über den Durchschnitt hinausgehende außerordentliche Ergebnis zu kürzen oder zu erhöhen.

4.221.41 Eigenkapitalrentabilität

Die **Eigenkapitalrentabilität** wird laut Fachgutachten über den Quotienten aus *Ergebnis vor Steuern* und *Eigenkapital* ermittelt. Abweichend vom Fachgutachten kann die Eigenkapitalrentabilität auch auf das Ergebnis nach Steuern (= Jahresüberschuss) bezogen werden. Die **Eigenkapitalrentabilität** hängt von der **Gesamtkapitalrentabilität**, der **Fremdkapitalquote** und der **Höhe des Zinssatzes** für das Fremdkapital ab und ist damit im Gegensatz zur Gesamtkapitalrentabilität nicht finanzierungsneutral.

4.221.42 Gesamtkapitalrentabilität

Die **Gesamtkapitalrentabilität** zeigt die Ertragskraft des Unternehmens unabhängig von der Finanzierung desselben. Begrifflich wäre es treffender, von der **Vermögensrentabilität** zu sprechen, da der Ertrag nicht mit Kapital-, sondern mit Vermögenseinsatz erwirtschaftet wird. Verglichen mit den Fremdkapitalkosten zeigt die Gesamtkapitalrentabilität, ob das Unternehmen in der Lage ist, über die Zinsenlast hinaus Rückflüsse zu erzielen. Die Gesamtkapitalrentabilität ergibt sich laut Fachgutachten aus dem Verhältnis des *EBIT* zum *Gesamtkapital*.

Gesamtkapitalrentabilität und **Umsatzrentabilität** stellen auf den Gesamtbetrieb **ohne Berücksichtigung der Unternehmensfinanzierung** ab. Sie sind auch Maßstäbe der Leistungsfähigkeit von Tochtergesellschaften, wenn etwa die Gesamtfinanzierung durch die Muttergesellschaft erfolgt.

4.221.5 Nettoverschuldung

Die **Nettoverschuldung** stellt die um liquide Mittel und kurzfristige Finanzveranlagung gekürzte offen verzinsliche Schuldenlast eines Unternehmens dar. Verzinsliches Fremdkapital ist jenes Kapital, das gegen Entgelt im Unternehmen engagiert ist. Neben dem Eigenkapital handelt es sich dabei um jene Kapitalposten, welche dem Unternehmen zur Erfüllung des Unternehmenszweckes entgeltlich zur Verfügung gestellt wurden.

Die Summe aus dem verzinslichen Fremdkapital und dem Eigenkapital abzüglich der liquiden Mittel wird in den USA als **Invested Capital** bezeichnet. Dabei ist es gleichgültig, ob dieses Kapital dem Unternehmen lang- oder kurzfristig zur Verfügung steht. Folgende Posten sind gem Fachgutachten jedenfalls dem verzinslichen Fremdkapital zuzurechnen:

- Anleihen
- Verbindlichkeiten gegenüber Kreditinstituten
- Rückstellungen für Abfertigungen
- Rückstellungen für Pensionen
- Rückstellungen für Jubiläumsgelder

Alle anderen als die genannten Posten des Fremdkapitals sind auf ihre Zuordnung zum verzinslichen Fremdkapital zu untersuchen, wobei die Zurechnung zum verzinslichen Fremdkapital nicht nur von der Verzinsung, sondern auch vom Zweck der Überlassung abhängt. So sind bspw Lieferantenkredite in aller Regel mit (sehr hohen) Kosten verbunden und werden trotzdem nicht zum verzinslichen Kapital im obigen Sinne gezählt. Lieferantenkredite werden nicht unmittelbar zur Zweckerfüllung des Unternehmens gewährt, sondern sind einfach die Gegenleistung für eine erbrachte Leistung. Der Analytiker muss sich darüber hinaus überzeugen, dass der Zinsanteil bei der Dotierung der einzubeziehenden Rückstellungen tatsächlich auch unter Zinsen und nicht unter dem Personalaufwand erfasst wird, da sich ansonsten ein verzerrtes Bild der Nettoverschuldung ergibt.

Die abzuziehenden flüssigen Mittel beinhalten den Bilanzposten „Kassenbestand, Schecks, Guthaben bei Kreditinstituten", Wertpapiere des Umlaufvermögens, die jederzeit in Geld umgewandelt werden können, sowie sonstiges Finanzvermögen, das in direktem Zusammenhang zum verzinslichen Fremdkapital steht.

4.221.6 Nettoumlaufvermögen

Das **Nettoumlaufvermögen** (auch **Working Capital**) ergibt sich als **Differenz aus** *kurzfristigem Umlaufvermögen* und *kurzfristigem Fremdkapital*. Das Umlaufvermögen ist um die darin enthaltenen langfristig gebundenen Bestandteile zu kürzen. Zu diesen zählen etwa Forderungen mit einer Restlaufzeit von mehr als einem Jahr. Sowohl in das kurzfristige Umlaufvermögen als auch in das kurzfristige Fremdkapital sind die kurzfristigen Rechnungsabgrenzungsposten einzubeziehen. Unter kurzfristig ist hier eine Fälligkeit bis zum Ende des nächsten Geschäftsjahres zu verstehen. Das Working Capital sollte nicht negativ werden, da in diesem Fall die kurzfristigen Verbindlichkeiten das Umlaufvermögen übersteigen, wodurch es zu Zahlungsschwierigkeiten kommen kann.

4.221.7 Eigen- und Fremdkapitalquote

Diese beiden Quoten, die den Anteil des Eigen- bzw Fremdkapitals darstellen, bilden den Kernpunkt der Kapitalstrukturanalyse.

4.221.8 Nettoverschuldungsgrad

Der **Nettoverschuldungsgrad** bzw das Gearing entspricht dem Quotienten der *Nettoverschuldung* zum *Eigenkapital*.

4.221.9 Cashflow-Kennzahlen

Cashflow-Kennzahlen, insbesondere die Aufstellung einer **Geldflussrechnung**, sind ein Pflichtbestandteil des IFRS-Abschlusses und des UGB-Konzernabschlusses (vgl § 250 Abs 1). Der Fachsenat für Betriebswirtschaft empfiehlt die Aufnahme einer vollständigen Geldflussrechnung in den Lagebericht. Es wird aber auch als zulässig erachtet, entsprechend der AFRAC-Stellungnahme 9, lediglich Teilergebnisse der Geldflussrechnung oder daraus abgeleitete Cashflow-Kennzahlen nachvollziehbar in den Lagebericht aufzunehmen. Eine ausführliche Darstellung und die Erläuterung von Geldflussrechnungen und Cashflow-Kennzahlen finden sich in Kapitel 3.16.

4.222 Nichtfinanzielle Leistungsindikatoren im Detail

Der Umfang der nichtfinanziellen Leistungsindikatoren hat mit dem **Nachhaltigkeits- und Diversitätsverbesserungsgesetz** (NaDiVeG), welches im § 243b umgesetzt wurde, zugenommen. So waren bis dahin, auch als Basis für § 243 Abs 5, die Analyse der wichtigsten **nichtfinanziellen** Leistungsindikatoren, **einschließlich Informationen über Umwelt- und Arbeitnehmerbelange** gefordert. Die damit einhergehende übliche Interpretation lag darin, dass der **Schwerpunkt** im Zusammenhang mit nichtfinanziellen Leistungsindikatoren nach Abs 5 bei der **Darstellung der Umwelt- und Arbeitnehmerbelange** liegt. Anderer Ansicht ist jedoch AFRAC 9, welches den **Umfang auf alle die Geschäftstätigkeit betreffenden nichtfinanziellen Leistungsindikatoren ausdehnt**.

Mit § 243b wurde der Umfang der nichtfinanziellen Leistungsindikatoren für betroffene Unternehmen ohnehin erweitert und sieht nunmehr Kennzahlen in Bezug auf Umwelt-, Sozial- und Arbeitnehmerbelange, auf die Achtung der Menschenrechte und auf die Bekämpfung von Korruption und Bestechung vor. In Bezug auf die Anwendung eines internationalen Rahmenwerkes wird dies vom Gesetzgeber derzeit recht frei gestaltet, die Praxis zeigt jedoch, dass sich die **Global Reporting Initiative (GRI)** auch in der österreichischen Praxis durchsetzt. Zu den konkreten Kennzahlen geben die ErlRV sowie die als Mitteilung der Europäischen Kommission ergangenen Leitlinien für die Berichterstattung über nichtfinanzielle Informationen erläuternde Beispiele, welche in weiterer Folge beispielhaft angeführt werden.

a) **Umweltbelange**
- Energieverbrauch aus erneuerbarer und nicht erneuerbarer Energie
- Wasserverbrauch
- Wiederverwertungsrate

b) Sozial- und **Arbeitnehmerbelange**
- Geschlechterdiversität und andere Diversitätsaspekte
- Mitarbeiter mit Anspruch auf Elternzeit
- Mitarbeiterfluktuation

c) Achtung der **Menschenrechte**
- Anzahl der Vorfälle schwerwiegender Menschenrechtsverletzungen
- Verfahren im Zusammenhang mit Menschenrechtsverletzungen
- Vorgehensweise von Vermeidung von Kinderarbeit

d) **Bekämpfung von Korruption und Bestechung**
- Schulungen der Mitarbeiter
- Einsatz von Whistleblowing-Systemen
- Kriterien für die Bewertung von Korruptionsrisiken

Des Weiteren wird auch das Integrated Reporting als mögliches Rahmenwerk genannt.

5. Besonderheiten der Konzernabschlussanalyse

5.1 Der Konzernabschluss als Grundlage der Analyse

Bei der Analyse von börsennotierten Unternehmen handelt es sich in der Regel um Konzernabschlussanalysen, weswegen sich der Analytiker deren Besonderheiten bewusst sein muss.

Gem § 250 Abs 3 ist im Konzernabschluss die Vermögens-, Finanz- und Ertragslage der einbezogenen Unternehmen so darzustellen, als ob diese Unternehmen insgesamt ein einziges Unternehmen wären. Bilanz und Gewinn- und Verlustrechnung des Konzerns sind, in gleicher Weise wie die übrigen Komponenten des Jahresabschlusses, gleich aufgebaut wie jene des Einzelabschlusses der Kapitalgesellschaft. Aus diesem Grund verläuft die Jahresabschlussanalyse des Konzerns nach den gleichen Grundätzen und Methoden wie die Analyse des Einzelabschlusses. Aussagen zur Jahresabschlussanalyse gelten daher auch für die Konzernabschlussanalyse und umgekehrt.

Im Gegensatz zum unternehmensrechtlichen Einzelabschluss dient der Konzernabschluss allerdings ausschließlich **Informationszwecken**. Er ist daher auch weniger durch etwaige Verzerrungen, die im Einzelabschluss durch die dort vorherrschenden unternehmens- und steuerrechtlichen Funktionen auftreten können, beeinflusst und damit in wesentlich größerem Umfang als der Einzelabschluss auf den „True and Fair View" ausgerichtet, was auch in den gesetzlichen und sonstigen Vorschriften über den Inhalt des Konzernabschlusses zum Ausdruck kommt.

Dem Analytiker des Konzernabschlusses muss bewusst sein, dass es sich beim Konzernabschluss nicht um die einfache Aufsummierung der Einzelabschlüsse der konsolidierten Gesellschaften handelt. Sehr häufig ergeben sich auch erhebliche Unterschiede hinsichtlich Bilanzierung und Bewertung im Vergleich zu den Jahresabschlüssen der einzelnen Konzernunternehmen. Dies wird besonders deutlich, wenn man den Jahresabschluss der Muttergesellschaft mit dem Konzernabschluss vergleicht. Anpassungen der Zahlen des Konzernabschlusses zur Verbesserung des Informationsgehaltes werden idR nicht nötig sein.

Der Sinn jeder Unternehmensanalyse ist letztendlich die **Prognose** des zukünftigen Ablaufes der Geschäfte des Unternehmens bzw des Konzerns. Im Konzern wird eine derartige Prognose umso schwieriger, je unterschiedlicher die Art der Leistung der einzelnen Unternehmen des Konsolidierungskreises und damit auch deren zukünftiger Erfolg ist.

Bei der **Analyse eines Konzernabschlusses** ist auch darauf zu achten, dass der Konzernabschluss aus einem **Konglomerat rechtlich selbständiger Unternehmen** mit allen sich daraus ergebenden Problemen besteht. Die Ergebnisse der Analyse beziehen sich nur auf den Konzern als Ganzes und rückwirkend auf die Muttergesellschaft. Die Ergebnisse erlauben keinesfalls einen Rückschluss auf einzelne dem Konzern angehörigen Tochtergesellschaften. Dh, dass die Tochtergesellschaften als Teile des Konzerns insgesamt gesehen wohl ein möglichst getreues Bild desselben zeigen, der Konzernabschluss selbst aber über die einzelnen Tochtergesellschaften nichts aussagt. Trotz eines insgesamt gesehen sehr guten Bildes über die Finanz-, Ertrags- und Vermögenslage des Konzerns kann sich eine einzelne Tochtergesellschaft in **wesentlichen Schwierigkeiten** oder sogar in einer drohenden Insolvenz befinden.

Der Analytiker kann daher bei einem besonderen Interesse an einer der Tochtergesellschaften nicht auf die Ergebnisse der Konzernabschlussanalyse zurückgreifen, es sei denn, es liegt eine Patronats- oder Haftungserklärung vor. Er hat sich daher zu informieren, ob die Muttergesellschaft oder ein anderes Konzernunternehmen entsprechende Haftungs- bzw Patronatserklärungen für eine bestimmte Tochtergesellschaft abgegeben hat. Die Angabe oder Nichtangabe von Patronats- oder Haftungserklärungen im Konzernanhang stellt allerdings keine Mussvorschrift in Österreich dar.

Findet der an einer Tochtergesellschaft besonders interessierte Analytiker bei Durchführung einer Konzernabschlussanalyse keine derartige Erklärung im Anhang des Konzernabschlusses, hat er jedenfalls ergänzend neben den Informationen des Konzernanhanges und des Konzernlageberichtes auch den Jahresabschluss des entsprechenden Tochterunternehmens zu analysieren.

5.2 Konsolidierung der Einzelabschlüsse

Der Konzernabschluss wird jedes Jahr von Neuem aus den Abschlüssen der im Konsolidierungskreis befindlichen Unternehmen abgeleitet, wobei es aus Gründen der Bilanzidentität und Bilanzkontinuität notwendig ist, alle Abweichungen des Konzernjahresabschlusses des Vorjahres von den jeweiligen Einzelabschlüssen (wie zum Beispiel Bewertungsabweichungen, Umgliederungen oder Abgrenzungen) anlässlich der Konzernabschlusserstellung wieder einzubuchen.

Dabei kommt es zu folgenden Abweichungen gegenüber den Einzelabschlüssen, die in der Analyse berücksichtigt werden müssen

- In die jeweilige Konsolidierung werden bei den in den Konsolidierungskreis einbezogenen Unternehmen mit geringen Ausnahmen (Quotenkonsolidierung) jeweils 100 % der Vermögensgegenstände und Schulden in die Konzernbilanz einbezogen. Fremdanteile erscheinen als „nicht beherrschende Anteile" in der Konzernbilanz. In gleicher Weise werden auch die Erträge und Aufwendungen 100%ig in der Konzernerfolgsrechnung dargestellt.
- Schon kleine Änderungen der Beteiligung (bspw von 51 auf 49 % und umgekehrt) sowie eine Änderung in der beherrschenden Stellung können dazu führen, dass ein Unternehmen aus dem Konsolidierungskreis ausscheidet oder neu hinzukommt. Für den Bilanzanalytiker kann dies zu Problemen in der jeweiligen Hinzurechnung führen, insbesondere in der Geldflussrechnung kann es zu Schwierigkeiten kommen.
- Die in den Einzelbilanzen der Muttergesellschaft bzw einzelner Tochtergesellschaften ausgewiesenen „Beteiligungen" werden in der Konzernbilanz zu Vermögensgegenständen und Schulden sowie, falls vorhanden, zu Firmenwerten. Alle Transaktionen zwischen den Unternehmen werden zu Bewegungen zwischen Betriebsstätten, das heißt, es gibt innerhalb des Konzerns, bilanziell gesehen, keine Warenlieferungen, sonstige Leistungen, Lieferforderungen und -verbindlichkeiten. Damit werden auch alle innerkonzernlichen Gewinne und Verluste ausgeschaltet.

5.21 Probleme des anlässlich der Konsolidierung errechneten Firmenwertes

5.211 Ermittlung des Firmenwertes

Wenn eine Beteiligung neu erworben wird, wird der Erwerber je nach dem Unternehmenswert mehr oder weniger als den Substanzwert des Unternehmens bezahlen. Der Erwerbspreis scheint in der Folge in der Einzelbilanz des Erwerbers als Beteiligung auf. Allerdings sieht man aus der ausgewiesenen Beteiligung nicht, ob diese höher oder niedriger als der Substanzwert der Tochtergesellschaft ist. Erst im Rahmen der Konsolidierung kann dies festgestellt werden. Wird die Tochtergesellschaft in den Konsolidierungskreis aufgenommen, werden die Vermögens- und Schuldenansätze maximal bis zur Höhe des Kaufpreises aufgewertet und ein eventueller überschießender Betrag in der Konzernbilanz als Firmenwert ausgewiesen.

Ein Beispiel möge dies verdeutlichen:

Erwerb einer 80%igen Unternehmensbeteiligung um 13 Mio € am 30. Dezember. Das Unternehmen wird mit 1. Jänner in den Konsolidierungskreis aufgenommen.

Die Buchwerte des übernommenen Vermögens betragen 39 Mio €, der Substanzwert 42 Mio €. Die übernommenen Verbindlichkeiten betragen 31 Mio €, das buchmäßige Eigenkapital 8 Mio €.

In der Bilanz des Erwerbers wird die Beteiligung mit 13 Mio ausgewiesen.

Im Konzernabschluss wird die erworbene Tochtergesellschaft in eine gemeinsame Bilanz hineinkonsolidiert, womit einerseits die Beteiligung verschwindet, andererseits der gesamte Inhalt der Bilanz der Tochtergesellschaft in der nunmehrigen Konzernbilanz seinen Niederschlag findet. Der Anteil des 20%igen Minderheitsgesellschafters wird als solcher in der Konzernbilanz ausgewiesen („Nicht beherrschender Anteil").

1. Feststellung der stillen Reserven, des Firmenwertes und des Anteiles des Minderheitsgesellschafters

Beteiligungsansatz für 80-%-Anteil		*13,0*
Buchwert des Eigenkapitals der Tochter (39 – 31)		*8,0*
Substanzwert des Eigenkapitals (42 –31)	*11,0*	
davon 20 % Anteil des Minderheitsgesellschafters	*2,2*	
davon 80 % Konzernanteil	*8,8*	
Kaufpreis	*13,0*	
Firmenwert	*4,2*	

2. Ausweis in der Konzernbilanz

Text	Aktiva	Passiva	
Firmenwert	*4,2*		
Sonstiges Vermögen	*42,0*		
Verbindlichkeiten			*31,00*
Eigenkapital			
Nicht beherrschende Anteile		*2,2*	
Konzernanteil (8,8 + 4,2)		*13,0*	*15,2*
Summe		*46,2*	*46,2*

Darstellung der Überleitung

Text	Mutter	Tochter	Summe	Überleitung				Konzern
Firmenwert				*3*	*4,2*			*4,2*
Beteiligung	*13,0*		*13,0*			*2*	*13,0*	
Sonst Vermögen		*39,0*	*39,0*	*1*	*3,0*			*42,0*
Unterschiedsbetrag				*2*	*4,2*	*3*	*4,2*	
Aktiva	***13,0***	***39,0***	***52,0***					***46,2***
Eigenkapital	*13,0*	*8,0*	*21,0*	*2*	*8,8*	*1*	*3,0*	*13,0*
				4	*2,2*			
Nicht beherrschende Anteile						*4*	*2,2*	*2,2*
Fremdkapital		*31,0*	*31,0*					*31,0*
Passiva	***13,0***	***39,0***	***52,0***					***46,2***

5.212 Behandlung des aus der Konsolidierung entstandenen Firmenwertes in der Analyse

Ein in der Konzernbilanz ausgewiesener Firmenwert stellt die Vorwegnahme zukünftiger Gewinne dar.

Damit werden einerseits das Vermögen um zukünftige Gewinne erhöht und in der Zukunft entstehende Gewinne gegen die Abschreibung des Firmenwertes neutralisiert. Da dadurch die tatsächliche Ertragsfähigkeit des Konzerns verzerrt wird, erscheint es daher für die Zwecke der Bilanzanalyse vorteilhaft, den Firmenwert gegen das Eigenkapital auszubuchen, wobei die Firmenwertabschreibung des laufenden Jahres aus der Gewinn- und Verlustrechnung des laufenden Jahres auszuscheiden ist.

Diese Maßnahme führt dazu, dass einem nunmehr höheren Ergebnis eine geringere Bilanzsumme bzw geringeres Eigenkapital gegenübersteht, was sowohl ein besseres EBIT, einen besseren ROI und einen besseren ROE mit sich bringt.

Allerdings zeigt die Fremdkapitalquote ein schlechteres Bild, welches aber den Vergleich mit anderen Unternehmen ohne ausgewiesenen Firmenwert verbessert.

Im Gegensatz zum UGB wird der Firmenwert nach den IFRS-Vorschriften nur außerplanmäßig abgeschrieben. Da börsennotierte Gesellschaften ihren Konzernabschluss verpflichtend nach den IFRS zu erstellen haben, wird der Firmenwert nicht planmäßig abgeschrieben. Dennoch wird man auch bei diesen Konzernen im Rahmen der Analyse ebenfalls den Firmenwert mit den eventuellen außerplanmäßigen Abschreibungen des laufenden Jahres ausscheiden.

5.3 Nicht beherrschende Anteile

Nicht beherrschende Anteile sind, wenn keine Rückzahlungsverpflichtung besteht, bei der Analyse in voller Höhe dem Eigenkapital zuzurechnen, wie auch Gewinnanteile der nicht beherrschenden Anteile dem Konzerngewinn zuzurechnen sind.

Nicht beherrschende Anteile sind nur dann auszuscheiden, wenn nicht der gesamte Konzern, sondern nur die Anteile des Hauptgesellschafters analysiert werden sollen. Die nicht beherrschenden Anteile werden in diesem Fall als langfristiges Fremdkapital und der Gewinnanteil als Zinsen und ähnliche Aufwendungen behandelt.

5.4 Börsenkennzahlen, dargestellt am Konzernabschluss 2017 der Lenzinggruppe

Börsennotierte Unternehmen unterliegen strengeren Vorschriften in Bezug auf Veröffentlichung und Prüfung ihrer Abschlussdaten als andere Unternehmen gleicher Rechtsform und gleicher Größe. Aus dem gleichen Grund sind auch die von ihnen veröffentlichten Kennzahlen wesentlich umfangreicher, als dies in den Lageberichtsvorschriften des UGB für derartige Unternehmen vorgesehen ist. Hinzu kommt, dass diese Unternehmen idR einer Vielzahl anonymer Gesellschafter gegenüberstehen, deren Informationsbedürfnis es zu befriedigen gilt.

Nachfolgend soll an Hand des Konzernabschlusses der Lenzinggruppe dargestellt werden, welche Kennzahlen von einem börsennotierten Unternehmen gefordert und darüber hinaus erbracht werden.

5.41 Konzernabschluss 2017 der Lenzinggruppe

Der Konzernabschluss der Lenzing-Gruppe ist entsprechend den Börsenvorschriften nach den **IFRS-Vorschriften** erstellt. Grundsätzlich ist zu den Jahreskennzahlen notierender Gesellschaften zu sagen, dass die Kennzahlen in den Geschäftsberichten des jeweiligen Konzerns ausgiebig behandelt werden, sodass sich idR eine eigene Analyse erübrigt.

Der Analytiker muss allerdings in der Lage sein, diese Kennzahlen zu überprüfen und entsprechend auszulegen. Er muss sich klar darüber sein, dass die Unternehmen idR versuchen, das bestmögliche Bild zu zeigen. So wird bspw häufig bei der Feststellung der Gesamtkapitalrentabilität nicht das gesamte Vermögen der Rechnung zugrunde gelegt, sondern das wesentlich kleinere Capital Employed, wodurch sich ein höherer Rentabilitätssatz ergibt.

Wie schon dargestellt, sind bei Auswertung der veröffentlichten Kennzahlen die im Lagebericht veröffentlichten Zukunftserwartungen zu berücksichtigen, wobei die Aussagen im Lagebericht kaum konkrete Ergebniszahlen, sondern idR nur Konjunktur- und Markterwartungen im Allgemeinen sowie eigene Vorhaben auf den Gebieten der Kapazitätsveränderung beinhalten.

Die nachfolgend hier besprochene Analyse wurde im Konzernabschluss der Lenzinggruppe veröffentlicht. Geringere Abweichungen gegenüber den hier dargestellten Zahlen kommen aus teilweise verschiedenen Ansichten, führen aber keinesfalls zu Änderungen, die ein anderes Bild schaffen würden.

Gesamtbild der Eigenanalyse: Die Lenzing Gruppe zeigt sich am Berichtsjahr als eine im Ertrag über dem Durchschnitt der an der Wiener Börse notierenden Gesellschaften liegenden Unternehmensgruppe. Die Vermögens- und Kapitalgrundlagen sind stabil, die Liquiditätsverhältnisse zeigen keine Probleme, die Investitionen sprechen für Leistungsänderungen einerseits und Leistungserweiterungen andererseits.

Die Ausschüttungsquote liegt wegen der Sonderdividende etwas über 50 %, gibt aber dem Aktionär mit einer Aktienrendite von rd 5 % eine im Vergleich zu anderen Anlagen hervorragende Rentabilität.

Während die Nettoinvestitionen in das immaterielle Vermögen unbedeutend waren, wurden in das Sachanlagevermögen in den beiden Jahren 2016 und 2017 Nettoinvestitionen von 282 Mio € getätigt, denen Abschreibungen im Ausmaß von 208 Mio € gegenüberstanden, womit der Buchwert des Sachanlagevermögens um 74 Mio gesteigert wurde. Bezogen auf die gesamten Anschaffungskosten des Sachanlagevermögens von 2999 T € zum 1.1.2016 stiegen die Investitionen um 2,4 %, und decken somit jedenfalls eventuelle Inflationswerte ab.

Damit scheint die Gruppe eher auf den Erhalt und die Modernisierung der bestehenden Anlagen als auf Erweiterung der Kapazität bedacht zu sein.

Erstaunlich ist, dass der Aktienkurs am 31.12.2017 um mehr als 30 % unter jenem zum 31.12.2016 liegt.

5.42 Konzernabschluss 2017 mit Vergleich 2016 in Mio €

Nachfolgend sind ausschließlich die Konzernerfolgsrechnung und die Konzernbilanz dargestellt. Alle übrigen Angaben, die für die Ermittlung der Kennzahlen erforderlich sind, sind bei der jeweiligen Kennzahl angeführt.

5.421 Erfolgsbilanz Lenzing

Text		2017		2016
Umsatzerlöse		2.259		2.134
Bestandsveränderungen		17		6
Andere aktivierte Eigenleistungen		46		22
Sonstige betriebliche Erträge		50		46
Summe Erträge		**2.372**		**2.208**
Materialaufwand und sonstige bezogene Leistungen	–	1.258	–	1.224
Personalaufwand	–	349	–	319
Sonstige betriebliche Aufwendungen	–	262	–	237
EBITDA		**503**		**428**
Abschreibungen auf immat Anlagen und Sachanlagen	–	135	–	135
Auflösung von Investitionszuschüssen		3		3
Betriebsergebnis (EBIT)		**371**		**296**
Beteiligungserträge (bilanziert nach der Equity-Methode)		4		17
Ergebnis aus lang- und kurzfristigen Veranlagungen		1		5
Finanzierungskosten	–	12	–	19
Finanzerfolg	–	7		3
Ergebniszuweisungen an kündbare nicht beherrschende Anteile	–	6	–	5
Ertragsteueraufwand	–	76	–	65
Jahresüberschuss		**282**		**229**
davon Anteile der Aktionäre der Lenzing AG		**278**		**225**
davon nicht beherrschende Anteile		**4**		**4**

5.422 Konzernschlussbilanz Lenzing

Text	2017	2016
Immaterielle Anlagen	20	18
Sachanlagen	1.367	1.279
Beteiligungen nach der Equity-Methode	8	13
Finanzanlagen	37	25
Aktive latente Steuern	4	4
Laufende Steuern	5	4
Sonstige langfristige Vermögenswerte	9	10
Langfristige Vermögenswerte	**1.450**	**1.353**
Vorräte	340	330
Forderungen aus Lieferungen und sonstigen Leistungen	293	277
Laufende Steuern		
Sonstige kurzfristige Vermögenswerte	108	105
Zahlungsmittel und Zahlungsmitteläquivalente	306	560
Kurzfristige Vermögenswerte	**1.047**	**1.272**
Bilanzsumme	**2.497**	**2.625**
Grundkapital	28	28
Kapitalrücklagen	132	157
Gewinnrücklagen	1.316	1.151
Anteile der Aktionäre der Lenzing AG	1.476	1.336
Anteile anderer Gesellschafter	32	32
Eigenkapital	**1.508**	**1.368**
Finanzverbindlichkeiten	255	328
Zuschüsse aus öffentlichen Mitteln	18	17
Passive latente Steuern	53	53
Rückstellungen inkl Sozialkapital	132	138
Kündbare nicht beherrschende Anteile	18	13
Sonstige Verbindlichkeiten	4	4
Langfristige Verbindlichkeiten	**480**	**553**
Finanzverbindlichkeiten	127	249
Lieferungen und Leistungen	218	227
Zuschüsse aus öffentlichen Mitteln	8	12
Laufende Steuern	22	26
Rückstellungen	96	97
Sonstige Verbindlichkeiten	38	93
Kurzfristige Verbindlichkeiten	**509**	**704**
Verbindlichkeiten gesamt	**989**	**1.257**
Bilanzsumme	**2.497**	**2.625**

5.43 Kennzahlen des Konzernjahresabschlusses

5.431 Börsenkennzahlen Lenzing

Die Erläuterung zu den einzelnen Kennzahlen erfolgt, soweit notwendig, jeweils im Anschluss an die Tabellen

I	Börsenkennzahlen	2017	2016
1	Börsenkapitalisierung in Mio € = Gesamtwert des Konzerns an der Börse	2.810	3.053
2	Anzahl der Aktien	26,55Mio	26,55 Mio
3	Streubesitz	46,03 %	33,2 %
4	Aktienkurs 31.12. in €	105,85	115
5	Konzernergebnisanteil der Aktionäre der Muttergesellschaft in Mio €	278	225
6	Ergebnis je Aktie (278/26,55)	10,5	8,5
7	Kurs-/Gewinnverhältnis (KGV) (105,85/10,5)	10	14,4
8	Dividende je Aktie	5,00[1]	4,20
9	Dividendenrendite bezogen auf den Aktienkurs	4,7 %	3,7 %
10	Ausschüttungsquote	47,6 %	49,4 %
11	Dividendenwachstum[2] gegenüber 2016	19 %	
12	Anzahl der Mitarbeiter und Mitarbeiterinnen	6.488	6.218

[1] Inkl einer Sonderdividende von € 2

[2] Das Dividendenwachstum erhält man durch die Division: $\dfrac{\text{diesjährige Dividende pro Aktie}}{\text{vorjährige Dividende pro Aktie}}$

Erläuterungen

Die Zahlen vor den einzelnen Erläuterungen entsprechen den Ordnungszahlen in der Tabelle

1: Anzahl der Aktien multipliziert mit dem Aktienkurs

3: Streubesitz: 50 % und 2 Aktien befinden sich in Händen der B&C-Gruppe. Abgesehen von geringfügigen Mengen bei institutionellen Anlegern handelt es sich bei dem Rest um frei floatende Papiere.

4: Aktienkurs am 31.12.an der Wiener Börse.

5: Konzernergebnisanteil der Aktionäre der Muttergesellschaft, entnommen aus der Erfolgsbilanz.

6: Ergebnis je Aktie (Earnings per Share): Das Ergebnis je Aktie stellt eine zentrale Kennzahl der aktienbezogenen Rentabilitätsanalyse dar und ist von börsennotierten Unternehmen verpflichtend zu veröffentlichen.

Man erhält das Ergebnis je Aktie durch Division des Jahresüberschusses durch die Anzahl der emittierten Aktien. Für den Eigentümer einer Aktie ergibt sich die erzielte Rentabilität aus den erhaltenen Dividenden bezogen auf seine Anschaffungskosten.

Eigene Aktien sind, soweit nicht eine Abnahmeverpflichtung eines Dritten besteht, mit dem Eigenkapital zu saldieren.

7: **Kurs-Gewinn-Verhältnis (KGV)**; dieses gibt die Relation zwischen der Ertragsgröße Gewinn (Jahresüberschuss) und dem Marktwert des Eigenkapitals (Kurs) bekannt.

Das Kurs-Gewinn-Verhältnis ist die bei der Analyse börsennotierender Gesellschaften häufigst gebrauchte und im Geschäftsbericht dargestellte Kennzahl. Das KGV ist der reziproke Wert zum Rentabilitätssatz. Ein KGV von 12,5 entspricht bspw einer Rentabilität von 8 % = 100/12,5. Je kleiner das KGV, desto höher ist die Rentabilität des für den Aktienerwerb eingesetzten Kapitals.

Da die Aktienkurse laufenden Schwankungen unterliegen, kann das KGV nur jeweils für einen bestimmten Stichtag ermittelt werden. In Frage kommen etwa der Kurs zum Bilanzstichtag bzw der Kurs zum Tag der Durchführung der Bilanzanalyse. In letzterem Fall ist allerdings zu bedenken, dass der Analyse der Jahresüberschuss des vergangenen Jahres zugrunde gelegt wird.

8: Dividende: lt Geschäftsbericht.

9: **Dividendenrendite**: Diese gibt Auskunft über die Verzinsung des investierten Kapitals aus der Sicht des Investors und bietet diesem die Möglichkeit zum Renditevergleich mit alternativen Investitionsobjekten. Die Dividendenrendite wird als Quotient aus Dividende und Börsenkurs ermittelt. Die Dividendenrendite schwankt mehr oder weniger stark mit den laufenden Schwankungen des Börsenkurses.

Im vorliegenden Fall kann jedoch gesagt werden, dass die Dividendenrendite in Höhe von 4,7 %, noch dazu gepaart mit einer Ausschüttungsquote von knapp unter 50 %, als hoch angesehen werden kann.

10: **Ausschüttungsquote**

Darunter versteht man das Verhältnis des ausgeschütteten Gewinns zum erzielten Gewinn einer Periode.

	2017 Mio €	2016 Mio €
Jahresüberschuss, soweit auf die Aktionäre der Lenzing AG entfallend	278	225
Gewinnausschüttung = 26,55*5	132,8	111,5
Ausschüttungsquote = 132,8/278	47,8 %	49,6 %

Die Ausschüttungsquote kann als über dem Durchschnitt liegend angesehen werden.

Die Ausschüttungsquote in den europäischen börsennotierten Unternehmen liegt idR zwischen 20 und 40 %. Manche Gesellschaften schütten allerdings nichts aus und verwenden den gesamten Gewinn zur Reinvestition in das Unternehmen mit der Erklärung, dass sich der Börsenkurs dadurch besser entwickle.

5.432 Rentabilitätskennzahlen (€-Beträge in Mio)

II	Rentabilitätskennzahlen der Lenzinggruppe	2016	2017
1	EBITDA	– 503	428
2	EBIT	– 371	296
3	Nopat	293	189
4	EBT	357	295
5	EBITDA Marge	22,2 %	20,1 %
6	EBIT Marge = Return on Sales (ROS)	16,4 %	13,9 %
7	ROCE: NOPAT bezogen auf das Capital Employed	18,6 %	15,1 %
8	ROI	14,5 %	11,8 %
9	ROE	24,5 %	22,5 %

Erläuterungen

zu 1+2+5+6: Anmerkungen zum EBITDA und dem EBIT

Wie schon vorne erwähnt, setzt die Lenzinggruppe das Betriebsergebnis in Höhe von 371 (296) Mio mit dem EBIT gleich, wodurch sich folgende Abweichung gegenüber der üblichen Darstellung ergibt:

Betriebsergebnis = EBIT	371	296
Nicht einbezogene Ergebnisse aus Beteiligungen und Finanzinvestitionen		
Ergebnis aus Beteiligungen	4	17
zuzüglich Finanzergebnis	1	5

Die Beteiligungserträge und das Finanzergebnis (aus Finanzinvestitionen, die nicht mit der Finanzierung zusammenhängen) wurden nicht in das EBIT eingerechnet, da diese Erfolge aus betriebsfremdem Vermögen stammen, welches auch nicht in das Capital Employed einbezogen wird.

zu 5+6:   EBIT-Marge = Return on Sales (ROS)   371/2259 =
          EBITDA-Marge = EBITDA, bezogen auf den Umsatz = 503/2259 = 22,2 %

zu 7: ROCE = Return on Capital Employed

Der ROCE ist ebenso wie der ROI eine Maßzahl für die Ertragsfähigkeit des gesamten Unternehmens.

Der ROCE ermittelt jedoch nicht die Rentabilität des **EBITs vor Steuern**, sondern jene des **EBITs nach Steuern**, auch als NOPAT bezeichnet. Der NOPAT (Net Operating Profit after Tax) ist das um die laufenden Ertragsteuern verminderte EBIT.

Der ROCE zeigt somit den NOPAT, bezogen auf das Capital Employed:

EBIT	371
abz 21,3 % Ertragsteuern (Durchschnittsbelastung des Konzerns)	79
NOPAT	292

Ermittlung des Capital Employed

Als Kapitalbasis zur Ermittlung des ROCE dient das nachfolgend ermittelte Capital Employed:

Bilanzsumme

abz liquide Mittel

abz nicht verzinsliches Fremdkapital

Invested Capital = Net Asset

abz nicht betriebsnotwendiges Vermögen

Capital Employed

Bilanzsumme (Mio €)	2.497	2.625
Nicht verzinsliches Fremdkapital		
Lieferungen und Leistungen	− 218	− 227
Kündbare nicht beherrschende Anteile	− 18	− 13
Sonstige Verbindlichkeiten	− 43	− 96
Verbindlichkeiten für laufende Steuern	− 22	− 26
Passive latente Steuern	− 59	− 60
Rückstellungen	− 122	− 126
Zahlungsmittel und Zahlungsmitteläquivalente	− 306	− 560
Capital Invested (CI) = Net Asset (NA)	**1.709**	**1.517**
abz Betriebsfremdes Vermögen		
Beteiligungen	− 8	− 13
Finanzanlagen	− 37	− 25

Capital Employed	1.664	1.479
Durchschnittliches Capital Employed	**1.571**	**1.541**
EBIT	371	296
• Anteilige Ertragsteuern	– 79	– 64
NOPAT	292	232
ROCE (Return on Capital Employed)	18,6 %	15,1 %

Der return on Capital Employed stellt nach Meinung der Anwender eine exaktere Berechnung der Rentabilität des Unternehmens oder des Konzerns dar als der ROI. In der Tat hat das CE eine größere Bedeutung, wenn es im Unternehmen bzw im Konzern umfangreiches neutrales Vermögen mit eigenem Ertrag gibt. Dies ist aber idR nicht der Fall.

zu 8: ROI = Return on Investment

	2017	2016
EBIT	371	296
Bilanzsumme 1.1.	2.497	2.625
Bilanzsumme 31.12.	2.625	2.411
Durchschnitt	2.561	2.518
ROI	14,5 %	11,8 %

Die Lenzinggruppe berechnet sowohl den ROI als auch den ROCE unter Zugrundelegung des gleichen Ertrages, nämlich den um die Erträge aus Finanzanlagen und die Beteiligungserträge gekürzten EBIT mit dem einzigen Unterschied, dass bei der Ermittlung des ROCE der EBIT um die anteilige Ertragsteuer gekürzt wird. Daraus ergibt sich der NOPAT bzw NOPLAT.

Der **ROI** ist somit zu klein ausgewiesen, da wohl das gesamte Vermögen (Bilanzsumme), aber nur der auf das Capital Employed bezogene EBIT verrechnet wurde. Wegen der Geringfügigkeit der betriebsfremden Erträge liegt die Differenz in diesem Fall in der 10er-Dezimalstelle.

zu 9: Return on Equity = ROE = Eigenkapitalrentabilität

Zur Ermittlung der Eigenkapitalrentabilität hat der Konzern das Eigenkapital durch die Umschichtung von Zuschüssen, die in der Bilanz unter Fremdkapital erfasst sind, und die darauf lastenden latenten Steuern korrigiert.

	2017	2016
1 +3 Eigenkapital laut Jahresabschluss	1.508	1.368
Anpassung: Zuschüsse aus öffentlichen Mitteln	26	29
darauf lastende latente Ertragsteuer	–6	–7
Bereinigtes Eigenkapital	1.528	1.390
Durchschnittliches Eigenkapital	(1.528+1.390)/2	(1.390+1.219)/2
	1.459	1.305
Ergebnis vor Steuern = EBT	357	294
ROE = Return on Equity = Eigenkapitalrentabilität	24,5 %	22,5 %
Jahresüberschuss	282	229
Eigenkapitalrentabilität nach Steuern	19,3 %	17,5 %

5.433 Vermögensbezogene Kennzahlen

		2017	2016
1	Eigenkapital bereinigt (für Zwecke der Eigenkapital-quote)	1.528	1.390
2	Eigenkapitalquote (1528/2497)	61,2	53
3	Bereinigtes Fremdkapital (989 - 20 Zuschüsse)	969	
4	Fremdkapitalquote (969/2497)	38,8	47
5	Nettofinanzverschuldung	68	
6	Net Gearing (Nettoverschuldungsgrad)	4,4 %	
7	Nettoverschuldung	172	
8	Trading Working Capital	415	380
9	Trading Working Capital in % der Umsatzerlöse	18,4	17,8

zu 5 + 7: Nettoverschuldung

Verzinsliches Fremdkapital (ohne Sozialkapital)		382
abzüglich liquide Mittel	306	
Liquide Wechsel in den Lieferforderungen	9	–315
Nettofinanzverschuldung		67
zuzüglich Sozialkapital		105
Nettoverschuldung		172

zu 6: **Nettoverschuldungsgrad (Gearing)**

Lenzing versteht unter Gearing das Verhältnis der **Nettofinanzverschul-dung** zum (bereinigten) Eigenkapital

Gearing = 67/1528 = 4,4 %

Eine andere, ebenfalls übliche Form stellt dem Eigenkapital die **Nettover-schuldung**, dh die Nettofinanzverschuldung zuzüglich dem verzinslichen Sozialkapital gegenüber. Daraus ergibt sich folgende Kennzahl:

Net Gearing = 172/1528 = 11,3 %

Lenzing sieht in der Gegenüberstellung der Nettofinanzverschuldung zum EBITDA ein gutes Indiz der Rückzahlungsdauer der eigenen Finanzschulden. Der Gearinggrad ist extrem gut. Die Rückzahlungsdauer des Unternehmens liegt weit unter einem Jahr.

zu 8-9: Trading Working Capital

	2017	2016
Vorräte	340	330
Lieferforderungen	293	277
Lieferverbindlichkeiten	–218	–227
Trading Working Capital	415	380
Umsatzerlöse	2.259	2.134
TWC in % der Umsatzerlöse	18,4	17,8

5.434 Cashflow-Kennzahlen

Von den aus der (hier nicht dargestellten) Geldflussrechnung zu ermittelnden Cashflow-Kennzahlen sind drei Kennzahlen erwähnenswert, und zwar:

1	Brutto-Cashflow	419	386
2	Free Cashflow	33	366
3	CAPEX (Capital Expenditures)	239	107

Der Brutto Cashflow ist eine dem EBITDA ähnliche Kennzahl und zeigt den gesamten Zufluss aus der betrieblichen Tätigkeit, der dem Unternehmen als „Manövriermasse" zur Verfügung steht. Der Free Cashflow ergibt sich im Wesentlichen aus dem Saldo des Cashflow aus der laufenden Betriebstätigkeit und dem Cashflow aus der Investitionstätigkeit und zeigt den noch frei verfügbaren Cashflow.

CAPEX (Capital Expenditures) entspricht dem Erwerb immaterieller Anlagen und Sachanlagen.

5.5 Betriebsvergleich, Branchenvergleich, Benchmarking

5.51 Betriebsvergleich

Die Berechnung von Kennzahlen allein lässt noch kein Urteil über die wirtschaftliche Lage von Unternehmen zu, da ein Vergleichswert fehlt, zu dem die Kennzahl in Relation gesetzt werden kann. Beim Betriebsvergleich ieS werden die IST-Werte eines Unternehmens mit den IST-Werten eines anderen Unternehmens verglichen. Dabei werden idealerweise dieselben Geschäftsjahre von Unternehmen verglichen, welche auf denselben Märkten mit derselben Technologie tätig sind.

Insbesondere beim Betriebsvergleich ieS besteht das Problem einer mangelnden Vergleichbarkeit von Unternehmen, da diese nur gegeben ist, wenn sich alle Merkmale zweier Unternehmen bis auf ein Merkmal gleichen (Strukturgleichheit). Daher ist darauf zu achten, dass die zu vergleichenden Unternehmen möglichst der gleichen Branche zugehörig sind. Außerdem sind absolute Zahlen (zB Umsatzerlöse) nur bei gleicher Größe der Unternehmen miteinander vergleichbar, weshalb meist Verhältniszahlen (zB ROS) berechnet werden müssen.

5.52 Branchenvergleich

Auch der Branchenvergleich zählt zum Betriebsvergleich, wobei die Kennzahlen nicht mit einem einzelnen Unternehmen, sondern mit einer repräsentativen Auswahl an Unternehmen derselben Branche bzw mit dem Branchendurchschnitt insgesamt verglichen werden. Dabei wird eine Homogenität der Unternehmen unterstellt, welche aber niemals vollständig erreicht werden kann.

5.53 Benchmarking

Durch die Bildung von Durchschnittswerten kann der Abstand zur Branchenspitze nicht mehr gemessen werden. Daher erfolgt beim Konzept des „Benchmarking" ein Vergleich von Kennzahlen mehrerer Unternehmen auf Basis eines Maßstabes (Benchmark). Idealerweise erfolgt dieser Vergleich gegen das „beste" Unternehmen einer vergleichbaren Gruppe. Es werden allerdings nicht nur Kennzahlen, sondern auch Strategien, Produkte, Prozesse und Methoden verglichen, um Unterschiede und Entwicklungspotentiale festzustellen.

5.531 Vergleichswerte

Momentan liegen keine Beispiele international genormter Vergleichswerte vor. Auf nationaler Ebene kann man gewisse **Benchmarks** in Bezug auf die Finanz- und Ertragslage von Unternehmen von nationalen Institutionen sowie Publikationen erhalten. So hat das Institut für KMU-Forschung Austria eine Bilanzdatenbank, wo die wesentlichen Kennzahlen nach unterschiedlichen Kriterien erworben werden können (vgl http://www.kmuforschung.ac.at/index.php/de/bilanz-datenbank). Außerdem existiert für Österreich eine von der OENB publizierte Online-Datenbank, wo eine Auswahl an Jahresabschlusskennzahlen nach Sektoren abgerufen werden können. Eine aktuelle Studie von *Bryndza/Mittelbach-Hörmanseder* (Kennzahlen im Lagebericht, RWZ 9/2018, 296) gibt einen Überblick über die aktuellsten im Lagebericht publizierten Kennzahlen des Vienna Prime Markets, gegliedert nach Branchen für das Jahr 2016. Die Ergebnisse zeigen teilweise erhebliche Unterschiede zwischen Branchen und insbesondere ATX-Unternehmen weisen idR höhere Werte aus. Für die Eigenkapitalquote s die folgende Abbildung.

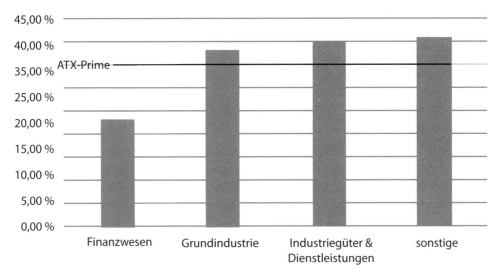

Eine durchgeführte Studie von *Schuschnig/Paulitsch/Fritz-Schmied* (Finanzielle Leistungsindikatoren im Rahmen der Lageberichterstattung – Empirische Evidenz des österreichischen Kapitalmarktes, RWZ 9/2018, 290) untersucht, wie viele der insgesamt zehn vom *KFS/BW 3* geforderten Kennzahlen von den an der Wiener Börse gelisteten Unternehmen angegeben werden. Die Ergebnisse zeigen, dass im Konzernlagebericht durchschnittlich 5,59 der Kennzahlen und im Lagebericht zum Einzelabschluss durchschnittlich 4,47 der geforderten Kennzahlen angegeben werden. Allerdings handelt es sich bei den Kennzahlen des *KFS/BW 3* lediglich um Empfehlungen, welche an die Anforderungen des Unternehmens angepasst werden müssen. Es kann daher auch die Angabe von empfohlenen Kennzahlen unterlassen werden bzw müssen weitere über die Empfehlungen hinausgehende Kennzahlen angeben werden, um die von der Branche und der Komplexität der Unternehmen abhängigen Anforderungen zu erfüllen.

Als weitere Vergleichsmöglichkeit dienen Publikationen der Deutschen Bundesbank (DBB). Zu den aktuellsten zählen „Hochgerechnete Angaben aus Jahresabschlüssen deutscher Unternehmen von 1997 bis 2016 (Dezember 2017)" und „Verhältniszahlen aus Jahresabschlüssen deutscher Unternehmen von 2014 bis 2015 – Statistische Sonderveröffentlichung 6 (Mai 2018)". Hier werden deutsche Unternehmen nach unterschiedlichen Kriterien (Wirtschaftszweigen, Rechtsformen, Größenklassen) eingeteilt und aggregierte Jahresabschlusskennzahlen veröffentlicht.

Als Beispiel werden die gängigen Kennzahlen für Österreich (ATX) und Deutschland (DAX) dargestellt (entnommen aus *Bryndza/Mittelbach-Hörmanseder, Kennzahlen im Lagebericht, RWZ 9/2018, 296)*:

Tabelle 1: Unternehmensdaten 2016 – ATX

	Mittelwert	Std Abw	Min		Median	Max	n
MV	3 222 495	2 827 384		548 720	2 254 780	12 425 520	19
BS	27 045 205	48 812 659		790 417	6 505 026	207 993 297	20
UE	4 378 193	4 677 594		182 990	2 636 752	19 260 000	20
EK-Quote	32,97 %	15,64 %		5,75 %	36,13 %	53,86 %	19
Gearing	68,08 %	78,35 %	–	62,54 %	50,58 %	258,57 %	20
WCR	147,94 %	71,20 %		54,94 %	130,03 %	340,77 %	11
ROI	3,68 %	3,91 %	–	2,75 %	4,27 %	10,89 %	19
ROE	9,69 %	9,48 %	–	9,15 %	8,57 %	27,97 %	20
EBT-Marge	15,99 %	24,49 %	–	24,62 %	7,64 %	91,90 %	20
EBIT-Marge	6,08 %	10,01 %	–	20,75 %	6,88 %	23,09 %	12
EBITDA-Marge	14,80 %	9,51 %		6,05 %	11,57 %	35,22 %	12

Tabelle 2: Unternehmensdaten 2016 – DAX

	Mittelwert	Std Abw	Min		Median	Max	n
MV	35 791 091	28 070 710		6 747 730	24 403 040	96 062 310	29
BS	177 298 396	320 588 945		6 573 000	46 070 000	1 581 880 000	29
UE	46 809 452	47 152 892		2 259 500	38 173 000	217 267 000	29
EK-Quote	28,54 %	18,62 %	–	1,69 %	27,49 %	63,25 %	29
Gearing	77,47 %	75,17 %	–	41,11 %	54,93 %	287,38 %	27
WCR	127,37 %	48,26 %		75,26 %	115,20 %	293,59 %	24
ROI	4,25 %	4,57 %	–	9,22 %	4,98 %	10,14 %	27
ROE	5,13 %	36,77 %	–	132,78 %	14,69 %	34,51 %	27
EBT-Marge	14,67 %	30,46 %	–	13,32 %	9,37 %	169,06 %	29
EBIT-Marge	17,23 %	35,58 %	–	11,23 %	10,62 %	184,58 %	24
EBITDA-Marge	23,31 %	34,73 %	–	6,03 %	17,34 %	185,59 %	24

6. Jahresabschlussanalyse zur Feststellung möglicher Krisen

6.1 Krisen und Krisenursachen

Die Erstellung des Jahresabschlusses erfolgt grundsätzlich unter der Annahme, dass das rechnungslegungspflichtige Unternehmen fortgeführt wird. Insbesondere die Bewertungsvorschriften bauen gem § 201 Abs 2 Z 2 auf der sog „Going-concern-These" auf. Ein Abgehen von der gesetzlichen Fortführungsannahme ist nur möglich, wenn ihr tatsächliche oder rechtliche Gründe entgegenstehen.

Rechtliche Gründe für den Wegfall der **Going-concern-Prämisse** sind zB die Einleitung des Insolvenzverfahrens, das Erlöschen von Konzessionen oder erforderliche Betriebseinstellungen aufgrund von Umweltschutzauflagen (*Egger/Samer/Bertl*, Band I, S 67).

Faktische Gründe sind alle jene, die eine substantielle Gefährdung des Unternehmensbestandes darstellen, dh krisenhafte Entwicklungen im weiteren Sinn. Gem Fachgutachten *KFS/BW 5* wird der Begriff der **Krise** als Phase der Diskontinuität in der Entwicklung eines Unternehmens definiert, die eine substantielle Gefährdung des Unternehmensfortbestandes darstellt und durch die Unbestimmtheit ihres Ausgangs charakterisiert ist. Eine solche Gefährdung eines Unternehmens kann aufgrund außerordentlicher, nicht vorhersehbarer Ereignisse plötzlich, dh ohne erkennbare Warnsignale eintreten. Typischerweise durchlaufen Unternehmen in der Krise jedoch nacheinander verschiedene Eskalationsstufen.

Ausgehend von einer potentiellen (strategischen) Krise führt der Weg über eine latente (Ertrags-)Krise zur akuten (Liquiditäts-)Krise.

Typische Symptome einer Krise sind idR negative Entwicklungen im Betriebsbereich. Sie zeigen sich zB in Verlusten, rückläufigen Umsätzen, geringerer Produktivität oder einer Verschlechterung der Kostenstruktur.

Damit verbunden sind in weiterer Folge negative Cashflows, Liquiditätsengpässe und Finanzierungsprobleme. Diese führen schließlich zum Ansteigen der Fremdfinanzierung, zum Rückgang des Eigenkapitals und uU zur Überschuldung.

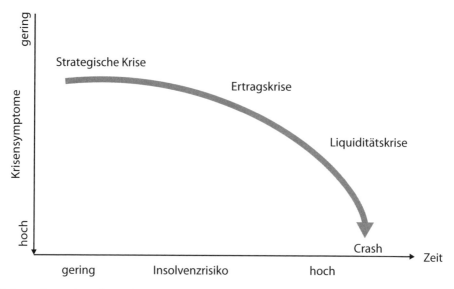

Während am Beginn einer Krise idR von einer Fortführung des Unternehmens ausgegangen werden kann, muss bei andauernder Krise die Fortführungsannahme hinterfragt werden bzw besteht ein Insolvenzrisiko und damit die Notwendigkeit einer sog Fortbestandsprognose.

Die **Fortbestandsprognose** ist ein Instrument der (insolvenzrechtlichen) Überschuldungsprüfung. Wird aufgrund der Fortbestandsprognose die künftige Zahlungsfähigkeit und damit Lebensfähigkeit des Unternehmens nicht bestätigt, ist vom Going-concern-Prinzip abzugehen und der Jahresabschluss auf Zerschlagungswerte umzustellen (vgl *Bertl/Schereda*, Praxishandbuch Insolvenzabwicklung, S 136 ff).

Ist hingegen die Fortbestandsprognose positiv und wird das Unternehmen aus anderen Gründen nicht mehr fortgeführt (planmäßig beendet), bleiben die Grundsätze der UGB-Bilanzierung (und damit auch das Going-concern-Prinzip) aufrecht. Allerdings muss bei der Bewertung der Vermögensgegenstände und Schulden auf den nun kürzeren Bestandszeitraum des Unternehmens abgestellt werden. Dies wird idR Auswirkungen auf Vermögenspositionen mit Zinseffekten (zB Rückstellungen) haben.

Der Jahresabschluss bildet daher entweder die wirtschaftliche Lage des Unternehmens unter Going-concern-Gesichtspunkten unter der allfälligen Annahme einer Nichtfortführung des Unternehmens oder der Zerschlagung des Unternehmens (bei negativer Fortbestandsprognose) ab.

In welcher Phase sich ein Unternehmen befindet, hängt von Art und Ausmaß der Krise und von der Möglichkeit, diese Krise zu bewältigen, ab.

6.2 Symptome und Ursachen einer Krise

Wie im Vorkapitel ausgeführt, durchlaufen Unternehmen idR in der Krise nacheinander folgende Eskalationsstufen (vgl *KFS/BW 5*):

potentielle/strategische Krise	negative Beeinflussung der Unternehmensentwicklung durch Störung langfristig wirkender Erfolgspotentiale	1. Stufe
latente/Ertragskrise	Erfolgskrise, beginnende Verluste, Aufzehrung des Eigenkapitals, Gefahr zukünftiger Überschuldung	2. Stufe
akute/Liquiditätskrise	Gefahr der Zahlungsunfähigkeit (Liquiditätskrise), äußerst knappe Reaktionszeit zur Abwendung einer drohenden Insolvenz, akute Gefährdung der Unternehmensexistenz	3. Stufe

Das rechtzeitige Erkennen von Krisensignalen bietet die Möglichkeit, der Entwicklung von Unternehmenskrisen frühzeitig entgegenzuwirken. Die im Anschluss für die drei Phasen von Krisensituationen angeführten Indikatoren liefern Hinweise, ob sich eine akute Krise bzw ein Zusammenbruch des Unternehmens anbahnt. Bei der Wertung der nachfolgend angeführten Krisensignale ist im Einzelfall für eine sichere Aussage eine Gesamtbetrachtung der wirtschaftlichen Lage des Unternehmens, zu der neben den in dieser Ausarbeitung angeführten Indizien die Besonderheiten der Branche, die Unternehmensgröße, die Marktverhältnisse und die Wettbewerbssituation sowie ähnliche Einflussfaktoren gehören, erforderlich. Folgende Tabelle nennt je nach Unternehmensbereich Ursachen für eine erhöhte Krisenanfälligkeit, die zur Beurteilung eines Unternehmens und seiner Gefährdung hinterfragt werden sollten.

6.21 Indikatoren für die potentielle Krise (1. Stufe)

Unternehmensführung	nicht zutreffend	teils zutreffend	zutreffend
– Kein bzw unzureichendes Risikomanagement			
– Starres Festhalten an früher erfolgreichen Konzepten			
– Ablehnen von Veränderungen			
– Patriarchalischer Führungsstil			
– Fehlende Nachfolgeregelung			
– Hohe Fluktuation des Managements			
– Mangel an Erfahrung und sonstiger Qualifikation der Führungskräfte			
– Mangelnde Delegation			
– Entscheidungsschwäche, notwendige Entscheidungen werden immer wieder verschoben			

Unternehmensführung	nicht zutreffend	teils zutreffend	zutreffend
– Nicht klar definierte Verantwortungsbereiche auf Geschäftsführungsebene (keine Geschäftsordnung vorhanden)			
– Überwiegen der Ressortinteressen bei Entscheidungen der Unternehmensführung			
– Zu schnelle Expansion			
– Persönliche Differenzen, Streit/anwaltliche Auseinandersetzung auf Leitungs- und/oder Gesellschafterebene			
– Fehlende Standort-, Produkt- und Marktevaluierung			
– Fehlen einer langfristigen Unternehmensplanung, keine laufende Aktualisierung der Langzeitplanung durch detaillierte Jahrespläne			
– Keine Überprüfung der Realisierung der definierten Jahresziele (Soll-Ist-Vergleich)			

Organisation	nicht zutreffend	teils zutreffend	zutreffend
– Intransparente Struktur und Hierarchie (zB kein Organigramm)			
– Unklare Abgrenzung der Zuständigkeiten (zB fehlende Stellenbeschreibungen)			
– Abweichungen zwischen formaler und tatsächlich gelebter Struktur			
– Defizite der Informationssysteme und Kommunikationsmöglichkeiten (ausfallsanfällige IT-Systeme, fehlende Dokumentation)			
– Mangelhafte Kontrolle und Koordination			
– Nicht angemessenes internes Kontroll-/Frühwarn-system/keine interne Revision			
– Defizite in der internen und/oder externen Unternehmenskommunikation			
– Fehlende organisatorische Anpassung an die aktuelle Entwicklung			
– Unklare, kosten- und zeitaufwendige Abläufe			
– Steuerliche und konstitutive Rechtsformnachteile			
– Unzureichende Projektplanung und Projektmanagement			

Personal	nicht zutreffend	teils zutreffend	zutreffend
– Fehlende Personalplanung und -entwicklung			
– Mangelnde Motivation der Belegschaft, schlechtes Betriebsklima			
– Fachlich und führungsmäßig unzureichend qualifizierte Mitarbeiter			
– Abhängigkeit des Unternehmens von einzelnen Mitarbeitern (Spezialisten)			
– Konflikte mit Arbeitnehmern, Streik, Aussperrung, Sabotage			
– Unangemessene Vergütung			
– Scheu vor Belegschaftsabbau			
– Abbau unbequemer Mitarbeiter			
– Keine/nicht strukturierte Mitarbeiter-Fortbildung			
– Unsachgemäße Arbeitsbedingungen, mangelnde Arbeitssicherheit			
– Keine den jeweiligen Standards entsprechende Personalbetreuung und Sozialleistungen			
– Überwechseln von Spitzenkräften zur Konkurrenz			
– Einflussnahme Dritter auf die Mitarbeiterauswahl bzw Stellenbesetzung			
– Branchenuntypisch hohe Fluktuation			
– Überalterung des Personals			
– Hohe Krankenstände			
– Fehlende Dienstverträge			

Forschung und Entwicklung (F+E)	nicht zutreffend	teils zutreffend	zutreffend
– Nicht angemessene/konzeptlose F+E, keine Innovationen			
– Kostenintensive F+E für Produkte, deren Erfolgsaussichten sehr unsicher sind			
– Fehlender Informationsaustausch zwischen F+E und den Funktionsbereichen Produktion und Vertrieb/Marketing			
– Fehlende Definition/Erfassung von F+E-Aufwendungen			
– Keine langfristige Planung von F+E-Aktivitäten			
– Fehlende Inanspruchnahme von möglichen F+E-Förderungen			

Beschaffung und Logistik	nicht zutreffend	teils zutreffend	zutreffend
– Unzureichende Anpassung der Logistik an die Unternehmensabläufe, ineffiziente Materialflüsse/Lagerwirtschaft			
– Schwächen in der Einkaufspolitik und in den Lieferantenbeziehungen			
– Abhängigkeit von bestimmten Lieferanten und Rohstoffquellen			
– Politische und Währungsrisiken bei Rohstoffimporten			
– Schwankungen der Preise für Rohstoffe, Zulieferteile oder Transporte			
– Keine Zuverlässigkeitsprüfung der Lieferanten			
– Ausdehnung des Lieferantenkreises und Zunahme der Liefermängel			
– Unverhältnismäßig hohe Kapazitäten des eigenen Fuhrparks			

Produktion und Produkte	nicht zutreffend	teils zutreffend	zutreffend
– Fehlende Abstimmung zwischen Produktion und Vertrieb			
– Zu geringe/große Diversifikation der Produktpalette			
– Keine angemessene Qualitätssicherung			
– Einsatz von veralteten/noch unerprobten Produktionstechniken			
– Unwirtschaftliche Eigenfertigung statt Fremdbezug			
– Leerkapazitäten			
– Steigende Umrüstungskosten			
– Fertigungsengpässe			
– Komplexe Produktionsprozesse			
– Ausfallsensible Anlagen			
– Zu erwartende Änderungen produktions- oder produktrelevanter Gesetzgebung			
– Hohe Substituierbarkeit der Produkte			
– Unzeitgemäße Produkteigenschaften, zu hohe/niedrige Qualität			

Vertrieb und Marketing	nicht zutreffend	teils zutreffend	zutreffend
– Fehlende Marketing-Strategie			
– Abhängigkeit von wenigen Abnehmern			
– Keine/mangelhafte Bonitätsprüfung der Kunden			
– Exportabhängigkeit und Währungsrisiken			
– Unkontrollierte Umsatzerhöhung oder Markt-anteils-ausweitung			
– Planlose Hoch-/Niedrigpreispolitik			
– Hohe Lagerdauer			
– Lange Zahlungsziele			
– Mangelhafte Planung des kurz-, mittel- und langfristigen Absatzes und dessen Abstimmung mit der Vertriebspolitik			
– Ineffiziente Vertriebsorganisation			
– Mangelhafte Kundenorientierung und Kundenbetreuung			
– Zunahme von Kundenbeschwerden			
– Nicht nachvollziehbare Markteinschätzung, oberflächliche oder fehlende Marktforschung			
– Niedrige Anteile von Stammkunden am Umsatz, keine langfristigen Lieferverträge			
– Negatives/fehlendes Markenimage			
– Zahlreiche Konkurrenten und/oder marktbeherrschender Konkurrent			
– Hohe Produkthaftpflichtrisiken und unzureichender Versicherungsschutz zur Abdeckung aller Risiken			

Finanzen und Controlling	nicht zutreffend	teils zutreffend	zutreffend
– Defizite im Informations- und Berichtswesen			
– Unzureichende Planungs- und Kontrollinstrumente			
– Keine bzw unzureichende Investitionsplanung(-rechnung)			
– Defizite in Kostenrechnung und Kalkulation			
– Fehlende Erfolgsaufschlüsselung (Sparten, Produkte, Kunden, Filialen, Gebiete, Verkäufer, Vertriebswege)			
– Unzulängliche Liquiditätsüberwachung			
– Fehlen konsolidierter Abschlüsse			

6.22 Indikatoren für die latente Krise (2. Stufe)

Erträge	nicht zutreffend	teils zutreffend	zutreffend
– Nachfragerückgang			
– Preisverfall			
– Verlust von Marktanteilen			
– Verlust von wichtigen (Stamm-)Kunden			
– Sinkende EBIT-Marge			

Aufwände	nicht zutreffend	teils zutreffend	zutreffend
– Gemessen an Branchenkennzahlen abnehmende/schlechte Produktivität, zB Pro-Kopf-Umsatz			
– Auslastungsrückgang und hohe Fixkosten			
– Zunehmende Lagerdauer			
– Zunehmende Lieferverzögerungen			
– Zunehmende Fehler- und Ausschussquote			

Finanzierung	nicht zutreffend	teils zutreffend	zutreffend
– Komplexe Finanzierungsstruktur			
– Mangelnde Fristenkongruenz im Bereich der langfristigen Finanzierung			
– Hohe Verschuldung und hohe Zinsbelastung			
– Steigendes Kreditvolumen ohne adäquate Investitionstätigkeit			
– Häufiger Wechsel der Bankverbindung			
– Neue Kredite nur zu schlechteren Konditionen erhältlich			
– Anfallen von Verzugszinsen und Mahnkosten			
– Fehlendes Ausnutzen von Skonti			
– Risiken aus dem Einsatz von Derivaten			
– Hohe Forderungen und Verbindlichkeiten gegenüber verbundenen Unternehmen			

Bilanzpolitik	nicht zutreffend	teils zutreffend	zutreffend
– Änderung der Bilanzierungs- und/oder Bewertungsmethoden (zB Abschreibungen)			
– Reserven (Wertberichtigungen, Rückstellungen, Rücklagen) werden aufgelöst			
– Umgründungen unter Nutzung der Aufwertungs-option des § 202 Abs 1			
– Verschiebung des Jahresabschlussstichtages			

6.23 Indikatoren einer akuten Krise (3. Stufe)

Finanzierung	nicht zutreffend	teils zutreffend	zutreffend
– Kein oder negatives Eigenkapital			
– Fehlende Alternativfinanzierungsmöglich-keiten			
– Forderung nach höherer Besicherung			
– Kürzung des Kreditrahmens			
– Unerwarteter Kreditbedarf			
– Drohende Konventionalstrafen wegen Nicht-erfüllung von Kreditvereinbarungen			
– Drohende Kündigung/Fälligstellung von Krediten			

Working Capital Management	nicht zutreffend	teils zutreffend	zutreffend
– Hohe Außenstandsdauer, langsames und ineffektives Mahnwesen und Inkasso			
– Verspätete/ineffiziente Rechnungslegung			
– Verzögerungen eigener Zahlungen			
– Verspätete Zahlungen außerhalb der verein-barten Konditionen			
– Stundungen/Zahlungsaussetzungen liegen vor/werden verhandelt			
– Bankkonto wird häufiger überzogen			
– Häufige Mahnungen, Zahlungen müssen an (fremde) Rechtsanwälte und Inkassobüros geleistet werden			
– Lieferanten arbeiten nur noch gegen Bar-zahlung			
– Verändertes Bestellverhalten; Wechsel von Großabnahmen auf Kleinmengen			
– Kontopfändungen, Exekutionen insbesondere wegen Steuerschulden und Sozialabgaben			
– Durchführung von „Sale-and-lease-back"-Geschäften			
– Einsatz des Umlaufvermögens zur Besiche-rung (Forderungszession, Sicherungsüber-eignung von Warenlagern)			

Neben den oben angeführten Indikatoren sind zur Erlangung eines den tat-sächlichen Verhältnissen entsprechenden Bildes der Unternehmenslage alle sonstigen Informationsinstrumente, die der Unternehmensleitung zur Ver-

fügung stehen, heranzuziehen. Dazu gehört als wesentliche Informationsquelle der Soll-Ist-Vergleich zwischen Plandaten und Ist-Daten sowie die in
diesem Kapitel angeführten Kennzahlen.

Die Maßnahmen zur Krisenbewältigung sind je nach dem Stadium der Krise
unterschiedlich. Während potentielle Krisen idR durch die Unternehmensleitung, womöglich unter Heranziehung externer Berater, bekämpft werden,
müssen in die Bewältigung einer akuten Krise idR auch die Kapitalgeber jeder Art, mitunter auch Kunden, einbezogen werden.

6.3 Bilanzielle Indikatoren der Krisenentwicklung und Maßgrößen zur finanziellen Restrukturierung

6.31 Negative Eigenkapitalveränderung

Ein hochaggregierter und trotzdem sehr aussagekräftiger Indikator für Krisen
ist eine **negative Eigenkapitalveränderung**. Diese Veränderung ist direkt
aus dem Jahresabschluss ablesbar.

Das Eigenkapital von Kapitalgesellschaften und kapitalistischen Personengesellschaften (vgl AFRAC 18) setzt sich aus dem nominellen Eigenkapital,
den Kapital- und Gewinnrücklagen und dem Bilanzgewinn (Verlust) zusammen. Übersteigt der Bilanzverlust die anderen Eigenkapitalpositionen, entsteht ein negatives Eigenkapital.

Gem § 225 Abs 1 ist im Anhang zu erläutern, ob – bei Vorliegen eines negativen Eigenkapitals – Überschuldung im insolvenzrechtlichen Sinn vorliegt.

Die **finanzielle Restrukturierung** kann ua durch Aufdecken (Realisierung)
stiller Reserven, die Veräußerung von nicht betriebsnotwendigem Vermögen
und durch Zufuhr von Eigenmitteln erfolgen.

Jedenfalls ist es notwendig, die kurz- und mittelfristige Finanzplanung und
die Möglichkeit zu prüfen, die Mittelbindung zu verändern (zB durch Reduktion des Working Capitals) bzw die Finanzierungsstruktur der Krisensitua-
tion anzupassen.

Wesentliche Kennzahlen ergeben sich aus dem Kapitel Finanzierungs- und
Liquiditätsanalyse.

6.32 Ergebnisentwicklung

Das Ergebnis eines Unternehmens ist ebenso wie die Position Eigenkapital
eine hochaggregierte Kennzahl. Weiters ist zu beachten, dass ein periodisiertes
Ergebnis ermittelt wird und damit idR keine Deckungsgleichheit mit den Zah-

lungsströmen besteht. Ein Ergebnisüberschuss kann so mit einem negativen Cashflow verbunden sein wie ein Fehlbetrag mit einem positiven Cashflow.

Es wird häufig versucht, aus den Cashflow-Zahlen Ertragskennzahlen abzuleiten, in vielen Fällen deswegen, weil man glaubt, auf diese Weise Bewertungsmanipulationen umgehen zu können. Derartige Manipulationen festzustellen ist ua Aufgabe der Geldflussrechnung, nicht aber, die Erfolgsrechnung zu ersetzen. Der betriebliche Geldfluss ist Zufälligkeiten sowohl im Zu- als auch Abfluss ausgesetzt und durchaus kurzfristig manipulierbar (zB Verschieben von im Dezember fälligen Zahlungen in das nächste Jahr).

Aus diesem Grunde sollte man für die Analyse Ertragskennzahlen aus der Gewinn- und Verlustrechnung, nicht aber aus der Geldflussrechnung ableiten.

Das Gliederungsschema des § 231 kennt mehrere Ergebnisgrößen.

Der **Jahresüberschuss** (Fehlbetrag) gibt das Gesamtjahresergebnis nach Steuern und Zinsen wieder.

Die Überleitung zum Bilanzgewinn (Bilanzverlust) ergibt sich ausschließlich durch Rücklagenveränderungen (dh bilanzpolitische Maßnahmen) und dem Vorjahresergebnis. Der Bilanzgewinn hat daher nur eine statische Aussagekraft.

Der Jahresüberschuss selbst ist durch Steuern, Finanzerträge und Kapitalstruktur beeinflusst. Für Krisenanalysen eignet sich besser ein „Betriebsergebnis". Dazu könnte die Zwischensumme 9 gem § 231 Abs 2 herangezogen werden. Dies entspricht der Kennzahl EBIT (s dort).

Eine finanzielle Restrukturierung ist durch eine betriebliche Ertrags- und Aufwandsveränderung nur mittelbar möglich. Allerdings ist ohne Betriebsrestrukturierung auch keine **finanzielle Restrukturierung** möglich.

Entscheidende Stellgrößen der Restrukturierung sind Mengen- und Preisanpassungen auf der Einnahmen-(Leistungs-)seite einerseits und auf der Ausgaben-(Kosten-)seite andererseits. Auch die Investitions- und Finanzierungsmaßnahmen sind zu beachten, da sich diese über Abschreibungen und Zinsen bzw Leasingraten direkt auf die Erfolgsrechnung auswirken.

Im Rahmen der Restrukturierungsmaßnahmen ist vor allem den Schlüsselindikatoren (KPIs = Key Performance Indicators; vgl zB *Reichmann*, Controlling mit Kennzahlen) besondere Aufmerksamkeit zu widmen. Die Kenntnis dieser Schlüsselindikatoren sollte aus Geschäftsberichten, insbesondere aber auch aus dem Lagebericht ableitbar sein. Vor allem die dort darzustellenden Leistungsindikatoren können und werden, sofern das Unternehmen im Berichtswesen dem Management Approach folgt, wesentliche Hinweise geben.

Einige KPIs haben allgemeine (branchenunabhängige) Gültigkeit, wie Bruttomargen und Rohgewinnspannen oder Produktivitätskennzahlen. Viele sind jedoch branchenabhängig, wie zB der m^2-Umsatz im Einzelhandel.

6.33 Finanzierung

Finanzierungskrisen sind grundsätzlich auf eine nicht **fristenkongruente** Abstimmung zwischen Mittelaufbringung und Mittelverwendung zurückzuführen. Beispiele für wesentliche Faktoren, die zu finanziellen Krisen führen können, sind:

6.331 Betriebsvergrößerung bei nicht fristentsprechender Finanzierung

Bspw die Durchführung von Erweiterungsinvestitionen gegen (kurzfristige) Lieferverbindlichkeiten. Der Einwand, dass auch ein Teil der kurzfristigen Schulden tatsächlich langfristig sei, und somit wie langfristige Schulden behandelt werden könne, stimmt wohl unter normalen Verhältnissen. Er stimmt nicht mehr bei Einsetzen von Kreditrestriktionen, bei Konjunkturrückgang oder bei Verschlechterung der Gewinnsituation des Unternehmens.

6.332 Abgehen von einer fristenkongruenten Finanzierung

Dieses Abgehen wird durch den **Ersatz langfristiger durch kurzfristige Schulden** signalisiert: Es ist zB ein langfristiger Kredit fällig. Da der Rückfluss aus den damit getätigten Investitionen aber wieder reinvestiert wurde, erfolgt die Rückzahlung des Kredites zu Lasten kurzfristiger Kontokorrentverbindlichkeiten. Die Folge besteht darin, dass die Neuinvestitionen kurzfristig finanziert sind und damit die Fristenkongruenz gestört ist.

6.333 Umschichtung von Umlauf- in Anlagevermögen bei gleichbleibender Kapitalstruktur

Bisher kurzfristig finanziertes Umlaufvermögen wird in Anlagevermögen umgeschichtet, ohne dass eine Änderung in der Finanzierung eintritt. Dies kann bspw bei Änderung der Betriebstätigkeit der Fall sein. Damit entstehen Zahlungsschwierigkeiten, da der Rückfluss nicht in der notwendigen Geschwindigkeit gegeben ist.

In diesen Bereich gehört auch die Bindung von Finanzmitteln durch die Erhöhung des Umlaufvermögens bei unverändertem Umsatz

6.334 Gleichbleibende Ausgabenentwicklung bei fallenden Gewinnen

Werden trotz fallender Gewinne weiter Investitionen in bisheriger Höhe getätigt bzw Lager- oder andere Vermögensgegenstände erhöht oder werden weiterhin Entnahmen in alter Höhe getätigt, können diese noch eine Zeitlang aus dem Cashflow bezahlt werden. Reicht jedoch der Cashflow nicht mehr aus, tritt als Folge zunehmende Verschuldung auf, die nicht zu einer gewollten, sondern zwangsweisen Verschlechterung der Kapitalstruktur führt.

6.335 Forderungsverkauf (Factoring)

Der **Forderungsverkauf** in Form des sog **Factoring** kann eine sinnvolle Finanzierungsform sein, wenn dadurch Finanzierungskosten gesenkt werden können und der Zessionsaufwand niedriger als die Kostenersparnis ist. Factoring kann aber auch ein Hinweis darauf sein, dass eine allgemeine Kreditfinanzierung nicht mehr möglich ist und führt gleichzeitig dazu, dass das Besicherungspotential für die sonstige Kreditfinanzierung erheblich reduziert wird.

6.336 Verbindlichkeiten/Forderungen gegenüber verbundenen Unternehmen

Verbindlichkeiten und Forderungen gegenüber verbundenen Unternehmen können einerseits aus einem Leistungsaustausch entstehen, Ergebnis eines Cash-Poolings oder die unternehmenspolitisch oder steuerlich motivierte Form der Innenfinanzierung eines Konzerns sein. Hohe Verbindlichkeiten gegenüber verbundenen Unternehmen können aber auch der Ausdruck fehlender Fremdfinanzierungskraft der Beteiligungsgesellschaft sein.

Wesentliche Kennzahlen zur frühzeitigen Erkennung von Krisensymptomen sind Verschuldungsgrad, Gearing, Anlagedeckung oder der Schuldendeckungsgrad.

Klassische **finanzielle Restrukturierung**smaßnahmen bestehen in der Zufuhr neuer Mittel, wobei hybride Finanzierungsmittel (wie stille Beteiligungen, Genussrechte oder partiarische Darlehen) eine wesentliche Rolle spielen können. Ein wichtiges Instrument ist auch die Restrukturierung der Finanzverbindlichkeiten, wobei im Sanierungsfall mit den Kreditinstituten Stillhalteabkommen, Tilgungsaussetzungen und neue Fristigkeiten für Kreditrückzahlungen vereinbart werden (können).

Auf der Aktivseite wird die Sanierung idR in einer Reduktion der Vermögensbindung bestehen, insbesondere im Bereich des Vorrats- und Forderungsvermögens (zB durch ein verbessertes Working Capital Management).

6.34 Bilanzpolitische Maßnahmen

Der Begriff **Bilanzpolitik** umfasst alle Maßnahmen, bei denen die Gestaltung des Jahresabschlusses so beeinflusst wird, dass bestimmte Ziele erreicht werden können (vgl *Bertl*, Fehler und Fehlverhalten im Bilanzsteuerrecht, in: Wiener Bilanzrechtstage 2016, S 15 ff). Sowohl aus finanzpolitischen als auch aus informationspolitischen Zielen kann das Management bzw das Unternehmen bilanzpolitische Maßnahmen dazu verwenden, Indikatoren der Krisenentwicklung zu neutralisieren. Dies bestätigen empirische Analysen zum sog Earnings Management, aber auch Analysen nach sog Bilanzskandalen (*Bertl* aaO, S 24).

Bilanzpolitik kann sowohl als reale Bilanzpolitik (Sachverhaltsgestaltung) als auch als buchmäßige Bilanzpolitik auftreten.

Reale bilanzpolitische Maßnahmen sind Maßnahmen vor dem Bilanzstichtag, die idR auch mit einem Zahlungsvorgang vor dem Bilanzstichtag verbunden sind. Buchmäßige Bilanzpolitik betrifft die buchmäßige Abbildung von bereits erfolgten Geschäftsfällen im Jahresabschluss. Das sind idR Maßnahmen nach dem Bilanzstichtag.

Die Möglichkeiten der buchmäßigen Bilanzpolitik wurden durch den Gesetzgeber in den letzten Jahren erheblich eingeschränkt, zuletzt durch das Rechnungslegungsänderungsgesetz 2014, mit dem die EU-Bilanzrichtlinie umgesetzt wurde. Bilanzpolitische Spielräume bestehen im Wesentlichen nur mehr in Ermessensspielräumen (vgl *Bertl* aaO, S 24). Diese sind für externe Bilanzadressaten nicht oder nur sehr schwer nachvollziehbar.

Bilanzpolitische Spielräume ergeben sich vor allem durch unbestimmte Begriffe wie „verlässliche Wertermittlung" oder „Angemessenheit" sowie bei Bewertungsvorgängen wie der

- Bestimmung von Nutzungsdauern von Anlagengütern,
- Bemessung von außerplanmäßigen Abschreibungen,
- Bemessung von Rückstellungen,
- Bemessung von Pauschal- und Einzelwertberichtigungen.

Eine besondere bilanzpolitische Maßnahme ist die Änderung von Bewertungsmethoden und das Abgehen von ausgeübten Bilanzierungswahlrechten. Einer derartigen Änderung steht grundsätzlich das Stetigkeitsprinzip (§ 201 Abs 2 Z 1) entgegen. Es kann jedoch Gründe geben, die ein Abweichen rechtfertigen (vgl *KFS/RL 1*). Die Rechtfertigung für die Abweichung muss sich aus der Begründung ergeben (rein bilanzpolitische Gründe sind nicht zulässig) und es ist darüber im Anhang (§ 237 Abs 1 Z 1) zu berichten. Der Einfluss von Änderungen der Bewertungsmethoden auf den Jahresabschluss ist zahlenmäßig darzustellen.

IdR sind aus den Jahresabschlüssen reale bilanzpolitische Maßnahmen erkennbar. Beispiele für derartige **bilanzpolitische Maßnahmen**, die ganz wesentliche Indizien für Krisen im Unternehmen sein können, sind nachfolgend dargestellt:

- Vor- oder Nachverlagerung des Erwerbs oder Veräußerung von Vermögensgegenständen, die Vor- oder Nachverlagerung der Aufnahme, Rückzahlung oder Umschichtung von Kapital oder die Vor- oder Nachverlagerung von Maßnahmen mit unmittelbarem Aufwands- und Ertragscharakter (ein Beispiel dafür sind das Unterlassen von Reparaturen oder Instandhaltungen von Vermögensgegenständen).
- Das Outsourcing von Forschungs- und Entwicklungsaktivitäten, um das Aktivierungsverbot des § 197 Abs 2 zu umgehen und die Aufwendungen auf eine Tochtergesellschaft auszulagern. Werden in weiterer Folge die Ergebnisse des ausgelagerten Prozesses von der Muttergesellschaft erworben, sind sie, trotz ihres immateriellen Charakters, aufgrund des Anschaffungsvorganges zu aktivieren. Allerdings ist darüber im Anhang zu berichten (§ 238 Abs 1 Z 19).
- Sale-and-Lease-Back-Transaktionen, um stille Reserven zu realisieren und Verluste auszugleichen sowie die Bilanzsumme zu kürzen.
- Umgründungen oder sonstige Umstrukturierungen, um zB Aufwertungsgewinne zu ermöglichen.
- Verkauf- oder Rückverkauf von Vorräten zwischen Konzernunternehmen, um Ertrag und Liquidität im Jahresabschluss zu beeinflussen (im Konzernabschluss werden diese Vorgänge wieder eliminiert).
- Gewährung von Gesellschafterzuschüssen zur Verbesserung der Kapitalstruktur, unter gleichzeitiger Aktivierung einer Forderung gegenüber dem Gesellschafter (was jedenfalls bedenklich ist, wenn der Zuschuss nach dem Bilanzstichtag wieder rückgängig gemacht wird).
- Umwandlung von Verbindlichkeiten in Eigenkapital, was dann bedenklich ist, wenn die Rückzahlungsfähigkeit der Verbindlichkeiten aus der Gesellschaft nicht sicher ist.

6.4 URG-Kennzahlen

Neben der Lageberichterstattung spielen Kennzahlen auf gesetzlicher Basis auch im Rahmen der Insolvenzvermeidung eine entscheidende Rolle. Zu diesem Zwecke wurde mit dem **Unternehmensreorganisationsgesetz**

(URG 1997) ein Instrument geschaffen, um die rechtzeitige Einleitung betriebswirtschaftlicher Reorganisationsmaßnahmen zu gewährleisten, die das Überleben eines in Schwierigkeiten geratenen Unternehmens sichern sollten.

Unter **Reorganisation** versteht man ein nach betriebswirtschaftlichen Grundsätzen durchgeführtes Maßnahmenpaket zur Verbesserung der Vermögens-, Finanz- und Ertragslage eines im Bestand gefährdeten Unternehmens, um dessen nachhaltige Weiterführung zu ermöglichen. Die Reorganisation wird über Antrag des Inhabers (Vorstandes, Geschäftsführers) eines (noch) nicht insolventen Unternehmens durch das Gericht eingeleitet. Voraussetzung für die Beantragung eines Reorganisationsverfahrens ist das Bestehen eines Reorganisationsbedarfes, der durch Urkunden (zB die Jahresabschlüsse der letzten drei Jahre), Geldflussrechnungen, Vorschaurechnungen oder durch das Gutachten eines Wirtschaftsfachmannes glaubhaft gemacht werden muss.

Der **Reorganisationsbedarf** wird anhand zweier Verhältniskennzahlen ermittelt, die bei gleichzeitigem Über- bzw Unterschreiten der gesetzlichen Grenzwerte einen Handlungsbedarf vermuten lassen. Um diesen einzuschätzen, sind die *Eigenmittelquote* gem § 23 URG und die *fiktive Schuldentilgungsdauer* gem § 24 URG vom Wirtschafts- bzw Buchprüfer zwingend zu ermitteln. Gem § 22 Abs 1 Z 1 URG liegt die Vermutung eines Reorganisationsbedarfes dann vor, wenn neben einer fiktiven Schuldentilgungsdauer von mehr als 15 Jahren die nachstehend angeführte Eigenmittelquote weniger als 8 % beträgt (s aber auch § 1 Abs 3 URG). Für die Berechnung der Kennzahlen werden grundsätzlich die **unveränderten Daten des Jahresabschlusses** herangezogen.

Bei nicht unverzüglicher Einleitung eines Reorganisationsverfahrens trotz Kenntnis eines nach URG ermittelten Reorganisationsbedarfes ergibt sich unter bestimmten Voraussetzungen eine **Haftung der Organe** der Gesellschaft.

6.41 Eigenmittelquote nach § 23 URG

$$\text{Eigenmittelquote} \quad = \quad \frac{\text{Eigenkapital gem § 224 Abs 3 A}}{\begin{array}{c}\text{(Posten des Gesamtkapitals gem § 224 Abs 3 – nach § 225 Abs 6}\\\text{von den Vorräten absetzbare Anzahlungen)}\end{array}}$$

Wird vom Wahlrecht des Bruttoausweises der von den Vorräten absetzbaren Anzahlungen Gebrauch gemacht, sieht der Gesetzgeber vor, dass das Gesamtkapital um diese Anzahlungen zu reduzieren ist.

6.42 Fiktive Schuldentilgungsdauer gem § 24 URG

Mit Wegfall des gesonderten Ausweises des Ergebnisses aus der gewöhnlichen Geschäftstätigkeit durch RÄG 2014 ist der Mittelüberschuss nach URG (de facto ein Cashflow) nunmehr vom Jahresüberschuss/-fehlbetrag ausgehend zu ermitteln und, wie beim indirekten Cashflow üblich, um zahlungsunwirksame Bestandteile zu korrigieren.

$$\text{Fiktive Schuldentilgungsdauer} \ = \ \frac{\text{Schulden gem § 24 (1) URG}}{\text{Mittelüberschuss gem § 24 (2) URG}}$$

Wobei gilt:

Rückstellungen gem § 224 Abs 3 B	
+	Verbindlichkeiten gem § 224 Abs 3 C
−	Sonstige Wertpapiere und Anteile des Umlaufvermögens gem § 224 Abs 2 B III Z 2
−	Kassenbestand, Schecks, Guthaben bei Kreditinstituten gem § 224 Abs 2 B IV
−	von den Vorräten gem § 225 Abs 6 absetzbare Anzahlungen
=	**Schulden gem § 24 Abs 1 URG**

Die Erträge und Verluste aus dem Abgang von Anlagevermögen hingegen stellen zwar Bestandteile des Mittelzu- und -abflusses dar, sie werden aber ausgeschieden, weil sie nicht Bestandteil der laufenden Geschäftstätigkeit sind und teilweise Zufallscharakter tragen bzw mit ihrer nachhaltigen Erwirtschaftung nicht gerechnet werden kann. Sie gehören in den Bereich der Investitionstätigkeit. Die Zuschreibungen sind dem Anlagespiegel zu entnehmen. Grundlage für die Berechnung der Änderung der langfristigen Rückstellungen bildet die Differenz des Standes zum Anfang und Ende des Geschäftsjahres.

Jahresüberschuss bzw -fehlbetrag	
+	Abschreibungen auf das Anlagevermögen
+	Verluste aus dem Abgang von Anlagevermögen
−	Zuschreibungen zum Anlagevermögen
−	Erträge aus dem Abgang von Anlagevermögen
+	Erhöhung langfristiger Rückstellungen
−	Verminderung langfristiger Rückstellungen
=	**Mittelüberschuss gem § 24 Abs 2 URG**

6.5 Diskriminanzanalyse

6.51 Allgemeines

Mit Hilfe der linearen multivariaten **Diskriminanzanalyse** werden entsprechend ihrer statistischen Bedeutung gewichtete Kennzahlen additiv oder subtraktiv zu einer Gesamtkennzahl, dem **Diskriminanzwert** (Z), verbunden.

Auf die **Bonitätsanalyse** angewendet, werden durch die Gegenüberstellung der Jahresabschlüsse insolvent gewordener Unternehmen zu den Jahresabschlüssen gleichartiger solventer Unternehmen mit Hilfe eines statistischen Verfahrens möglichst trennscharfe Kennzahlen gesucht, die ihrem Gewicht entsprechend additiv oder subtraktiv zu einer einzigen Gesamtkennzahl, dem Diskriminanzwert (Z), zusammengefasst werden, dessen Ausprägung die guten von den schlechten Unternehmen trennt. Der kritische Wert (Z) gibt die Grenze an, ab der ein Unternehmen mit einem niedrigeren bzw höheren Wert als insolvent oder solvent klassifiziert werden kann:

Ermittlung des Diskriminanzwertes Z:

x_i = Kennzahl x_1 bis x_n

a_i = Gewichtungsfaktor a_1 bis an

n = Anzahl der berücksichtigten Kennzahlen

$Z = x_1 \times a_1 + x_2 \times a_2 + \ldots + x_n \times a_n$

Probleme

1. Der Diskriminanzwert wird mit Hilfe statistischer Methoden, dh ex post ermittelt; in der praktischen Anwendung soll die negative Entwicklung aber ex ante festgestellt werden.
2. Reicht die Anzahl der zur Untersuchung herangezogenen Unternehmen aus, um
   a) zuverlässige trennscharfe Kennzahlen und
   b) deren Gewichtung zu finden,
      die es ermöglichen, einen möglichst geeigneten Diskriminanzwert festzustellen?

Um Fehlklassifikationen in einem zu großen Ausmaß zu verhindern, wird man um den kritischen Z-Wert, der die insolventen von den solventen Unternehmen trennen soll, eine Grauzone offenlassen. Unternehmen, deren Z-Wert sich in dieser Grauzone befindet, werden nicht von vornherein klassifiziert, sondern einer näheren Untersuchung unterzogen. Eine andere Möglichkeit ist die Bildung mehrerer Zonen, nach denen die darin befindlichen Unternehmen klassifiziert werden.

Altman setzte erstmals 1966 das Verfahren der multivariaten linearen Diskriminanzanalyse ein. Nach der Veröffentlichung durch *Altman* gab es im deutschen Sprachraum bis in jüngster Zeit eine Reihe weiterer Untersuchungen, von denen insbesondere *Baetge* (1989), *Feidicker* (1992) und *Hauschildt* (2000) zu nennen sind. Aber auch die Banken bedienen sich in großem Ausmaß dieser Analysen.

6.52 Empirische Untersuchung Altmans

Altman (Corporate Bankruptcy Prediction and its Implications for Commercial Loan Evaluation, in: The Journal of Commercial Bank Lending [1970]) untersuchte je 33 insolvenzgefährdete und nicht gefährdete Unternehmungen zwei Jahre vor Eintritt der Zahlungsunfähigkeit der ersten Gruppe und ermittelte aufgrund der Kombination mehrerer verschieden gewichteter Kennzahlen einen Gesamtindex, dessen Höhe die kommenden Zahlungsschwierigkeiten anzeigte:

Er verwendete folgende Kennzahlen:

	Kennzahlen	Gewichtung
x_1:	Working Capital zu Gesamtvermögen	a_1: 0,012
x_2:	nicht ausgeschüttete Gewinne zu Gesamtvermögen	a_2: 0,014
x_3:	Gewinn vor Zinsen und Steuern zu Gesamtvermögen	a_3: 0,033
x_4:	Eigen- zu Fremdkapital	a_4: 0,006
x_5:	Umschlagshäufigkeit des Vermögens	a_5: 0,999

	gute Firmen	schlechte Firmen
x_1	41,4 %	−6,1 %
x_2	35,5 %	−62,6 %
x_3	15,3 %	−31,8 %
x_4	247,7 %	40,1 %
x_5	1,9-fach	1,5-fach

$$z = 0,012 \times x_1 + 0,14 \times x_2 + 0,033 \times x_3 + 0,006 \times x_4 + 0,999 \times x_5$$
z > 3: gute Firmen
z < 1,8: schlechte Firmen
1,8–3: graue Zone

Bemerkenswert ist die große Bedeutung, die Altman der Umschlagshäufigkeit beimisst. Dies wurde in späteren Untersuchungen auch kritisiert (vgl *Baetge*, Möglichkeiten der Früherkennung negativer Unternehmensentwicklungen mit Hilfe statistischer Jahresabschlussanalysen, in: ZfbF 41/1989, 792 ff).

Beispiel

Anlagevermögen	1.000	Stammkapital	500
Umlaufvermögen	1.200	Rücklagen	100
		Bilanzgewinn	100
		langfristiges Fremdkapital	700
		kurzfristiges Fremdkapital	800
	2.200		2.200

Gewinn- und Verlustrechnung	
Erträge	3.500
Aufwendungen ohne Zinsen	3.180
Zinsen	120
Ertragsteuern	100
Jahresüberschuss = Bilanzgewinn	100

Aufgrund der dargestellten Zahlen ergeben sich folgende Kennzahlen:

	Umlaufvermögen	1.200		
–	kurzfr Fremdkapital	800		
	Working Capital	400	bezogen auf 2.200	= 18,2 %
		200	bezogen auf 2.200	= 9,1 %
		320	bezogen auf 2.200	= 14,6 %
		700	bezogen auf 1.500	= 46,7 %
		3.500	dividiert durch 2.200	= 1,6

$z = 0,012 \times 18,2 + 0,014 \times 9,1 + 0,033 \times 14,6 + 0,006 \times 46,7 + 0,999 \times 1,6 =$ **2,71**

Das Unternehmen kann als noch gut angesehen werden.

6.521 Die Untersuchung Altmans, angewendet auf die Elektromotoren AG (Kap 7)

Die Daten werden grundsätzlich aus den veröffentlichten Jahresabschlüssen entnommen, können allerdings für interne Zwecke auch den bereinigten Jahresabschlüssen entnommen werden.

Die Zahlen der nachfolgenden Tabelle entstammen aus dem im Kapitel 7 (Fallbeispiel) dargestellten veröffentlichten Jahresabschluss der Elektromotoren AG.

Grunddaten			2017		2016	
	Kennzahl	Faktor	Berechnung	Ergebnis	Berechnung	Ergebnis
x_1	$\dfrac{\text{Working Capital} \times 100}{\text{Gesamtvermögen}}$	0,012	$\dfrac{382 \times 100}{10.421}$	0,044	$\dfrac{100 \times -201}{9.819}$	0,246
x_2	$\dfrac{\text{zurückbehaltener Gewinn} \times 100}{\text{Gesamtvermögen}}$	0,14	$\dfrac{435 \times 100}{10.421}$	0,584	$\dfrac{100 \times -13}{9.819}$	-0,132
x_3	$\dfrac{\text{EBIT} \times 100}{\text{durchschn Gesamt-vermögen}}$	0,033	$\dfrac{870 \times 100}{10.120}$	0,284	$\dfrac{532 \times 100}{9.758}$	0,18
x_4	$\dfrac{\text{Eigenkapital}}{\text{Fremdkapital}}$	0,006	$\dfrac{2364 \times 100}{8.057}$	0,176	$\dfrac{1.848 \times 100}{7.971}$	0,139
x_5	$\dfrac{\text{Umsatz}}{\text{durchschn Gesamt-vermögen}}$	0,999	$\dfrac{17.765}{10.120}$	1,754	$\dfrac{15.283}{9.758}$	1,566
Summe				2,842		1,507

Während die Elektromotoren AG 2016 noch am unteren Ende der Grauzone resultierte, verbesserte sich die Situation im Jahre 2017 bei allen Kennzahlen merklich. Sie liegt 2017 im oberen Graubereich mit dem Trend zur weiteren Verbesserung.

Diskriminanzanalysen werden heute in den Kreditabteilungen von Banken im Bereich der Kreditwürdigkeitsprüfung sehr häufig zur Krisendiagnose eingesetzt.

6.53 Im Bankensektor entwickeltes (einfaches) Diskriminanzanalysemodell

Das folgende Modell ist älteren Datums und hat nicht jene Trennschärfe wie derzeit in den Banken angewandte Modelle, besticht aber durch seine einfache Anwendung und durch die doch richtungsweisenden Ergebnisse.

	Kennzahl		Gewichtungsfaktor
x_1	Kapitalrückflussfaktor	Cashflow/Verbindlichkeiten	1,50
x_2	Verschuldungsgrad	Verbindlichkeiten/Bilanzsumme[1]	–0,80
x_3	Kapitalrentabilität	Betriebsergebnis[2]/Bilanzsumme	10,00
x_4	Umsatzrentabilität	Betriebsergebnis[2]/Umsatz	5,00
x_5	Lagerumschlag	Vorräte/Umsatz	–0,30
x_6	Vermögensumschlag	Umsatz/Bilanzsumme	0,10

[1]   Höchstens 1 einsetzen

[2]   Betriebsergebnis = § 231 Abs 2 Z 9 UGB

$Z = x_1 \times 1,5 - x_2 \times 0,80 + x_3 \times 10 + x_4 \times 5 - x_5 \times 0,3 + x_6 \times 0,1$
$Z = 2 = $ gut
$Z = 1 = $ neutral
$Z = 0 = $ bedenklich
$Z < 0 = $ Alarm!

6.531 Diskriminanzmodell, angewendet auf die Elektromotoren AG

	Kennzahl	Gewichtungsfaktor		
x_1	Cashflow/Verbindlichkeiten	1,5	1068/8057	0,199
x_2	Verbindlichkeiten/Bilanzsumme	-0,8	8057/10421	-0619
x_3	Betriebsergebnis/Bilanzsumme	10	831/10421	0,8
x_4	Betriebsergebnis/Umsatz	5	831/17765	0,234
x_5	Vorräte/Umsatz	-0,3	2322/17765	-0,039
	Umsatz/Bilanzsumme	0,1	17765/10421	0,170
				0,624

Mit dem Ergebnis von 0,624 liegt die Eletromotorenfabrik wie auch nach der Analyse Altmans im oberen Graubereich.

6.6 Rating

Rating ist die Einstufung **der wirtschaftlichen Lage** – insbesondere der **Kreditwürdigkeit (Bonität)** – eines Schuldners durch etwaige Fremdkapitalgeber. Generell erfolgt eine solche Einstufung extern durch Banken oder Agenturen und intern im Risikomanagement und beschreibt einen standardisierten Prozess zur Ermittlung und Beurteilung der Ausfallswahrscheinlichkeit eines Schuldners. Es eignet sich dementsprechend auch zur Insolvenzfrüherkennung.

Beim Rating wird eine grundsätzliche Einstufung eines Unternehmens nach seiner Bonität auf Basis einer bestehenden Skala vorgenommen.

IdR umfasst ein Ratingverfahren die Beurteilung von quantitativen (Hardfacts = Kennzahlen der wirtschaftlichen Lage) und qualitativen (Softfacts = Organisation und Management) Kriterien.

Das Rating hat Auswirkungen auf die Fremdkapitalbeschaffung und deren Kosten. Je besser das Rating, umso einfacher ist idR die Fremdkapitalbeschaffung für das betroffene Unternehmen und umso niedriger sind die Kapitalkosten.

Ratings werden im Großen von den Ratingfirmen (zB Moody's, Standard & Poor's, Fitch sowie Dominion Bond Rating Service) vorgenommen.

Einen Überblick über die Rating-Skalen der bekanntesten Rating-Agenturen gibt nachfolgende Tabelle:

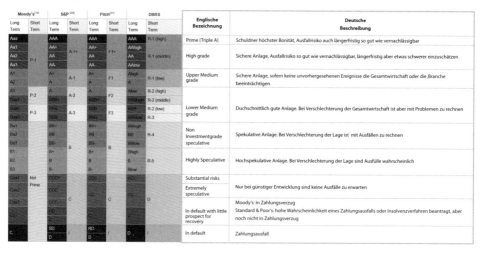

Moody's[18]		S&P[20]		Fitch[21]		DBRS		Englische Bezeichnung	Deutsche Beschreibung
Long Term	Short Term	Long Term	Short Term	Long Term	Short Term	Long Term	Short Term		
Aaa		AAA		AAA		AAA	R-1 (high)	Prime (Triple A)	Schuldner höchster Bonität, Ausfallrisiko auch längerfristig so gut wie vernachlässigbar
Aa1		AA+	A-1+	AA+	F1+	AAhigh		High grade	Sichere Anlage, Ausfallrisiko so gut wie vernachlässigbar, längerfristig aber etwas schwerer einzuschätzen
Aa2	P-1	AA		AA		AA	R-1 (middle)		
Aa3		AA-		AA-		AAlow			
A1		A+	A-1	A+	F1	Ahigh	R-1 (low)	Upper Medium grade	Sichere Anlage, sofern keine unvorhergesehenen Ereignisse die Gesamtwirtschaft oder die Branche beeinträchtigen
A2		A		A		A			
A3	P-2	A-	A-2	A-	F2	Alow	R-2 (high)		
Baa1		BBB+		BBB+		BBBhigh	R-2 (middle)	Lower Medium grade	Durchschnittlich gute Anlage. Bei Verschlechterung der Gesamtwirtschaft ist aber mit Problemen zu rechnen
Baa2	P-3	BBB	A-3	BBB	F3	BBB	R-2 (low)		
Baa3		BBB-		BBB-		BBBlow	R-3		
Ba1		BB+		BB+		BBhigh		Non Investmentgrade speculative	Spekulative Anlage. Bei Verschlechterung der Lage ist mit Ausfällen zu rechnen
Ba2		BB	B	BB	B	BB	R-4		
Ba3		BB-		BB-		BBlow			
B1		B+		B+		Bhigh		Highly Speculative	Hochspekulative Anlage. Bei Verschlechterung der Lage sind Ausfälle wahrscheinlich
B2		B		B		B	R-5		
B3		B-		B-		Blow			
Caa1	Not Prime	CCC+		CCC		CCC		Substantial risks	
Caa2		CCC	C		C			Extremely speculative	Nur bei günstiger Entwicklung sind keine Ausfälle zu erwarten
Caa3		CCC-					D	In default with little prospect for recovery	Moody's: in Zahlungsverzug; Standard & Poor's: hohe Wahrscheinlichkeit eines Zahlungsausfalls oder Insolvenzverfahren beantragt, aber noch nicht in Zahlungsverzug
Ca		CC		CC		CC			
C		C		C		C			
		SD	/	RD	/	D	/	In default	Zahlungsausfall
		D		D					

6.7 Quicktest zur Bonitätseinstufung eines Unternehmens

Kralicek (Kennzahlen für Geschäftsführer[6], S 237 ff und Webseite www.kralicek.at) stellt einen auf vier Kennzahlen basierenden Quicktest zur Bonitätseinstufung eines Unternehmens vor:

1. Eigenkapitalquote
2. Schuldentilgungsdauer in Jahren
3. Gesamtkapitalrentabilität
4. Cashflow in % der Betriebsleistung

Die **Eigenkapitalquote** und die **Schuldentilgungsdauer** werden zur Bewertung der finanziellen Stabilität verwendet. Die **Gesamtkapitalrentabilität** und die **Cashflow-Leistungsrate** dienen als Näherungswerte für die Ertragslage.

Es kommt folgende **Beurteilungsskala** zur Anwendung:

Beurteilungsschema	Sehr gut (1)	Gut (2)	Befriedigend (3)	Schlecht (4)	Insolvenz-gefährdet (5)
EK-Quote	> 30 %	> 20 %	> 10 %	< 10 %	negativ
Schuldentilgungsdauer	< 3 Jahre	< 5 Jahre	< 12 Jahre	< 30 Jahre	> 30 Jahre
Gesamtkapitalrentabilität	> 15 %	> 12 %	> 8 %	< 8 %	negativ
Cashflow-Leistungsrate	> 10 %	> 8 %	> 5 %	< 5 %	negativ

6.8 Zahlungsunfähigkeit und unternehmensrechtliche Fortbestandsprognose

6.81 Empirische Untersuchung Beavers hinsichtlich der Voraussage der Zahlungsunfähigkeit

Beaver (Financial Ratio as Predictors of Failure in: Empirical Research in Accounting: Selected Studies 1966, entnommen aus *Weibel P.*, Probleme der Bonitätsbeurteilung von Unternehmungen aus der Sicht der Banken, in: „Die Unternehmung", Schweizerische Zeitschrift für Betriebswirtschaft 1/70, S 269 ff) hat bereits 1966 eine systematische Untersuchung über die Auswirkung der Entwicklung verschiedener Kennzahlen auf die Wahrscheinlichkeit des Eintritts finanzieller Schwierigkeiten durchgeführt. Obwohl diese Untersuchung auf damalige amerikanische Verhältnisse abstellt, ist sie wegen der verwendeten Kennzahlen und deren Aussagekraft auch heute noch von Bedeutung. Beaver stellt die Entwicklung nachstehender Kennzahlen von 79 Firmen für den Zeitraum von fünf Jahren vor Konkurseröffnung bzw Eintritt der Zahlungsunfähigkeit der Entwicklung derselben Kennzahlen 79 guter Firmen gegenüber.

Kennzahlen	gute Firmen	schlechte Firmen
		Entwicklungen der jeweiligen Kennzahl vom fünften Jahr vor der Zahlungsunfähigkeit bis Eintritt der Zahlungsunfähigkeit
1) Cashflow zu Fremdkapital	43 – 47 %	15 % → – 2 %
2) Gewinn zu Gesamtvermögen	6 %	3 % → – 2 %
3) Fremdkapital zu Gesamtvermögen	37 %	51 % → 80 %
4) Working Capital zu Gesamtvermögen	40 %	30 % → 5 %
5) Umlaufvermögen zu kurzfristigem Fremdkapital = Working Capital Ratio	3,3-fache	2,4 → 2-fache

Laut Beaver besitzen die unter 1–2 genannten Kennzahlen gute und die von 3–5 genannten Kennzahlen geringere Aussagekraft.

Obwohl die von Beaver für gute Firmen dargestellten Kennzahlen für europäische Verhältnisse weitaus zu hoch sind, ist allerdings die Aussagekraft der Entwicklung der einzelnen Kennzahlen von Interesse.

Kennzahl 1:

Je kleiner der Cashflow im Verhältnis zum Fremdkapital ist, desto länger ist der Zeitraum, der theoretisch benötigt wird, die Schulden aus eigenen Mitteln zurückzuzahlen. Gleichzeitig steigt damit die Krisenanfälligkeit des Unternehmens, da schon geringe Gewinnschwankungen, die den Cashflow nach unten beeinflussen, zu erheblichen Zahlungsschwierigkeiten führen können.

Kennzahl 2:

Da ein Unternehmen grundsätzlich ohne Gewinn nicht überleben kann, ist der (dauernde) Rückgang der Vermögensrentabilität (im vorliegenden Fall auf Basis des Gewinnes nach Zinsen) für das Unternehmen von existentieller Bedrohung. Diese Gefahr ergibt sich nicht nur aus dem Rückgang des Unternehmensergebnisses, sondern auch aus einer steigenden Verschuldung bei gleichzeitiger Umkehr des Leverage-Effekts.

Kennzahl 3:

Mit dem Verhältnis Fremdkapital zu Gesamtvermögen zeigt Beaver die Gefahr des zunehmenden Verschuldungsgrades bzw des Ersatzes von langfristigem durch kurzfristiges Fremdkapital auf.

Kennzahl 4:

Die Verschlechterung des Working Capital (als jenem Überschuss des Umlaufvermögens über die kurzfristigen Verbindlichkeiten, der zur Deckung der durch die Geschäftstätigkeit bedingten Baraufwendungen zur Verfügung steht) zum Gesamtvermögen zeigt eine Verschlechterung der Fristenkongruenz, da entweder das Umlaufvermögen bei gleichbleibenden kurzfristigen Verbindlichkeiten zurückgeht oder aber langfristige Verbindlichkeiten bei gleich bleibendem Umlaufvermögen durch kurzfristige Verbindlichkeiten ersetzt werden.

Beispiel

Anlagevermögen	1.000	Eigenkapital	500
Umlaufvermögen	1.200	langfristiges Fremdkapital	750
		kurzfristiges Fremdkapital	950
	2.200		2.200

Das Working Capital beträgt 250 = 11,4 % des Gesamtvermögens. Für den Fall, dass 250 Umlaufvermögen in Anlagevermögen umgewandelt bzw 250 langfristiges Fremdkapital durch kurzfristiges Fremdkapital ersetzt wird, geht das Working Capital gegen null, womit der gesamte Spielraum zum Ausgleich der laufenden Schwankungen in der Geschäftstätigkeit verloren geht. Wird das Working Capital negativ, kann es zunächst zu vorübergehenden und in der Folge zu langfristigen Zahlungsschwierigkeiten kommen.

Kennzahl 5:

Im Zusammenhang mit der Kennzahl 4 steht die Kennzahl 5, die sog Working Capital Ratio, deren Umfang nach Beaver auch durch das Verhältnis des Working Capital zum Gesamtvermögen bestimmt wird.

6.82 Fortbestandsprognose

§ 201 Abs 2 Z 2 normiert eine gesetzliche **Fortführungsannahme (Going-concern-Prinzip)**, von der nur abgegangen werden darf, wenn ihr tatsächliche oder rechtliche Gründe entgegenstehen (vgl *KFS/RL 28*, „Unternehmensfortführung gem § 201 Abs 2 Z 2 UGB"). Das Vorliegen allfälliger Gründe, die einer Fortführungsannahme entgegenstehen, sind vom Abschlussersteller zu beurteilen und (im Falle einer Prüfung des Jahresabschlusses) durch den Jahresabschlussprüfer zu prüfen.

Beispiele für **rechtliche Gründe**, die zum Abgehen von der Fortführungsannahme führen können, sind insolvenzrechtliche Tatbestände, das Auslaufen von Verträgen oder Konzessionen, die die wesentliche Grundlage der Unternehmenstätigkeit darstellen, oder die Auflösung des Unternehmens aufgrund gesetzlicher oder vertraglicher Befristungen.

Tatsächliche Gründe sind idR wirtschaftliche Schwierigkeiten, die nahelegen, dass das Unternehmen zur Geschäftseinstellung oder zur Veräußerung seiner Vermögensgegenstände außerhalb der normalen Geschäftstätigkeit gezwungen sein wird. Indizien sind ua eine ungenügende Eigenkapitalausstattung bei andauernden Verlusten, dauernde Ertragslosigkeit oder fehlende Kreditwürdigkeit des Unternehmens. Entscheidend ist daher die Beantwortung der Frage, ob das Unternehmen auch in Zukunft seinen Verpflichtungen nachkommen kann bzw der Betrieb als Schuldendeckungspotenzial Bestand hat (vgl *Bertl*, Die Sanierungsprüfung, in: Festschrift Egger).

Als besonderes Warnsignal gilt bei Kapitalgesellschaften neben negativen URG-Kennzahlen (vgl Kapitel 6.4) das Vorliegen eines **negativen Eigenkapitals**. Ist das Eigenkapital negativ (dh sind das nominelle Eigenkapital und die Kapital- und Gewinnrücklagen durch Verluste aufgebraucht), muss die Gesellschaft im Anhang erläutern, ob eine Überschuldung iSd Insolvenzrechts vorliegt (§ 225 Abs 1). Weiters ist im Lagebericht gem § 243 Abs 3 Z 1 auch auf die voraussichtliche Entwicklung des Unternehmens einzugehen. Dies umfasst auch die der Unternehmensfortführung möglicherweise entgegenstehenden Gründe.

Diese Information ist allen Bilanzadressaten zugänglich. Es gilt jedoch zu bedenken, dass zwischen dem Bilanzstichtag und der Veröffentlichung des Jahresabschlusses ein Zeitraum von bis zu neun Monaten liegen kann. Die Information über Krisenursachen und Fortführungsannahmen ist daher idR nicht aktuell.

Dies gilt nicht für das interne Berichtswesen an die Organe von prüfungspflichtigen Kapitalgesellschaften. Das Vorliegen negativer URG-Kennzahlen führt zwingend (das Vorliegen eines negativen Eigenkapitals idR) zur **Redepflicht des Jahresabschlussprüfers** gem § 273. Stellt der Jahresabschlussprüfer bei Wahrnehmung seiner Aufgaben Tatsachen fest, die einen Bestand eines geprüften Unternehmens gefährden oder seine Entwicklung wesentlich beeinträchtigen können, so hat er darüber unverzüglich zu berichten. Stellt er derartige Tatsachen nicht fest, so ist dies aber im Bericht ebenfalls ausdrücklich festzuhalten.

Stellt der Wirtschaftsprüfer daher Risiken fest, wird er seinen Prüfungsumfang über den Bilanzstichtag hinaus auszuweiten haben. Die Fortführung der Prüfung der Going-concern-These wird daher idR mit einer **Fortbestandsprognose** verbunden sein.

Die im Kapitel 6.2. dargestellten Symptome und Ursachen einer Krise und die im Kapitel 6.3. dargestellten Indikatoren der Krisenentwicklung werden dabei eine wertvolle und wichtige Grundlage für die Beurteilung der Unternehmensfortführung durch Bilanzersteller bzw Jahresabschlussprüfer sein.

Sicherheit über den zukünftigen Fortbestand des Unternehmens wird letztlich aber nur eine Fortbestandsprognoserechnung geben. Dabei sind bei der Prognose Zeitraum und Form und Qualität der Prognoserechnung zu beachten (vgl Leitfaden Fortbestandsprognose, S 22 ff).

Im Rahmen der Fortbestandsprognose sind die Zahlungsfähigkeit und die Lebensfähigkeit des Unternehmens zu beurteilen. Im Rahmen der sog **Primärprognose** ist die Zahlungsfähigkeit für einen Zeitraum von zumindest zwölf Monaten nachzuweisen. Grundlage der Beurteilung und Dokumentation der Zahlungsfähigkeit ist ein Finanzplan.

Die **Sekundärprognose** erstreckt sich über einen längeren Zeitraum. Für eine Feststellung der nachhaltigen Lebensfähigkeit gilt ein Beobachtungszeitraum von zwei bis drei Geschäftsjahren. Im Rahmen der Sekundärprognose ist nicht nur die Zahlungsfähigkeit, sondern vorgelagert auch die Wiederherstellung der Ertragskraft zu beurteilen. Dementsprechend ist eine integrierte Unternehmensplanung, bestehend aus Leistungsbudget, Finanzplanung und Planbilanz, zu erstellen (vgl Kapitel 8 dieses Buches).

7. Fallbeispiel Elektromotoren AG

Im vorliegenden Kapitel werden die zuvor theoretisch erläuterten Inhalte, insbesondere Kennzahlen, anhand des Fallbeispiels der Elektromotoren AG vertieft. Das Fallbeispiel ist wie folgt aufgebaut:

- Kapitel 7.1 enthält die Jahresabschlüsse der Elektromotoren AG für die Jahre 2015–2017.
- In Kapitel 7.2 erfolgt die kennzahlengestützte Analyse aus der Sicht des externen Analytikers auf Basis der unbereinigten Jahresabschlussdaten. Dabei ist allerdings zu berücksichtigen, dass auch der externe Analytiker Korrekturen bzw Bereinigungen vorzunehmen hat, soweit er die Notwendigkeit aus der Bilanz erkennen kann.
- In Kapitel 7.3 erfolgt die Analyse aus der Sicht des internen Analytikers. Dabei wird eine Auswahl an Bereinigungen durchgeführt, um die Jahresabschlussdaten in sinnvoller Weise aufzubereiten.
- Kapitel 7.4 enthält die Ermittlung der URG-Kennzahlen für die Elektromotoren AG.

In den folgenden Abschnitten des Kapitels 7 bilden die Zahlen des in 7.1 dargestellten Jahresabschlusses die Ausgangsgrundlage.

7.1 Jahresabschlüsse der Elektromotoren AG für die Jahre 2015–2017

Die Jahresabschlüsse für die Jahre 2015–2017 der Elektromotoren AG, einer mittelgroßen Kapitalgesellschaft im Sinne des § 221, bilden die Grundlage für die in der Folge zu erarbeitenden Aufbereitungen und Kennzahlen.

Die Angabe des Beispielabschlusses umfasst die folgenden Bestandteile:

- Bilanzen der Jahre 2015–2017
- Erfolgsbilanzen 2015–2017 nach dem Gesamtkostenverfahren, alternativ nach dem Umsatzkostenverfahren inklusive der dazugehörigen Überleitungen vom Gesamtkostenverfahren in das Umsatzkostenverfahren
- Anlagenspiegel 2015–2017
- Entwicklung des Eigenkapitals 2015–2017
- Geldflussrechnung
- Anhang 2017 (die Anhangangaben der beiden Vorjahre werden nur soweit angegeben, als sie für die Jahresabschlussanalyse der Jahre 2016 und 2017 notwendig erscheinen; in der Praxis sind diese in den Anhangangaben der Vorjahre zu finden)

7.11 Bilanzen der Jahre 2015–2017 (Zahlen in 1.000 €)

	AKTIVA	31.12.2017	31.12.2016	31.12.2015
A.	Anlagevermögen			
I.	**Immaterielle Vermögensgegenstände**			
	Firmenwert	**390**	**429**	**468**
II.	Sachanlagen			
1.	Grundstücke, grundstücksgleiche Rechte und Bauten	2.536	2.676	2.825
2.	Technische Anlagen und Maschinen	1.855	1.821	2.375
3.	Andere Anlagen, Betriebs- und Geschäftsausstattung	264	149	457
4.	Geleistete Anzahlungen und Anlagen im Bau	176	171	0
		4.831	**4.817**	**5.657**
III.	Finanzanlagen			
1.	Beteiligungen	235	223	223
2.	Wertrechte des Anlagevermögens	65	45	35
		300	268	258
		5.521	**5.514**	**6.383**
B.	Umlaufvermögen			
I.	Vorräte			
1.	Roh-, Hilfs- und Betriebsstoffe	981	661	570
2.	Unfertige Erzeugnisse	536	458	357
3.	Fertige Erzeugnisse und Waren	802	575	503
4.	Geleistete Anzahlungen	3	14	5
		2.322	1.708	1.435
II.	Forderungen und sonstige Vermögensgegenstände			
1.	*Forderungen aus Lieferungen und Leistungen*	*1.316*	*1.428*	*1.435*
	Restlaufzeit über ein Jahr	*0*	*0*	*0*
2.	Sonstige Forderungen	258	225	186
	Restlaufzeit über ein Jahr	0	0	0
		1.574	**1.653**	**1.621**
III.	**Kassenbestand, Schecks, Guthaben bei Kreditinstituten**	**849**	**801**	**129**
	Umlaufvermögen	**4.745**	**4.162**	**3.185**
C.	**Rechnungsabgrenzungsposten**	**2**	**6**	**3**
D.	**Aktive latente Steuern**	**153**	**137**	**125**
	Bilanzsumme	**10.421**	**9.819**	**9.696**

	PASSIVA	31.12.2017	31.12.2016	31.12.2015
A.	Eigenkapital			
I.	Eingefordertes Grundkapital	1.200	1.200	1.200
II.	Gebundene Kapitalrücklagen	489	489	489
III.	Freie Gewinnrücklagen	435	159	0
VI.	Bilanzgewinn/Bilanzverlust	240	0	–172
	davon Gewinnvortrag/Verlustvortrag	0	–172	–42
		2.364	**1.848**	**1.517**
B.	Rückstellungen			
1.	Rückstellungen für Abfertigungen	614	549	500
2.	Rückstellungen für Pensionen	78	53	31
3.	Steuerrückstellungen	114	15	0
4.	Sonstige Rückstellungen	1.151	1.030	1.347
		1.957	**1.647**	**1.878**
C.	Verbindlichkeiten			
1.	Verbindlichkeiten gegenüber Kreditinstituten	4.302	4.296	4.220
	davon Restlaufzeit bis zu einem Jahr	*1.302*	*1.296*	*1.220*
	davon Restlaufzeit über ein Jahr	*3.000*	*3.000*	*3.000*
2.	Verbindlichkeiten aus Lieferungen und Leistungen	1.272	1.457	1.446
	davon Restlaufzeit bis zu einem Jahr	*1.272*	*1.457*	*1.446*
3.	Sonstige Verbindlichkeiten	526	571	635
	davon Restlaufzeit bis zu einem Jahr	*526*	*571*	*635*
	davon aus Steuern	*62*	*55*	*11*
	davon im Rahmen der sozialen Sicherheit	*123*	*109*	*84*
		6.100	6.324	6.301
	Bilanzsumme	**10.421**	**9.819**	**9.696**

7.12 Die Gewinn- und Verlustrechnung für die Geschäftsjahre 2015–2017

Gewinn- und Verlustrechnungen für die Geschäftsjahre 2015–2017 (Gesamtkostenverfahren)

		2017	2016	2015
1.	Umsatzerlöse	17.765	15.283	14.920
2.	Veränderung des Bestandes an fertigen und unfertigen Erzeugnissen	311	41	200
3.	Andere aktivierte Eigenleistung	152	228	0
		18.228	**15.552**	**15.120**
4.	Sonstige betriebliche Erträge			
a)	Erträge aus dem Abgang von Anlagevermögen	2	17	0
b)	Erträge aus der Auflösung von Rückstellungen	33	15	0
c)	Übrige sonstige betriebliche Erträge	22	26	30
		57	58	30
		18.285	**15.610**	**15.150**

		2017	2016	2015
	Aufwendungen für Material und sonstige bezogene Herstellungsleistungen			
a)	Materialaufwand	–8.320	–6.737	–6.740
b)	Aufwendungen für bezogene Leistungen	–119	–106	–92
		-8439	-6843	–6.832
6.	Personalaufwand			
a)	Löhne	–2.848	–2.586	–2.610
b)	Gehälter	–905	–820	–790
c)	Aufwendungen für Abfertigungen und Leistungen an betriebliche Mitarbeitervorsorgekassen	–120	–111	–90
d)	Aufwendungen für Altersversorgung	–25	–22	–10
e)	Aufwendungen für gesetzlich vorgeschriebene Sozialabgaben sowie vom Entgelt abhängige Abgaben und Pflichtbeiträge	–1.141	–959	–970
f)	Sonstige Sozialaufwendungen	–159	–93	–75
		–5.198	–4.591	–4.545
7.	Abschreibungen auf immaterielle Vermögensgegenstände des Anlagevermögens und Sachanlagen	–1.015	–1.103	–1.120
8.	Sonstige betriebliche Aufwendungen			
a)	Steuern, soweit sie nicht unter Z 18 fallen	–21	–17	–18
b)	Übrige sonstige betriebliche Aufwendungen	–2.781	–2.547	–2.584
		–2.802	–2.564	–2.602
9.	Zwischensumme aus Z 1–8	831	509	51
10.	Erträge aus Beteiligungen	10	7	8
11.	Sonstige Zinsen und ähnliche Erträge	29	16	3
12.	Zinsen und ähnliche Aufwendungen	–203	–181	–192
13.	Zwischensumme aus Z 10–12	–164	–158	–181
14.	Ergebnis vor Steuern	667	351	–130
17.	Steuern vom Einkommen und vom Ertrag	–151	–20	0
18.	Jahresüberschuss/Fehlbetrag	516	331	–130
20.	Zuweisung zu Gewinnrücklagen	–276	–159	0
21.	Gewinnvortrag (Verlustvortrag) aus dem Vorjahr	0	–172	–42
22.	Bilanzgewinn/Bilanzverlust	240	0	–172

7.13 Anlagenspiegel 2017 und 2016

		Anschaffungs- bzw Herstellungskosten					Kumulierte Abschreibungen				Stand	
		Stand	Zu-gänge	Ab-gänge	Um-bu-chung	Stand	Stand	Zu-gang	Ab-gang	Stand	Buch-wert	Buch-wert
		1.1.	2017	2017	2017	31.12.	1. 1.			31.12.	31.12.	1.1.
I.	Immaterielle Ver-mögensgegenstände											
	Firmenwert	585	0	0	0	585	156	39		195	390	429
II.	Sachanlagen											
1.	Grundstücke, grund-stücksgleiche Rechte und Bauten	5.055	109	0	0	5.164	2.379	249		2.628	2.536	2.676
2.	Technische Anlagen und Maschinen	3.059	358	−56	230	3.591	1.238	554	-56	1.736	1.855	1.821
3.	Andere Anlagen, Be-triebs- und Geschäfts-ausstattung	1.874	210	−65	90	2.109	1.725	173	−53	1.845	264	149
4.	Geleistete Anzahlun-gen und Anlagen im Bau	171	325	0	−320	176	0	0		0	176	171
		10.159	1.002	−121	0	11.040	5.342	976	−109	6.209	4.831	4.817
III.	Finanzanlagen											
	Beteiligungen	223	12		0	235	0	0		0	235	223
	Wertrechte aus Rück-deckungsversiche-rung[1)]	45	20			65	0				65	45
		268	32	0	0	300	0	0		0	300	268
	Gesamt	11.012	1.034	−121	0	11.925	5.498	1.015	−109	6.404	5.521	5.514

Anlagenspiegel 2016		Anschaffungs- bzw Herstellungskosten					kumulierte Abschreibungen					
		Stand	Zu-gänge	Ab-gänge	Um-bu-chung	Stand	Stand	Zu-gang	Ab-gang	kum. Ab-schr.	Buch-wert	Buch-wert
		1.1.	2016	2016	2016	31.12.	1.1.	2016	2016	31.12.	31.12.	1.1.
I	Immat VMG											
	Firmenwert	585	0	0	0	585	117	39		156	429	468
II	Sachanlagen											
1	Beb und unbebaute Grundstücke	5.055	0	0	0	5.055	2.230	149		2.379	2.676	2825
2	Techn Anlagen und Maschinen	3.051	61	53	0	3.059	676	607	45	1.238	1.821	2.375
3	B&G	2.234		360		1.874	1.777	308	360	1.725	149	457
4	Geleistete Anzahlun-gen und Anlagen in Bau	0	171	0		171	0	0		0	171	0
		10.340	232	413	0	10.159	4.683	1.064	405	5.342	4.817	5.657
III	Finanzanlagen											
	Beteiligungen	223			0	223	0			0	223	223
	Wertrechte aus Rück-deckungsversiche-rung	35	10			45	0				45	35
		258	10	0	0	268	0			0	268	258
	Gesamt	11.183	242	413	0	11.012	4.800	1.103	405	5.498	5.514	6.383

7.14 Eigenkapitalspiegel für die Geschäftsjahre 2016 und 2017

	Eigenkapital gesamt	Grund-kapital	Kapitalrück-lage (geb)	Gewinn-rücklage	Bilanz-gewinn/-verl
Stand 1.1.2015	1.647	1.200	489	0	−42
Jahresfehlbetrag	−130				−130
Zuweisung Gewinnrücklage	0			0	
Stand 1.1.2016	1.517	1.200	489		−172
Jahresüberschuss	331				331
Zuweisung Gewinnrücklage				159	−159
Stand 31.12.2016 = 1.1.2017	1.848	1.200	489	159	0
Jahresüberschuss	516				516
Zuweisung Gewinnrücklage				276	−276
Stand 31.12.2017 = 1.1.2018	2.364	1.200	489	435	240

7.15 Anhang zum Jahresabschluss 2017

(alle Angaben in 1.000 €)

Der Jahresabschluss der Elektromotoren AG zum 31.12.2017 wurde gemäß den Bestimmungen des UGB erstellt.

I. Bilanzierungs- und Bewertungsmethoden

Bei der Bewertung wurde von der Fortführung des Unternehmens ausgegangen sowie der Grundsatz der Einzelbewertung von Vermögensgegenständen und Schulden beachtet.

Das Vorsichtsprinzip wurde eingehalten, nur der am Abschlussstichtag realisierte Gewinn wurde ausgewiesen.

Im Einzelnen wurden folgende Bewertungsmaßnahmen gesetzt:

1. Anlagevermögen

Die Gegenstände des Anlagevermögens werden zu Anschaffungs- oder Herstellungskosten zuzüglich der Anschaffungsnebenkosten und abzüglich der planmäßigen Abschreibungen ausgewiesen.

a) Immaterielles Anlagevermögen

Der Firmenwert wird über einen Zeitraum von 15 Jahren abgeschrieben.

Dieser Zeitraum entspricht seiner voraussichtlichen Nutzungsdauer.

b) Sachanlagevermögen

Die planmäßige Abschreibung auf Sachanlagen erfolgt linear über einen Zeitraum von drei (Werkzeuge) bis 33 Jahren (Gebäude). Außerplanmäßige Abschreibungen wurden nicht vorgenommen.

Die selbst erstellten Anlagen wurden zu Herstellungskosten auf Basis Einzelkosten zuzüglich angemessener Material- und Fertigungsgemeinkosten aktiviert. Aufwendungen auf Sozialeinrichtungen sowie für Abfertigungen und betriebliche Altersversorgung wurden nicht in die Herstellungskosten eingerechnet.

c) Finanzanlagen

Es wurden keine außerplanmäßigen Abschreibungen vorgenommen. Ebenfalls liegen keine Wertminderungen vor, die voraussichtlich nicht von Dauer sind.

2. Umlaufvermögen

a) Vorräte

Die Roh-, Hilfs- und Betriebsstoffe sowie die Handelswaren wurden nach dem gewogenen Durchschnittspreisverfahren unter Anwendung des strengen Niederstwertprinzips bewertet.

Die Bewertung der fertigen und unfertigen Erzeugnisse erfolgte zu Herstellungskosten nach den gleichen Grundsätzen wie jene der selbst erstellten Anlagen. Auf eine verlustfreie Bewertung wurde Bedacht genommen.

b) Forderungen und sonstige Vermögensgegenstände

Bei der Bewertung der Forderungen wurden erkennbare Risiken durch Einzel- bzw Pauschalwertberichtigungen berücksichtigt.

Fremdwährungsforderungen wurden zum Devisenankaufkurs im Zeitpunkt der Anschaffung bzw zum niedrigeren Devisenankaufkurs am Abschlussstichtag bewertet.

3. Rückstellungen und Verbindlichkeiten

Die Rückstellungen und Verbindlichkeiten wurden unter Bedachtnahme auf den Vorsichtsgrundsatz in der Höhe des voraussichtlichen Anfalles gebildet. Rückstellungen des Vorjahres wurden, soweit sie nicht verwendet wurden und der Grund für ihre Bildung weggefallen ist, über sonstige betriebliche Erträge aufgelöst.

Die Restlaufzeit der sonstigen Rückstellungen liegt unter einem Jahr. Eine Abzinsung gem § 211 war daher nicht erforderlich.

II. Erläuterungen zu den Posten der Bilanz und der Gewinn- und Verlustrechnung

1. Bilanz

(1) Die Entwicklung des Anlagevermögens ist in der Beilage zum Anhang dargestellt.

(2) Der in den Grundstücken, grundstücksgleichen Rechten und Bauten enthaltene Buchwert der Grundwerte beträgt:

	31.12.17	31.12.16
Buchwert der Grundwerte	164	164

(3) Die Wertrechte resultieren aus Rückdeckungsversicherungen für die mit leitenden Angestellten abgeschlossenen Pensionsverträge.

(4) Die Forderungen aus Lieferungen und Leistungen wurden um Pauschalwertberichtigungen in folgender Höhe vermindert:

	31.12.17	31.12.16
Pauschalwertberichtigung	45	51

(5) Die aktiven latenten Steuern betreffen die Abfertigungsrückstellung.

S Erläuterungen zur Gewinn- und Verlustrechnung Punkt 2.

(6) Die Bewertung der Pensions- und Abfertigungsrückstellung erfolgte nach versicherungsmathematischen Grundsätzen nach dem Teilwertverfahren unter Verwendung eines Rechnungszinsfußes von 3,5 %. Der Zinsenanteil des Abfertigungs- und Pensionsaufwands ist unter den Zinsaufwendungen erfasst.

(7) Unter den sonstigen Rückstellungen sind folgende wesentliche Posten enthalten:

	31.12.2017	31.12.2016
Drohende Verluste aus schwebenden Geschäften	236	192
Nicht konsumierte Urlaube	221	239
Gewährleistungen	269	220
Sonstige	425	379
Gesamt	1.151	1.030

Die Restlaufzeit der sonstigen Rückstellungen liegt unter einem Jahr.

(8) Die Verbindlichkeiten, für die dingliche Sicherheiten bestellt sind, betragen 2.000 (im Vorjahr: 2.000). Es handelt sich um grundbücherlich besicherte langfristige Bankkredite, die in den Verbindlichkeiten gegenüber Kreditinstituten enthalten sind.

(9) Sonstige Angaben zur Bilanz

Haftungsverhältnisse liegen in folgendem Umfang vor: Wechselobligo aus der Weitergabe von Besitzwechseln: 325.

(10) Verpflichtungen aus der Nutzung von nicht in der Bilanz ausgewiesenen Sachanlagen:

	Leasingverpflichtungen Folgejahr (Jahr 1)	Folgende 5 Jahre (1–5)
2017	60 (2018)	252
2016	60 (2017)	300
2015	50 (2016)	230

2. Gewinn- und Verlustrechnung

(1) Die Umsatzerlöse betreffen einerseits das Inland, andererseits EU-Mitgliedstaaten wie folgt:

	2017	2016
Inlandsumsatzerlöse	3.365	2.533
EU-Umsatzerlöse	14.250	12.750
	17.615	15.283

(2) Die Steuern vom Einkommen und vom Ertrag entfallen wie folgt auf das laufende Ergebnis und auf Steuerlatenzen. 2016 wurde ein noch vorhandener Verlustvortrag aufgebraucht.

	2017	2016	2015
Steuerpflichtiges Einkommen	667	351	–130
Verlustvortrag aus 2014 und 2015	0	–223	–93
Steuerbasis	667	128	0
Köperschaftsteuer 25 %	**167**	**32**	**0**
Abfertigungsrückstellung	614	549	500
Aktive Steuerlatenz Abfertigungsrückstellung 25 %[1]	**153**	**137**	**125**
Neubildung der aktiven Steuerlatenz gegenüber Vorjahr	–16	–12	0
Körperschaftsteuer gesamt	**151**	**20**	**0**

[1] Die Steuerlatenz bei den Abfertigungsrückstellungen ergibt sich aus der Tatsache, dass eine Reihe von Mitarbeitern im Jahre 2002 nicht vom Umstieg auf eine Mitarbeitervorsorgekasse Gebrauch gemacht haben. Steuerlich wurde die Abfertigungsrückstellung zu diesem Zeitpunkt aufgelöst und darf damit nicht mehr neu gebildet werden.

3. Anlagenspiegel

Findet sich in der Beilage.

III. Angaben zu beteiligten Unternehmen

Die Gesellschaft ist zu 25 % an der Logistik GmbH, Wien, beteiligt, die im Rahmen des freien Wettbewerbs auch Transporte für das Unternehmen durchführt.

Das Eigenkapital dieser Gesellschaft betrug zum Bilanzstichtag 950, das Ergebnis des letzten Geschäftsjahres 147. Ein maßgeblicher Einfluss auf diese Gesellschaft liegt nicht vor.

IV. Angaben über Organe und Arbeitnehmer

Die durchschnittliche Zahl der Arbeitnehmer betrug 112, davon 99 Arbeiter und 13 Angestellte.

Die Gesamtbezüge des Vorstandes inklusive aller Nebenbezüge betrugen im Jahre 2017 insgesamt 420. An den Aufsichtsrat wurden 30 an Aufwandsentschädigungen und Aufsichtsratsvergütungen geleistet.

Unter den Abfertigungen befinden sich solche für Vorstandsmitglieder in Höhe von 8 und für leitende Angestellte im Sinne des § 80 AktG von 6. Es handelt sich ausschließlich um Zuweisungen zu Abfertigungsrückstellungen.

Die Aufwendungen für Altersversorgung betreffen mit 15 Vorstandsmitglieder und mit 10 leitende Angestellte im Sinne des § 80 AktG.

Der Vorstand setzt sich im Geschäftsjahr aus folgenden Personen zusammen:

Dr. Franz Abram, kaufmännisches Vorstandsmitglied und Sprecher des Vorstandes

Dipl. Ing. Anton Berg, technisches Vorstandsmitglied

Der Aufsichtsrat setzt sich im Geschäftsjahr aus folgenden Personen zusammen:

Dr. Josef Lager, Vorsitzender

Dkfm. Karl Klang, Vorsitzender-Stellvertreter

Gustav Pugerz

Vom Betriebsrat wurden delegiert:

BRO Rudolf Scheider

BRO Josef Mager

Veränderungen fanden im Geschäftsjahr nicht statt.

V. Angaben zum eingeforderten Grundkapital

Das Grundkapital beträgt insgesamt 1,2 Mio, zerlegt in 30.000 nennwertlose Stückaktien und wurde zur Gänze eingefordert und eingezahlt.

Die Gesellschaft hat weder Aktien noch sonstige Wertpapiere zum Handel bei einer öffentlichen Börse.

Vorschlag für die Verwendung des Ergebnisses

(Der Vorschlag des Vorstandes für die Verwendung des Ergebnisses ist nicht Bestandteil des Anhanges. Er ist aber bei Aktiengesellschaften gem § 277 nach Behandlung des Jahresabschlusses in der Hauptversammlung mit diesem, zusammen mit dem Lagebericht und dem Bericht des Aufsichtsrates zum Firmenbuch des Sitzes der Aktiengesellschaft einzureichen.)

Der Vorstand schlägt vor, aus dem Bilanzgewinn des Geschäftsjahres 2017 einen Betrag in Höhe von 8 € je Aktie auszuschütten.

7.16 Geldflussrechnung

Nettogeldfluss aus der laufenden Geschäftstätigkeit

					2017	2016
1		Ergebnis vor Steuern			667	351
		Überleitung zum Nettogeldfluss aus dem Ergebnis				
2		Ab- und Zuschreibungen auf Vermögensgegenstände des Investitionsbereiches			1.015	1.103
3		Gewinn/Verlust aus dem Abgang von Vermögensgegenständen des Investitionsbereiches			–2	–17
4		Zu-/Abnahme langfristiger Rückstellungen			90	71
5	Ia	**Geldfluss aus dem Ergebnis**			**1.770**	**1.508**
6		Zu-/Abnahme der Vorräte			-614	–273
7		Zu-/Abnahme der Lieferforderungen			112	7
9		Zu-/Abnahme sonstiger Forderungen und Vermögensgegenstände des Umlaufvermögens			–33	–39
9		Zu-/Abnahme aktive Rechnungsabgrenzungen			4	–3
10		Ab-/Zunahme kurzfristiger Rückstellungen ohne Steuerrückstell			121	-317
11		Ab-/Zunahme sonstiger Forderungen			–185	11
12		Ab-/Zunahme sonstiger kurzfristiger Passiva			–45	–64
13		Ab-/Zunahme kurzfristiger Bankkredite			6	76
14	Ib	**Nettogeldfluss aus der Veränderung des Working Capitals**			**-634**	**–602**
15		abz bezahlte Ertragsteuern:				
		Ertragsteuern gesamt	–151	–20		
		Erhöhung akt lat Steuer	–16	–12		
		Veränd Rückstellung	99	15	–68	17
16	I	**Nettogeldfluss aus der Geschäftstätigkeit**			**1.068**	**889**

Nettogeldfluss aus der Investitionstätigkeit

			2017	2016
17		Einzahlungen aus Anlagenabgang (ohne Finanzanlagen)	14	25
18		Einzahlungen aus Finanzanlagenabgang und sonstigen Finanz-investitionen		
19		Auszahlungen für Anlagenzugang (ohne Finanzanlagen)	–1.002	–232
20		Auszahlungen für Finanzanlagen und sonstige Finanz-investitionen	–32	–10
21	**II**	**Nettogeldfluss aus der Investitionstätigkeit**	**–1.020**	**–217**

Nettogeldfluss aus der Finanzierungstätigkeit

			2017	2016
22		Einzahlungen von Eigenkapital		
23		Rückzahlungen von Eigenkapital		
24		Auszahlungen aus der Bedienung von Eigenkapital (zB Dividenden)		
25	**IIIa**	**Nettogeldfluss aus der Privat- und Gesellschaftersphäre**		
26		Aufnahme Rückzahlung sonstiger Darlehen		
27		Einzahlungen aus der Begebung von Anleihen und Finanz-krediten		
28		Auszahlungen für die Tilgung von Anleihen und Finanzkrediten		
29		Nettogeldfluss aus der Finanzierungstätigkeit		
30	**IIIb**	**Nettogeldfluss aus der Fremdfinanzierung**		
31	**III**	**Nettogeldfluss aus der Finanzierungstätigkeit**		

Fondsveränderungsrechnung

			2017	2016
32	**IV**	**Zahlungswirksame Veränderung des Finanzmittelbestandes**	**48**	**672**
33		Wechselkursbedingte und sonstige Wertänderungen des Finanz-mittelbestandes		
34		Finanzmittelbestand am Beginn der Periode	801	129
35		Finanzmittelbestand am Ende der Periode	849	801

7.2 Kennzahlenanalyse der Elektromotoren AG aus der Sicht des externen Analytikers

Die Ermittlung der Kennzahlen in diesem Abschnitt erfolgt aus der Sicht des externen Analytikers auf Basis der unbereinigten Daten aus dem Jahresabschluss.

Notwendige Daten für die Berechnungen von Kennzahlen mit Laufzeiten werden der nachstehenden nach Fristigkeiten aufgebauten Strukturbilanz entnommen.

Wegen der Geringfügigkeit der Zinserträge und wegen des Fehlens entsprechender Vermögensveranlagungen kann der externe Analytiker üblicherweise davon ausgehen, dass es sich bei den Zinserträgen um die Erträge aus vorübergehender Veranlagung frei gewordener Gelder handelt. Diese werden daher in der Analyse in der Regel mit den Zinsaufwendungen saldiert.

Aus dem Anhang geht hervor, dass die Beteiligung keine unmittelbare Beziehung zum Geschäft der Elektromotoren hat und daher **eine eigenständige Veranlagung** darstellt.

Viele der nachfolgend behandelten Kennzahlen sind in den veröffentlichten Jahresabschlüssen abgebildet. Diese Kennzahlen werden idR aus den unveränderten unternehmensrechtlich erstellten Abschlüssen entnommen. Stimmen sie nicht mit den Jahresabschlussdaten überein, muss das Unternehmen die Ableitung offenlegen.

 Soweit die nachfolgend dargestellten Kennzahlen gemäß dem Fachgutachten *KFS/BW3* im Lagebericht veröffentlicht werden müssen, sind sie mit einem Pfeil versehen.

7.21 Investitions- und Finanzierungsanalyse

7.211 Strukturbilanz nach Fristigkeiten

	2017	2016	2015
Anlagevermögen	5.521	5.514	6.383
+ Forderungen des UV mit einer RLZ > 1 Jahr	0	0	0
+ Aktive latente Steuern	153	137	125
= **Langfristiges Vermögen**	**5.674**	**5.651**	**6.508**
Umlaufvermögen	4.745	4.162	3.185
+ Aktive Rechnungsabgrenzung	2	6	3
− Forderungen des UV mit einer RLZ > 1 Jahr	0	0	0
= **Kurzfristiges Vermögen**	**4.747**	**4.168**	**3.188**
Gesamtvermögen	**10.421**	**9.819**	**9.696**
Abfertigungsrückstellungen	614	549	500
+ Pensionsrückstellungen	78	53	31
= langfristige Rückstellungen	**692**	**602**	**531**
+ Verbindlichkeiten ggü Kreditinstituten (RLZ > 1 Jahr)	3.000	3.000	3.000
= **Langfristiges Fremdkapital**	**3.692**	**3.602**	**3.531**

Steuerrückstellungen	114	15	0
+ Sonstige Rückstellungen	1.151	1.030	1.347
= Kurzfristige Rückstellungen	**1.265**	**1.045**	**1.347**
+ Verbindlichkeiten mit RLZ < 1 Jahr	3.100	3.324	3.301
= **Kurzfristiges Fremdkapital**	**4.365**	**4.369**	**4.648**
Fremdkapital	**8.057**	**7.971**	**8.179**
Eigenkapital	**2.364**	**1.848**	**1.517**
Gesamtkapital	**10.421**	**9.819**	**9.696**

Während die Fristigkeit der Verbindlichkeiten auf Grund der Angaben in der Bilanz und im Anhang klar erkennbar sind, steht der Analytiker bei der Klassifizierung der Rückstellungen vor Schwierigkeiten. Er kann aber von der Annahme ausgehen, dass Personalrückstellungen idR langfristig sind, während die sonstigen Rückstellungen eher kurzfristigen Charakter haben. Wegen der Angabepflicht sollte der Analytiker vor der Klassifizierung den Anhang, aber auch den Lagebericht auf entsprechende Informationen ansehen.

7.212 Investitionsanalyse

$$\text{Anlagenintensität} = \frac{\text{Anlagevermögen}}{\text{Gesamtvermögen}}$$

	2017	2016	2015
Anlagevermögen	5.521	5.514	6.383
Gesamtvermögen	10.421	9.819	9.696
Anlagenintensität	**53 %**	**56,2 %**	**65,8 %**

Sowohl Anlagevermögen als auch Gesamtvermögen können direkt aus der Bilanz entnommen werden. Im vorliegenden Fall wird nicht auf die Strukturbilanz zurückgegriffen, dh Fristigkeiten spielen nur insofern eine Rolle, als sie in der Bilanzgliederung zum Ausdruck kommen.

$$\text{Sachanlagenintensität} = \frac{\text{Sachanlagevermögen}}{\text{Gesamtvermögen}}$$

	2017	2016	2015
Sachanlagevermögen	4.831	4.817	5.657
Gesamtvermögen	10.421	9.819	9.696
Sachanlagenintensität	**46,4 %**	**49,1 %**	**58,3 %**

Das Sachanlagevermögen kann dem Anlagespiegel entnommen werden. Im vorliegenden Fall wird nicht auf die Strukturbilanz zurückgegriffen, dh Fris-

tigkeiten spielen nur insofern eine Rolle, als sie in der Bilanzgliederung zum Ausdruck kommen.

$$\text{Umlaufintensität} \; = \; \frac{\text{Umlaufvermögen}}{\text{Gesamtvermögen}}$$

	2017	2016	2015
Umlaufvermögen	4.747	4.168	3.188
Gesamtvermögen	10.421	9.819	9.696
Umlaufintensität	**45,6 %**	**42,5 %**	**32,9 %**

Sowohl Umlauf- als auch Gesamtvermögen können direkt aus der Bilanz entnommen werden.

Anhand obenstehender Intensitätskennzahlen lässt sich erkennen, dass im Zeitverlauf der Anteil des Anlagevermögens am Gesamtvermögen abgenommen hat resp hat sich die Umlaufintensität der Elektromotoren AG erhöht. Der Rückgang der Anlagen- und Sachanlagenintensität lässt sich vorrangig auf die Abnahme des Sachanlagevermögens zurückführen. Diese Diagnose lässt sich anhand der folgenden weiteren Kennzahlen der Vermögensanalyse näher überprüfen:

$$\text{Sachanlagenabnutzungsgrad} \; = \; \frac{\text{kumulierte Abschr. abnutzb. SAV zum 31.12.}}{\text{AK/HK der abnutzb. Sachanlagen zum 31.12.}}$$

	2017	2016	2015
Kumulierte Abschreibungen auf das abnutzbare SAV	6.209	5.342	4.683
Historische AK bzw HK der Sachanlagen zum 31.12.	11.040	10.159	10.340
abzüglich Grundstücke	164	164	164
AK/HK des **abnutzbaren** SAV	10.876	9.995	10.176
Sachanlagenabnutzungsgrad	**57,1 %**	**53,5 %**	**46,0 %**

Die kumulierten Abschreibungen auf das Sachanlagevermögen können dem Anlagenspiegel entnommen werden. Da sich die Abschreibungen ausschließlich auf das abnutzbare SAV beziehen, sind Grundstückswerte noch aus den historischen AK/HK zum 31.12. zu eliminieren; diese sind dem Anhang zu entnehmen. Da hier der Abnutzungsgrad zum Ende des Geschäftsjahres ermittelt werden soll, ist zu beachten, dass für beide Posten die Werte zum 31.12. in die Berechnung einfließen. Die Werte für 2015 hingegen ergeben sich aus dem Stand zum 1.1.2016 laut Anlagenspiegel.

$$\text{Abschreibungsquote} \; = \; \frac{\text{plm.Jahresabschreibungen auf das abnutzb.SAV}}{\text{hist. AK/HK der abnutzb.Sachanlagen}}$$

	2017	2016
Planmäßige Jahresabschreibungen auf das abnutzbare SAV	976	1.064
Historische AK/HK der Sachanlagen zum 31.12.	11.040	10.159
abzüglich Grundstücke	164	164
Historische AK/HK des **abnutzbaren** SAV	10.876	9.995
Abschreibungsquote	**9 %**	**10,7 %**

Die Jahresabschreibungen auf das Sachanlagevermögen finden sich im Anlagenspiegel unter Zugänge zu kumulierten Abschreibungen. Bei den historischen Anschaffungs- und Herstellungskosten ist eine Basis zu wählen, die in sinnvollem Zusammenhang zu den Jahresabschreibungen steht, weshalb zum Endbestand des abnutzbaren SAV (dh abzüglich der Grundstücke) die Abgänge hinzuzuzählen sind.

$$\text{Investitionsquote} \quad = \quad \frac{\textbf{Nettoinvestitionen in das SAV}}{\textbf{SAV zu AK bzw HK zum 1.1.}}$$

Die Buchwerte des Sachlagevermögens zum 1.1. können direkt dem Anlagenspiegel entnommen werden, während die Nettoinvestitionen in das Sachanlagevermögen gesondert berechnet werden müssen. Dazu werden von den Gesamtinvestitionen in das SAV die gesamten Buchwertabgänge zum Ende des Geschäftsjahrs abgezogen. Die Buchwertabgänge können seit RÄG 2014 auf zwei Arten wie folgt ermittelt werden, die zum selben Ergebnis führen:

	2017	2016
Anfangsbestand SAV zu Buchwerten	4.817	5.657
+ Zugänge und Umbuchungen zum SAV	1.002	232
+ Zuschreibungen des GJ zum SAV	0	0
− Abschreibungen auf das SAV	976	1.064
− Buchwert SAV zum Ende des GJ	4.831	4.817
Buchwertabgänge im SAV	**12**	**8**

Diese Methode lässt sich auch auf Abschlüsse, deren Anlagenspiegel nicht nach den Vorschriften des RÄG 2014 aufgeschlüsselt ist, anwenden. Die zweite, deutlich kürzere Methode bedarf der seit RÄG 2014 verpflichtenden Angabe der Entwicklungen der kumulierten Abschreibungen im Anlagespiegel:

	2017	2016
Abgänge zu AK/HK des SAV	121	413
− Abgänge der kumulierten Abschreibungen des SAV	109	405
Buchwertabgang im SAV	**12**	**8**

Die Buchwertabgänge müssen von den Gesamtinvestitionen in das SAV (Zugänge zu Anschaffungs- und Herstellungskosten gem Anlagenspiegel) abgezogen werden, um die Nettoinvestitionen zu erhalten, die sodann durch die Anschaffungs- und Herstellungskosten des SAV zum 1.1. zu dividieren sind, um die Investitionsquote zu ermitteln.

	2017	2016
Gesamtinvestitionen in das SAV	1.002	232
– Buchwertabgänge im SAV	12	8
= Nettoinvestitionen in das SAV	990	224
SAV zu AK bzw HK zu Beginn des Geschäftsjahres	10.159	10.340
Investitionsquote	**9,8 %**	**2,2 %**

$$\textbf{Wachstumsquote}^{1)} \quad = \quad \frac{\textbf{Nettoinvestitionen in das SAV}}{\textbf{Jahresabschreibungen auf das SAV}}$$

[1]   Die Wachstumsquote wird auch häufig als Investitionsdeckung bezeichnet.

	2017	2016
Nettoinvestitionen in das SAV	990	224
Abschreibungen auf das SAV	976	1.064
Wachstumsquote	**101,4 %**	**-21,1 %**

Die Investitionen betragen 21,1% der Abschreibungen, womit tatsächlich eine Investitionsunterdeckung von 78,9 % vorliegt. Die Wachstumsquote liegt unter 100 % und ist daher negativ.

Die Nettoinvestitionen sind wie oben zu ermitteln, während die Jahresabschreibungen auf das Sachanlagevermögen direkt aus dem Anlagenspiegel unter Zugänge zu kumulierten Abschreibungen entnommen werden können.

Die zusätzlich ermittelten Kennzahlen zum Anlagevermögen bestätigen den zuvor gewonnenen Eindruck vom Abbau des Anlagevermögens insbesondere im Sachanlagenbereich. Dies kommt in einem Anstieg des Sachanlagenabnutzungsgrads zum Ausdruck, der ein Altern der vorhandenen Anlagen andeutet. Darüber hinaus liegt die Abschreibungsquote 2016 deutlich über der Investitionsquote. Die Anlagenabschreibungen übersteigen demnach die prozentuellen Neuinvestitionen, was sich auch in der Kennzahl Wachstumsquote niederschlägt. Diese ist im Jahr 2016 als Schrumpfungsquote zu interpretieren. Ein Wert von 100 % entspräche einem konstanten Bestand. Im Geschäftsjahr 2017 kann wieder eine positive Wachstumsquote verzeichnet werden.

7.213 Umschlagshäufigkeiten und Umschlagdauer

Für die Analyse des Vermögens ist nicht nur von Interesse, welchen Anteil bestimmte Bestände am gesamten Vermögen aufweisen und wie sich diese im Zeitablauf entwickeln. Mithilfe von Umschlagskennzahlen wird daher versucht, einen Zusammenhang zwischen bestimmten Vermögenspositionen und korrespondierenden Stromgrößen herzustellen, um zu ermitteln, wie häufig (bzw in welchem Zeitraum) ein Bilanzposten im Laufe eines Geschäftsjahres umgeschlagen wurde. Die Daten der Elektromotoren AG zeigen folgendes Bild:

$$\text{Umschlagshäufigkeit des Vermögens} \quad = \quad \frac{\text{Umsatzerlöse}}{\text{Ø Gesamtvermögen}}$$

$$\text{Umschlagsdauer (generell)} \quad = \quad \frac{\text{Betrachtungszeitraum}}{\text{Umschlagshäufigkeit}}$$

	2017	2016
Umsatzerlöse	17.765	15.283
Gesamtvermögen Beginn des GJ	9.819	9.696
Gesamtvermögen Ende des GJ	10.421	9.819
Durchschnittliches GV	10.120	9.758
Umschlagshäufigkeit des Vermögens	**1,76**	**1,57**
Umschlagsdauer in Tagen	**208**	**233**
Umschlagsdauer in Monaten	**6,84**	**7,66**

Die Umsatzerlöse lassen sich aus der Gewinn- und Verlustrechnung entnehmen. Das durchschnittliche Gesamtvermögen wird als Mittelwert aus dem Stand zu Beginn und zum Ende des Geschäftsjahres gem Bilanz ermittelt. Um aus der Umschlagshäufigkeit eine Umschlagsdauer zu berechnen, muss der Betrachtungszeitraum im Zähler (365 Tage bzw 12 Monate) durch die Umschlagshäufigkeit geteilt werden.

$$\text{Umschlagshäufigkeit des Vorratsvermögens} \quad = \quad \frac{\text{Vorratsverbrauch}}{\text{durchschn Vorratsbestand}}$$

	2017	2016
Vorratsverbrauch (aus übergeleiteter GuV nach UKV)	14.142	11.875
Durchschnittlicher Vorratsbestand	2.015	1.571,50
Umschlagshäufigkeit der Vorräte	**7,02**	**7,56**
Umschlagsdauer in Tagen	**52**	**48**
Umschlagsdauer in Monaten	**1,71**	**1,59**

Der Vorratsverbrauch ist aus der übergeleiteten Gewinn- und Verlustrechnung nach dem Umsatzkostenverfahren zu entnehmen (eine Ableitung aus der GuV nach Gesamtkostenverfahren ist nicht möglich bzw kann lediglich eine Annäherung über den Materialeinsatz gem § 231 Abs 2 Z 5a erfolgen). Der durchschnittliche Vorratsbestand wird als Mittelwert der Bestände zu Beginn und Ende des Geschäftsjahres gem Bilanz errechnet. Die Berechnung der Umschlagsdauer erfolgt wie oben beschrieben.

$$\text{Umschlagshäufigkeit der Forderungen} = \frac{\text{Umsatzerlöse (zzgl USt)}}{\text{Ø Forderungsbestand}}$$

	2017	2016
Umsatzerlöse (zzgl USt)	18.288	15.789,60
Durchschnittlicher Forderungsbestand aus L&L	1.372	1.431,50
Umschlagshäufigkeit der Forderungen	**13,33**	**11,03**
Kundenziel in Tagen	**27**	**33**

Die Umsatzerlöse können als Nettogröße der GuV entnommen werden. Da jedoch der Forderungsbestand aus Lieferungen und Leistungen inkl Umsatzsteuer ausgewiesen ist, muss eine der Größen angepasst werden, um Äquivalenz herzustellen. Annähernd wird hier zu den Netto-Umsatzerlösen eine 20%ige Umsatzsteuer auf die Inlandsumsätze (im Anhang ersichtlich) hinzugerechnet. Die Umschlagsdauer in Tagen wird wie oben ermittelt und lässt sich treffender als Kundenziel bezeichnen.

Es lässt sich erkennen, dass sich die Umschlagshäufigkeit des gesamten Vermögens der Elektromotoren AG im Zeitablauf erhöht hat, was auf einen relativ höheren Anstieg der Umsatzerlöse im Vergleich zum Gesamtvermögen zurückzuführen ist. Eine detailliertere Analyse zeigt, dass diese Entwicklung nicht auf die Vorratsbestände zurückgeht. Hier ist im Gegenteil ein Rückgang der Umschlagshäufigkeit zu verzeichnen. Vielmehr ist eine Erhöhung der Umschlagshäufigkeit des Vermögens auf Entwicklungen im Bereich der Forderungen aus Lieferung und Leistung zurückzuführen. Die diesbezügliche Umschlagshäufigkeit hat sich deutlich erhöht. Gründe dafür könnten in einem verbesserten Forderungsmanagement des Unternehmens zu finden sein. Insgesamt ist diese Tendenz positiv zu beurteilen, da mit relativ geringerem Vermögenseinsatz mehr Umsatz erwirtschaftet wurde.

$$\text{Umschlagshäufigkeit der Verbindlichkeiten} = \frac{\text{Materialzukauf (zzgl USt)}}{\text{Ø Verbindlichkeitsbestand}}$$

Berechnungstabelle Umschlagshäufigkeiten der Verbindlichkeiten:

	2017	2016
Materialaufwand	8.320	6.737
+/– RHB-Veränderungen	320	91
+/– Lagerab- bzw -aufbau fertiger, unfertiger Erzeugnisse & Waren	305	173
– Bestandsveränderungen fertige und unfertige Erzeugnisse	311	41
Materialzukauf ohne USt	8.634	8.352
= Materialzukauf inkl USt (= 8.634 × 1.2)	10.361	8.352
Durchschnittliche Verb aus L&L	1.365	1.452
Umschlagshäufigkeit der Verbindlichkeiten	7,60	5,75
Lieferantenziel in Tagen	48	63

Bei der externen Analyse wird der Materialzukauf ausgehend vom Material-aufwand aus der GuV abgeleitet, indem die Bestandsveränderung an Roh-, Hilfs- und Betriebsstoffen gemäß Bilanz hinzugerechnet (abgezogen) wird. Zusätzlich müssen die Lagerbewegungen von Handelswaren einbezogen werden, die sich nur mittelbar über die Lagerbestandsveränderungen der Posten „unfertige Erzeugnisse" und „fertige Erzeugnisse und Waren" (Bilanz) abzüglich der Bestandsveränderungen an fertigen und unfertigen Erzeugnissen (GuV) berechnen lassen. Die Summe aus Materialaufwand, RHB-Veränderungen und Handelswarenveränderungen wird mit dem Faktor 1,2 in eine Bruttogröße (inkl USt) umgerechnet, um die Äquivalenz mit dem Verbindlichkeitsbestand herzustellen.

Allerdings gibt es unter Umständen auch nach dieser Rechnung noch erhebliche Ungenauigkeit in der Berechnung der Lieferantenbestände, weil in diesen nicht nur der Materialeinkauf, sondern die Einkäufe aller Fremdleistungen an das Unternehmen enthalten sein können.

Kapitalbindungsdauer = **Kundenziel + Umschlagsdauer der Vorräte – Lieferantenziel**

	2017	2016
Kundenziel (Tage)	27	33
Umschlagsdauer der Vorräte (Tage)	52	48
Lieferantenziel (Tage)	–48	–63
Kapitalbindungsdauer (Tage)	**31**	**18**

Die zur Berechnung der Kapitalbindungsdauer benötigten Kennzahlen stützen sich auf obenstehende Berechnungen.

Der Blick auf die Passivseite der Bilanz zeigt, dass hier eine Erhöhung der Umschlagshäufigkeit, die sich traditionell auf den Bestand an Verbindlichkeiten aus Lieferung und Leistung bezieht, zu verzeichnen ist. Dies ist auf einen deutlichen Anstieg des Materialaufwands (was bei steigenden Umsatzerlösen konsistent erscheint) bei kaum verändertem Verbindlichkeitsbestand zurückzuführen. Das Unternehmen wird demnach von Seiten der Lieferanten mit einer Verkürzung der Zahlungsziele konfrontiert. Es wäre aber auch durchaus möglich, dass das Unternehmen von sich aus die Zahlungsziele verkürzt und damit auf Skontozahlungen umgestiegen ist, um einerseits die hohen Zinskosten der Lieferantenkredite zu vermeiden und andererseits um seine Stellung gegenüber den Lieferanten zu verbessern.

Werden für eine Gesamtbetrachtung der Umschlagszahlen der Aktiv- und Passivseite die jeweiligen Umschlagsdauern herangezogen, so ergibt sich die Kapitalbindungsdauer. Diese hat sich signifikant erhöht. Die Verbesserung im Forderungsbereich (kürzeres Kundenziel) kann die verlängerte Umschlagsdauer im Bereich der Vorräte und vor allem die Verkürzung des Lieferantenziels nicht ausgleichen. Insgesamt ist daher eingesetztes Kapital länger im Leistungsprozess der Elektromotoren AG gebunden.

7.214 Finanzierungsanalyse

$$\text{Eigenkapitalquote} = \frac{\text{Eigenkapital}}{\text{Gesamtkapital}}$$

	2017	2016	2015
Eigenkapital	2.364	1.848	1.517
Gesamtkapital	10.421	9.819	9.696
Eigenkapitalquote ➢	**22,7 %**	**18,8 %**	**15,7 %**

$$\text{Fremdkapitalquote} = \frac{\text{Fremdkapital}}{\text{Gesamtkapital}}$$

	2017	2016	2015
Fremdkapital	8.057	7.971	8.179
Gesamtkapital	10.421	9.819	9.696
Fremdkapitalquote ➢	**77,3 %**	**81,2 %**	**84,3 %**

$$\text{Verschuldungsgrad} = \frac{\text{Fremdkapital}}{\text{Eigenkapital}}$$

	2017	2016	2015
Fremdkapital	8.057	7.971	8.179
Eigenkapital	2.364	1.848	1.517
Verschuldungsgrad ➢	**340,8 %**	**431,3 %**	**539,2 %**

Die einzelnen Kapitalposten der obenstehenden Kapitalstrukturkennzahlen können direkt der Bilanz entnommen werden.

$$\text{Nettoverschuldungsgrad (Gearing)} = \frac{\text{Nettoverschuldung}}{\text{Eigenkapital}}$$

Während das Eigenkapital direkt aus der Bilanz zu entnehmen ist, setzt sich die Nettoverschuldung als Differenz aus verzinslichem Fremdkapital und liquiden Mitteln zusammen und muss gesondert auf folgende Art ermittelt werden:

	2017	2016	2015
Verb ggü Kreditinstituten	4.302	4.296	4.220
+ Abfertigungsrückstellungen	614	549	500
+ Pensionsrückstellungen	78	53	31
+ Rückstellungen für Jubiläumsgelder	0	0	0
= **Verzinsliches Fremdkapital**	**4.994**	**4.898**	**4.751**

	2017	2016	2015
Kassenbestand, Schecks, Guthaben bei Kreditinstituten	−849	−801	−129
+ Wertpapiere des UV	0	0	0
= **Liquide Mittel**	**849**	**801**	**129**

	2017	2016	2015
Nettoverschuldung ➢	**4.145**	**4.097**	**4.622**
Eigenkapital	2.364	1.848	1.517
Nettoverschuldungsgrad (Gearing) ➢	**175,3 %**	**221,7 %**	**304,7 %**

Bei der Ermittlung des Gearing ist auch zu beobachten, dass für die Gearingberechnung die **Nettofinanzverschuldung**, das ist das verzinsliche Fremdkapital ohne Rückstellungen abz liquide Mittel, herangezogen wird.

Nettoverschuldung	**4.145**	**4.097**	**4.622**
abz verz Rückstellungen	−692	−602	−531
Nettofinanzverschuldung	**3.453**	**3.495**	**3.691**
Eigenkapital	2.364	1.848	1.517
Nettofinanzverschuldungsgrad (Gearing) ➤	**146,1 %**	**189,1 %**	**243,3 %**

$$\text{Selbstfinanzierungsgrad} \ = \ \frac{\text{Gewinnrücklagen+Gewinnvortrag}}{\text{Gesamtkapital}}$$

	2017	2016	2015
Gewinnrücklagen	435	159	0
Gewinnvortrag	240	−172	−214
Gewinnrücklagen gesamt	**675**	**−13**	**−214**
Gesamtkapital	**10.421**	**9.819**	**9.696**
Selbstfinanzierungsgrad	**6,5 %**	**−0,1 %**	**−2,2 %**

Die Posten für die Berechnung des Selbstfinanzierungsgrades können direkt der Bilanz entnommen werden.

Die strukturelle Analyse der Passivseite der Bilanz zeigt ein eindeutiges Bild. Die insgesamt zu verzeichnende Erhöhung des Gesamtkapitals ist zu überwiegendem Teil auf eine Stärkung des Eigenkapitals zurückzuführen. Die Stärkung des Eigenkapitals erfolgte seit dem Verlustjahr 2015 durch eine erhebliche Steigerung des Jahresüberschusses in den letzten beiden Jahren, der mit über 50 % den freien Rücklagen zugewiesen wurde. Das Fremdkapital ist in den drei Analysejahren verhältnismäßig konstant. Resultat ist eine erhöhte Eigenkapitalquote bei verringerter Fremdkapitalquote. Der Verschuldungsgrad setzt beide Kapitalposten direkt ins Verhältnis und muss daher zwangsläufig ebenfalls rückläufig sein. Noch deutlicher ist diese Entwicklung mit dem etwas differenzierteren Blick auf den Nettoverschuldungsgrad zu erkennen. Vor allem die Zunahme der liquiden Mittel kompensiert teils den Anstieg im verzinslichen Fremdkapital, wodurch die Nettoverschuldung bei steigendem Eigenkapital sinkt. Der Selbstfinanzierungsgrad ist aufgrund der nicht ausgeschütteten Gewinne relativ stark angestiegen. Bereits 6,5 % des im Unternehmen eingesetzten Vermögens stammen aus eigenen Gewinnen.

7.22 Liquiditätsanalysen

7.221 Liquiditätsanalyse auf Grundlage von Bestandsgrößen

$$\text{Anlagendeckungsgrad I} \ = \ \frac{\text{Risikokapital}}{\text{Anlagevermögen}}$$

	2017	2016	2015
Eigenkapital	2.364	1.848	1.517
Abfertigungsrückstellungen	614	549	500
Pensionsrückstellungen	78	53	31
Jubiläumsgeldrückstellungen	0	0	0
Risikokapital	**3.056**	**2.450**	**2.048**
Anlagevermögen	**5.521**	**5.514**	**6.383**
Anlagendeckungsgrad I	**55,4 %**	**44,4 %**	**32,1 %**

Die Posten für die Ermittlung des Anlagendeckungsgrades I können direkt aus der Bilanz entnommen werden. Die Rückstellungen für Jubiläumsgelder gehören zu den sonstigen Rückstellungen und betragen im Fall der Elektromotoren AG 0 €, was sich aus der verpflichtenden Angabe nicht gesondert ausgewiesener Rückstellungen im Anhang gem § 238 Abs 1 Z 15 ergibt.

$$\text{Anlagendeckungsgrad II} \;=\; \frac{\text{Langfristiges Kapital}}{\text{Langfristiges Vermögen}}$$

	2017	2016	2015
Langfristiges Kapital	6.056	5.450	5.048
Langfristiges Vermögen	5.674	5.651	6.508
Anlagendeckungsgrad II	**106,7 %**	**96,4 %**	**77,6 %**

Da das Anlagevermögen nicht allein das langfristige Vermögen ausmacht und ein Großteil des langfristigen Vermögens nicht bloß eigen-, sondern auch fremdfinanziert wird, ist es sinnvoll, für den Anlagendeckungsgrad II das gesamte langfristige Vermögen heranzuziehen und ins Verhältnis zum langfristigen Kapital zu setzen. Diese beiden zusammengesetzten Posten können wie oben dargestellt ermittelt werden.

Ziel der horizontalen Bilanzanalyse (auch statische Liquiditätsanalyse) soll es sein, einen Einblick in die Fristenkongruenz von Vermögen und Kapital zu gewinnen. Aus der Investitionsanalyse der Elektromotoren AG ist bereits bekannt, dass das Anlagevermögen (das als langfristig gilt) rückläufig ist. Eine gegenläufige Entwicklung hat die Finanzierungsanalyse ergeben, die vor allem einen Anstieg des Eigenkapitals (ebenfalls langfristig) gezeigt hat. Über die horizontale Bilanzanalyse wird nun der Zusammenhang hergestellt. Das Resultat der beiden gegenläufigen Entwicklungen ist eine Erhöhung der Anlagendeckung, die sich in beiden Deckungsgraden ausdrückt. Bei der Bewertung dieser Tendenz ist Vorsicht geboten. Liegt im Ausgangspunkt (hier das Geschäftsjahr 2015) eine Unterdeckung vor, so ist ein Anstieg der Deckungsgrade positiv zu beurteilen.

Im letzten Analysejahr kann allerdings bereits eine leichte Überdeckung vorliegen, was darauf hindeutet, dass mehr langfristiges Kapital zur Verfügung steht, als tatsächlich im langfristigen Vermögen gebunden ist. Es bestünde hier bspw Potential für Investitionen in das Anlagevermögen.

$$\text{Working Capital Ratio} = \frac{\text{Kurzfristiges Vermögen}}{\text{Kurzfristiges Fremdkapital}}$$

Working Capital = Kurzfristiges Vermögen – Kurzfristiges Fremdkapital

	2017	2016	2015
Kurzfristiges Vermögen	4.747	4.168	3.188
Kurzfristiges Fremdkapital	4.365	4.369	4.648
Working Capital	**382**	**–201**	**–1.460**
➢			
Working Capital Ratio	**1,1**	**0,9**	**0,7**

Sowohl das kurzfristige Vermögen als auch das kurzfristige Fremdkapital sind, wie oben erläutert, aus der nach Fristigkeit aufgestellten Strukturbilanz zu entnehmen.

Effektivverschuldung = Fremdkapital – monetäres Umlaufvermögen

	2017	2016	2015
Fremdkapital	**8.057**	**7.971**	**8.179**
Kurzfristige Forderungen	1.574	1.653	1.621
+ Kassenbestand und Guthaben bei Kreditinstituten	849	801	129
+ Wertpapiere des UV	0	0	0
= Monetäres Umlaufvermögen	**2.423**	**2.454**	**1.750**
Effektivverschuldung	**5.634**	**5.517**	**6.429**

Für die Ermittlung der Effektivverschuldung wird das Fremdkapital laut Bilanz herangezogen, wovon das monetäre Umlaufvermögen abzuziehen ist. Dieses setzt sich wie oben angeführt aus den verhältnismäßig liquiden Bestandteilen des Umlaufvermögens zusammen. Sowohl die kurzfristigen Forderungen als auch der Kassenbestand und die Wertpapiere des Umlaufvermögens können direkt der Bilanz entnommen und müssen lediglich aufsummiert werden, um das monetäre Umlaufvermögen zu ermitteln.

Die horizontale Analyse der kurzfristigen Bestandteile ist ein wichtiges Instrument zur Beurteilung der Liquiditätssituation eines Unternehmens. Hauptbestandteil ist die Ermittlung des Working Capital. Hier zeigt sich, dass ein signifikanter Anstieg zu verzeichnen ist, der auf eine Zunahme des kurzfristigen Vermögens bei Rückgang kurzfristiger Verbindlichkeiten zurückzuführen ist.

Generell ist die Entwicklung vor allem im Hinblick auf die Lage im Geschäftsjahr 2015 positiv zu beurteilen. Das damalige kurzfristige Fremdkapital war zu großen Teilen nicht durch kurzfristige Vermögensbestandteile gedeckt. Zur Befriedigung bei Fälligkeit hätte unter Umständen langfristiges Vermögen liquidiert werden müssen. Das 2017 positive Working Capital ist daher ein Indikator für eine verbesserte Liquiditätssituation. Es sollte jedoch auch angemerkt werden, dass ein positives Working Capital mit Finanzierungskosten verbunden ist, während es verhältnismäßig wenig oder keinen Ertrag abwirft. Ein zu hoher Bestand kann daher darauf hindeuten, dass Optimierungspotential durch eine Rationalisierung im kurzfristigen Vermögen (Working Capital Management) besteht. Auf eine ebenfalls verbesserte Liquidität deutet die Effektivverschuldung hin. Während das gesamte Fremdkapital relativ konstant geblieben ist, hat die (relativ schnell durchführbare) Deckung durch monetäres Umlaufvermögen zugenommen und somit die Effektivverschuldung gesenkt. Um die Liquidität des Unternehmens noch besser beurteilen zu können, sollte die statische Betrachtung durch eine Liquiditätsanalyse, die auch dynamische Größen (Stromgrößen) miteinbezieht, ergänzt werden.

7.222 Liquiditätsanalyse auf der Grundlage von Stromgrößen

Ausgangspunkt für eine dynamische Liquiditätsanalyse ist die Ermittlung eines Cashflows als geeignete Stromgröße. Aufgrund der relativ einfachen Ermittlung wird hier eingangs der Cashflow aus dem Ergebnis, der mit der Zwischensumme Ia aus der Geldflussrechnung ident ist, herangezogen.

*Grundlage für die Ermittlung der unterschiedlichen Cashflows ist grundsätzlich die **ungekürzte Geldflussrechnung** (Kapitalflussrechnung). Ist eine solche nicht vorhanden, hat sie der Analyst zu erstellen*

	2017	2016
Ergebnis vor Steuern	667	351
+ Abschreibungen auf das AV	1.015	1.103
– Zuschreibungen zum AV	–	–
– Gewinn aus dem Abgang von Anlagegegenständen	–2	–17
+/– Veränderung langfristiger Rückstellungen	90	71
Cashflow aus dem Ergebnis im Rahmen der Geldflussrechnung (Zwischensumme 1a)	**1.770**	**1.508**

$$\text{Innenfinanzierungsdeckungsgrad der Inv} = \frac{\text{Cashflow aus dem Ergebnis}}{\text{Nettoinvestitionen in das Anlagevermögen}}$$

$$\text{Investitionsgrad} = \frac{\text{Nettoinvestitionen in das Anlagevermögen}}{\text{Cashflow aus dem Ergebnis}}$$

	2017	2016
Cashflow aus dem Ergebnis(Zwischensumme Ia, Kap 7.16)	1.770	1.508
Nettoinvestitionen in das AV(Summe II, Kap 7.16)	1.020	217
Investitionsgrad	**57,7 %**	**14,4 %**
Innenfinanzierungsgrad der Investition	**173,2 %**	**694,9 %**

Sowohl die Nettoinvestitionen in das Anlagevermögen als auch die Cashflows ergeben sich aus der Geldflussrechnung. Je nachdem, welche Aussage man treffen will, kann daraus die Deckung der getätigten Neuinvestitionen durch den Cashflow oder aber der Anteil der Neuinvestitionen in Bezug auf den Cashflow ermittelt werden.

Aus dem Investitionsgrad im Zusammenhang mit dem Innenfinanzierungsgrad der Investition wird festgestellt, dass im Jahre 2017 etwas mehr als die Hälfte des verdienten Cashflow für Investitionen verwendet wurde. Im Jahre 2016 waren es knapp 15 %.

Betrachtet man die gesamte Entwicklung des Geldflusses aus der Geschäftstätigkeit und aus der Investitionstätigkeit ergibt sich folgendes Bild:

Cash flow aus dem Ergebnis	1.770
abzüglich Aufstockung des Working Capitals infolge der vergangenen	
Verlustjahre	634
Ertragsteuern	68
verbleiben für Investitionen	1.068
Investitionen lt Geldflussrechnung II	1.020

Somit ergibt sich ein tatsächlicher **Investitionsgrad** von 95,5 % und ein **Innenfinanzierungsgrad** der Investition von 104 %.

$$\text{Dynamischer Verschuldungsgrad} = \frac{\text{Fremdkapital}}{\text{Geldfluss aus lfd Geschäftstätigkeit}}$$

	2017	2016
Fremdkapital	8.057	7.971
Geldfluss aus der laufenden Geschäftstätigkeit	1.068	889
Dynamischer Verschuldungsgrad	**754,4 %**	**896,6 %**

*Das Fremdkapital kann direkt aus der Bilanz entnommen werden. Der Geld-
fluss aus der laufenden Geschäftstätigkeit ist aus der Geldflussrechnung des
Unternehmens ersichtlich.*

$$\text{Dynamischer Liquiditätsgrad} \;=\; \frac{\text{Geldfluss aus lfd Geschäftstätigkeit}}{\text{Kurzfristiges FK – Liquide Mittel}}$$

	2017	2016
Geldfluss aus der laufenden Geschäftstätigkeit	1068	889
Kurzfristiges Fremdkapital	4.365	4.369
Liquide Mittel	849	801
Kurzfristiges Fremdkapital netto	**3.516**	**3.558**
Dynamischer Liquiditätsgrad	**30,4 %**	**24,9 %**

*Das kurzfristige Fremdkapital entspricht den Daten aus der Strukturbilanz
nach Fristigkeiten. Die liquiden Mittel setzen sich aus dem Kassenbestand
und den Wertpapieren des Umlaufvermögens zusammen.*

$$\text{Cash Burn Rate} \;=\; \frac{\text{Finanzmittelbestand zum 31.12.}}{\text{Negativer Geldfluss aus lfd Geschäftstätigkeit}}$$

	2017	2016
Finanzmittelbestand am Ende des GJ	849	801
Geldfluss aus der laufenden Geschäftstätigkeit	1.068	889
Cash Burn Rate (CBR)	–	–

*Die Daten für die Cash Burn Rate können direkt aus der Bilanz bzw der
Geldflussrechnung entnommen werden. Die Ermittlung der Kennzahl ergibt
jedoch nur dann Sinn, wenn in der zu analysierenden Periode ein negativer
Geldfluss aus der laufenden Geschäftstätigkeit vorliegt. In diesem Fall kann
die CBR zeigen, in wie vielen Perioden unter gleichbleibenden Bedingungen
Illiquidität droht, was jedoch für die Elektromotoren AG nicht gegeben ist.
Außerdem sollte berücksichtigt werden, inwieweit der Geldfluss der laufen-
den Geschäftstätigkeit durch (evtl einmalige) Veränderungen im Working
Capital geprägt ist.*

Die Liquiditätsanalyse der Elektromotoren AG ergibt folgendes Bild: erster
Indikator für eine verbesserte Liquidität ist die Erhöhung des Cashflows aus
dem Ergebnis. Der Vergleich mit den Zahlen der Geldflussrechnung verdeutlicht jedoch, dass es sich hier um eine stark vereinfachte Ermittlung handelt.
Während sich der Geldfluss aus der Geschäftstätigkeit tatsächlich erhöht, hat
sich auch der (negative) Geldfluss aus der Investitionstätigkeit deutlich er-

höht, weshalb die Veränderung des Zahlungsmittelbestandes 2017 zwar noch positiv ausfällt, aber wesentlich geringer ist als 2016.

Im Detail bestätigen die dynamischen Liquiditätskennzahlen in Bezug auf Investitionen die Erkenntnisse aus der eingangs durchgeführten Vermögensstrukturanalyse. Da 2016 weniger Investitionen stattgefunden haben, war die Investitionsdeckung sehr hoch und sank 2017 erheblich (dies gilt sowohl für die erste als auch für die zweite Berechnungsvariante). In umgekehrter Weise entwickelt sich der Investitionsgrad. Der bereits zu erkennende Abbau im (Sach-)Anlagenbereich kann nun zumindest zum Teil auf Unterinvestitionen im Jahr 2016 zurückgeführt werden. Hier hätte der Geldfluss aus der Geschäftstätigkeit mehr Investitionen zugelassen und damit auch die voranschreitende Alterung des Anlagevermögens verlangsamt. Aus den Daten des Geschäftsjahres 2017 könnte man schließen, dass dieses Defizit abgebaut werden sollte. Die getätigten Investitionen haben sich deutlich erhöht und sind dennoch durch den erwirtschafteten Cashflow gedeckt, womit Liquiditätsengpässe hier nicht zu erkennen sind.

Außerdem hat sich der **dynamische Liquiditätsgrad** verbessert, da ein größerer Anteil des um liquide Mittel gekürzten kurzfristigen Fremdkapitals allein durch den Geldfluss aus der Geschäftstätigkeit gedeckt werden könnte. Eine ähnliche Aussage lässt sich durch den dynamischen Verschuldungsgrad treffen. Da dieser jedoch umgekehrt definiert ist, deutet der zahlenmäßige Rückgang auf eine verbesserte Liquidität hin. Insgesamt stützt die dynamische Liquiditätsanalyse die Erkenntnisse aus der horizontalen Bilanzanalyse bezüglich der Verbesserung der Liquidität.

7.23 Analyse der Erfolgsrechnung

7.231 Erfolgsstruktur

Zu einem gewissen Grad ergibt sich die strukturelle Erfolgsanalyse bereits aus der gesetzlich vorgeschriebenen Gliederung der Gewinn- und Verlustrechnung.

Direkt aus der GuV lässt sich zum Beispiel die Gesamtleistung ableiten, die selbst Grundlage weiterer Kennzahlen zur Erfolgsanalyse darstellt.

	2017	2016	2015
Umsatzerlöse	17.765	15.283	14.920
+ Bestandsveränderungen	311	41	200
+ Aktivierte Eigenleistung	152	228	0
= **Gesamtleistung**	**18.228**	**15.552**	**15.120**

$$\text{Aufwandsintensität (generell)} \quad = \quad \frac{\text{Gesamtbetrag der Aufwandsart}}{\text{Gesamtleistung}}$$

	2017	2016	2015
Gesamtleistung	18.228	15.552	15.120
Materialaufwand	8.439	6.843	6.832
Personalaufwand	5.198	4.591	4.545
Abschreibungen auf das Anlagevermögen	1.015	1.103	1.120
Materialintensität	**46,3 %**	**44 %**	**45,2 %**
Personalintensität	**28,5 %**	**29,5 %**	**30,1 %**
Anlagenintensität	**5,6 %**	**7,1 %**	**7,4 %**

Die Daten für den Gesamtaufwand *und die einer Intensitätskennzahl zugrundeliegende Aufwandsart können direkt aus der Gewinn- und Verlustrechnung entnommen werden.*

7.232 Erfolgsmessgrößen

7.232.1 Bruttoergebnis vom Umsatz – Bruttogewinnspanne

$$\text{Bruttogewinnspanne} \quad = \quad \frac{\text{Bruttoergebnis vom Umsatz}}{\text{Umsatzerlöse}}$$

§ 231 Abs 3 (Umsatzkostenverfahren):

		2017	2016
1.	Umsatzerlöse	17.765	15.283
2.	abzgl Herstellungskosten der zur Erzielung der Umsatzerlöse erbrachten Leistungen	−14.142	−11.875
3.	**Bruttoergebnis vom Umsatz**	**3.623**	**3.408**

	2017	2016	2015
Bruttoergebnis vom Umsatz	3.623	3.408	2.899
Umsatzerlöse	17.765	15.283	14.920
Bruttogewinnspanne	**20,4 %**	**22,3 %**	**19,4 %**

Das Bruttoergebnis vom Umsatz kann nur bei einer Gewinn- und Verlustrechnung nach dem Umsatzkostenverfahren direkt ersehen werden. Andernfalls muss, wie in der vorliegenden Fallstudie, eine Überleitung vom Gesamtkostenverfahren zum Umsatzkostenverfahren erfolgen, die dem externen Analysten nicht möglich ist.

7.232.2 Earnings-before-Kennzahlen

Abweichend von den Strukturkennzahlen aus der Gewinn- und Verlustrechnung sind auch die folgenden Earnings-before-Kennzahlen sehr gebräuchlich. Vor allem das EBIT dient in der Rentabilitätsanalyse (s nächstes Kapitel) selbst als Basis für die Kennzahlenberechnung.

	2017	2016
Ergebnis vor Steuern	667	351
Zinsen und ähnliche Aufwendungen	203	181
EBIT ➢	**870**	**532**
Jahresabschreibungen auf den Firmenwert	39	39
EBITA	**909**	**571**
Jahresabschreibungen (exkl Firmenwert)	976	1.064
EBITDA	**1.885**	**1.635**

Die Jahresabschreibungen und deren Aufschlüsselung in Bezug auf den Firmenwert kann dem Anlagenspiegel unter Zugang zu kumulierten Abschreibungen entnommen werden.

Die strukturelle Erfolgsanalyse zeigt, dass vor allem der starke Zuwachs der Umsatzerlöse die Gesamtleistung der Elektromotoren AG erhöht hat. Auch die Bruttogewinnspanne hat sich im Trend positiv entwickelt, was darauf hindeutet, dass die Umsatzsteigerungen nicht zulasten einer überproportionalen Erhöhung der korrespondierenden operativen Aufwendungen erfolgt sind. Diese Erkenntnis wird zusätzlich durch den Anstieg der **Earnings-before-Kennzahlen** gestützt. Der Umsatzzuwachs schlägt daher insgesamt auf das operative Ergebnis durch und führt hier zu einer Verbesserung. Was die Aufwandsstruktur betrifft, lassen sich leichte Verschiebungen zulasten der Materialintensität verzeichnen. Diese hat sich leicht erhöht, während der relative Anteil des Personalaufwands sowie der Abschreibungen in Bezug auf die Gesamtleistung rückläufig war.

7.233 Rentabilitätsanalysen

7.233.1 Umsatzrentabilität

$$\text{Umsatzrentabilität} = \frac{\text{EBIT}}{\text{Umsatzerlöse}}$$

	2017	2016
EBIT	870	532
Umsatzerlöse	17.765	15.283
Umsatzrentabilität	**4,9 %**	**3,5 %**
➢		

Das EBIT ist wie im vorhergehenden Kapitel zu ermitteln. Die Umsatzerlöse können direkt aus GuV entnommen werden.

7.233.2 Kapitalrentabilitäten

7.233.21 ROI, ROE

$$\text{Gesamtkapitalrentabilität} = \frac{\text{EBIT}}{\text{Ø Gesamtkapital}}$$

	2017	2016
EBIT	870	532
Ø Gesamtkapital = Ø Gesamtvermögen	10.120	9.758
Gesamtkapitalrentabilität	**8,6 %**	**5,5 %**
➢		

Das durchschnittliche Gesamtvermögen ist als Mittelwert aus dem Stand zu Beginn sowie zum Ende des Geschäftsjahres zu ermitteln.

$$\text{Eigenkapitalrentabilität} = \frac{\text{Ergebnis vor bzw nach Steuern}}{\text{Ø Eigenkapital}}$$

	2017	2016
Ergebnis vor Steuern	667	351
Ergebnis nach Steuern	516	331
Ø Eigenkapital	2.106	1.683
Eigenkapitalrentabilität vor Steuern	**31,7 %**	**20,9 %**
Eigenkapitalrentabilität nach Steuern	**24,5 %**	**20,0 %**
➢		

Im Gegenteil zur Ergebnisgröße bei der Gesamtkapitalrentabilität wird die Eigenkapitalrentabilität nicht finanzierungsneutral ermittelt. Die Fremd-kapitalzinsen müssen demnach im Ergebnis enthalten sein. Es werden daher das Ergebnis vor bzw nach Steuern laut GuV herangezogen.

$$\text{Fremdkapitalzinslast} = \frac{\text{Zinsaufwand}}{\text{Ø Fremdkapital}}$$

	2017	2016
Zinsaufwand	203	181
Ø Fremdkapital	8.014	8.075
Fremdkapitalzinslast	**2,5 %**	**2,2 %**

Der Zinsaufwand kann direkt aus der GuV unter dem Posten „Zinsen und ähnliche Aufwendungen", saldiert mit den Zinserträgen, entnommen werden.

Im Zusammenhang mit der Messung des Leverage-Effekts erscheint es informativer, die Zinsbelastung nicht des gesamten Fremdkapitals, sondern nur des verzinsten Kapitals zum Vergleich mit neuen Krediten heranzuziehen.

	2017	2016
Zinsaufwand	203	181
Verzinsliches Fremdkapital 1.1.	4.898	4.751
Verzinsliches Fremdkapital 31.12.	4.994	4.898
Durchschn verz Fremdkapital	4.946	4.825
Fremdkapitalzinslast	**4,1 %**	**3,8 %**

7.233.22 ROCE

$$\text{Return on Capital Employed} \quad = \quad \frac{\text{EBIT}}{\text{Capital Employed}}$$

Als Alternative oder Ergänzung zur Gesamtkapitalrentabilität wird international häufig der ROCE herangezogen, der sich nicht unmittelbar aus Daten der Bilanz und GuV ableiten lässt. Daher sind im Vorhinein die beiden Grundbestandteile Capital Employed und EBIT zu ermitteln:

	2017	2016	2015
Eigenkapital	2.364	1.848	1.517
+ Verzinsliches Fremdkapital	4.994	4.898	4.751
− Liquide Mittel	849	801	129
= Net Asset	**6.509**	**5.945**	**6.139**
Durchschn Net Asset	**6.227**	**6.042**	
− Verzinsliches bzw sonstigen Ertrag bringendes Vermögen = Beteiligung	235	223	223
= Capital Employed	**6.274**	**5.722**	**5.916**
Durchschn Capital Employed	**5.998**	**5.819**	

Das verzinsliche Fremdkapital und die liquiden Mittel sind analog zur Berechnungsmethode in Kapitel 3 unter Nettoverschuldungsgrad zu ermitteln. Das sonstigen Ertrag bringende Vermögen beschränkt sich hier auf die in der Bilanz ausgewiesenen Beteiligungen. Das EBIT ist um den Ertrag aus der Beteiligung zu kürzen, womit sich der Return on Capital Employed ergibt:

	2017	2016
EBIT	870	532
Beteiligungserträge	–10	–7
Korr EBIT	860	525
Durchschn Capital Employed	5.998	5.819
ROCE	**14,3 %**	**9,0 %**

Für (potentielle) Investoren ist vor allem die Rentabilitätsanalyse (häufig im Vergleich mit anderen Unternehmen) von hohem Erkenntniswert, da sie die Entwicklung des Ergebnisses mit dem dafür aufzubringenden Kapital ins Verhältnis setzt. Eine Ausnahme bildet die Umsatzrentabilität, die als eine Art Marge interpretiert werden kann. Hier ist eine positive Entwicklung zu erkennen, was sich, wie bereits angedeutet, auf eine unterproportionale Entwicklung der mit dem Umsatzzuwachs verbundenen Aufwendungen erklären lässt.

Die im vorangegangenen Abschnitt gezeigten Verbesserungen des operativen Ergebnisses wurden im Falle der Elektromotoren AG nicht durch zusätzliche Kapitalaufnahme (weder im Fremd- noch im Eigenkapital) begleitet. Dies schlägt sich in über die zwei Analysejahre durchweg verbesserten Kapitalrentabilitäten nieder. Aus Investorensicht kann daher insgesamt gesagt werden, dass sich der Rückfluss der Elektromotoren AG in Bezug zum eingesetzten Kapital deutlich erhöht hat.

7.24 Wertorientierte Analyse

7.241 Economic Value Added

Economic Value Added = NOPAT-WACC * Invested Capital

*Der Net Operating Profit After Tax (NOPAT) ist wie im Kapitel 3.243.11 zu berechnen. Die **Weighted Average Cost of Capital (WACC)** ergeben sich als die mit dem jeweiligen Kapitalanteil gewichteten Kosten des Eigen- und des Fremdkapitals aus der Formel*

$$WACC = \frac{Eigenkapital}{Gesamtkapital} * Eigenkapitalkosten + \frac{Fremdkapital}{Gesamtkapital} * Fremdkapitalkosten * (1-Körperschaftsteuersatz)$$

Die Anteile des Eigen- und Fremdkapitals können ausgehend von der Bilanz ermittelt werden. Die jeweiligen Kapitalkostensätze müssen aus Marktdaten herangezogen werden. Ausgehend von der Annahme, dass der Eigenkapital-kostensatz der Elektromotoren AG 10 % beträgt und der Fremdkapitalkos-tensatz wie errechnet 4,1 %, können die WACC wie folgt berechnet werden:

	2017
Eigenkapitalquote	**22,68 %**
Eigenkapitalkosten	10 %
Fremdkapitalquote	**77,32 %**
Fremdkapitalkosten	**4,1 %**
WACC	**4,65 %**

Für die Ermittlung des WACC werden die Fremdkapitalzinsen noch um die Ersparnis durch die anteilige Ertragsteuer verkürzt:

Fremdkapitalzinssatz	4,1
abz Ertragsteuer 25 %	1.025
um die Ertragsteuer bereinigter Fremdkapitalzinssatz	3,075

WACC = 22,68*0.1+77,32*0.03075 = 2,27+2,38 = 4,65

Das Invested Capital entspricht dem Net Asset und setzt sich aus dem Eigen-kapital und dem verzinslichen Fremdkapital abzüglich liquider Mittel zusam-men. Und damit ergeben sich die Kapitalkosten folgendermaßen:

	2017
Eigenkapital	2.364
Verzinsliches Fremdkapital	4.994
− Liquide Mittel	849
Invested Capital = Net Asset	**6.509**
Durchschn Net Asset	**6.227**
WACC	**4,65 %**
Kapitalkosten (Invested Capital*WACC)[1]	**290**

1) 6.227 × 4,65 = 290

Der EVA wird berechnet, indem vom Net Operating Profit After Taxes (NO-PAT) die Kapitalkosten abgezogen werden:

	2017
EBIT	870
– fiktive Ertragsteuern auf das EBIT (25%)	–218
= NOPAT	652
– Kapitalkosten	290
EVA	**362**

7.242 Wertschöpfungsanalyse

7.242.1 Entstehungsrechnung

Die Wertschöpfung in der **Entstehungsrechnung** wird ermittelt, indem von der Gesamtleistung die Vorleistungen abgezogen werden. Die Gesamtleistung ergibt sich dabei als Summe sämtlicher Erträge der GuV.

	2017	2016	2015
Unternehmensleistung	18.324	15.633	15.161
Materialaufwand	8.439	6.843	6.832
Abschreibungen	1.015	1.103	1.120
Sonstige Aufwendungen	2.781	2.547	2.584
Wertschöpfung	**6.089**	**5.140**	**4.625**

7.242.2 Verteilungsrechnung

Die so ermittelte Wertschöpfung kann über die **Verteilungsrechnung** folgendermaßen auf die einzelnen Stakeholder verteilt werden:

	2017	2016	2015
Personalaufwand	5.085	4.489	4.443
Abgaben	285	139	120
Zinsaufwand	203	181	192
Aktionäre	516	331	–130
Wertschöpfung	**6.089**	**5.140**	**4.625**

Die Zahlen für die Berechnung der Wertschöpfung basieren auf der Gewinn- und Verlustrechnung. Dabei ist der Posten Personalaufwand um die 3%ige Kommunalsteuer auf Löhne und Gehälter zu kürzen, da diese dem Anteil der Abgaben zuzurechnen ist. Damit setzt sich der Posten Abgaben aus den Steu-

ern vom Einkommen und Ertrag gem § 231 Abs 2 Z 18, der Kommunalsteuer (Anteil vom Personalaufwand gem GuV) und den sonstigen Steuern gem § 231 Abs 2 Z 8 und Z 20 zusammen.

$$\text{Mitarbeiterproduktivität} = \frac{\text{Wertschöpfung}}{\text{Ø Anzahl der Mitarbeiter}}$$

	2017
Wertschöpfung	6.089
Durchschnittliche Anzahl der Mitarbeiter	112
Mitarbeiterproduktivität	**54,4**

Die Anzahl der Mitarbeiter kann aus dem Anhang entnommen werden.

$$\text{Fertigungstiefe} = \frac{\text{Wertschöpfung}}{\text{Gesamtleistung}}$$

	2017	2016	2015
Wertschöpfung	6.089	5.140	4.625
Gesamtleistung	18.228	15.552	15.120
Fertigungstiefe	**33,4 %**	**33,1 %**	**30,6 %**

Die Gesamtleistung ist wie im Kapitel 3.211 im Zuge der strukturellen Erfolgsanalyse aus der G&V ableitbar.

7.3 Kennzahlenanalyse der Elektromotoren AG aus der Sicht des internen Analytikers auf Basis bereinigter Daten

Interne Analysen sollen entweder ein Gesamtbild des Unternehmens zeigen, wie etwa in den Berichten des Vorstandes an den Aufsichtsrat oder sie haben unterschiedliche Schwerpunkte, sei es die Liquidität des Unternehmens, die Ertragslage, die Vermögens- oder Kapitalstruktur etc. Nach den speziellen Zielen der internen Kennzahlenanalyse richten sich auch etwaige Bereinigungen, die ein genaueres Bild vom Analyseziel ergeben sollen.

Die Technik der Kennzahlenableitung ist bei der internen und externen Analyse gleich. Das Ergebnis schwankt naturgemäß nach dem Umfang der vorgenommenen Bereinigungen.

7.31 Begründung und Durchführung der nachstehenden Bereinigungen

1. Saldierung der liquiden Mittel mit den kurzfristigen Bankverbindlichkeiten. Dies geschieht deswegen, weil sich der Stand der liquiden Mittel täglich ändert und letztlich die kurzfristigen Bankverbindlichkeiten beeinflusst.

2. Das Unternehmen hat im Zusammenhang mit Pensionszusagen einen Versicherungsvertrag abgeschlossen, auf Grund dessen die Pension von der Versicherung getragen wird. Für das Unternehmen gleicht sich damit die Pensionsschuld mit dem Deckungskapital der Versicherung aus.

3. In dem Ausmaß, in dem vorübergehend Beträge aus den liquiden Mitteln veranlagt werden und Zinserträge bringen, entlasten sie die Finanzierungskosten und sind mit diesen zu saldieren. Dies gilt nicht für Erträge aus Investitionen in das Finanzvermögen, die aus anderen Gründen, wie zB langfristige Veranlagung, getätigt werden.

4. Zur Ausschüttung bestimmte Beträge sind bis dahin rechtlich Eigenkapital, sind aber betriebswirtschaftlich bereits kurzfristiges Fremdkapital.

5. Latente Steuern sind nie im folgenden Geschäftsjahr fällig, sind daher immer langfristig und deswegen umzubuchen.

		Soll	Haben	Soll	Haben	Soll	Haben
	Text	2017		2016		2015	
1	Verbindlichkeiten gegenüber Kreditinstituten	849		801		129	
	an liquide Mittel		849		801		129
	Saldierung der vorübergehenden Barmittelbestände mit den kurzfristigen Bankkrediten						
2	Pensionsrückstellung	65		45		31	
	an Wertrechte des Anlagevermögens		65		45		31
	Saldierung der rückversicherten Pensionsansprüche mit dem Deckungskapital der Versicherung jeweils mit dem niedrigeren Betrag						
3	Zinserträge	29		16		3	
	an Zinsaufwendungen		29		16		3
	Die Saldierung war deshalb durchzuführen, weil es sich um keine eigenständigen Veranlagungen handelt						
4	Bilanzgewinn	240		0		0	
	an sonstige kurzfristige Verbindlichkeiten		240		0		0
	Im Jahre 2017 wird erstmals seit den Verlustjahren ein Gewinn ausgeschüttet						
5	Aktive latente Steuern (langfristig)	153		137		125	
	an Passive latente Steuern (kurzfristig)		153		137		125
	Umbuchung auf langfr Vermögen						

Anmerkung:

Auf folgende Bereinigungen bzw Ableitungen, die häufig in der Jahresabschlussanalyse angewendet werden, wurde nachstehend wegen Unwesentlichkeit des Einflusses auf das Ergebnis der Analyse verzichtet:
1. Der Firmenwert und seine Abschreibung wurden nicht ausgeschieden.
2. Die Rechnungsabgrenzungen wurden nicht eliminiert.

Behandlung der Geldflussrechnung

Die auf Basis der unbereinigten Zahlen erstellte **Geldflussrechnung** wird idR auch bei der internen Kennzahlenanalyse nicht bereinigt und die Zahlen werden unverändert übernommen. Da es sich um Finanzströme handelt, die keiner Bewertung unterliegen, entstehen bei einer Bereinigung nur Differenzen kleineren Umfanges, etwa durch einen anderen (größeren oder kleineren) Fonds oder einer anderen Zuordnung bestimmter Geldflüsse (zB Zinsenzahlungen).

7.311 Bereinigte Bilanzen

Überleitung und bereinigte Jahresabschlüsse

Bereinigte Bilanz	31.12.2017			
	Unterneh-mensrechtlich		Bereini-gungen	Bereinigt
Firmenwert	390			390
Sachanlagevermögen	4.831			4.831
Beteiligungen	235			235
Wertrechte	65	2	–65	0
Aktive latente Steuern		5	153	153
Anlagevermögen (langfristig)	5.521		88	5.609
Roh- Hilfs- und Betriebsstoffe	981			981
Unfertige Erzeugnisse	536			536
Fertige Erzeugnisse und Waren	802			802
Geleistete Anzahlungen	3			3
Forderungen aus Lieferungen	1.316			1.316
Sonstige Forderungen	258			258
Kassenbestand, Schecks, Guthaben bei Kreditinstituten	849	1	–849	
Rechnungsabgrenzungsposten	2			2
Latente Steuern	153	5	–153	0
Umlaufvermögen + RAP	4.900		–1.002	3.898
AKTIVA	**10.421**		**-914**	**9507**
Grundkapital	1.200			1.200
Kapitalrücklage	489			489
Gewinnrücklage	435			435
Bilanzgewinn/-verlust	240	4	–240	0
Eigenkapital	2.364			2.124
Bereinigte Bilanz	31.12.2017			

	Unternehmensrechtlich	Bereinigungen		Bereinigt
Langfristige Rückstellungen				
Abfertigung	614			614
Pension	78	2	–65	13
Langfristige Verbindlichkeiten				
Kreditunternehmen	3.000			3.000
Langfristiges Fremdkapital	3.692		–65	3627
Kurzfristige Rückstellungen				
Abfertigung				0
Steuern	114			114
Sonstiges	1.151			1.151
Kurzfristige Verbindlichkeiten				
Kreditunternehmen	1.302	1	–849	453
Lieferungen und Leistungen	1.272			1.272
Sonstige Verbindlichkeiten	526	4	240	766
Kurzfristiges Fremdkapital	4.365		–609	3756
PASSIVA	**10.421**		**–914**	**9.507**

Bereinigte Bilanz	31.12.2016			
	Unternehmensrechtlich	Bereinigungen		Bereinigt
Firmenwert	429			429
Sachanlagevermögen	4.817			4.817
Beteiligungen	223			223
Wertrechte	45	2	–45	0
Aktive latente Steuern		5	137	137
Anlagevermögen	**5.514**		**92**	**5.606**
Roh- Hilfs- und Betriebsstoffe	661			661
Unfertige Erzeugnisse	458			458
Fertige Erzeugnisse und Waren	575			575
Geleistete Anzahlungen	14			14
Forderungen aus Lieferungen	1.428			1.428
Sonstige Forderungen	225			225
Kassenbestand, Schecks, Guthaben bei Kreditinstituten	801	1	–801	0
Rechnungsabgrenzungsposten	6			6
Latente Steuern	137	5	–137	0
Umlaufvermögen + RAP	**4.305**		**–938**	**3.367**
AKTIVA	**9.819**		**–846**	**8973**
Grundkapital	1.200			1.200
Kapitalrücklage	489			489
Gewinnrücklage	159			159
Eigenkapital	**1.848**			**1848**

Bereinigte Bilanz	31.12.2016		
	Unterneh-mensrechtlich	Bereini-gungen	Bereinigt
Langfristige Rückstellungen			
Abfertigung	549		549
Pension	53	2 −45	8
Langfristige Verbindlichkeiten			
Kreditunternehmen	3.000		3.000
Langfristiges Fremdkapital	**3.602**	**-45**	**3.557**
Kurzfristige Rückstellungen			
Abfertigung			
Steuern	15		15
Sonstiges	1.030		1.030
Kurzfristige Verbindlichkeiten			
Kreditunternehmen	1.296	1 −801	495
Lieferungen und Leistungen	1.457		1.457
Sonstige Verbindlichkeiten	571		571
Kurzfristiges Fremdkapital	**4369**	**-801**	**3568**
PASSIVA	**9.819**	**−136**	**8973**

Bereinigte Vermögensbilanz 2015

	Unterneh-mensrechtlich	Bereini-gungen	Bereinigte Bilanz
Immaterielle Vermögensgegenstände			
Firmenwert	**468**		**468**
Sachanlagevermögen lt Anlagenspiegel	**5.657**		**5.657**
Beteiligungen	223		223
Wertrechte	35	2 −31	4
Aktive latente Steuern		5 125	125
Summe Finanzanlagen	**258**	**94**	**352**
Anlagevermögen	**6.383**	**94**	**6.477**
Umlaufvermögen + ARA			
Vorräte	**1.435**		**1.435**
Liefer- und sonstige Forderungen	**1.621**		**1.621**
Liquide Mittel	129	1 −129	0
RAP	3		3
Aktive latente Steuern	125	5 -125	
Umlaufvermögen + ARA	3.313	−254	3.059
Aktiva	**9.696**	**−160**	**9.536**

	Unternehmensrechtlich		Bereinigungen	Bereinigte Bilanz
Grundkapital	1.200			1.200
Kapitalrücklage	489			489
Gewinnrücklage				
Bilanzverlust	–172			–172
Eigenkapital gesamt	**1.517**			**1.517**
Fremdkapital				
Personalrückstellungen	531	2	–31	500
Bankkredite	3.000			3.000
Fremdkapital langfristig	**3.531**		**-31**	**3.500**
Sonstige Rückstellungen	1.347			1.347
Bankkredite	1.220	1	–129	1.091
Lieferverbindlichkeiten und sonstige	2.081			2.081
Fremdkapital kurzfristig	4.648		–129	4.519
Fremdkapital gesamt	8.179		–160	8.019
Passiva	**9.696**		**–160**	**9.536**

7.312 Bereinigte Erfolgsrechnungen

7.312.1 Gesamtkostenverfahren

	2017			2016		
	Unternehmensrechtlich	Bereinigung	Bereinigt	Unternehmensrechtlich	Bereinigung	Bereinigt
Umsatzerlöse	17.765		17.765	15.283		15.283
Bestandsveränderungen	311		311	41		41
Aktivierte Eigenleistungen	152		152	228		228
Sonstige betriebliche Erträge						
Erträge aus dem Abg von Anlagevermögen	2		2	17		17
Erträge aus der Aufl von Rückstellungen	33		33	15		15
Übrige sonst betriebl Erträge	22		22	26		26
	18.285		18.285	15.610	7	15.610
Materialaufwand	–8.320		–8.320	–6.737		–6.737
Aufwendungen für bezogene Leistungen	–119		–119	–106		–106
Löhne	–2.848		–2.848	–2.586		–2.586
Gehälter	–905		–905	–820		–820
Abfertigungen und Mitarbeitervorsorgekasse	–120		–120	–111		–111
Altersversorgung	–25		–25	–22		–22
Ges vorg Abgaben und Pflichtbeiträge	–1.141		–1.141	–959		–959
Sonstige Sozialaufwendungen	–159		–159	–93		–93

	2017			2016		
	Unternehmens-rechtlich	Bereinigung	Bereinigt	Unternehmens-rechtlich	Bereinigung	Bereinigt
Abschreibungen	−1.015		−1.015	−1.103		−1.103
Sonstige Steuern	−21		−21	−17		−17
Sonstige betriebl Aufwendungen	−2.781		−2.781	−2.547		−2.547
Betriebserfolg	831		831	509		509
Erträge aus Beteiligungen	10		10	7		7
Sonstige Zinsen und ähnliche Erträge	29	3	−29	0	16	3	−16	0
Zinsen und ähnliche Aufwendungen	−203	3	29	−174	−181	7	16	−165
Finanzerfolg	−164		−164	−158		−158
Ergebnis vor Steuern	667		667	351		351
Körperschaftsteuer	−151		151	−20		−20
Jahresüberschuss/Fehlbetrag	**516**		**516**	**331**		**331**

7.312.2 Umsatzkostenverfahren

Da in der Erfolgsrechnung lediglich die Zinserträge mit den Zinsaufwendungen saldiert wurden, ändert sich im betrieblichen Bereich nichts

		2017	2016
1.	Umsatzerlöse	17.765	15.283
2.	Herstellungskosten der zur Erzielung der Umsatzerlöse		
	erbrachten Leistungen	−14.142	−11.875
3.	Bruttoergebnis vom Umsatz	3.623	3408
4.	Vertriebskosten	−1.616	−1.676
5.	Allgemeine Verwaltungskosten	−1.233	−1.281
6.	Sonstige betriebliche Erträge		
a)	Erträge aus dem Abgang von Anlagevermögen	2	17
b)	Erträge aus der Auflösung von Rückstellungen	33	15
c)	Übrige betriebliche Erträge	22	26
		57	58
7.	Zwischensumme aus Z 1 bis 6	831	509
8.	Erträge aus Beteiligungen	10	7
9.	Sonstige Zinsen und ähnliche Erträge	$29-29 = 0$	$16-16=0$
10.	Zinsen und ähnliche Aufwendungen	$-203+29 = -174$	$-181+19= -162$
11.	Zwischensumme aus Z 8 bis 10	−164	−158
12	Ergebnis vor Steuern	667	351
13	Körperschaftsteuer	−151	−20
14.	**Jahresüberschuss/Fehlbetrag**	**516**	**331**

7.312.21 Überleitung der Gewinn- und Verlustrechnung in das Umsatzkostenverfahren

Gewinn- und Verlustrechnungen 2015–2017 nach dem Umsatzkostenverfahren

Bedeutung des Umsatzkostenverfahrens

Die wesentliche Aussage des Umsatzkostenverfahrens liegt in der funktionalen Darstellung der betrieblichen Aufwendungen und in der Zwischensumme des § 231 Abs 3 Z 1–6 (Bruttoergebnis vom Umsatz).

Anstelle der betrieblichen Aufwandsarten zeigt das Umsatzkostenverfahren funktional zubereitete Aufwendungen, und zwar Herstellungs-, Verwaltungs- und Vertriebskosten. Bei Erstellung der Gewinn- und Verlustrechnung sind daher die betrieblichen Aufwendungen nach Kostenstellen zu gliedern, wobei aber in der Gewinn- und Verlustrechnung nur die Kostenstellensummen dargestellt werden.

Aus diesem Grunde verlangt § 238 (1) 13 bei Anwendung des Umsatzkostenverfahrens die Angabe des Materialaufwandes und der Aufwendungen für bezogene Leistungen des Geschäftsjahres gem § 231 Abs 2 Z 5 und des Personalaufwandes des Geschäftsjahres gem § 231 Abs 2 Z 6 im Anhang.

Zusammenhang zwischen dem Gesamtkostenverfahren und dem Umsatzkostenverfahren

Die Bezeichnungen Gesamtkostenverfahren und Umsatzkostenverfahren rühren aus der Tatsache, dass im Gesamtkostenverfahren die Aufwandsarten ohne funktionale Aufteilung auf die Herstellung, Verwaltung und Vertrieb dargestellt und durch Bestandsveränderungen und aktivierte Eigenleistungen korrigiert werden, während im Umsatzkostenverfahren die Summe der herstellungsbezogenen Kosten des Umsatzes dem Umsatz gegenübergestellt und auf diese Weise das Bruttoergebnis vom Umsatz ermittelt wird.

Gesamtkostenverfahren und Umsatzkostenverfahren weisen ab dem Betriebserfolg (Z 9 bzw 8) denselben Aufbau auf, sodass sich in den folgenden Posten (mit Ausnahme der Zinsen, für den Fall, dass ein Teil derselben aktiviert wird) kein Unterschied ergibt.

Für den externen Analytiker besteht keine Möglichkeit, aus dem Gesamtkostenverfahren das Umsatzkostenverfahren abzuleiten, wohingegen das Umsatzkostenverfahren mit unwesentlichen Unsicherheiten in das Gesamtkostenverfahren übergeleitet werden kann.

Aufwandsverteilung 2017 auf die Funktionsbereiche

	Aufwandsarten nach Gesamtkosten-verfahren	Summe	Produktion	Verwaltung	Vertrieb
5.	Materialaufwand und Aufwendungen für bezogene Herstellungsleistungen				
a)	Materialaufwand	−8.320	−8.120	0	−200
b)	Aufwendungen für bezogene Leistungen	−119	−119	0	0
6.	Personalaufwand				
a)	Löhne	−2.848	−2.503	−120	−225
b)	Gehälter	−905	−300	−300	−305
c)	Abfertigungsaufwand und Mitarbeitervor-sorgekassen	−120	−73	−15	−32
d)	Aufwendungen für Altersversorgung	−25	−6	−10	−9
e)	Gesetzlich vorgeschriebene Abgaben und Pflichtbeiträge	−1.141	−859	−123	−159
f)	Sonstige Sozialaufwendungen	−159	−117	−18	−24
7.	Abschreibungen auf das Anlagevermögen	−1.015	−676	−76	−263
8.	Sonstige betriebliche Aufwendungen				
a)	Steuern, soweit sie nicht unter Z 18 fallen	−21		−16	−5
b)	Übrige betriebliche Aufwendungen	−2.781	−1.832	−555	−394
		−17.454	−14.605	−1.233	−1.616
	Bestandsveränderungen	311	311		
	Aktivierte Eigenleistungen	152	152		
	Umsatzbezogene HK	**−16.991**	**−14.142**	**−1.233**	**−1.616**

Aufwandsverteilung 2016 auf die Funktionsbereiche

	Aufwandsarten nach Gesamtkosten-verfahren	Summe	Produktion	Verwaltung	Vertrieb
5.	Materialaufwand und Aufwendungen für bezogene Herstellungsleistungen				
a)	Materialaufwand	−6.737	−6.587	0	−150
b)	Aufwendungen für bezogene Leistungen	−106	−106	0	0
6.	Personalaufwand				
a)	Löhne	−2.586	−2.191	−105	−290
b)	Gehälter	−820	−210	−300	−310
c)	Abfertigungsaufwendungen und Mitarbei-tervorsorgekassen	−111	−68	−13	−30
d)	Aufwendungen für Altersversorgung	−22	−6	−10	−6
e)	Aufwendungen für gesetzlich vorgeschrie-bene Abgaben und Pflichtbeiträge	−959	−698	−113	−148
f)	Sonstige Sozialaufwendungen	−93	−33	−21	−39

	Aufwandsarten nach Gesamtkosten-verfahren	Summe	Produktion	Verwaltung	Vertrieb
7.	Abschreibungen auf immaterielle Vermögensgegenstände und Sachanlagen	−1.103	−840	−79	−184
8.	Sonstige betriebliche Aufwendungen		0		
a)	Steuern, soweit sie nicht unter Z 18 fallen	−17	0	−15	−2
b)	Übrige betriebliche Aufwendungen	−2.547	−1.405	−625	−517
		−15.101	−12.145	−1.281	−1.676
	Bestandsveränderungen		41		
	Aktivierte Eigenleistungen		228		
	Herstellungskosten der zur Erzielung der Umsatzerlöse erbrachten Leistungen		−11.875		

Aufwandsverteilung 2015 auf die Funktionsbereiche

	Aufwandsarten nach Gesamtkosten-verfahren	Summe	Fertigung	Verwaltung	Vertrieb
5.	Materialaufwand und Aufwendungen für bezogene Herstellungsleistungen				
a)	Materialaufwand	−6.740	−6.560	0	−180
b)	Aufwendungen für bezogene Leistungen	−92	−92	0	0
6.	Personalaufwand				
a)	Löhne	−2.610	−2.040	−270	−300
b)	Gehälter	−790	−170	−300	−320
c)	Abfertigungsaufwendungen und Mitarbeitervorsorgekassen	−90	−37	−27	−26
d)	Aufwendungen für Altersversorgung	−10	41	−17	−34
e)	Aufwendungen für gesetzlich vorgeschriebene Abgaben und Pflichtbeiträge	−970	−636	−160	−174
f)	Sonstige Sozialaufwendungen	−75	−44	−15	−16
7.	Abschreibungen auf immaterielle Vermögensgegenstände und Sachanlagen	−1.120	−841	−92	−187
8.	Sonstige betriebliche Aufwendungen				
a)	Steuern, soweit sie nicht unter Z 18 fallen	−18	0	−14	−4
b)	Übrige betriebliche Aufwendungen	−2.584	−1.842	−337	−405
		−15.099	−12.221	−1.232	−1.646
	Bestandsveränderungen		200		
	Aktivierte Eigenleistungen		0		
	Herstellungskosten der zur Erzielung der Umsatzerlöse erbrachten Leistungen		−12.021		

Gewinn- und Verlustrechnungen für die Geschäftsjahre 2015–2017 (Umsatzkostenverfahren)

		2017	2016	2015
1.	Umsatzerlöse	17.765	15.283	14.920
2.	Herstellungskosten der zur Erzielung der Umsatzerlöse			
	erbrachten Leistungen	–14.142	–11.875	–12021
3.	Bruttoergebnis vom Umsatz	3.623	3.408	2.899
4.	Vertriebskosten	–1.616	–1.676	–1.646
5.	Allgemeine Verwaltungskosten	–1.233	–1.281	–1.232
6.	Sonstige betriebliche Erträge			
a)	Erträge aus dem Abgang von Anlagevermögen	2	17	0
b)	Erträge aus der Auflösung von Rückstellungen	33	15	0
c)	Übrige betriebliche Erträge	22	26	30
		57	58	30
7.	Zwischensumme aus Z 1 bis 6	831	509	51
8.	Erträge aus Beteiligungen	10	7	8
9.	Sonstige Zinsen und ähnliche Erträge	29	16	3
10.	Zinsen und ähnliche Aufwendungen	–203	–181	–192
11.	Zwischensumme aus Z 8 bis 10	–164	–158	–181
12	Ergebnis vor Steuern	667	351	–130
13	Steuern vom Einkommen und Ertrag	–151	–20	0
14.	Jahresüberschuss/Fehlbetrag	516	331	–130
15.	Zuweisung zu Gewinnrücklagen	–276	–159	0
16	Verlustvortrag aus dem Vorjahr	0	–172	–42
17	**Bilanzgewinn/Bilanzverlust**	**240**	**0**	**-172**

Möglichkeit für den externen Bilanzanalytiker, von einem Verfahren in das andere überzuleiten

Der externe Bilanzanalytiker hat mangels Einsichtsmöglichkeit in den BAB keine Möglichkeit, eine Überleitung vom Gesamtkostenverfahren auf das Umsatzkostenverfahren durchzuführen. Er ist somit nicht in der Lage, bei Anwendung des Gesamtkostenverfahrens das nur beim Umsatzkostenverfahren ersichtliche Bruttoergebnis vom Umsatz festzustellen.

Eine Überleitung vom Umsatzkosten- zum Gesamtkostenverfahren ist jedoch idR mit geringen Abweichungen möglich.

Folgende Rechnung ist anzustellen:

	Vertriebskosten (§ 231 Abs 3 Z 5)
+	Verwaltungskosten (Z 6)
+	Sonstige betriebliche Aufwendungen (Z 7) (ein Restposten nicht zuordenbarer Aufwendungen)
+	Herstellungskosten der zur Erzielung der Umsatzerlöse erbrachten Leistungen (Z 2)
	Summe = gesamter betrieblicher Aufwand vor Berücksichtigung von Bestandsveränderungen und aktivierten Eigenleistungen
−	Bestandsverminderungen[1]
+	Bestandserhöhungen[1]
+	Aktivierte Eigenleistungen[2]
	Gesamter Periodenaufwand
−	Materialaufwand[3]
−	Personalaufwand[3]
−	Abschreibungen gem Anlagenspiegel lt § 226
=	Sonstige betriebliche Aufwendungen gem Z 8 des Gesamtkostenverfahrens[4]

Folgende Probleme können bei dieser Überleitung auftreten:

[1] Feststellung der Bestandsveränderungen: Die Bestandsveränderungen werden aus dem Vergleich der Bestände an fertigen und unfertigen Erzeugnissen sowie noch nicht abrechenbaren Leistungen zu Jahresbeginn und Jahresende ermittelt. Da sich in dem Posten B I 3 auch Waren befinden können, deren Veränderung nicht über Bestandsveränderungen, sondern über Materialaufwand erfasst wird, muss bei einer Überleitung, wenn im Anhang keine ausdrückliche Erwähnung erfolgt, von einem gleich bleibenden Warenbestand ausgegangen werden. Dies wird bei tatsächlichen Bestandsveränderungen der Waren zu einer unrichtigen Berechnung der Bestandsveränderungen bei Erzeugnissen führen, hat aber idR keine Auswirkung auf die grundsätzlichen Daten.

[2] Aktivierte Eigenleistungen: Aktivierte Eigenleistungen sind aus dem Jahresabschluss bei Anwendung des Umsatzkostenverfahrens nicht ersichtlich. Die Folge der Nichtberücksichtigung aktivierter Eigenleistungen liegt in einem zu niedrigen Ausweis der sonstigen betrieblichen Aufwendungen gemäß Z 8, da die aktivierten Eigenleistungen bei Anwendung des Umsatzkostenverfahrens mit den Herstellungskosten saldiert werden.

[3] Material- und Personalaufwand: Diese sind bei Anwendung des Umsatzkostenverfahrens im Anhang, gegliedert im Sinne des § 231 Abs 2 Z 5 und Abs 2 Z 6 anzugeben.

[4] Sonstige betriebliche Steuern und über das übliche Ausmaß hinausgehende Abschreibungen auf Gegenstände des Umlaufvermögens: Da die sonstigen betrieblichen Steuern gem Z 8 sowie die über das übliche Ausmaß hinausgehenden Abschreibungen auf Gegenstände des Umlaufvermögens gem Z 7b des Gesamtkostenverfahrens im Umsatzkostenverfahren auch im Anhang nicht angegeben werden, gehen diese in den sonstigen betrieblichen Aufwendungen der Z 8 unter.

Aktivierte Zinsen: Für den Fall, dass Zinsen aktiviert werden, werden beim Umsatzkostenverfahren in der Gewinn- und Verlustrechnung nur die verbleibenden Zinsen ausgewiesen. Da im Anhang nur der Gesamtbetrag der aktivierten Zinsen, nicht aber der im laufenden Jahr aktivierte Zinsbetrag anzugeben ist, ist es dem Analytiker idR nicht möglich, den tatsächlichen Zinsaufwand der Periode festzustellen und den ausgewiesenen Zinsaufwand entsprechend zu erhöhen. Die Folge ist ein zu hoher Ausweis der sonstigen betrieblichen Aufwendungen im Sinne der Z 8 des Gesamtkostenverfahrens und ein zu niedriger Ausweis des Zinsaufwandes.

Nach Durchführung dieser Überleitung hat der Bilanzanalytiker die Möglichkeit, auch jene Kennzahlen zu ermitteln, die üblicherweise nur im Rahmen der Anwendung des Gesamtkostenverfahrens festgestellt werden.

Die Berechnungen der Kennzahlen in diesem Abschnitt stützen sich auf die Daten der bereinigten Jahresabschlüsse dieses Kapitels.

7.32 Investitions- und Finanzierungsanalyse

7.321 Investitionsanalyse

$$\text{Anlagenintensität} = \frac{\text{Anlagevermögen}}{\text{Gesamtvermögen}}$$

	2017	2016	2015
Anlagevermögen	5.609	5.606	6.477
Gesamtvermögen	9.507	8.973	9.536
Anlagenintensität	**59 %**	**62,5 %**	**67,9 %**

$$\text{Sachanlagenintensität} = \frac{\text{Sachanlagevermögen}}{\text{Gesamtvermögen}}$$

	2017	2016	2015
Sachanlagevermögen	4.831	4.817	5.657
Gesamtvermögen	9.507	8.973	9.536
Sachanlagenintensität	**50,8 %**	**53,7 %**	**59,3 %**

$$\text{Umlaufintensität} = \frac{\text{Umlaufvermögen}}{\text{Gesamtvermögen}}$$

	2017	2016	2015
Umlaufvermögen	3.898	3.367	3.059
Gesamtvermögen	9.507	8.973	9.536
Umlaufintensität	**41 %**	**37,52 %**	**32,08 %**

$$\text{Sachanlagenabnutzungsgrad} = \frac{\text{kumulierte Abschr. abnutzb. SAV zum 31.12.}}{\text{AK/HK der abnutzb. Sachanlagen zum 31.12.}}$$

	2017	2016	2015
Kumulierte Abschreibungen auf das abnutzbare SAV	6.209	5.342	4.683
Historische AK bzw HK der Sachanlagen zum 31.12.	11.040	10.159	10.340
abzüglich Grundstücke	164	164	164
AK/HK des abnutzbaren SAV	**10.876**	**9.995**	**10.176**
Sachanlagenabnutzungsgrad	**57,1 %**	**53,5 %**	**46,0 %**

$$\text{Abschreibungsquote} \quad = \quad \frac{\text{plm. Jahresabschreibungen auf das abnutzb. SAV}}{\text{hist. AK/HK der abnutzb. Sachanlagen}}$$

	2017	2016
Planmäßige Jahresabschreibungen auf das abnutzbare SAV	976	1.064
Historische AK/HK der Sachanlagen zum 31.12.	11.040	10.159
abzüglich Grundstücke	164	164
Historische AK/HK des **abnutzbaren** SAV	10.876	9.995
Abschreibungsquote	**9,0 %**	**10,7 %**

$$\text{Investitionsquote} \quad = \quad \frac{\text{Nettoinvestitionen in das SAV}}{\text{SAV zu AK bzw HK zum 1.1.}}$$

	2017	2016
Abgänge zu AK/HK des SAV	121	413
– Abgänge zu kumulierten Abschreibungen des SAV	109	405
Buchwertabgang im SAV	**12**	**8**

	2017	2016
Gesamtinvestitionen in das SAV	1.002	232
– Buchwertabgänge im SAV	12	8
= Nettoinvestitionen in das SAV	990	224
SAV zu AK bzw HK zu Beginn des GJ	10.159	10.340
Investitionsquote	**9,7 %**	**2,2 %**

$$\text{Wachstumsquote} \quad = \quad \frac{\text{Nettoinvestitionen in das SAV}}{\text{Jahresabschreibungen auf das SAV}}$$

	2017	2016
Nettoinvestitionen in das SAV	990	224
Abschreibungen auf das SAV	976	1.064
Wachstumsquote[1]	**101,4 %**	**21,1 %**

[1] Liegt das Ergebnis unter 100 %, ist das Wachstum negativ.

7.322 Umschlagshäufigkeiten und Umschlagdauer

$$\text{Umschlagshäufigkeit des Vermögens} \quad = \quad \frac{\text{Umsatzerlöse}}{\text{Ø Gesamtvermögen}}$$

$$\text{Umschlagsdauer (generell)} \quad = \quad \frac{\text{Betrachtungszeitraum}}{\text{Umschlagshäufigkeit}}$$

	2017	2016
Umsatzerlöse	17.765	15.283
Gesamtvermögen Beginn des GJ	8.973	9.536
Gesamtvermögen Ende des GJ	9.507	8.973
Durchschnittliches Gesamtvermögen	9.240	9.254
Umschlagshäufigkeit des Vermögens	**1,92**	**1,65**
Umschlagsdauer in Tagen	**190**	**221**
Umschlagsdauer in Monaten	**6,24**	**7,27**

$$\textbf{Umschlagshäufigkeit der Vorräte} \quad = \quad \frac{\textbf{Vorratsverbrauch}}{\textbf{Ø Vorratsbestand}}$$

	2017	2016
Vorratsverbrauch (aus übergeleiteter GuV nach UKV)	14.142	11.875
Durchschnittlicher Vorratsbestand	2.015	1.571
Umschlagshäufigkeit der Vorräte	**7,02**	**7,56**
Umschlagsdauer in Tagen	**52**	**48**
Umschlagsdauer in Monaten	**1,71**	**1,59**

$$\textbf{Umschlagshäufigkeit der Forderungen} \quad = \quad \frac{\textbf{Umsatzerlöse (zzgl USt)}}{\textbf{Ø Forderungsbestand}}$$

	2017	2016
Umsatzerlöse (zuzüglich USt)	18.288	15.790
Durchschnittlicher Forderungsbestand aus L&L	1.372	1.431
Umschlagshäufigkeit der Forderungen	**13,33**	**11,03**
Kundenziel in Tagen	**27**	**33**

$$\textbf{Umschlagshäufigkeit der Verbindlichkeiten} \quad = \quad \frac{\textbf{Materialzukauf (zzgl USt)}}{\textbf{Ø Verbindlichkeitsbestand}}$$

	2017	2016
= Materialzukauf inkl USt	10.361	8.352
Durchschnittliche Verb aus L&L	1.365	1.452
Umschlagshäufigkeit der Verbindlichkeiten	7,60	5,75
Lieferantenziel in Tagen	48	63

Im Gegensatz zur externen Analyse (siehe Kapitel 7.213) kann der Analytiker bei der internen Analyse den Materialzukauf unmittelbar aus den Büchern entnehmen.

Kapitalbindungsdauer = Kundenziel + Umschlagsdauer der Vorräte – Lieferantenziel

	2017	2016
Kundenziel (Tage)	27	33
Umschlagsdauer der Vorräte (Tage)	52	48
Lieferantenziel (Tage)	48	64
Kapitalbindungsdauer (Tage)	**31**	**17**

7.323 Finanzierungsanalyse

$$\text{Eigenkapitalquote} \quad = \quad \frac{\text{Eigenkapital}}{\text{Gesamtkapital}}$$

	2017	2016	2015
Eigenkapital	2.124	1.848	1.517
Gesamtkapital	9.507	8.973	9.536
Eigenkapitalquote	**22,3 %**	**20,6 %**	**15,9 %**

$$\text{Fremdkapitalquote} \quad = \quad \frac{\text{Fremdkapital}}{\text{Gesamtkapital}}$$

	2017	2016	2015
Fremdkapital	7.383	7.125	8.019
Gesamtkapital	9.507	8.973	9.536
Fremdkapitalquote	**77,7 %**	**79,4 %**	**84,1 %**

$$\text{Verschuldungsgrad} \quad = \quad \frac{\text{Fremdkapital}}{\text{Eigenkapital}}$$

	2017	2016	2015
Fremdkapital	7.383	7.125	8.019
Eigenkapital	2.124	1.848	1.517
Verschuldungsgrad	**347,6 %**	**385,6 %**	**528,6 %**

$$\text{Nettoverschuldungsgrad (Gearing)} \quad = \quad \frac{\text{Nettoverschuldung}}{\text{Eigenkapital}}$$

	2017	2016	2015
Verb ggü Kreditinstituten	3.453	3.495	4.091
+ Abfertigungsrückstellungen	614	549	500
+ Pensionsrückstellungen	13	8	0
+ RSt für Jubiläumsgelder	0	0	0
= **Verzinsliches Fremdkapital**	**4.080**	**4.052**	**4.591**

Kassenbestand, Schecks, Guthaben bei Kredit-instituten	0	0	0
+ Wertpapiere des UV	0	0	0
= **Liquide Mittel**	**0**	**0**	**0**

Nettoverschuldung	**4.080**	**4.052**	**4.591**
abzüglich Rückstellungen	–627	–557	–500
Nettofinanzverschuldung	**3.453**	**3.495**	**4.091**
Eigenkapital	2.124	1.848	1.517
Nettoverschuldungsgrad (Gearing)	**192,1 %**	**219,3 %**	**302,6 %**
Nettofinanzverschuldungs-grad (Gearing)	**162,6 %**	**189,1 %**	**269,7 %**

$$\text{Selbstfinanzierungsgrad} \quad = \quad \frac{\text{Gewinnrücklagen} + \text{Gewinnvortrag}}{\text{Gesamtkapital}}$$

	2017	2016	2015
Gewinnrücklagen	435	159	0
Gewinnvortrag	240	–172	–214
Gesamtkapital	10.421	9.819	9.696
Selbstfinanzierungsgrad	**6,5 %**	**–0,13 %**	**–2,21 %**

7.33 Liquiditätsanalysen

7.331 Liquiditätsanalyse auf der Grundlage von Bestandsgrößen

$$\text{Anlagendeckungsgrad I} \quad = \quad \frac{\text{Risikokapital}}{\text{Anlagevermögen}}$$

	2017	2016	2015
Eigenkapital	2.124	1.848	1.517
Abfertigungsrückstellungen	614	549	500
Pensionsrückstellungen	13	8	0
Jubiläumsgeldrückstellungen	0	0	0
Risikokapital	2.751	2.405	2.017
Anlagevermögen	5.609	5.606	6.477
Anlagendeckungsgrad I	**49,0 %**	**42,9 %**	**31,1 %**

$$\text{Anlagendeckungsgrad II} \quad = \quad \frac{\text{Langfristiges Kapital}}{\text{Langfristiges Vermögen}}$$

	2017	2016	2015
Langfristiges Kapital	5.751	5.405	5.017
Langfristiges Vermögen	5.609	5.606	6.477
Anlagendeckungsgrad II	**102,5 %**	**96,4 %**	**77,5 %**

Working Capital = Kurzfristiges Vermögen-Kurzfristiges Fremdkapital

$$\text{Working Capital Ratio} \quad = \quad \frac{\text{Kurzfristiges Vermögen}}{\text{Kurzfristiges Fremdkapital}}$$

	2017	2016	2015
Kurzfristiges Vermögen	3.898	3.367	3.059
Kurzfristiges Fremdkapital	3.756	3.568	4.519
Working Capital	**142**	**−201**	**−1.460**
Working Capital Ratio	**1,04**	**0,94**	**0,68**

Effektivverschuldung = Fremdkapital – monetäres Umlaufvermögen

	2017	2016	2015
Fremdkapital	**7.383**	**7.125**	**8.019**
Kurzfristige Forderungen	1.574	1.653	1.621
+ Kassenbestand und Guthaben bei Kreditinstituten	0	0	0
+ Wertpapiere des UV	0	0	0
= **Monetäres Umlaufvermögen**	**1.574**	**1.653**	**1.621**
Effektivverschuldung	**5.809**	**5.472**	**6.398**

7.332 Liquiditätsanalyse auf Basis von Stromgrößen

Ausgangspunkt für eine dynamische Liquiditätsanalyse ist die Ermittlung eines Cashflows als geeignete Stromgröße. Aufgrund der relativ einfachen Ermittlung wird hier eingangs der Cashflow aus dem Ergebnis, das ist die Zwischensumme Ia aus der Geldflussrechnung, herangezogen

Wie schon erläutert, werden die in der Geldflussrechnung ermittelten Cashflows unverändert angewendet.

	2017	2016
Cashflow aus dem Ergebnis (Summe Ia des Aktivitätsbereiches Geld-fluss aus der laufenden Geschäftstätigkeit)	**1.770**	**1.508**
Nettoinvestitionen in das AV lt Geld-flussrechnung (Summe) II	1.020	217
Investitionsgrad	**173,5 %**	**694,9 %**
Innenfinanzierungsgrad der Investition	**57,6 %**	**14,4 %**

$$\textbf{Innenfinanzierungsgrad der Inv} \quad = \quad \frac{\textbf{Cashflow aus dem Ergebnis}}{\textbf{Nettoinvestitionen in das Anlagevermögen}}$$

$$\textbf{Investitionsgrad} \quad = \quad \frac{\textbf{Nettoinvestitionen in das Anlagevermögen}}{\textbf{Cashflow aus dem Ergebnis}}$$

$$\textbf{Alternative Innenfinanzierungsgrad der Inv} \quad = \quad \frac{\textbf{Geldfluss aus lfd Geschäftstätigkeit}}{\textbf{Geldfluss aus Investitionstätigkeit}}$$

	2017	2016
Geldfluss aus laufender Geschäftstätigkeit (Summe I)	1.068	889
Geldfluss aus der Investitionstätigkeit (Summe II)	1.020	217
Dynamischer Innenfinanzierungsgrad der Investition	**104,7 %**	**409,7 %**
Investitionsgrad	**173,5**	**694,9**

$$\textbf{Dynamischer Verschuldungsgrad} \quad = \quad \frac{\textbf{Fremdkapital}}{\textbf{Geldfluss aus lfd Geschäftstätigkeit}}$$

	2017	2016
Fremdkapital	7.383	7.125
Geldfluss aus der laufenden Geschäftstätigkeit (Summe I)	1.068	889
Dynamischer Verschuldungsgrad	**691,29 %**	**801,46 %**

$$\textbf{Dynamischer Liquiditätsgrad} \quad = \quad \frac{\textbf{Geldfluss aus lfd Geschäftstätigkeit}}{\textbf{Kurzfristiges FK – Liquide Mittel}}$$

	2017	2016
Geldfluss aus der laufenden Geschäftstätigkeit (Summe I)	1.068	889
Kurzfristiges Fremdkapital	3.756	3.788
Liquide Mittel	0	0
Dynamischer Liquiditätsgrad	**28,43 %**	**23,47 %**

$$\text{Cash Burn Rate} \quad = \quad \frac{\textbf{Finanzmittelbestand zum 31.12.}}{\textbf{Negativer Geldfluss aus lfd Geschäftstätigkeit}}$$

	2017	2016
Finanzmittelbestand am Ende des GJ	849	801
Geldfluss aus der laufenden Geschäftstätigkeit (Summe I)	1.068	889
Cash Burn Rate	–	–

7.34 Strukturanalyse der Erfolgsrechnung

	2017	2016	2015
Umsatzerlöse	17.765	15.283	14.920
+ Bestandsveränderungen	311	41	200
+ Aktivierte Eigenleistung	152	228	0
= **Gesamtleistung**	**18.228**	**15.552**	**15.120**

$$\text{Aufwandsintensität (generell)} \quad = \quad \frac{\textbf{Gesamtbetrag der Aufwandsart}}{\textbf{Gesamtleistung}}$$

	2017	2016	2015
Gesamtleistung	18.228	15.552	15.120
Materialaufwand	8.439	6.843	6.832
Personalaufwand	5.198	4.591	4.545
Abschreibungen auf das Anlagevermögen	1.015	1.103	1.120
Materialintensität	**46,30 %**	**44 %**	**45,19 %**
Personalintensität	**28,52 %**	**29,52 %**	**30,06 %**
Anlagenintensität	**5,57 %**	**7,09 %**	**7,41 %**

7.35 Erfolgsmessgrößen

7.351 Bruttoergebnis vom Umsatz, Bruttogewinnspanne

$$\text{Bruttogewinnspanne} \quad = \quad \frac{\textbf{Bruttoergebnis vom Umsatz}}{\textbf{Umsatzerlöse}}$$

	2017	2016	2015
Bruttoergebnis vom Umsatz	3.623	3.408	2.899
Umsatzerlöse	17.765	15.283	14.920
Bruttogewinnspanne	**20,39 %**	**22,30 %**	**19,43 %**

7.352 Earnings-before-Kennzahlen

	2017	2016
Ergebnis vor Steuern	667	351
Zinsen und ähnliche Aufwendungen[1]	174	165
EBIT	**841**	**516**
Jahresabschreibungen auf den Firmenwert	39	39
EBITA	**880**	**555**
Jahresabschreibungen (exkl Firmenwert)	976	1.064
EBITDA	**1.856**	**1.619**

[1] Saldiert mit den Zinserträgen aus vorübergehenden Veranlagungen (203 – 209)

7.36 Rentabilitätsanalysen

7.361 Umsatzrentabilität

$$\text{Umsatzrentabilität} = \frac{\text{EBIT}}{\text{Umsatzerlöse}}$$

	2017	2016
EBIT	841	516
Umsatzerlöse	17.765	15.283
Umsatzrentabilität	**4,7 %**	**3,4 %**

7.362 Kapitalrentabilitäten-

7.362.1 ROI, ROE

$$\text{Gesamtkapitalrentabilität} = \frac{\text{EBIT}}{\text{Ø Gesamtkapital}}$$

	2017	2016
EBIT	841	516
Ø Gesamtkapital	9.240	9.254
Gesamtkapitalrentabilität	**9,10 %**	**5,58 %**

$$\text{Eigenkapitalrentabilität} = \frac{\text{Ergebnis vor bzw nach Steuern}}{\text{Ø Eigenkapital}}$$

	2017	2016
Ergebnis vor Steuern	667	351
Ergebnis nach Steuern	516	331
Ø Eigenkapital	1.986	1.682
Eigenkapitalrentabilität vor Steuern	**33,59 %**	**20,86 %**
Eigenkapitalrentabilität nach Steuern	**26 %**	**19,7 %**

$$\text{Fremdkapitalzinslast} = \frac{\text{Zinsaufwand}}{\text{Ø Fremdkapital}}$$

	2017	2016
Zinsaufwand	174	165
Ø Fremdkapital	7.254	7.572
Fremdkapitalzinslast	**2,4 %**	**2,2 %**

Zinslast auf das durchschnittliche verzinsliche Fremdkapital

	2017	2016
Zinsaufwand	174	165
Verz Fremdkapital 1.1.	4.052	4.591
Verz Fremdkapital 31.12.	4.080	4.052
Durchschn verz Fremdkapital	4.066	4.322
Zinslast auf das verz Fremdkapital	**4,3 %**	**3,8 %**

7.362.2 ROCE

$$\text{Return on Capital Employed} = \frac{\text{Korr EBIT}}{\text{Durchschn Capital Employed}}$$

	2017	2016	2015
Eigenkapital	2.124	1.848	1.517
+ Verzinsliches Fremdkapital	4.080	4.052	4.591
− Liquide Mittel	0	0	0
Verzinsliches bzw sonstigen Ertrag bringendes Vermögen	−235	223	−223
= Capital Employed	**5.969**	**5.677**	**5.885**

	2017	2016
EBIT	841	516
− Ertrag aus betriebsfremdem Vermögen	−10	−7
Korr EBIT	831	509
Durchschn Capital Employed	**5.823**	**5.781**
ROCE	**14,3 %**	**8,8 %**

7.4 URG-Kennzahlen der Elektromotoren AG

Die URG-Kennzahlen werden auf Basis der unbereinigten veröffentlichten Bilanzen ermittelt.

7.41 Eigenmittelquote

$$\text{Eigenmittelquote} = \frac{\text{Eigenkapital gem § 224 Abs 3 A}}{\text{(Posten des Gesamtkapitals gem § 224 Abs 3 -}\atop\text{nach § 225 Abs 6 von den Vorräten absetzbare Anzahlungen)}}$$

	2017	2016
Eigenkapital gem § 224 Abs 3 A	2.364	1.848
Gesamtkapital gem § 224 Abs 3	10.421	9.819
Eigenmittelquote	**22,7 %**	**18,8 %**

7.42 Fiktive Schuldentilgungsdauer

$$\text{Fiktive Schuldentilgungsdauer} = \frac{\text{Schulden gem § 24 Abs 1 URG}}{\text{Mittelüberschuss gem § 24 Abs 2 URG}}$$

	2017	2016
Rückstellungen	1.957	1.647
Verbindlichkeiten	6.100	6.324
Sonstige Wertpapiere und Anteile des Umlaufvermögens	0	0
– Kassenbestand, Schecks und Guthaben bei Kreditinstituten	– 849	– 801
Nach § 225 Abs 6 von den Vorräten absetzbare Anzahlungen	0	0
Schulden gem § 24 Abs 1 URG	**7.208**	**7.170**
Mittelüberschuss gem § 24 Abs 2 URG	**1.619**	**1.488**
Fiktive Schuldentilgungsdauer (Jahre)	**4,5**	**4,4**

Nach der Legaldefinition des § 22 Abs 1 Z 1 besteht keine Vermutung zum Reorganisationsbedarf.

		2017	2016
	Jahresüberschuss/-fehlbetrag	516	331
+	Abschreibungen auf das Anlagevermögen	1.015	1.103
+	Verluste aus dem Abgang von Anlagevermöge	0	0
–	Zuschreibungen zum Anlagevermögen	0	0
–	Gewinne aus dem Abgang von Anlagevermögen	–2	–17
+/–	Erhöhung/Senkung langfristiger Rückstellungen	90	71
Mittelüberschuss		1.619	1.488

8. Unternehmenssteuerung mit Hilfe von Kennzahlen

Im Kapitel 7 wurde das Jahr 2017 der Elektromotorenfabrik analysiert. Im Kapitel 8 wird aufbauend auf den Jahresabschluss 2017 das Jahresbudget 2018 des Unternehmens erstellt.

Im Gegensatz zur Jahresabschlussanalyse, bei der die Kennzahlen Informationsgrößen über den Ablauf und die Lage des Unternehmens darstellen, sind die Kennzahlen in der Budgetierung Zielgrößen, die es zu erreichen gilt.

8.1 Die grundlegenden Unternehmensziele

In jedem Unternehmen besteht eine Vielzahl monetärer und nicht monetärer Ziele, bei deren Festlegung nicht nur ein, sondern eine Reihe von Mitgliedern des Unternehmens mitwirken, wobei die Zielinhalte nach den Eigentumsverhältnissen und der Machtstellung der einzelnen Zentren der Willensbildung, aber auch nach den vorhandenen Mitteln stark variieren können, sind doch in verschiedenen Unternehmen durchaus unterschiedliche, möglicherweise auch mehrere ranggleiche Spitzenziele denkbar. Dabei muss aber bedacht werden, dass, gleichgültig welche Zielvorstellungen im Vordergrund stehen und welche Zielkombinationen auch bestehen mögen, jedes **erwerbswirtschaftlich tätige Unternehmen** nur unter zwei Voraussetzungen überleben kann:

1. Es muss auf die Dauer gesehen ausreichenden Gewinn erzielen (**erfolgswirtschaftliche Komponente**).
2. Das finanzielle Gleichgewicht muss auf Dauer aufrechterhalten werden (**finanzwirtschaftliche Komponente**).

Während die Aufrechterhaltung des finanziellen Gleichgewichtes (die Fähigkeit, die fälligen Schulden jederzeit ohne wesentliche Störung des Betriebsablaufes bezahlen zu können) eine unabdingbare Nebenbedingung darstellt, kann die Gewinnerzielung als Hauptziel der erwerbswirtschaftlichen Betätigung angesprochen werden. Ausreichende Gewinnerzielung ist zur Existenzsicherung des Unternehmens, zur Schaffung eines Risikopolsters (Stärkung des Eigenkapitals) und zur Sicherung der Unabhängigkeit gegenüber externen Gruppierungen (Lieferanten, sonstigen Kreditgebern), zur Deckung der Lebenshaltungskosten der Eigentümer und darüber hinaus für die Erfüllung aller sonstigen sozialen und ethischen Bestrebungen erforderlich.

8.2 Die Unternehmensplanung als Grundlage der Unternehmenssteuerung

Unternehmensführung bedeutet das Treffen von Entscheidungen unter Unsicherheit. Die Qualität derartiger Entscheidungen ist abhängig von den zur Verfügung stehenden, von den Entscheidungsträgern qualitativ und quantitativ verarbeiteten Informationen. Die Gewinnung, Aufbereitung und Verarbeitung aller Informationen unter dem Gesichtspunkt der bestmöglichen Realisierung der Unternehmensziele ist Aufgabe der **Unternehmensplanung**.

Planung ist ein geistiger Prozess der Vorwegnahme künftiger Handlungsmöglichkeiten zur Feststellung erreichbarer Ziele, der mit der Entscheidung für ein bestimmtes Ziel oder Zielbündel abschließt (**Zielplanung**, strategische Planung). Daraus abgeleitet folgt die **Maßnahmenplanung**, deren Aufgabe es ist, jene Maßnahmen zu setzen, die zu treffen sind, um die geplanten Ziele zu erreichen.

Die Zielplanung kann jederzeit durch Rückkoppelung im Zuge der Maßnahmenplanung beeinflusst werden. S hierzu die nachfolgende Tabelle, entnommen aus *Egger/Winterheller*, Kurzfristige Unternehmensplanung[14], S 22.

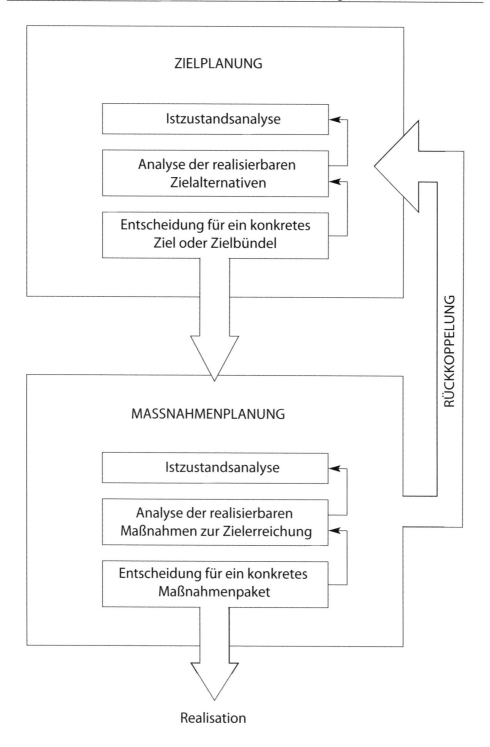

Man unterscheidet die **lang-, mittel- und kurzfristige Planung**, die sich im Wesentlichen durch folgende Kriterien unterscheiden (s *Bircher, B.,* Langfristige Unternehmensplanung, 1976, S 69 ff).

Schwerpunkte der Planungsstufen

Merkmale / Planungsstufen	Langfristige Planung	Mittelfristige Planung	Kurzfristige Planung
Verhaltensform und Anpassungsumfang	Totale Anpassung	Patielle Anpassung	Steuerung und Regelung
Anpassungsobjekte	Systemleistungen	Leistungspotentiale	Verarbeitungsobjekte
Neuerungsgrad	hoch	mittel	gering
Hauptproblem	Festlegung neuer Generationen von Systemleistungen	Entwicklungen von Leistungspotentialen	Ausnützung von Leistungspotenzialen
Zeitliche Reichweite	lang bis zu ca. 15 Jahren	mittel bis ca. 4 Jahren	kurz bis zu einem Jahr
Freiheitsgrad der Entscheidungen	groß	mittel	gering
Informationsgrundlagen	unsicher	teilweise unsicher	relativ sicher
Problemcharakter	unstrukturiert	teilweise strukturiert	strukturiert
Programmierbarkeit der Entscheidungen	gering	mittel	hoch
Risiko und Unsicherheit	hoch	mittel	gering
Entscheidungsebene	Oberste Führungsebene	Oberste und mittlere Führungsebene	Mittlere und untere Führungsebene

Während die **Langfristplanung** grundsätzlich von strategischen Überlegungen mit dem Vorrang der **Zielplanung** beherrscht ist, bekommt die **Maßnahmenplanung** in der mittel- und kurzfristigen Planung mit zunehmender Verkürzung des Planungszeitraumes immer mehr Gewicht. Die Zielplanung verliert insoweit an Bedeutung, als die mittel- und kurzfristigen Ziele grundsätzlich aus den langfristigen Zielen abzuleiten sind.

Kurz- und Mittelfristplanung beeinflussen jedoch in nicht geringem Umfang die Langfristplanung insoweit, als sich im Zuge der kurz- und mittelfristigen Planungen Korrekturnotwendigkeiten in Bezug auf die Langfristplanung ergeben.

Gegen die von *Bircher* in der obigen Tabelle getroffenen Aussage betreffend die Entscheidungsebene bei kurzfristiger Planung ist allerdings einzuwenden, dass auch in der kurzfristigen Planung die oberste Führungsebene zumindest bei der **Zielsetzung** wesentlich mitwirkt. So sind die Spitzenkennzahlen in Kennzahlensystemen, die, wenn auch aus der langfristigen Zielsetzung abgeleitet, vornehmlich in der kurz- und mittelfristigen Planung eingesetzt werden, immer Entscheidungen der obersten Führungsebene. Die aus der obersten Zielgröße abgeleiteten Kennzahlen sind grundsätzlich Teil der **Maßnahmenplanung**.

Da die von der obersten Führungsebene erfolgte Zielsetzung kein operables, sondern ein verdichtetes Ziel darstellt, ist dieses in operable Teilziele zu zerlegen. Die Operabilisierung der Planung geschieht in der **Planungsrechnung** mit Hilfe **unterschiedlicher quantitativer Verfahren**.

Es werden grundsätzlich **Formalziele und Sachziele** unterschieden: **Sachziele** ergeben sich aus der unternehmensspezifischen Tätigkeit, während **Formalziele** in Form des Strebens nach Gewinnerzielung, Kostendeckung, Aufrechterhaltung des finanziellen Gleichgewichtes unabhängig von den materiellen Zielvorstellungen in unterschiedlicher Weise in allen Unternehmen verfolgt werden.

Sachziele und Formalziele sind eng miteinander verknüpft, stehen aber nicht gleichrangig nebeneinander. Während der Vorrangbereich in gemeinwirtschaftlichen Organisationen grundsätzlich im Sachziel, das heißt, der Erbringung einer bestimmten Leistungsart liegt, liegt dieser im erwerbswirtschaftlich tätigen Unternehmen in der Erzielung von Gewinnen. Kann ein erwerbswirtschaftlich tätiges Unternehmen eine Leistung auf Dauer trotz aller Rationalisierungsmaßnahmen nicht kostendeckend verwerten, muss es diese Leistung abgeben oder einstellen, es sei denn, es handelt sich um eine Verbundleistung zu Gunsten anderer Leistungen des Unternehmens.

8.21 Die Bedeutung der Planung für die Unternehmenssteuerung

- **Zwang zur klaren Zielformulierung**
  Planung kann erst dann einsetzen, wenn das zukünftige Ziel oder Zielbündel klar formuliert ist; andererseits lassen sich die zur Erreichung des Ziels im Laufe der Planperiode notwendigen Handlungen ohne Planung nicht bestimmen.
- **Denken in Systemzusammenhängen**
  Nur durch eine integrierte Gesamtplanung des Unternehmens ist es möglich, den Beitrag jedes einzelnen Unternehmensteiles zum Gesamtunternehmensziel aufzuzeigen, innerbetriebliche Zusammenhänge deutlich werden zu lassen und bewusste und unbewusste Ressortegoismen zu vermeiden.

- **Erhöhung der betrieblichen Elastizität**
  Kündigen sich gegenüber dem durch die Planung vorgegebenen Soll Abweichungen an, können frühzeitig Gegensteuerungs- bzw Anpassungsmaßnahmen gesetzt werden. Voraussetzung hierfür ist allerdings ein möglichst rasch reagierendes System der Erfassung auch der Istdaten.
- **Die Planung verlangt Wahrscheinlichkeitsüberlegungen**
  Die Planung zwingt zur intensiven Auseinandersetzung mit den Chancen und Risiken der Zukunft.

8.3 Budgetierung

Verbindet man die **Planung** mit der Verantwortung für die Realisierung der verursachungsgerecht einer Einheit zugeordneten Erlöse und Kosten, spricht man von **Budgetierung**. Die **Budgetierung** ist eine auf Grund der Planung aufgestellte Kosten- und Erlösvorgabe für eine bestimmte Periode oder ein bestimmtes Projekt an einen Verantwortungsträger, der auch für die Realisierung die Verantwortung trägt.

Die **Budgetierung** ist idR ein Instrument der **Kurzfristplanung**, das in die **Langfristplanung** eines Unternehmens eingebettet ist und auf die Belange der Langfristplanung Rücksicht nehmen muss. Wird diese Forderung umgangen oder existiert keine Langfristplanung, kann dem Unternehmen damit für die Dauer großer Schaden zugefügt werden, weil sehr häufig kurzfristig erreichbare Ziele im Konflikt mit langfristigen (strategischen) Zielen stehen.

Das (jährliche) **Unternehmensbudget** besteht aus vielen Teilplänen, wozu die Pläne der **Leistungsverwertung, der Leistungsbereitschaft und Leistungserstellung** sowie die Pläne der **Finanzierung** gehören, wobei alle auf das oder die obersten Ziele ausgerichtet sind. Wie weit Teilpläne den Charakter von (Teil)Budgets haben können, hängt davon ab, wie weit den Bereichen, für die diese erstellt werden, auch die Erlöse und Kosten verursachungsgerecht zugeordnet werden können.

Seinen Ausdruck findet das **Unternehmensbudget** letztlich in der

- Plangewinn- und Verlustrechnung (Leistungsbudget),
- der Finanzplanung und der daraus abgeleiteten
- Planbilanz für das Ende des Planungszeitraumes.

Die **Budgetierung** ist grundsätzlich ergebnisorientiert. Der **Vorgabecharakter** als wesentlicher Bestandteil des Budgets kommt durch die **Erfüllungskontrolle** (Soll-Ist-Vergleich) und den sich daraus ergebenden Konsequenzen zum Ausdruck.

Um rechtzeitig Abweichungen feststellen und notfalls korrigieren zu können, findet die Erfüllungskontrolle schon während des Planungszeitraumes statt. Aus diesen Gründen wird das idR für ein Jahr erstellte Unternehmensbudget in Teilperioden zerlegt. In Frage kommen idR monatliche oder auch viertel-jährliche Teilperioden, die einen Soll-Ist-Vergleich ermöglichen, wodurch frühzeitig der **Zielerreichungsgrad** kontrolliert werden kann. Durch die da-ran anschließende **Abweichungsanalyse** werden der Unternehmungsführung wertvolle Aufschlüsse über die leistungs- und finanzwirtschaftliche Entwick-lung des Unternehmens gegeben, durch die diese in die Lage versetzt wird, ihrerseits **Zielanpassungsmaßnahmen** durchzuführen bzw einen neuen **Zielsetzungsprozess** in die Wege zu leiten.

Graphisch gesehen ergibt sich ein wie in der Abbildung auf der folgenden Seite dargestellter Zusammenhang zwischen Ist- und Planungsrechnung (*Egger/Winterheller*[14], S 43).

Ein **Grundsatz der Budgetierung** besteht darin, dass bei Korrekturen auf Grund der Ergebnisse von Teilperioden das **ursprüngliche Jahresbudget Vergleichsgröße** bleibt. In diesem Fall wird zusätzlich zu den ursprünglich geplanten Daten eine revidierte Vorschaurechnung mit Vorgabecharakter (= forecast) erstellt.

8.31 Koordinationserfordernisse der Budgetierung

Die integrierte Budgetierung ist durch folgende Koordinationserfordernisse gekennzeichnet:

- **zeitliche Koordination**, dh Übereinstimmung der lang-, mittel- und kurz-fristigen Planungsrechnung
- **vertikale und horizontale Koordination**, dh Einordnung der Pläne aller nachgeordneten Unternehmensbereiche in den Gesamtplan sowohl verti-kal in den höheren Zielbereich als auch horizontal in die auf gleicher Ebene liegenden Zielbereiche
- **Koordination von Planungs- und Istrechnung**

Ein wesentlicher Grundsatz einer integrierten Budgetrechnung ist der idente Aufbau und Inhalt von Planungs- und Istrechnung. Planungs- und Istrech-nung unterscheiden sich nur in der Herkunft der Daten. Die Sollrechnung übernimmt die Daten aus geplanten bzw vorgegebenen Sollgrößen, die Ist-rechnung übernimmt die nunmehr realisierten Daten.

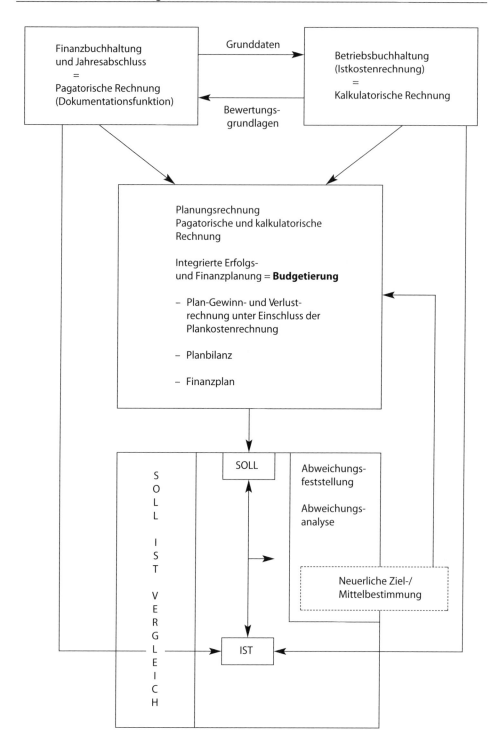

8.311 Zeitliche Koordination

Wie schon vorne dargelegt, ist das Gesamtplanungssystem eines Unternehmens auf Langfristigkeit angelegt, in die das Budget eingebettet ist. Für die Budgetierung gilt, wie für alle sonstigen kurzfristigen Planungsmaßnahmen, grundsätzlich der Vorrang der strategischen Zielsetzung des Unternehmens oder mit anderen Worten: Bei der Budgetierung dürfen nicht wegen kurzfristiger Vorteile Entscheidungen getroffen werden, die langfristige Ziele verletzen oder unmöglich machen. Wenn tatsächlich Ereignisse eintreten, die es erforderlich machen, die Strategie des Unternehmens zu ändern, so sind noch vor der Budgeterstellung die langfristigen Ziele anzupassen.

8.312 Vertikale und horizontale Koordination

Wenn bspw in der unter der Leitung der Geschäftsführung stattgefundenen Budgetsitzung des Unternehmens für das kommende Jahr vereinbart wird, einen ROI (Return on Investment) von 20 % zu erreichen, so ist idR jedem Teilnehmer klar, dass das Unternehmen ein Betriebsergebnis (vor Steuern und vor Zinsen) von 20 % des eingesetzten Vermögens erzielen soll. Keinesfalls klar ist es allerdings, wie dieses Ziel erreicht werden kann, da es für sich kein operables Ziel ist. Würde mit dieser Planungsbesprechung der Planungsprozess zu Ende sein und jeder der Bereichsleiter nunmehr versuchen, mit seinen Mitteln dem gesetzten Ziel näher zu kommen, würde dies kaum zu dem gewollten Ergebnis führen, da jeder der Beteiligten unterschiedliche Vorstellungen über seinen Beitrag zum gemeinsamen Ziel hat.

Das idR aus der Langfristplanung abgeleitete gemeinsam erarbeitete oder von der Geschäftsführung vorgegebene Gesamtziel muss in Zwischen- und Unterziele zerlegt werden, die für die Verantwortungsträger jeder Managementebene eine Orientierung darstellen und die letztlich in konkrete operable Teilziele münden müssen. Hierbei kommt es häufig insbesondere zwischen den Bereichen Leistungserstellung und Leistungsverwertung zu Zielkonflikten. Während der Verkauf an einem möglichst breiten Sortiment interessiert ist, wird die Produktionsleitung aus Wirtschaftlichkeitsgründen ein möglichst enges Sortiment vorziehen. Während die Produktionsleitung an größeren Zwischenlagern, den sogenannten Polstern interessiert ist, um eventuelle Stockungen in der Produktion leichter auffangen zu können, ist die Finanzabteilung des Unternehmens auf eine geringe Kapitalbindung und damit auf kleine Zwischenlager bedacht.

Häufig treten bei einer unkoordinierten Planung von Leistungserstellung einerseits und Leistungsverwertung andererseits Koordinationsfehler auf, die bspw darin bestehen, dass die Leistungserstellung **auf Basis der vorhandenen Leistungskapazität** und die Leistungsverwertung auf **Basis des bestehenden Kundenstocks** geplant wird.

Diese (teilweise entgegengesetzt verlaufenden) Bestrebungen gilt es, durch die **Planungskoordination** auszugleichen.

Ist es gelungen, die wesentlichen Bereiche des Unternehmens im Sinne des Gesamtzieles aufeinander abzustimmen, gilt es, innerhalb der Bereiche aus dem Bereichsziel weitere Teilziele abzuleiten. So muss der Verkaufsleiter das ihn betreffende Bereichsziel in konkrete Handlungsweisen zerlegen, die von der Festlegung des Verkaufspreises, der Bestimmung des Deckungsbeitrages, der Feststellung des Abnehmerkreises, der Bestimmung der Werbemaßnahmen bis zur Aufteilung der Abteilungsfixkosten gehen.

In gleicher Weise hat der Produktionsleiter in seinem Bereich eine Reihe von Entscheidungen zu treffen, in denen aus mehreren möglichen Kombinationen von Unterzielen eine zur Realisation auszuwählen ist. Er hat für die wirtschaftliche Leistungserstellung zu sorgen, die vom Einkauf über die Produktion und Zwischenlagerung bis zur **zeitgerechten Anlieferung** der Produkte an den Verkauf geht.

Mit der Feststellung und gegenseitigen horizontalen und vertikalen Abstimmung der Teilziele entsteht eine **Zielpyramide**, an deren Spitze das oberste Ziel steht.

Hinzu kommt die Tatsache, dass die einzelnen Bereiche eines Unternehmens vor allem in kapazitätsmäßiger Hinsicht nicht völlig aufeinander abgestimmt werden können, sodass die Budgetierung mit Engpässen konfrontiert wird, die kurzfristig nicht beseitigt werden können. *Gutenberg* hat diesen Zustand als die Dominanz des Minimumsektors bezeichnet (*Gutenberg*, Grundlagen der Betriebswirtschaftslehre, Band I[20] [1973], S 163 ff). Der Minimumsektor kann sich auch als relativer Engpass mit unterschiedlichen Deckungsbeiträgen je Produkteinheit darstellen.

Langfristig hingegen wird sich das Unternehmen jedoch nach dem **strategischen Vorrangbereich** ausrichten, der entweder in der Leistungserstellung oder in der Leistungsverwertung liegen kann.

Vertikale und horizontale Koordination bedeutet auch die Abstimmung der einzelnen Teilpläne des Budgets, das heißt, Erfolgsplanung, Bilanzplanung und Finanzplanung müssen einander voll entsprechen.

8.313 Koordination von Planungs- und Istrechnung

Eine der wesentlichsten Grundlagen der Budgetierung ist die laufende und nach Ablauf der Planungsperiode abschließende Kontrolle des Budgetvollzuges. Gegen dieses Erfordernis wird in häufigen Fällen verstoßen. Fehlt die Kontrolle des Budgets durch die Istrechnung, wird das Budget nutzlos.

Eine der häufigsten Ursachen des Verstoßes gegen das Erfordernis der Koordination von Ist- und Planrechnung liegt darin, dass diese nach unterschiedlichen Systemen aufgebaut sind, wodurch eine wirkliche Kontrollmöglichkeit erschwert oder gar verhindert wird. Dies passiert bspw dann, wenn die Aufwendungen in der Istrechnung artenmäßig und in der entscheidungsorientierten Rechnung funktionsweise gegliedert sind. Desgleichen treten Koordinationsmängel durch verschiedene Inhalte einzelner Konten oder durch die Gliederung der Aufwandsarten in der entscheidungsorientierten Rechnung nach fixen und variablen Kosten und in der abrechnungsorientierten Rechnung nach Vollkosten auf.

Da **Planung** (Steuerung) und **Kontrolle** grundsätzlich eine Einheit bilden, da keine der beiden Tätigkeiten ohne die andere existieren kann, müssen **das entscheidungsorientierte Rechnungswesen** als Ergebnis der Planung und das **abrechnungsorientierte Rechnungswesen** als Ausdruck der Realisierung ihrem Aufbau, ihrer Gliederung, dem Inhalt ihrer Subeinheiten (Aufwandsarten, Kostenarten, Kostenstellen) und ihrer zeitlichen Gliederung nach voll aufeinander abgestimmt sein. Zeitliche Abstimmung bedeutet, dass eine Unterteilung des Budgets nach Monaten oder Quartalen nur dann sinnvoll erscheint, wenn dies auch im abrechnungsorientierten Rechnungswesen geschieht, da andernfalls eine Kontrolle nicht möglich wäre.

Entscheidungsorientiertes und abrechnungsorientiertes Rechnungswesen stehen sich letztlich mit den folgenden Teilrechnungen, die gliederungs- und inhaltsmäßig aufeinander abgestimmt sein müssen, gegenüber:

Entscheidungsorientiertes Rechnungswesen	Abrechnungsorientiertes Rechnungswesen
(Grenz)Plankostenrechnung	Istkostenrechnung in Form der Erfassung und Zurechnung variabler und fixer Kosten
Planerfolgsrechnung nach betriebswirtschaftlichen Grundsätzen	Isterfolgsrechnung nach betriebswirtschaftlichen Grundsätzen
Finanzplanung	Geldflussrechnung

In gleicher Weise wie das Rechnungswesen ist auch die **betriebliche Statistik** auszubauen. Dies gilt insbesondere für alle Umsatzdaten, aber auch für Produktions- und Beschaffungskosten jeder Art, soweit diese für den Planungsprozess von Bedeutung sind.

8.32 Die Anforderungen an die Kostenrechnung als Instrument der Unternehmensbudgetierung

Gleichgültig, ob in ihrer abrechnungsorientierten (Ist-Kostenrechnung, Betriebsbuchhaltung) oder ihrer entscheidungsorientierten Form (Planungskostenrechnung) hat die Kostenrechnung

1. die Kosten entsprechend ihrem Verhalten bei unterschiedlichen Beschäftigungsgrad und ihrer zeitlichen Beeinflussung nach zu untergliedern,
2. für eine weitestgehende **kontrollgerechte** (das heißt unmittelbare) Verteilung der Kostenarten auf die einzelnen Verantwortungsbereiche (Kostenstellen) zu sorgen,
3. die Kosten nach ihrer Zurechenbarkeit auf die einzelnen Leistungen (Kostenträger) zu erfassen.

8.321 Kostenstellen- und Kostenträgerrechnung

In vielen Unternehmen wird in der Kostenrechnung nicht mit pagatorischen Größen aus der Finanzbuchhaltung, sondern mit kalkulatorischen Größen gerechnet. An die Stelle der buchhalterischen Abschreibungen treten kalkulatorische Abschreibungen, an die Stelle der Fremdkapitalzinsen treten kalkulatorische Zinsen vom gesamten (betriebsnotwendigen) Kapital. Die Schadensfälle werden durch das kalkulatorische Wagnis ersetzt. Bei Einzelunternehmen und Personengesellschaften wird die Abgeltung der Eigentümer für ihre Leistungen nicht gehaltsmäßig wie bei Kapitalgesellschaften, sondern in Form des kalkulatorischen Unternehmerlohnes erfasst. Ist ein solcher Fall gegeben, wird die Planerfolgsrechnung bis zum Ergebnis vor Steuern nach den kalkulatorischen Erfordernissen geführt. Anschließend erfolgt die Überleitung in das pagatorische Rechnungswesen (s das untenstehende Leistungsbudget).

Im Rahmen der **Kostenträgerrechnung** werden Kostenträgereinzel- und -gemeinkosten unterschieden. **Einzelkosten** sind solche, die dem Kostenträger direkt zugerechnet werden können, wobei die Möglichkeit der direkten Zurechnung von den entsprechenden Erfassungsmaßnahmen und Aufzeichnungen abhängt, ihre Grenze aber dort findet, wo eine direkte Zurechnung aus technischen Gründen nicht mehr möglich ist. Gemeinkosten werden dem Kostenträger nach unterschiedlichen Verteilungsschlüsseln zugerechnet.

Bei der Frage der Zurechnung der Kosten auf einzelne Kostenstellen unterscheidet man **Kostenstelleneinzelkosten und Kostenstellengemeinkosten**.

Ein wesentlicher Aspekt der Kostenverteilung auf die einzelnen Kostenstellen besteht darin, dass eine Kostenstelle im Kontrollprozess nur für solche

Kosten die Verantwortung tragen kann, die ihr einerseits direkt zugerechnet werden können und die andererseits auch in ihrer Verantwortlichkeit liegen.

Schlüsselmäßig aufgeteilte Kosten sind verantwortungsmäßig jenem Bereich, von dem sie veranlasst wurden, zuzuordnen.

8.322 Die Kosten in ihrer Abhängigkeit vom Beschäftigungsgrad

Ungleich schwieriger, jedoch von wesentlicher Bedeutung für die Unternehmenssteuerung ist die Gliederung der Kostenarten nach **variablen und fixen Kosten** sowie die Beantwortung der Frage nach ihrer **Beeinflussbarkeit.**

Zu den **variablen Kosten** werden grundsätzlich jene gezählt, bei denen zwischen Erstellung bestimmter Leistungen einerseits und der Kostenhöhe andererseits ein direkter funktionaler Zusammenhang besteht, was im Falle einer geänderten Leistungserstellung zu einer automatischen Anpassung dieser Kosten führt. Obwohl diese Anpassung proportional, progressiv und degressiv sein kann, geht man im Rahmen der Unternehmensplanung, gestützt auf empirische Untersuchungen, idR von einer linearen Anpassung aus; dies auch deswegen, weil sich Beschäftigungsschwankungen regelmäßig nur in einer relativ geringen Bandbreite abspielen. Dabei ist allerdings darauf zu achten, dass der **lineare Kostenverlauf** bei Annäherung an die Vollauslastung wegen der nicht völlig zu synchronisierenden Kapazität der einzelnen Unternehmensbereiche idR in einen **progressiven Verlauf** übergeht (Überstunden, Kapazitätsangleichung, erhöhte Reparaturen).

Die variablen Kosten können im Wesentlichen in die vom Wert bzw der Menge der verkauften Leistungen abhängigen Kosten oder die von der Leistungsmenge abhängigen variablen Kosten eingeteilt werden.

Fixe Kosten haben ihre Ursache in der Leistungsbereitschaft der Potentialfaktoren; sie sind eine Funktion getroffener Kapazitätsentscheidungen oder geschlossener Verträge, aber auch gesetzlicher Vorschriften. Fixe Kosten passen sich dem geänderten Leistungsumfang weder nach oben noch nach unten an, **wenn keine Anpassungsentscheidungen** getroffen werden.

Zu den fixen Kosten zählen auch die **Kapazitätskosten**, wie vor allem die zeitabhängigen Abschreibungen und Zinsen auf Grundstücke, Gebäude und Maschinen. **Vertrags- oder gesetzesabhängige Fixkosten** sind auch Personalkosten, wenn auf Grund vertraglicher Vereinbarungen und als Folge arbeitsrechtlicher Vorschriften Arbeiter und Angestellte innerhalb bestimmter Zeitabschnitte unkündbar sind. Auch Mietkosten werden fixen Charakters sein, wenn nicht eine jederzeitige Lösung des Mietvertragsverhältnisses vorgesehen ist.

Fixkosten bilden keinen einheitlichen Block. Sie können im Verhältnis zu den Erzeugnissen fix sein wie bspw **Losgrößenfixkosten**. **Kostenstellenfixe Kosten** sind im Verhältnis zur Auslastung einer bestimmten Kostenstelle fix. **Unternehmensfixe Kosten** sind jene Kosten, die von der Existenz des Unternehmens abhängen.

Anpassungen (Erhöhung oder Senkung) der Fixkosten erfolgen nicht automatisch. Sie sind aber in unterschiedlichen kapazitätsabhängigen oder vertraglich bedingten Fristen abbaubar. Die Unbeweglichkeit der Kosten bezieht sich somit immer auf bestimmte Zeitperioden. Dienst- und Mietverträge sind zeitlich begrenzt, Anlagen können verkauft werden. Bei Letzteren ist allerdings zu beachten, dass zB die Abschreibungen einer zwangsläufig still gelegten und nicht mehr verwendbaren Anlage, die nicht verkauft werden kann, mit der Stilllegung nicht abgebaut sind, sondern das Unternehmen mit den noch vorhandenen Buchwerten in vollem Umfang ertragsmäßig belasten.

Die **Unterscheidung in variable und in fixe Kosten** ist im Zusammenhang mit der Unternehmensplanung und der Bildung erfolgswirtschaftlicher Kennzahlen deswegen von Bedeutung, weil ohne diese Trennung weder Verfahrens-, Investitions- und Preisentscheidungen noch Gesamt- und Mindestumsatzentscheidungen getroffen werden können. Die Unterscheidung bildet einen wesentlichen Bestandteil effizienter Unternehmensführung.

Ein Problem für die Trennung von Kosten in ihre variablen und fixen Bestandteile bilden bspw die **Löhne**. **Fertigungslöhne** werden idR zu den variablen Kosten gezählt. Der vielfach ausgedrückten Meinung, dies sei nicht richtig, weil diese Löhne zumindest bis Ablauf einer eventuellen Kündigungsfrist fix seien, wird in der Kostenrechnung mit einem Trick begegnet. Solange eine Arbeitskraft unmittelbar der Fertigungsleistung zugerechnet werden kann, bezieht sie **variable Fertigungslöhne**. In dem Augenblick, in dem sie von der Fertigung abgezogen wird, bezieht sie **fixe Hilfslöhne**. Dieses Abwälzen auf die Fixkosten erfordert, dass diesen ganz besondere Aufmerksamkeit insbesondere beim Soll-Ist-Vergleich gewidmet wird.

In Zweifelsfällen sollten Kosten eher den Fixkosten als den variablen Kosten zugeordnet werden, da bei den variablen Kosten häufig von einer automatischen Anpassung ausgegangen wird, die aber möglicherweise nicht vorhanden ist. Die Folge wäre ein zu spätes Eingreifen in die Kostenstruktur bei Beschäftigungsrückgängen.

8.33 Das Leistungsbudget als die erfolgswirtschaftliche Komponente der Budgetierung

Wie schon dargelegt, hat die erfolgswirtschaftliche Komponente in einem **erwerbswirtschaftlichen Unternehmen** mit dem Streben nach Erreichung des Gewinnzieles den Vorrang vor allen anderen Zielen. Der **Gewinn** ist daher auch die zentrale Größe im **Zielbildungsprozess**. Erst die Erfüllung des Gewinnzieles ermöglicht es, alle übrigen Ziele zu erreichen.

Die **Planerfolgsrechnung** findet ihren Niederschlag im **Leistungsbudget**, in dem alle Plandaten mit ihrer Erfolgsauswirkung zusammenlaufen. Im Gegensatz zur Erstellung des Jahresabschlusses, bei dem die Gewinn- und Verlustrechnung parallel zur Schlussbilanz erstellt wird und durch die bereits feststehenden Periodendaten grundsätzlich Zwangscharakter hat, hat das **Leistungsbudget** im erwerbswirtschaftlichen Unternehmen grundsätzlich Vorrang vor allen anderen Teilen des Budgets. Die in das Leistungsbudget aufzunehmenden Daten hängen von der Beantwortung der Frage ab, was im Unternehmen getan werden muss, um das angestrebte Ziel zu erreichen, wobei dieses während des Planungsprozess abhängig von den bestehenden Nebenbedingungen nicht unabänderlich feststeht.

Daraus abgeleitet folgt die **Maßnahmenplanung**, deren Aufgabe es ist, jene Maßnahmen zu setzen, die zu treffen sind, um die geplanten Ziele zu erreichen.

Wie schon dargestellt, kann die Zielplanung jederzeit durch Rückkoppelung im Zuge der Maßnahmenplanung beeinflusst werden.

Die Planerfolgsrechnung sollte in jenen erwerbswirtschaftlichen Unternehmen, bei denen die Preise marktabhängig sind, nach der **Deckungsbeitragsrechnung (Grenzplankostenrechnung)** erfolgen.

8.331 Die quantitative Darstellung des Leistungsbudgets nach dem Umsatzkostenverfahren

Das **Leistungsbudget** ist die erfolgsmäßige Zusammenfassung aller Teilpläne der Aufwands- und Ertragserfassung. Diese Zusammenfassung erfolgt in einer nach betriebswirtschaftlichen Grundsätzen gegliederten Erfolgsrechnung, wobei die Gliederung nach den Bestimmungen des § 231 Abs 2 (Gesamtkostenverfahren) als Ausgangslage durchaus brauchbar ist, jedoch in mehreren Belangen angepasst werden und idR in das Umsatzkostenverfahren umgewandelt werden muss.

8.331.1 Schema des Leistungsbudgets nach dem Umsatzkostenverfahren

1.	Umsatzerlöse brutto
2.	Vertriebssonderkosten: Skonto, Rabatte
3.	Umsatzerlöse netto
–	Variable Herstellungskosten der zur Erzielung der Umsatzerlöse erbrachten Leistungen a) Vertriebsabhängige variable Kosten Provisionen, Lizenzen, Transportverpackung b) Herstellungsabhängige variable Kosten der verkauften Produkte Handelswareneinsatz Fertigungsmaterialverbrauch Fertigungslöhne Fertigungsgemeinkosten variabel Sonstige variable Gemeinkosten
4.	Summe variable Kosten
5.	Deckungsbeitrag
	Sonstige betriebliche Erträge a) Erträge aus dem Abgang von Anlagevermögen b) Erträge aus der Auflösung von Rückstellungen c) Sonstige betriebliche Erträge
6.	Summe sonstiger betrieblicher Erträge
	Fixkosten a) Materialwirtschaft b) Fertigungskosten c) Verwaltungskosten d) Vertriebskosten e) Kalkulatorischer Unternehmerlohn[1]
7.	Summe Fixkosten
8.	Betriebsergebnis
9.	Finanzergebnis aus Finanzinvestitionen
10	EBIT = Unternehmensergebnis vor Zinsen und Steuern
11.	Zinsen und ähnliche Aufwendungen aus der Finanzierung a) Fremdkapitalzinsen b) Eigenkapitalzinsen[2]

12.	EBT = Unternehmensergebnis vor Steuern
13.	Überleitung in die Aufwandsrechnung, wenn erforderlich
14.	Unternehmensrechtliches Ergebnis vor Steuern
15.	Ertragsteuern
16.	Jahresüberschuss

[1] Der Unternehmerlohn wird nur bei Einzelunternehmen und Personengesellschaften mit natürlichen Personen als Gesellschafter verrechnet, da deren Leistungsvergütung häufig in der unternehmensrechtlichen Erfolgsrechnung nicht aufscheint. Er ist, wie auch die Zinsen vom Eigenkapital, in der Überleitung zur Aufwandsrechnung wieder auszuscheiden.

[2] Die Verrechnung von Eigenkapitalzinsen als sogenannte Opportunitätskosten wird in den Unternehmen verschieden gehandhabt. Sehr viele Unternehmen rechnen die Zinsen vom Eigenkapital in den Gewinn ein. Sollten die Zinsen vom Eigenkapital, wie im obigen Schema dargestellt, zu den Kosten dazugerechnet werden, sind sie in der Überleitung in die Aufwandsrechnung wieder auszuscheiden, da sie unternehmensrechtlich Gewinn darstellen.

Wegen der großen Bedeutung der **Deckungsbeitragsrechnung** für das Treffen betrieblicher Entscheidungen ist der Ausweis des zu erzielenden Deckungsbeitrages im Leistungsbudget von großer Bedeutung. Dies kann aber nur geschehen, wenn die Kosten einerseits nach ihrem Verhalten zum Beschäftigungsgrad in **variable und fixe Kosten** getrennt und andererseits nach ihrer funktionalen Zugehörigkeit den Kostenstellen bzw Verantwortungsbereichen zugerechnet werden. Wegen der direkten Zurechnung der variablen Kosten auf die Verkaufseinheit wird die zukunftsgerichtete Deckungsbeitragsrechnung auch als **Grenzplankostenrechnung** bezeichnet.

Aus diesem Grunde empfiehlt es sich, im Rahmen der Unternehmensplanung anstatt des Gesamtkostenverfahrens grundsätzlich das **Umsatzkostenverfahren** (§ 231 Abs 3) anzuwenden.

8.332 Wesentliche Bestandteile des Leistungsbudgets

- **Deckungsbeitragsrechnung**, ermittelt aus den detaillierten Absatz- und daraus abgeleiteten Produktionsplänen mit Stücklisten, Arbeitsgangkarten und sonstigen Fertigungsaufzeichnungen den Beitrag des einzelnen Produktes zur Abdeckung der Fixkosten und des Gewinnes. Der **Deckungsbeitrag** gehört zu den wesentlichen Planungsinstrumenten des erwerbswirtschaftlichen Unternehmens.

- **Fixkostenplanung**. Sie ermittelt aus den Kostenstellenplänen sowie aus den
  Kapazitätsbereitstellungs- und Verwendungsplänen die mengenleistungsunabhängigen Kosten.

8.332.1 Deckungsbeitragsrechnung

Rechnerisch ergibt sich der **Deckungsbeitrag** aus folgendem Schema:

	Verkaufspreis des Produktes
−	dem Produkt direkt zurechenbare Vertriebssonderkosten
	Nettoverkaufspreis
−	dem Produkt direkt zurechenbare variable Herstellungskosten
	(bei Handelswaren der Einstandspreis der Ware)
−	sonstige direkt dem Produkt zurechenbare Sonderkosten
	Deckungsbeitrag
−	Fixkosten ohne Fremdkapitalzinsen
	EBIT
−	Fremdkapitalzinsen
	EBT

Wie schon dargelegt, ist die Teilung der betrieblichen Kosten nach ihrer Variabilität, dh ihrer Trennung in **fixe und variable Kosten** für die Ermittlung des Deckungsbeitrages Voraussetzung. Die **Deckungsbeitragsrechnung** geht idR davon aus, dass die variablen Kosten proportional zum Produktwert bzw zur Produktmenge verlaufen, wobei sich die vertriebsvariablen Kosten nach der umgesetzten Menge bzw dem umgesetzten Wert und die herstellungsvariablen Kosten nach den erzeugten Mengen bzw Werten richten.

Die Deckungsbeitragsrechnung hat insoweit Mängel, als die Variabilität nicht immer linear ist, sondern auch progressiv oder degressiv verlaufen kann. Dieser Einwand ist richtig, spielt aber bei Beschäftigungsschwankungen bis zu 5 % nach oben oder unten keine besondere Rolle.

Trotz aller Mängel ist die **Deckungsbeitragsrechnung** ein wesentliches Instrument der Unternehmensplanung und Unternehmenssteuerung.

Zu den Instrumenten der Deckungsbeitragsrechnung, die als Hilfsmittel für die Umsatzplanung dienen, zählen ua (*Egger/Winterheller*[14], S 73 ff):

- Break-even-Analysen
- Prioritätensteuerung
- Isodeckungsbeitragskurven
- Opportunitätskostenrechnung
- Provisionssysteme

8.332.2 Break-even-Analyse

Die **Break-even-Analyse** bestimmt jenen Umsatz, bei dem gerade Vollkostendeckung eintritt. Voraussetzung für die Analyse sind gegebene Fixkosten und der Deckungsbeitragsprozentsatz.

In Prozenten des Umsatzes ausgedrückt, erlaubt die **Deckungsbeitragsanalyse** die Feststellung des **Break-even-Points**. Dieser ist dann erreicht, wenn die Fixkosten mit dem **Deckungsbeitrag** gleich sind.

Setzt man dem Deckungsbeitrag von bspw 29 % geplante Fixkosten von 5.344 gegenüber, ergibt sich folgende Mindestumsatzberechnung:

X = Mindestumsatz

F = Fixkosten inkl Zinsen = 5.344

P = Deckungsbeitragsprozentsatz = 29

P × X/100 =F

Beispiel

F = 5.344

p = 29 %

0,29 × X = 5.344

X = 5.344/0,29

X = 18.427

Bei der Durchführung der Break-even-Analyse ist allerdings im Falle mehrerer Produkte mit verschiedenen Preisen, möglicherweise noch gestaffelt nach Abnehmergruppen und Abnehmerländern, zu beachten, dass der ermittelte Deckungsbeitragsprozentsatz von einem gleichbleibenden „Mix" dieser Größen ausgeht.

Steigt etwa die Verkaufsmenge eines Produktes mit einem schlechteren Deckungsbeitrag zu Lasten eines Produktes oder Abnehmers mit einem besseren Deckungsbeitrag, führt dies zu einer Herabsetzung des gesamten Deckungsbeitragsprozentsatzes mit unmittelbarer Auswirkung auf den **Mindestumsatz und das Betriebsergebnis**.

Der errechnete **Mindestumsatz** kann daher nur ein Gefahrensignal sein, das angibt, wann Maßnahmen gesetzt werden müssen, um entstehende Schwierigkeiten zu verhindern.

Alle **Deckungsbeitragsanalysen**, die während der Planungsperiode durchgeführt werden, müssen unter Berücksichtigung der im Zuge der Planungsrealisierung eingetretenen Änderungen durchgeführt werden. Mit anderen Worten ausgedrückt, heißt dies, dass die Erreichung des geplanten Umsatzes selbst bei Einhaltung der Kostenvorgaben nicht zwingend mit dem Erreichen des geplanten Deckungsbeitrages verbunden ist, wenn Verschiebungen im Produktmix eingetreten sind.

Wegen der Unmöglichkeit einer genauen Trennung der Kosten nach ihrem Verhalten bei sich **änderndem Beschäftigungsgrad** und der Einhaltung eines bestimmten Verhältnisses der verkauften Produkte mit unterschiedlichem Deckungsbeitrag sowie wegen der Ungewissheit, die in jeder Planung liegt, kann der **Break-even-Point bzw der Mindestumsatz** nicht eine exakte Zahl, sondern nur ein Gefahrensignal sein, das anzeigt, dass das Unternehmen bei Annäherung an einen bestimmten Punkt Maßnahmen zu setzen hat, die eine Verlustsituation verhindern sollen.

Im Zuge der Planung hat der Planende die Möglichkeit, unter Berücksichtigung aller möglichen marketingpolitischen Maßnahmen die Preise oder den Produkt(Länder)mix zu variieren und daraus das für die Planperiode optimale Ergebnis zu errechnen.

Bei der Umsatzplanung ist die Ermittlung der **Sicherheitsspanne**, die angibt, um wie viel Prozent der **Istumsatz** vom **Planumsatz** abweichen kann, ohne dass das Unternehmen in die Verlustzone gerät, von Bedeutung.

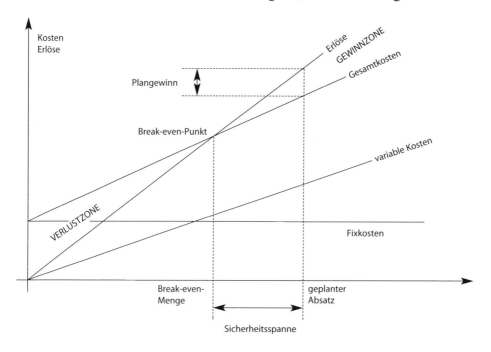

8.332.3 Prioritätensteuerung

Der Deckungsbeitrag ist eine Größe, die sich aus dem Einzelprodukt entwickelt. Mit dem erzielbaren Verkaufspreis abzüglich der anteiligen variablen Kosten kann der Planende die Bedeutung jedes einzelnen Produktes für das gesamte Unternehmen erkennen. Er kann vor allem die Konsequenzen über Entscheidungen vorausberechnen, die sich bei Konkurrenzsituationen zwischen den einzelnen Produkten ergeben.

Die **Priorität** im Sortiment richtet sich idR nach dem Deckungsbeitrag pro Einheit oder nach relativen Deckungsbeiträgen pro Engpasseinheit. Dabei sind auch die Menge des zu erzeugenden Produktes und eventuelle kapazitätsmäßige Beschränkungen zu berücksichtigen.

8.332.4 Isodeckungsbeitragskurven

Die **Isodeckungsbeitragskurve** eines Produktes zeigt jene Alternativen im Preis und der Absatzmenge eines Produktes auf, die jeweils den gleichen Deckungsbeitrag innerhalb eines bestimmten Zeitraumes ermöglichen. So könnte bspw errechnet werden, um wie viel der Preis eines Produktes gesenkt werden könnte, wenn die Verkaufsmenge um 20 % erhöht wird und der gleiche Deckungsbeitrag erzielt werden soll.

Beispiel

Geplante Absatzmenge 1.000, Verkaufspreis pro Einheit 20, direkt zurechenbare Kosten 10

Gesamt zu erzielender Deckungsbeitrag 1.000 × 10 = 10.000

Absatzmengensteigerung 20 %, ergibt eine neue Verkaufsmenge von 1.200

Möglicher Deckungsbeitrag pro Einheit: x × 1.200 = 10.000; x = 8,33

Neuer Preis: 8,33 + 10 = 18,33

Probe:

Neuer Preis 1.200 × 18,33 =	*22.000*
Direkte Kosten −1.200 × 10.0 =	*12.000*
Deckungsbeitrag	*10.000*

Der Preis kann von 20 auf 18,33 gesenkt werden, das sind rd 8,4 %.

Wenn man derartige Rechnungen durchführt, muss man allerdings darauf achten, ob durch die Mengenerhöhungen nicht andere Kosten beeinflusst werden, wie bspw der Bedarf einer zusätzlichen Verkaufsperson. Die Rechnung ist im Handelsbetrieb leichter als im Erzeugungsbetrieb, weil im Letzteren noch Engpassfragen entstehen. Eine größere Menge könnte aber auch bessere Einkaufskonditionen zur Folge haben.

8.332.5 Behandlung der sonstigen betrieblichen Erträge in der Deckungsbeitragsrechnung

Wie weit die sonstigen betrieblichen Erträge in die Deckungsbeitragsrechnung einbezogen werden, hängt von ihrer Art und Konstanz ab.

IdR stellen die sonstigen betrieblichen Erträge (die unternehmensrechtlich im Umsatz enthalten sind) betriebswirtschaftlich gesehen Kostenminderungen dar, wie bspw der bei der Produktion angefallene und verkaufte Schrott, Erträge aus dem Verkauf ausgeschiedener Anlagen sowie die Auflösung zu hoch dotierter Rückstellungen.

Die Gewinnanteile einer Tochtergesellschaft, die als **Vertriebs GmbH** fungiert, stammen ebenfalls aus dem Verkauf der eigenen Produkte.

Soweit die sonstigen betrieblichen Erträge zur Erhöhung des Deckungsbeitrages beitragen, können sie nach Abzug der auf diese Erträge entfallenden Kosten bei der **Mindestumsatzrechnung von den Fixkosten** abgezogen werden.

8.34 Grenzplankosten BAB

Der **Grenzplankosten BAB** ist **Bestandteil des Leistungsbudgets** und bildet eine wesentliche Grundlage zur Feststellung der variablen Kosten der zu verkaufenden Produkte. Er ist die Voraussetzung zur Ermittlung des zu erzielenden Deckungsbeitrages.

Im **Grenzplankosten BAB** werden die geplanten Kosten nach folgender Aufteilung den Kostenstellen und Kostenträgern zugerechnet:

Geplante variable Kosten = Grenzplankosten
    Einzelkosten
    Gemeinkosten
Geplante Fixkosten (grundsätzlich Gemeinkosten)

8.4 Die Finanzplanung

Zunächst ist anzumerken, dass die Finanzplanung und die anschließend besprochene **Bilanzplanung** durch ihre gegenseitige Beeinflussung synchron und damit gleichzeitig ablaufen.

Der Finanzplan hat alle geplanten Zahlungsströme des Unternehmens zu erfassen und den Bedarf an Finanzmitteln zur Durchführung der geplanten Maßnahmen festzustellen, wobei darauf zu achten ist, dass das **finanzielle Gleichgewicht** nicht nur am Periodenende, sondern während der gesamten Planungsperiode gegeben sein muss.

Unmittelbarer Ausgangspunkt für die **Finanzplanung** ist das **Leistungsbudget**. Dabei hat die Finanzplanung zunächst die im Leistungsbudget angewendete Aufwands-Ertragsrechnung in eine Einnahmen-Ausgabenrechnung überzuleiten.

Darüber hinaus gilt es, neben den erfolgswirksamen Zahlungsvorgängen alle erwarteten erfolgsneutralen Zahlungsströme zu erfassen und in die Finanzplanung einzubauen.

Die **Finanzplanung** kann in vier Stufen erfolgen:

1. Erfassung aller (erfolgswirksamen) Zahlungsströme, die sich aus der **Realisierung des Leistungsbudgets** ergeben werden.
2. Erfassung und Planung der Zahlungsströme mit **keinen oder nur geringen Dispositionsmöglichkeiten**; das sind im Wesentlichen zwei Arten von Zahlungsströmen:
   a) **Zahlungsströme**, die zwar im **Leistungsbudget nicht aufscheinen**, die aber mit der Erfüllung desselben zusammenhängen. Dazu gehören vor allem Veränderungen im Working Capital, wie der Auf- und Abbau von Vorräten, Debitoren und Kreditoren;
   b) **Zahlungsströme**, für die **bereits vertragliche Vereinbarungen** bestehen oder die im Rahmen der Mittel- oder Langfristplanung bereits fixiert sind (Investitionen, Aufnahme und Rückzahlung langfristiger Kredite).
3. Feststellung und Planung jener Größen, die auch nach Fertigstellung des Leistungsbudgets einer **weitgehend freien Disposition** unterliegen und damit auch zur Abdeckung eines Finanzbedarfes nach Punkt 4. dienen.
4. Stellt sich bei der Erstellung des Finanzplanes heraus, dass ein errechneter Zahlungsmittelbedarf durch vorhandene oder neu zu schaffende Kreditreserven bzw andere Quellen nicht gedeckt werden kann, sind die zugrunde liegenden Pläne zu revidieren und den **Finanzierungsmöglichkeiten** anzupassen.

Der nach gleichen Gesichtspunkten aufgebaute Finanzplan entspricht der im Kapitel 3.16 dargestellten Geldflussrechnung, wodurch ein aussagefähiger Soll-Ist-Vergleich gewährleistet ist.

Schematischer Aufbau des Finanzplanes:

Finanzplan für das Jahr 2018		
I.		Nettogeldfluss aus der laufenden Geschäftstätigkeit
	a)	Geldfluss aus dem geplanten Ergebnis
	b)	Geldfluss aus der Veränderung des Working Capitals[1]
II.		Nettogeldfluss aus dem Investitionsbereich
III.		Nettogeldfluss aus dem Finanzierungsbereich
	a)	Fremdfinanzierung (inkl Zinsaufwand)[2]
	b)	Nettogeldfluss aus der Privat und Gesellschaftersphäre
IV.		Zahlungsmittelbedarf bzw Überschuss I.–III.
V.		Deckung des Bedarfes bzw Verwendung des Überschusses
		Veränderung des Standes an liquiden Mittel
		Veränderung der Bankbestände langfristig
		Veränderung der Bankbestände kurzfristig
		Veränderung der Lieferverbindlichkeiten
		Sonstige Mittelbeschaffung bzw Disposition

[1] In die Veränderung des Working Capitals sind liquide Mittel und kurzfristige Bankkredite nicht einzubeziehen; Diese dienen der Regulierung eines etwaigen Finanzmittelbedarfes oder -überschusses.

[2] Werden die Zinsen im Finanzierungsbereich berücksichtigt, dürfen sie nicht im Nettogeldfluss aus der laufenden Geschäftstätigkeit enthalten sein.

Grundsätzlich ist zu beachten, dass der Finanzplan jeweils den Bedarf oder Überschuss am Ende der Planungsperiode, aber nicht einen eventuellen (vorübergehenden) Mehrbedarf während der Planungsperiode zeigt. Um daher nicht böse Überraschungen durch einen nicht geplanten Spitzenbedarf zu erleben, ist der Finanzplan **zwingend** in **Teilperiodenpläne** zu zerlegen, um einen derartigen Spitzenbedarf aufzufangen. Solche Spitzen entstehen vor allem in Saisonbetrieben, in denen das ganze Jahr über produziert wird, der Umsatz aber auf wenige Monate konzentriert ist und umgekehrt.

Die Zerlegung in Teilperioden erfolgt parallel zum Leistungsbudget. Während die Zerlegung allerdings bei **erfolgsabhängigen Größen aus Kontrollgründen** erfolgt, geschieht dies bei den **liquiditätsabhängigen Größen aus Steuerungsgründen**. Dies ist insbesondere bei saisonal schwankendem Absatz erforderlich.

Als **ausreichende Teilperiode** für den Finanzplan kommt idR ein Dreimonatszeitraum in Frage, der aber häufig noch weiter in Monatsperioden zerlegt wird. Für Aktiengesellschaften ist eine Teilperiode von längstens drei Monaten vorgeschrieben, weil der Vorstand dem Aufsichtsrat gem § 81 AktG regelmäßig (mindestens vierteljährlich) über den Gang der Geschäfte und die Lage des Unternehmens im Vergleich zur Vorschaurechnung unter Berücksichtigung der zukünftigen Entwicklung zu berichten hat (Quartalsbericht).

8.41 Ziele des Finanzplanes

Grundsätzlich bietet der Finanzplan dieselben Erkenntnisse wie die im Nachhinein erstellte Geldflussrechnung, jedoch mit einem wesentlichen Unterschied: Während der Analyst durch die Geldflussrechnung im Nachhinein erfährt, was geschehen ist, und er daraus seine Schlüsse über die Lage des Unternehmens ziehen kann, bilden die **Erkenntnisse aus dem Finanzplan** die Grundlage für alle Handlungen zur **Zielerreichung**.

Dies gilt bspw für die auf Grund der frühen Dispositionsmöglichkeit durchführbare Herstellung einer den Umständen entsprechenden **befriedigenden Kapitalstruktur** (Verschuldungsgrad) und **Kreditstruktur** (Zusammensetzung der Kredite) mit der Folge eines besseren Kreditpotentials und niedriger Fremdkapitalzinsen.

Mit der Darstellung der Veränderung des **Working Capitals im Rahmen des Abschnittes 1b) des Finanzplanes** kann im Unternehmen eine bewusste Steuerung und Beobachtung aller Veränderungen in den Bestandteilen des Working Capitals herbeigeführt werden. So sollte das Working Capital einerseits so niedrig wie möglich gehalten werden, wobei es aber andererseits wegen zu geringer Bestände nicht zu Liefer- oder Produktionsverzögerungen kommen darf.

Ein Großteil der Entscheidungen, die im **Investitionsbereich** ihren Niederschlag finden, wirkt über die Planperiode (ein Jahr) hinaus. Solche Entscheidungen sind grundsätzlich nur auf der Grundlage **langfristiger Investitionspläne** sowie den entsprechenden **Finanzierungsplänen** zu treffen. Das heißt, dass diese Investitionen nicht aus Mitteln der laufenden Geldgebarung (Bankkontokorrentkredite, kurzfristige Lieferantenkredite) finanziert werden dürfen. Dadurch käme es zu einem Verstoß gegen das **Gebot der Fristenkongruenz**, dessen Verletzung das Unternehmen trotz guter Erfolgslage in erhebliche Zahlungsschwierigkeiten bringen könnte.

Eine Erkenntnis aus dem Finanzplan ist der **Free Cashflow**, der dem Planenden zeigt, welche Mittel das Unternehmen aus eigener Kraft für die Bedienung und Rückzahlung des Fremdkapitals sowie für die Bedienung des Eigenkapitals aufbringen kann. Der Free Cashflow ist die Summe aus dem Ergebnis der laufenden Geschäftstätigkeit und des Investitionsbereiches.

Der Cashflow aus der Finanzierung zeigt die geplante Inanspruchnahme von Fremd- und Eigenkapital sowie die geplante Bedienung und Rückzahlung des Fremd- und Eigenkapitals. Wie schon hingewiesen, hat der Planende dabei auf die volle **Einhaltung der Fristenkongruenz** zu achten.

Der wesentliche Teil des Finanzplanes ist jener über die **Disposition** der vorhandenen bzw noch nicht vorhandenen Finanzmittel. Dieser Teil zeigt, wie weit die Unternehmenstätigkeit im Planungszeitraum aus den vorhandenen bzw durch die Geschäftstätigkeit neu zu schaffenden Mitteln finanziert werden kann bzw wie groß die **Finanzierungslücke** ist, die durch zusätzliche Finanzmittel abgedeckt werden muss.

Sollte die Lücke nicht abgedeckt werden können (zB mangels Möglichkeit der Aufnahme weiterer Kredite), ist die Unternehmensplanung zu revidieren.

Ergibt sich aus der Finanzplanung ein **Überschuss an finanziellen Mitteln**, ist über die Fristigkeit einer eventuellen Veranlagung, einer vorzeitigen Kreditrückzahlung oder aber einer Ausschüttung bzw Auszahlung an die Eigentümer nachzudenken.

8.5 Die Bilanzplanung

Gleichzeitig mit der Aufstellung der **Leistungsbudgets** und des **Finanzplanes** erfolgt die **Planbilanzierung** zum Ende der Planperiode. Die **Planbilanz** ergibt sich als zwingende Konsequenz aus **Planerfolgsrechnung** und **Finanzplan**, wirkt aber auch auf beide zurück. Während aus dem Leistungsbudget das Ergebnis übernommen wird, bildet der Finanzplan die Grundlage für die Feststellung der Bestände.

Die Bestandteile des **Anlagevermögens** sind auf Basis der geplanten Investitionen und der Planabschreibung in die Planbilanz aufzunehmen. Die Material- und Warenbestände ergeben sich auf Grund der geplanten Erzeugung und des geplanten Absatzes. Alle bestehenden Langfristkredite und langfristig gewährten Darlehen sind zu erfassen und mit den erwarteten Bewegungen in den Finanzplan und mit dem erwarteten Endbestand in die Planbilanz aufzunehmen. Bei der Klassifizierung der lang- und kurzfristigen Kredite ist zu berücksichtigen, dass alle im **Planjahr** fälligen Raten langfristiger Kredite als kurzfristig zu klassifizieren sind. Die Rückstellungen sind auf etwaige Realisierung zu untersuchen. Neu zu bildende Rückstellungen sind aufzunehmen.

Ein gewisser Spielraum für die **Planbilanzierung** ergibt sich bei den „freien" Vermögensgegenständen und Schulden, die nunmehr die Gleichheit zwischen Aktiv- und Passivseite herstellen sollen. Dies sind vor allem die liquiden Mittel, Giroguthaben und Bankkontokorrentkredite bis zur Höhe des Kreditrahmens. Sollten diese Posten nicht zur Deckung eines eventuellen Fehlbetrages ausreichen, muss versucht werden, diese Deckung möglicherweise durch Erhöhung der Lieferantenkredite (Ausnützung der Zielfrist), Rahmenerhöhung oder durch Planungsanpassung zu finden.

8.6 Kennzahlen als Planungs- und Kontrollinstrumente (Kennzahlensysteme)

Ein unverzichtbares Hilfsmittel im Rahmen der Budgetierung ist die Verwendung von **Kennzahlen**. Der logische Zusammenhang dieser Kennzahlen hat sowohl die Praxis als auch die Literatur immer wieder veranlasst, Möglichkeiten zu suchen, die quantitative Verknüpfung der Teilziele bis hin zum Gesamtziel in sog **Kennzahlensystemen** darzustellen.

Zweck eines derartigen **Kennzahlensystems** ist es zunächst, die Gesamtplanung von einander verbundenen Kennzahlen darzustellen und die Abhängigkeit des **obersten Zieles** von der Erfüllung der Unterziele offenzulegen.

Obwohl die **Kennzahlen** im Rahmen der Unternehmensplanung nach den gleichen Formeln wie jene der Jahresabschlussanalyse ermittelt werden, unterscheiden sie sich von den Letzteren sowohl dem Zwecke als auch dem Inhalt nach.

Bei der Jahresabschlussanalyse werden die Kennzahlen aus den **vorhandenen Istdaten** des Jahresabschlusses abgeleitet, um daraus vertiefte Informationen über die Entwicklung des Unternehmens in der untersuchten Periode zum Zweck der besseren Erkenntnis der Ertrags-, Finanz- und Vermögenslage zu gewinnen.

Im Rahmen der **Unternehmensbudgetierung** haben die Kennzahlen entsprechend dem definierten Unternehmensziel **Vorgabecharakter**, was bedeutet, dass die **Spitzenkennzahl** und die daraus abgeleiteten Teilkennzahlen den Aufbau der Planerfolgsrechnung, der Finanzplanung und der Planbilanz bestimmen.

So beschließt bspw der Vorstand nach Beratung mit den leitenden Angestellten des Unternehmens, jene Maßnahmen zu treffen, die es ermöglichen sollen, dass das Unternehmen in der Planungsperiode einen ROI von 15 % erreicht oder dass der zu erzielende RONA die Kapitalverzinsung um 5 % übersteigen sollte. Die nunmehr daraus abgeleiteten Pläne bis hinunter zu den operablen Teilplänen ergeben den Aufbau der **Planerfolgsrechnung, des Finanzplanes und der Planbilanz**.

Der Aufbau einer Kennzahlenpyramide gibt den Budgetverantwortlichen die Möglichkeit, bei Abweichen einer oder mehrerer im System befindlichen Kennzahlen die Auswirkung auf andere Bereiche bzw die Unternehmensspitze zu sehen und rechtzeitig Korrekturmaßnahmen zu setzen.

Im Rahmen der Budgeterfüllung soll den Verantwortlichen ein rascher Überblick über Gefahrenherde und Schwachstellen des Unternehmens, bei deren Akutwerden jedenfalls Maßnahmen gesetzt werden müssen (zB Verfehlen des Break-even-Points, Nicht-Erreichung der geplanten Umschlagshäufigkeit der Bestände), gegeben werden.

Eine **Zielpyramide** und ein darauf aufgebautes **Kennzahlensystem** hängen grundsätzlich von der Art des obersten Unternehmenszieles ab. Alle in der Vergangenheit entwickelten Zielsysteme haben idR an der Spitze eine erfolgswirtschaftliche Kennzahl, wobei die finanzwirtschaftliche Komponente entweder in das System eingebaut oder aber parallel zum erfolgswirtschaftlichen Kennzahlensystem in einem eigenen System dargestellt wird. Wie immer die finanzwirtschaftliche Komponente auch behandelt wird, es muss darauf geachtet werden, dass sich diese als Nebenbedingung dem Hauptziel unterzuordnen hat, dass aber auch das Hauptziel nicht verfolgt werden kann, wenn dadurch die Bedingung der Aufrechterhaltung des finanziellen Gleichgewichtes verletzt werden würde.

Von den in der Vergangenheit entwickelten **Kennzahlensystemen** ist an erster Stelle das von der E.I. Du Pont De Nemours and Company im Jahre 1919 entwickelte System zu nennen, einerseits, weil es das älteste der bekannten Kennzahlensysteme darstellt, und andererseits, weil es den größten Bekanntheitsgrad und die weiteste Verbreitung gefunden hat. An der Spitze des **Du Pont-Kennzahlen-Systems** steht der ROI (Return on Investment).

Zahlreiche Systeme knüpfen unmittelbar an das Du Pont-Schema an, setzen aber an die Spitze leicht veränderte Kennzahlen wie bspw den ROCE (-Return on Capital Employed) oder den RONA (Return on Net Asset).

Auch das von Daimler angewendete EVA-Kennzahlensystem (Economic Value Added) legt in seiner Darstellung in abgewandelter Form mit der Spitzenkennzahl RONA das Du Pont-Schema zugrunde.

Das Du Pont-Kennzahlensystem musste sich sehr häufig die Kritik gefallen lassen, dass es zu eng auf den zu erzielenden Erfolg ausgelegt sei und andere Aspekte wie etwa die Finanzierung oder das Unternehmenswachstum vernachlässigt.

Zur Beseitigung dieser Mängel wurde 1969 vom **Zentralverband der Elektrotechnik- und Elektronikindustrie (ZVEI)** ein Kennzahlensystem geschaffen, das über das Du Pont-System hinaus zwei Analysestufen und zwar eine Wachstumsanalyse und eine Strukturanalyse in das Kennzahlensystem integriert. Während die Wachstumsanalyse die **Vertriebstätigkeit** (Auftragsbestand und Umsatzerlöse), das **Ergebnis** (umsatzbezogenes Ergebnis, Periodenergebnis, operativer Cashflow), die **Kapitalbindung** (Vorräte, Sachanlagen, Personalaufwand) sowie **Wertschöpfung und Beschäftigung** als Grundlage heranzieht, steht an der Spitze der Strukturanalyse die Eigenkapitalrentabilität, wobei das System wesentlich weiter verzweigt ist als das Du Pont-Schema und auch die Finanzierung und die Risikokennzahlen nicht vernachlässigt.

Insgesamt arbeitet das **ZVEI-System** mit 88 Haupt- und 122 Hilfskennzahlen. Es ist somit sehr kompliziert und bedarf höchster Konsequenz in der Anwendung und Wartung.

Das von *Reichmann* und *Lachnit* vorgestellte **RL-Kennzahlensystem** (vgl *Reichmann/Lachnit*, Planung der Steuerung und Kontrolle mit Hilfe von Kennzahlen, ZfBF 1976, 705 ff), das ebenfalls als Controllinginstrument entwickelt wurde, geht jedenfalls insoweit über das Du Pont-System hinaus, als es auf zwei Topgrößen aufbaut, nämlich **das ordentliche Ergebnis** nach Steuern und die **liquiden Mittel**. Aus diesem Grunde heißt es auch **Rentabilitäts-Liquiditäts-Kennzahlensystem**. Beide Spitzenkennzahlen sind gleichrangig und werden jeweils in eine Reihe weiterer Kennzahlen untergliedert, die ihrerseits allerdings in keinem rechnerischen, wohl aber in einem sachlogischen Zusammenhang stehen. Infolge des fehlenden rechnerischen Zusammenhanges sind sie jedenfalls flexibler handzuhaben.

Innerhalb des Systems gibt es, vertikal geteilt, einen auf das Unternehmen im Allgemeinen bezogenen Teil und einen auf das spezielle Unternehmen bezogenen Sonderteil.

8.61 Das Du Pont-Kennzahlensystem als integrierter Teil der Budgetierung

(S auch *Egger*, Chefkennzahlen der Erfolgskontrolle in *Seicht* [Hrsg], Jahrbuch für Controlling und Rechnungswesen (1988) S 205 ff)

Zum Aufbau des Du Pont-Systems s das nachfolgende Schema.

Die **Spitzenkennzahl** des Du Pont-Kennzahlensystems ist der **ROI (Return on Investment)**, der die Rentabilität des gesamten eingesetzten Vermögens (bzw eingesetzten Kapitals) wiedergibt. Dieses Kennzahlensystem wurde als ein **Unternehmensführungsinstrument** geschaffen und wird auch bei der Planung, Steuerung und Kontrolle von Unternehmen (Konzernen) und deren Geschäftsbereichen (Tochtergesellschaften) eingesetzt.

Aufbau des Du Pont-Systems (entnommen aus *Schott, G.*, Kennzahlen, Stuttgart 1970)

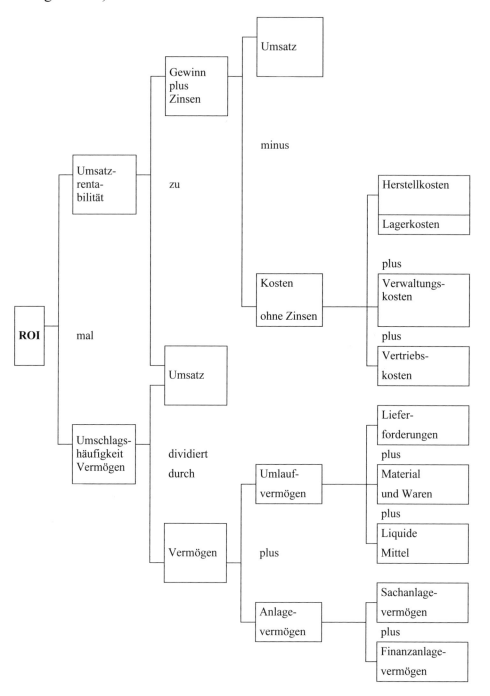

Einwendungen gegen das Du Pont-System

1. Die Eigentümer interessiert nicht die **Gesamtkapitalrentabilität**, sondern die **Eigenkapitalrentabilität**.

    Dieser Einwand geht insoweit am Sinn des Du Pont-Systems vorbei, als dieses in erster Linie ein Steuerungsinstrument und kein Instrument der Darstellung eines bestimmten Zustandes ist. Mit der Kennzahlenpyramide soll die Geschäftsführung die Steuerung des Unternehmens im Hinblick auf die Rentabilität des eingesetzten Vermögens durchführen können, aus der dann alle anderen Ergebnisse und zwar auch die Eigenkapitalrentabilität abgeleitet werden können. Die Gesamtkapitalrentabilität ist für jedes Unternehmen im Hinblick auf den **Leverage-Effekt** von eminenter Bedeutung, da das Unternehmen zumindest so viel verdienen muss, dass die Fremdkapitalzinsen geleistet werden können, ohne dass das Unternehmen dadurch in die Verlustzone gerät.

    Außerdem ist bei der Steuerung von **Untereinheiten** großer Unternehmen und Konzernen (Geschäftsbereiche, Tochtergesellschaften) deren Ertragsfähigkeit, nicht aber ihre Finanzierung, die dazu noch häufig zentral für das ganze Unternehmen geregelt wird, interessant.

2. **Jahresgewinne** sind **kurzfristige Erfolgsmaßstäbe**, die den Budgetierenden dazu verführen, langfristige Maßnahmen der Unternehmenserhaltung zugunsten einer kurzfristigen Gewinnerzielung zu vernachlässigen bzw zu erschweren.

    Der Einwand, dass kurzfristige Erfolgsmaximierungsmaßnahmen die langfristige Entwicklung des Unternehmens stören, stellt einen grundsätzlichen Einwand gegen die Erstellung von Budgets dar. Dieser Einwand würde aber nur dann stimmen, wenn die kurzfristige Erfolgsplanung nicht in den Rahmen der strategischen (langfristigen) Planung eingebettet wäre.

3. Es gibt keinerlei Bezug auf die für die finanzielle Stabilität äußerst wichtige **kurzfristige Fremdkapitalquote**. So wäre es katastrophal, wenn das gesamte Fremdkapital kurzfristig rückzahlbar wäre. Damit verstoße dieses, wie auch *„alle traditionellen Kennzahlensysteme allesamt gegen das Ganzheitsprinzip der Bilanzanalyse"* (*Baetge/Kirsch/Thiele*, Bilanzanalyse[2], S 522).

    Der Einwand des Verstoßes gegen das **Ganzheitsprinzip** kann keineswegs überzeugen. Es ist kaum anzunehmen, dass der Planende das Kennzahlensystem erstellt, ohne gleichzeitig die Finanzierung zu planen. Es wäre auch völlig verfehlt zu denken, dass ein Controller seine Erkenntnisse aus der Kennzahlenpyramide verarbeitet, aber die aus den sonstigen Aufzeichnungen erkennbare Finanzierung vernachlässigt. Darüber hinaus dient die Kennzahlenpyramide nicht der Bilanzanalyse, sondern der Unternehmenssteuerung.

4. Das Du Pont-Schema lässt mit der **alleinigen Ausrichtung auf den ROI** weitere wichtige Kennzahlen außer Acht. Die Kritiker übersehen dabei, dass das Du Pont-System auf der lückenlosen Übernahme der Daten der Planbilanz und der Gewinn- und Verlustrechnung der Planperiode beruht und somit grundsätzlich alle erforderlichen Daten für die Steuerung des Unternehmens erfasst.

Je mehr Daten in ein System verpackt werden, desto unübersichtlicher wird das Ergebnis. Diese Aussage trifft bspw auf das ZVEI-Kennzahlensystem zu. Im Gegensatz zum Du Pont-System zielt das ZVEI-Kennzahlensystem auf eine mehrfache Funktionserfüllung ab. Einerseits verfolgt es eine Wachstumsanalyse und andererseits eine Strukturanalyse im Hinblick auf Rentabilität und Liquidität. Spitzenkennzahl ist im Gegensatz zum ROI die Eigenkapitalrentabilität. Darüber hinaus ist es das Ziel des ZVEI-Kennzahlensystems, gleichzeitig ein analytisches Instrument als auch ein Planungsinstrument für die Unternehmenssteuerung zu sein. Die dabei entwickelten und verwendeten mehr als 210 Kennzahlen machen dieses System allerdings unüberschaubar und schwer handhabbar.

Wenn dem Du Pont-System ein Mangel vorgeworfen werden könnte, wäre dies ein Manko, das mit der Entstehungszeit des Systems zu begründen ist. Auf Grund der zu dieser Zeit in den USA noch nicht wirklich eingeführten Trennung der Kosten in **variable** und **fixe** kann eine für die Unternehmensführung wesentlich Kennzahl aus dem System heraus nicht erarbeitet werden, nämlich der **Deckungsbeitrag**. Dieses Manko wurde aber relativ frühzeitig behoben, womit dem Anwender ein ausgereiftes zielgerichtetes Kennzahlensystem zur Verfügung steht.

8.611 Die aus dem Du Pont-System abgeleitete Kennzahlenpyramide

Die Abbildung der **Kennzahlenpyramide** auf den folgenden Seiten zeigt die Ableitung der Teilziele aus dem Oberziel Return on Investment (ROI) bis hinab zu den operablen Teilzielen, die nicht mehr auf verdichteten Zahlen basieren und damit auch operabel sind.

Die äußerste rechte Spalte ergänzt die Pyramide in einer sachlogischen, aber rechnungsmäßig nicht zusammenhängenden Darstellung jener Maßnahmen, die an der Basis ergriffen werden können, um das Gesamtergebnis zu verbessern.

Die **Kennzahlenpyramide** zeigt deutlich, dass jede Maßnahme in einem Unternehmensbereich nach oben hin durchschlägt bzw dass die Verbesserung des Ergebnisses eines Teilzieles durch die Verschlechterung eines anderen Teilzieles soweit aufgewogen werden kann, dass die Auswirkung auf das nächste gemeinsame Oberziel null oder negativ ist.

Beispiele:

- Die Senkung der variablen Kosten eines Produktes führt bei gleichem Preis zu einer Erhöhung des Deckungsbeitrages und damit des ROI.
- Trotz gestiegenen Deckungsbeitrages kann infolge Verlangsamung der Umschlagshäufigkeit der ROI negativ beeinflusst werden.
- Ein gestiegener Deckungsbeitrag kann durch höhere Fixkosten kompensiert werden.

Man muss aus diesem Grund darauf achten, dass eine einzelne Kennzahl wohl Veränderungen in Einzelbereichen anzeigen, aber keinen Aufschluss darüber geben kann, wie weit sich diese auf das Unternehmensergebnis auswirken. Mitunter kann eine einzelne Kennzahl auch zu Fehlschlüssen verleiten. So muss ein gesunkener Fertigungsmaterialanteil nicht unbedingt auf Rationalisierungsmaßnahmen hinweisen, wenn gleichzeitig die Fertigungslöhne angestiegen sind und umgekehrt. Ein gestiegener Pro-Kopf-Umsatz kann bspw durch höhere Vorleistungen, die den Deckungsbeitrag verringern, erkauft worden sein.

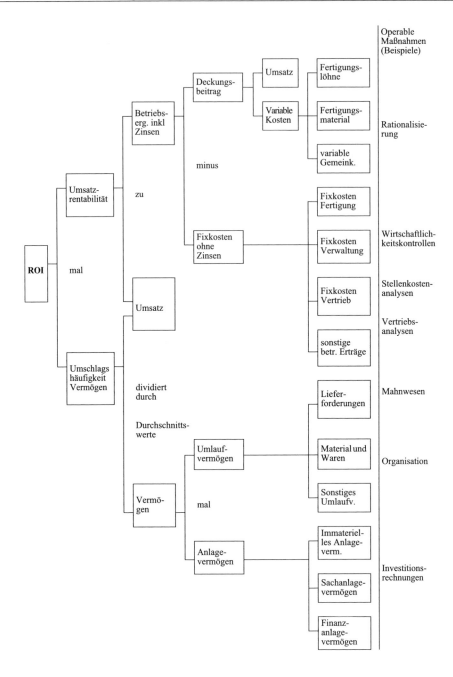

8.611.1 Der ROI (Return on Investment) als Spitzenkennzahl (Spitze der Kennzahlenpyramide)

Der ROI ist die Basiskennzahl aller vermögensabhängigen Rentabilitätskennzahlen. Der Begriff (ROI) oder Return on Asset (ROA) ist gleichzusetzen mit dem in der deutschsprachigen Betriebswirtschaftslehre gebräuchlichen Ausdruck **Gesamtkapitalrentabilität**.

Aus dieser Kennzahl leitet sich mit Hilfe der Fremdkapitalquote und des Leverage-Effektes auch die **Eigenkapitalrentabilität** ab.

Wie schon dargelegt, drückt diese an der Spitze der Kennzahlenpyramide stehende Kennzahl die Ertragsfähigkeit des Unternehmens bzw das Ausmaß aus, in dem sich das Unternehmen gegenüber seiner Umwelt durchsetzen kann. Sie ergibt sich aus dem Verhältnis des EBIT (Betriebsergebnis inkl Zinsen) zum eingesetzten Vermögen:

$$\frac{\text{EBIT} \times 100}{\text{durchschn Vermögenseinsatz}}$$

In diesem Zusammenhang ist auf den **Unterschied von Wirtschaftlichkeit und Rentabilität** hinzuweisen, da beide gelegentlich verwechselt werden. Während die **Wirtschaftlichkeit** lediglich die **Sparsamkeit des Mitteleinsatzes** zum Ausdruck bringt, mit der bestimmte Leistungen erbracht werden, zeigt die **Rentabilität**, wie diese Leistungen auf dem Markt untergebracht werden können. Ein monopolartiges Unternehmen kann somit sehr unwirtschaftlich aber hoch rentabel arbeiten, während ein anderes Unternehmen besonders wirtschaftlich arbeitet, für seine Leistung aber nicht die erforderliche Gegenleistung bekommt, um rentabel zu sein.

Während das **Wirtschaftlichkeitsziel** für alle Unternehmen gilt, gilt das **Rentabilitätsziel** nur für erwerbswirtschaftliche Unternehmen.

Gleich dem ROI ist der im deutschen Sprachgebrauch verwendete Begriff der Gesamtkapitalrentabilität, der sich aus der Formel

$$\frac{\text{Betriebsergebnis inkl Zinsen} \times 100}{\text{durchschn Gesamtkapital}}$$

ergibt.

Obwohl beide Größen das Gleiche aussagen, erscheint der Begriff Vermögensrentabilität besser geeignet, die Ergebnisse des Unternehmens wiederzugeben. Kapital ist ein abstrakter Begriff. Vermögen ist investiertes Kapital. Erträge werden erst durch den Einsatz des Vermögens geschaffen und nicht durch jenen des Kapitals. Dies sieht man besonders deutlich bei Investitionsrechnungen, mit deren Hilfe bspw die Rentabilität eines Vermögensgegenstandes oder eines Teiles des Vermögens, nicht aber eines Teiles des Kapitals errechnet wird.

Eine bereits oben angeschnittene Frage ist die, ob als Basis für die **Rentabilitätsrechnung** das durchschnittlich eingesetzte Vermögen oder das Vermögen zum Anfang einer Periode heranzuziehen ist. Für die Heranziehung des durchschnittlichen Vermögens spricht, dass das Vermögen laufend im Einsatz ist und jeder Zuwachs automatisch in den Prozess einbezogen wird.

Obwohl man auch das Anfangsvermögen als Grundlage für die Berechnung der **Vermögensrentabilität** findet, wird doch von der überwiegenden Zahl der Anwender das **durchschnittliche Vermögen** herangezogen.

8.611.2 Eigenkapitalrentabilität (ROE) und der Leverage-Effekt

Wie schon dargestellt, hängen ROI und ROE (Return on Equity) über den Leverage-Effekt eng zusammen.

Daher liegt ein wesentlicher Aspekt für den Planenden darin, dafür zu sorgen, dass die Fremdkapitalverzinsung grundsätzlich niedriger als der ROI ist.

Wenn in der Literatur der Einwand gebracht wird, nicht die Rentabilität des Gesamtvermögens, sondern jene des Eigenkapitals sei letztlich für das Überleben des Unternehmens maßgebend, so ist diesem Einwand durchaus zuzustimmen. Die **Eigenkapitalrentabilität** ist aber nur dann gegeben, wenn das Unternehmen so viel verdient, dass nach Abzug der Zinsen vom gesamten Vermögensertrag noch ein positiver Beitrag für den oder die Eigenkapitalgeber übrig bleibt. Die **Eigenkapitalrentabilität** ist daher grundsätzlich eine **Restgröße**, die allerdings auf Dauer gesehen positiv sein muss, will das Unternehmen überleben.

$$\text{Eigenkapitalrentabilität} \quad \frac{\text{Jahresüberschuss} \times 100}{\text{durchschn Eigenkapital}}$$

Beispiel

Durchschnittlicher Vermögenseinsatz	1.000.000
Eingesetztes Fremdkapital zu 5 %	400.000
EBIT = 15 %	150.000
Fremdkapitalzinsen 5 % von 400.000	–20.000
EBT	130.000

ROI = 150.000 × 100/1.000.000 = 15 %

Eigenkapitalrentabilität = 130.000 × 100/600.000 = 22 %

Aus dieser Darstellung kann ersehen werden, dass die Eigenkapitalrentabilität bei **gegebenem ROI** von zwei Variablen abhängig ist:

1. Höhe des eingesetzten Fremdkapitals
2. Höhe der Fremdkapitalzinsen

Man bezeichnet diese Tatsache mit dem Ausdruck **Leverage-Effekt**: Sind die Kosten des Fremdkapitaleinsatzes geringer als der erzielte ROI, wächst mit zunehmendem Fremdkapitalanteil die Eigenkapitalrentabilität und umgekehrt, wie noch einmal gezeigt wird (s hierzu auch Kapitel 3.242):

Beispiel

(Zahlen in 1.000 €)

	Betrag			*a)*		*b)*		*c)*
				Betrag		*Betrag*		*Betrag*	
Gesamtkapital	*100*	*EBIT*	*6*		*6 %*	*6*	*6 %*	*6*	*6%*
Fremdkapital	*60*	*Zinsen*	*3,6*		*6 %*	*1.8*	*3 %*	*4,8*	*8 %*
Eigenkapital	*40*	*Gewinn (EBT)*	*2,4*		*6 %*	*4,2*	*10,5 %*	*1,2*	*3 %*
Umsatz	*170*								

In den Fällen a und b liegt der ROI über dem Fremdkapitalzinssatz, womit jede zunehmende Verschuldung die Eigenkapitalrentabilität erhöht.

Im Fall c liegt der ROI unter dem Fremdkapitalzinssatz. Bei welcher Fremdkapitalquote dreht sich der Leverage-Effekt in diesem Fall in das Negative?

Formel: $V \times ROI = p \times x$

$V = Vermögen$

$p = Fremdkapitalzinssatz$

$X = Fremdkapitalquote$

$100 \times 0,06 = x \times 0,08$

$X = 6,0/08$

$X = 75 \%$

*Ab einer Fremdkapitalquote von 75 % wird bei einer Vermögensrentabilität von 6 % und **einem Fremdkapitalzinssatz von 8 % die Eigenkapitalrentabilität negativ**.*

$0,75 \times 0,08 = 0,06$

Alternative Konsequenzen aus einem drohenden negativen Leverage-Effekt

1. Versuch, die Gesamtkapitalrentabilität zu heben
2. Fremdkapitaleinsatz und Betriebsumfang einschränken oder billigeren Kredit erreichen
3. Änderungen der materiellen Ziele, dh Änderung des Betriebsgegenstandes
4. Bei Dauerzustand Liquidation des Unternehmens

Bei der Ermittlung der Fremdkapitalkosten muss berücksichtigt werden, dass die Zusammensetzung des Fremdkapitals in seiner Verzinsung sehr heterogen ist und die Aufnahme neuen Fremdkapitals mit einer von den durchschnittlichen Fremdkapitalkosten abweichenden Verzinsung sofort zu einer Veränderung des durchschnittlichen Fremdkapitalkostensatzes führt.

Aus der Berechnung des ROI und der Fremdkapitalkosten im Zuge der Planung ergeben sich **zwei wesentliche Erkenntnisse**:

1. Bei einem unter dem ROI liegenden Fremdkapitalkostensatz führt jeder zusätzliche Fremdkapitaleinsatz, dessen Kosten unter der Vermögensrentabilität liegt, zu einer Verbesserung der Eigenkapitalrentabilität.
   Die Realität dieser Aussage ist allerdings relativ beschränkt. Ein Austausch von Eigenkapital und Fremdkapital bei gleichbleibendem Vermögen ist bei Kapitalgesellschaften nur in Form einer Gewinnausschüttung oder Kapitalherabsetzung möglich.
   Die zweite Möglichkeit der Realisierung ergibt sich dadurch, dass jede Betriebserweiterung mit Fremdkapital und nicht mit Eigenkapital finanziert wird. In diesem Fall muss allerdings beachtet werden, ob die Betriebserweiterung mit der gleichen Vermögensrentabilität wie bisher verbunden ist.
   In beiden Fällen muss darauf geachtet werden, ob die Kreditgeber bei zunehmender Verschuldung noch gewillt sind, ähnlich billige Kredite zu vergeben. Damit ergibt sich die zweite Erkenntnis:
2. Die Kosten eines jeden zusätzlich eingesetzten Fremdkapitals dürfen nicht die damit erzielbare Vermögensrentabilität übersteigen, da sonst die Eigenkapitalrentabilität zurückgehen oder sogar negativ werden würde.

8.611.3 Umsatzrentabilität und Umschlagshäufigkeit (die zweite Ebene der Kennzahlenpyramide)

8.611.31 Umsatzrentabilität

Die Umsatzrentabilität zeigt an, wie viel Prozent des Umsatzes dem Unternehmen verbleiben.

Beispiel

Durchschnittlicher Vermögenseinsatz	*1.000.000*
Eingesetztes Fremdkapital zu 5 %	*400.000*
EBIT	*150.000*
EBT	*130.000*
Jahresumsatz	*1.800.000*

Ermittlung der Umsatzrentabilität

Umsatzrentabilität = EBIT × 100/Umsatz

Umsatzrentabilität = 150.000 × 100/1.800.000 = 8,33 %

Manche Analytiker berechnen die Umsatzrentabilität für das Eigenkapital. In diesem Fall werden die Fremdkapitalzinsen als normaler betrieblicher Aufwand behandelt.

Umsatzrentabilität = EBT × 100/Umsatz

Umsatzrentabilität = 130.000 × 100/1,800.000 = 9,3 %

8.611.32 Umschlagshäufigkeit des Vermögens

$$\text{Umschlagshäufigkeit des Vermögens} \quad \frac{\text{Umsatz}}{\text{durchschn Vermögenseinsatz}}$$

Die **Umschlagshäufigkeit** gibt an, wie oft sich das Vermögen oder ein bestimmter Vermögensgegenstand innerhalb einer Periode erneuert. Daraus abgeleitet wird die **Umschlagsdauer** die anzeigt, in welcher Zeit sich das Vermögen oder ein bestimmter Vermögensgegenstand einmal umdreht.

Die steigende **Umschlagshäufigkeit** des **Gesamtvermögens** als Ergebnis eines mehr oder weniger sparsamen und rationellen Vermögenseinsatzes führt zu folgenden Konsequenzen:

1. Eine höhere Umschlagshäufigkeit verringert bei gleichem Umsatz den Vermögenseinsatz und das damit verbundene Risiko sowie den Kapitaleinsatz mit der Folge einer besseren **Kapitalstruktur** (Eigen- zu Fremdkapital), einer besseren **Kreditstruktur** (Verhältnis verschiedener Fremdkapitalposten zueinander) und geringeren Zinsen. Diese Zinsensenkung wird in vielen Fällen progressiv verlaufen, da nicht nur weniger Kapital zum Einsatz kommt, sondern auch das teurere Fremdkapital rückgezahlt werden kann.

2. Der sich als Konsequenz aus der höheren Umschlagshäufigkeit ergebende geringere Vermögenseinsatz führt bei gleicher Umsatzrentabilität zu einer höheren Vermögensrentabilität, wie aus nachfolgender Darstellung hervorgeht:

$$\frac{\text{Umsatz}}{\text{Ø Vermögenseinsatz}} \times \frac{\text{EBIT} \times 100}{\text{Umsatz}} = \text{ROI}$$

Steigt der Quotient des ersten Bruches, ergibt sich bei gleichbleibendem Quotienten des zweiten Bruches ein steigender ROI. Diese (nicht neue) Erkenntnis kann dahingehend benutzt werden, dass versucht wird, einerseits die Umschlagshäufigkeit zu erhöhen, dafür aber mit gesenkten Preisen das Ergebnis zu halten oder zu verbessern.

3. Steigende **Umschlagshäufigkeit des Gesamtvermögens** muss jedoch nicht immer das Ergebnis eines rationelleren Vermögenseinsatzes sein. Eine steigende Umschlagshäufigkeit kann sich bspw auch dann ergeben, wenn notwendige Reinvestitionen in das Anlagevermögen nicht vorgenommen werden. Wenn das Unternehmen in großem Maße auf Leasing umsteigt und den Vermögenseinsatz nunmehr ohne Berücksichtigung der geleasten Anlage ermittelt, ergibt sich rechnerisch eine Erhöhung der Umschlagshäufigkeit.

Im Zuge der Auswertung dieser Kennzahl, insbesondere bei einem Vergleich mit der Soll-Umschlagshäufigkeit, muss darauf geachtet werden, dass sich die Prämissen nicht geändert haben.

8.611.321 Die Umschlagshäufigkeit des Warenlagers

Die Höhe des Warenlagers wie auch jene der Debitoren kann idR durch das zuständige Management beeinflusst werden und damit zu einer höheren oder niedrigeren Umschlagshäufigkeit des Gesamtvermögens beitragen.

Die erreichbare **Umschlagshäufigkeit des Warenlagers** hängt vor allem von der Branche, den Beschaffungsmöglichkeiten, der Dauer des Produktionsdurchlaufes und den gleichmäßig oder ungleichmäßig verlaufenden Absatzkurven ab.

Die einfachste Ermittlung der Umschlagshäufigkeit ergibt sich im Handelsbetrieb:

$$\frac{\text{Wareneinsatz (Einstandspreis der verkauften Handelsware)}}{\text{durchschn Lager}}$$

Die Feststellung des durchschnittlichen Lagers wird in all jenen Fällen, in denen Materialdateien geführt werden, insoweit keine Schwierigkeiten bilden, als zu jenen Stichtagen, an denen keine körperliche Inventur durchgeführt wird, die Lagermengen aus der Datei entnommen werden.

Die Warenumschlagshäufigkeit wird in gut organisierten Betrieben vielfach roulierend ermittelt, indem jeweils die letzten zwölf Monatsbestände und der Wareneinsatz der letzten zwölf Monate als Rechengröße herangezogen werden. Auf diese Weise kann kontrolliert werden, wie weit das gesetzte Ziel (die **Soll-Umschlagshäufigkeit**) bereits erreicht ist.

Maßnahmen zur Steigerung der Umschlagshäufigkeit können sein:

- Verringerung des Sortiments
- Gezielter Einkauf nach Abstimmung mit dem Vertrieb, vor allem in zeitlicher Hinsicht
- Großeinkäufe, die in Teilmengen abberufen aber auch so bezahlt werden
- Festsetzung von Mindestlagermengen im Zusammenhang mit der optimalen Bestellmenge

Bei den angeführten Maßnahmen ist aber darauf zu achten, dass diese im Einzelnen wohl zu einer Senkung des Lagerstandes, unter Umständen aber auch zu Umsatzeinbußen führen können, weil der Kunde ein größeres Sortiment wünscht oder aber, weil durch zu knappe Dispositionen Auslieferungsschwierigkeiten eintreten.

Erheblich schwieriger als im Handelsbetrieb ist die Feststellung der **Umschlagshäufigkeit der Warenbestände im Erzeugungsbetrieb**, da es sich hier je nach dem Fertigstellungsgrad um unterschiedliche Werte handelt. Während die Fertigwaren einen gleich bleibenden (kalkulatorischen) Anteil an Material, Fertigungslöhnen und Fertigungsgemeinkosten enthalten, enthalten die unfertigen Fabrikate je nach Erzeugungsstufe, in der sie sich befinden, entweder nur Rohstoffe mit einem geringen Anteil an Fertigungskosten oder sie sind im anderen Extrem fast fertig und enthalten den vollen Anteil an Fertigungskosten.

Ermittelt man nun die Umschlagshäufigkeit der gesamten Material- und Warenbestände ohne Handelsware, ergibt sich folgende Formel:

$$\frac{\text{Umsatz zu Herstell(ungs)kosten}}{\text{durchschn Rohstoff-, Halbfabrikate- und Fertigfabrikatelager}}$$

Da, wie bereits angeführt, in den Vorräten je nach Fertigungsstufe Fertigungskosten in unterschiedlichem Ausmaß enthalten sind, der Umsatz zu Herstellungskosten jedoch die anteiligen Fertigungskosten in voller Höhe enthält, errechnet sich idR ein größerer Quotient und daher eine bessere Umschlagshäufigkeit, als tatsächlich gegeben ist. Dennoch findet man diese Formel häufig in Industriebetrieben, wobei allerdings zu bemerken ist, dass das Ergebnis auch im zeitlichen Vergleich nicht richtiger wird, aber – gleich bleibende Verhältnisse vorausgesetzt – die Entwicklung der Umschlagshäufigkeit bzw der Zielerreichungsgrad sehr gut abgelesen werden können.

Will man den hier dargestellten Mangel wenigstens teilweise ausschalten, erreicht man dies durch Zerlegung der Kennzahl nach einzelnen Bereichen. Folgende Abbildung aus *Lechner/Egger/Schauer*, Einführung in die AllgemeineBetriebswirtschaftslehre[27], 2016, S 912, möge dies verdeutlichen:

	Rohlager	Produktionsbestände Halbfabrikatelager	Fertiglager
	Rohstoffverbrauch →	Ablieferung an das Fertiglager →	Umsatz zu Herstellungskosten →
Dreigeteilte Formel	Rohstoffverbrauch / Ø Rohstofflager	Ablieferung an das Fertiglager zu Herstellungskosten / Ø Halbfabrikatelager zu Herstellungskosten	Umsatz zu Herstellungskosten / Ø Fertigfabrikatelager zu Herstellungskosten
Zweigeteilte Formel	Rohstoffverbrauch / Ø Rohstofflager	Umsatz zu Herstellungskosten / Ø Halb- und Fertigfabrikatelager zu Herstellungskosten	
Einteilige Formel	Umsatz zu Herstellungskosten / Ø Rohstoff-, Halb- und Fertigfabrikatelager		

Durch die Zerlegung der Kennzahl der Umschlagshäufigkeit, bezogen auf die drei Stufen Rohlager, Fertigung (Halbfabrikatelager) und Fertigfabrikatelager gelingt es, den Fehler der Gesamtformel jedenfalls in den beiden Bereichen Rohlager und Fertigfabrikatelager auszuschalten, da es sich hier um sogenannte „ruhende" Lager handelt, bei denen während der Lagerung idR keine Wertveränderung, wie dies bei der in Produktion befindlichen Ware geschieht, eintritt.

8.611.322 Die Umschlagshäufigkeit der Debitoren

Die Umschlagshäufigkeit der Debitoren ergibt sich aus der Formel

$$\frac{\textbf{Umsatz}}{\textbf{durchschn Debitorenstand}}$$

bzw

$$\frac{\text{Debitoreneingang}}{\text{durchschn Debitorenstand}}$$

Wird der Umsatz als Zähler herangezogen, muss eine Korrektur dahingehend erfolgen, dass die Umsatzsteuer, soweit sie in den Debitoren enthalten ist, entweder herausgenommen oder aber der Umsatz um die Umsatzsteuer erhöht wird. Geschieht dies nicht, wird ein schlechteres Bild, als tatsächlich vorhanden ist, gezeigt.

Werden im Unternehmen sowohl Bar- als auch Kreditumsätze getätigt, darf lediglich der Kreditumsatz zur Feststellung der Umschlagshäufigkeit herangezogen werden, da sich sonst ein zu gutes Bild ergibt.

Die **Debitorenumschlagshäufigkeit** ist für das Management insoweit ein gutes **Steuerungs- und Kontrollinstrument**, als es durch den **Vergleich der vertraglich gewährten Zahlungsziele mit der tatsächlichen Außenstanddauer** die Güte des eigenen Mahnwesens und die Zahlungsfreudigkeit der Kunden feststellen kann. Jede Erhöhung der **Debitorenumschlagshäufigkeit** ist überdies mit einer Verringerung des Ausfallrisikos verbunden.

Eine Erhöhung der **Debitorenumschlagshäufigkeit** kann durch ein konsequentes Mahnwesen, aber auch durch eine entsprechende Skontopolitik oder durch den Verkauf der Forderungen an ein Factoring-Unternehmen erreicht werden. Die beiden letzteren Maßnahmen können aber für das **Unternehmen teurer sein, als durch die verkürzte Außenstanddauer** gewonnen wird. Die Gewährung eines Skontos von 5 % bei Bezahlung innerhalb von zehn Tagen auf Basis einer Zielgewährung von 60 Tagen bedeutet die Gewährung eines Jahreszinssatzes von rund 36 %, einer Möglichkeit, von der ein gut rechnender Kunde durchaus Gebrauch machen wird.

Aus dieser Überlegung heraus vereinbaren manche Unternehmen die üblichen Zielfristen ohne Gewährung eines Skontos bei frühzeitiger Bezahlung. Sie gehen dabei von der Überlegung aus, dass das **Debitorenrisiko** dadurch kaum erhöht werde, weil der Skonto ohnehin nur von bonitätsmäßig guten Kunden in Anspruch genommen wird.

Diese Form des Debitorenmanagements setzt allerdings eine sehr intensive Bonitätskontrolle der Kunden und ein gut wirkendes Mahnwesen voraus.

In gleicher Weise wie bei der Ermittlung der Umschlagshäufigkeit der Warenbestände sollte auch die **Debitorenumschlagshäufigkeit** auf Basis der monatlichen Bestände, unter Umständen roulierend, ermittelt werden. Dadurch können Trends relativ rasch erfasst werden.

8.611.323 Die Umschlagshäufigkeit der Kreditoren

Üblicherweise gehören Lieferantenkredite zu den teuersten Krediten mit der Eigenschaft, dass die Zinsen entweder zur Gänze oder, bei Bezahlung innerhalb der Respirofrist, gar nicht anfallen.

Die Umschlagshäufigkeit der Kreditoren ergibt sich aus nachstehender Formel:

$$\frac{\text{Materialeinkauf (+ anteiliger Umsatzsteuer)}}{\text{durchschn Kreditorenstand aus dem Materialeinkauf}}$$

Die Frage der Lieferantenkredite kann vor allem über eine entsprechende Vertragsgestaltung (zB Respirofrist, Höhe des Skontos) und manipulativ über die **Verbuchung der Lieferantenskonti** gesteuert und kontrolliert werden.

Wird nämlich der Rechnungsbetrag grundsätzlich netto und der bei der Bezahlung innerhalb der Respirofrist vereinbarte Skonto als „**Lieferantenskontoaufwand**" verbucht, wird Letzterer bei prompter Zahlung wieder storniert. Der auf dem Lieferantenskontoaufwandskonto verbleibende Saldo zeigt an, wie viel Skontoabzüge nicht in Anspruch genommen wurden. Dies zu wissen ist für die Unternehmensführung deswegen von Bedeutung, weil, wie schon hingewiesen, der Lieferantenkredit idR erheblich teurer ist als ein Kontokorrentkredit, womit sich diese Frage unmittelbar auf den Erfolg des Unternehmens auswirkt.

In der Tat ist der auf Basis der üblichen Verbuchung ausgewiesene **Lieferantenskontoertrag** kein Ertrag, sondern eine Korrektur des zu hoch eingebuchten Einstandspreises eines angeschafften Gutes. Aus diesem Grund ist es auch theoretisch richtiger, die Verbuchung des angeschafften Gutes zu dem um den Skonto verminderten Betrag vorzunehmen und den gesamten Skonto als (Zinsen)Aufwand zu verbuchen. Bei prompter Zahlung wird der eingebuchte Skontoaufwand mit dem sich ergebenden Abzug saldiert.

Am Geschäftsjahresende kann sich die Geschäftsführung bei **üblicher Verbuchung** daran erfreuen, wie hoch der in Anspruch genommene Skonto ist und im zweiten Fall kann sie sich (was bedeutend wichtiger ist und früher zu Korrekturmaßnahmen führt) über die nicht erzielte Zinsenersparnis ärgern.

Der Vorteil der zweiten Methode liegt auch darin, dass die Ware zum Barpreis und nicht inklusive der Zinsen eingebucht wird. Dies führt auch zu einer höheren Umschlagshäufigkeit.

Beispiel für die unterschiedliche Verbuchungsweise des Skontos

Ein Lieferant gewährt dem Unternehmen grundsätzlich eine Zahlungsfrist von 60 Tagen abzüglich 3 % Skonto bei Bezahlung innerhalb von 10 Tagen. Die letzte Lieferung betrug 100.000. Das Unternehmen zahlt im Fall a) alle Bezüge innerhalb der Respirofrist und nimmt im Fall b) die Zielfrist vollständig in Anspruch.

	Herkömmliche Buchungsmethode	*Soll*	*Haben*
Bei Warenübernahme	*Ware*	*100.000*	
	an Lieferverbindlichkeiten		*100.000*
Bei Bezahlung	*Lieferverbindlichkeiten*	*100.000*	
	an Skontoertrag		*3.000*
	Bank		*97.000*
Fall b)	*Ware*	*100.000*	
	an Lieferverbindlichkeiten		*100.000*
	Lieferverbindlichkeiten	*100.000*	
	an Bank		*100,000*
	Methode Skontoaufwand		
Bei Warenübernahme	*Ware*	*97.000*	
	Skontoaufwand	*3.000*	
	an Lieferverbindlichkeiten		*100.000*
Bei Bezahlung	*Lieferverbindlichkeiten*	*100.000*	
	an Bank		*97.000*
	an Skontoaufwand		*3.000*
Fall b)			
Bei Warenübernahme	*Ware*	*97.000*	
	Skontoaufwand	*3.000*	
	an Lieferverbindlichkeiten		*100.000*
Bei Bezahlung	*Lieferverbindlichkeiten*	*100.000*	
	an Bank		*100.000*

Vergleich der beiden Methoden

Unabhängig von der Verbuchung beträgt die Zinslast im Falle der Inanspruchnahme des Zieles 3.000 von 97.000 für 50 (60 – 10) Tage, das sind auf ein Jahr umgerechnet 22,6 %.

Im Hinblick auf die Zinsen ist somit bezüglich der Kreditorenzahlungen folgende Überlegung erforderlich:

Die üblich angewendete Zahlungsklausel gewährt dem Käufer bei Zahlung innerhalb bestimmter weniger Tage einen Skonto, der idR den Zinssatz eines Bankkredites erheblich übersteigt. Ist die Zeit des Kassenrespiros vorüber, ist der Zahlungszeitpunkt innerhalb der Zielfrist bezüglich der Zinsenbelastung neutral.

Beispiel

Einkaufspreis: 10.000 €, 60 Tage Ziel, Zahlung innerhalb von 8 Tagen mit 3 % Skonto. Der Lieferant gewährt somit für den in 52 Tagen fälligen Betrag einen Skonto von 3 %, das entspricht auf das Jahr umgerechnet 21,7 % Zinsen (365 × 3/52). Ist der Käufer daher in der Lage, frühere Zahlungen mit einem (erheblich) billigeren Bankkredit zu finanzieren, wird er vor Ablauf der zehn Tage Respirofrist mit 3 % bezahlen, obwohl er damit die Kapitalbindungsdauer erhöht.

Mit dieser Überlegung steht die Unternehmensführung bei Bestehen eines **entsprechend hohen Bankkreditrahmens** vor folgender möglichen Entscheidung:

Zahlung jeder Rechnung, die innerhalb einer Kassenrespirofrist einen Skonto gewährt, der auf das Jahr bezogen, über den Kosten eines dafür vom Unternehmen aufzunehmenden Bankkredites liegt, am letzten Tag der Respirofrist.

Alle übrigen Rechnungen sind am letzten Tag der Zahlungsfrist zu begleichen.

Ein weiterer Grund, warum der Kennzahl der **Kreditorenumschlagshäufigkeit** großes Augenmerk zugewiesen werden sollte, liegt in der Ansicht mancher externer Bilanzanalytiker, die aus einer fallenden Umschlagshäufigkeit der Kreditoren häufig schließen, dass dem Unternehmen andere (günstigere) Kreditquellen nicht mehr zur Verfügung stehen und dieses somit auf die Lieferantenfinanzierung ausweicht.

8.611.4 Der Deckungsbeitrag (die dritte Ebene der Kennzahlenpyramide)

Die dritte Ebene der Kennzahlenpyramide ist dem **Deckungsbeitrag** gewidmet.

Diese Kennzahl ist wohl die **bedeutendste Kennzahl** der Leistungsverwertung.

S hierzu Kapitel 8.731, das sich mit der konkreten Deckungsbeitragsplanung der Elektromotoren AG beschäftigt.

8.611.5 Die operative Unternehmensplanung (die vierte Ebene der Kennzahlenermittlung)

Die vierte Ebene der Kennzahlenpyramide umfasst die konkreten operablen Beiträge der einzelnen Unternehmensbereiche, wie bspw Rationalisierungsmaßnahmen, Wirtschaftlichkeitskontrollen, Mahnwesen, Lagerorganisation, Investitionsentscheidungen. Sie beinhaltet die Daten der Plangewinn- und -verlustrechnung, der Planbilanz, der Plankostenrechnung und der Finanzplanung. Auf diese Daten wirken sich unmittelbar alle operablen Maßnahmen aus.

Diese Zahlen sind Basis einer Reihe von Kennzahlen.

Zu diesen Kennzahlen zählen

1) **Kennzahlen aus dem Vermögensmanagement**
   - **Investitionsrechnungen** als Grundlage für optimale Anlagenbeschaffung
   - Ermittlung der **optimalen Bestellmenge** als Basis für die kostengünstigste Beschaffung und Lagerung der Roh-, Hilfs- und Betriebsstoffe aus der Sicht des Einkaufes
   - Die **Umschlagshäufigkeit einzelner Vermögensgruppen** als der Ausdruck einer rationellen Verwaltung des für Leistungserstellung und Leistungsverwertung notwendigen Vermögens
2) **Kennzahlen des wirtschaftlichen Einsatzes der Produktionsfaktoren**
   - **Verfahrensvergleiche** zur Ermittlung der optimalen Faktorkombination
     - Kritische Menge
     - Vorleistung oder Eigenfertigung
     - Engpassbelegung
   - **ABC-Analysen** zur Ermittlung des Einsatzes von Rationalisierungs-
   - Maßnahmen
   - Losgrößenberechnungen
   - Reihenfolgeentscheidungen
   - Stellenkostenanalysen

8.7 Budget 2018 der Elektromotoren AG

Sämtliche Zahlen des Vergleichsjahres 2017 für das zu budgetierende Jahr 2018 stammen aus dem im Kapitel 7 analysierten Jahr 2017.

8.71 Grundlagen für das Leistungsbudget

Umsatz-und Deckungsbeitragsplanung
Grenzplan-BAB
Stücklisten und Arbeitsgangdateien
Sonstige Erträge
Anlagenspiegel und Abschreibungen
Planung der Fremdkapitalzinsen
Planung der latenten Steuern

Anmerkung: Es ist darauf zu achten, dass der **Aufbau des Leistungsbudgets** (Planerfolgsrechnung) und der Planbilanz gleich jener zum Vergleich herangezogenen **Isterfolgsrechnung und Istbilanz** der Elektromotoren AG aus dem Jahre 2017 ist, da sonst ein Soll-Istvergleich nicht möglich ist.

Zur Erstellung des Leistungsbudgets hat die Aufteilung der zu planenden betrieblichen Aufwendungen (Kosten) auf die einzelnen Kostenstellen und eine Trennung der Kosten in fixe und variable zu erfolgen. In gleicher Weise sind aus Vergleichs- bzw Plausibilitätsgründen auch die Zahlen des letzten Istjahres (2017) einzurichten.

Die Budgetierung erfolgt wegen der Bedeutung der Deckungsbeitragsrechnung für die Unternehmenssteuerung nach der Methode des Umsatzkostenverfahrens. Es sind daher als Mindestkostenstellen die beim Umsatzkostenverfahren verwendeten Kostenstellen Produktion, Verwaltung und Vertrieb vorzusehen, wobei die Anzahl der Kostenstellen je nach Größe des Unternehmens und Komplexität der Produktion unterschiedlich sein kann.

Um das Leistungsbudget 2018 zu erstellen, ist zunächst die Gewinn- und Verlustrechnung 2017 der Elektromotorenfabrik, die nach dem Gesamtkostenverfahren aufgebaut ist, in das Umsatzkostenverfahren überzuleiten, um die Abweichungen des Planjahres gegen das Jahr 2017 festzustellen.

8.72 Aufteilung der betrieblichen Aufwendungen 2017 auf die Kostenstellen

(Siehe hierzu auch das Kapitel 7.312.21)

Aufwandsarten	Gesamt	Überleitung in die Bereiche				
	Gliederung nach Aufwandsarten	Produktion Materiallager und Fertigung (Herstellungsber)		Verwaltung	Vertrieb	
		v	f	f	v	f
Materialaufwand¹⁾	−8.320	−7.700	−420	0	−200	
Bezogene Leistungen	−119		−119	0		0
Personalaufwand						
Löhne²⁾	−2.848	−2.181	−322	−120		−225
Gehälter	−905		−300	−300		−305
Abfertigungsaufwendungen und Mitarbeitervorsorge	−120		−73	−15		−32
Altersversorgung	−25		−6	−10		−9
Ges Sozialaufwendungen²⁾	−1.141	−659	−200	−123		−159
Sonstige Sozialaufwendungen	−159		−117	−18		−24
Anlagenabschreibungen	−1.015		-676	−76		−263
Sonstige betr Aufw						
Steuern	−21			−16		−5
Versandkosten³⁾	−90				-90	
Übrige³⁾	−2.691	−1.464	−368	−555		−304
Summe	− 17.454	−12.004	−2.601	−1.233	−290	−1.326
Bestandsveränderungen⁴⁾	311	264	47			
Aktivierte Eigenleistungen⁴⁾	152	100	52			
Summe der Umsatzkosten	**−16.991**	**11.640**	**−2.502**	**−1.233**	**−290**	**−1.326**
	−16.991		−14.142	−1.233		−1.616

¹⁾ Im Materialaufwand sind 7.700 Einzelkosten enthalten, die sich mit 2.116 auf den Handelswareneinsatz und mit 5584 auf den Fertigungsmaterialverbrauch beziehen.

²⁾ In den Löhnen befinden sich Fertigungslöhne in Höhe von 2.181, die mit 659 Sozialaufwendungen belastet sind.

³⁾ Die variablen Kosten der Fertigungsstelle mit Ausnahme des Fertigungsmaterialverbrauches und der Fertigungslöhne betragen 659 + 1464 − 264 − 100 = 1759
In der Vertriebsstelle sind 90 variable Versandkosten und 200 sonstige variable Kosten angefallen.
In der Verwaltung sind nur Fixkosten vorhanden.

⁴⁾ Zum Unterschied der Gesamtkostenrechnung zur Umsatzkostenrechnung sind die Bestandsveränderungen und aktivierten Eigenleistungen in der Gesamtkostenrechnung sichtbar ausgewiesen. In der Umsatzkostenrechnung sind sie von den Herstellungskosten abgezogen.

8.73 Plan-G&V 2018 mit Gegenüberstellung zu 2017

(Die Erläuterungen zur Plangewinn- und -verlustrechnung 2018 befinden sich im Anschluss)

		2017	2.018
		Ist	Plan
1.	Umsatzerlöse btto	17.765	22.704
2.	Vertriebssonderkosten:		
	a) Skonto	[1]	–223
3.	**Umsatzerlöse netto**	**17.765**	**22.481**
4.	Variable Herstellungskosten der zur Erzielung		
	der Umsatzerlöse erbrachten Leistungen		
	a) Vertriebsabhängige variable Kosten		
	Verpackungs- und Versandkosten	**–290**	**–380**
	b) Einkaufs- und produktionsabhängige variable Kosten		
	aa) Handelswareneinsatz	–2.116	–2.520
	bb) Fertigungsmaterialverbrauch	–5.584	–7.105
	cc) Fertigungslöhne	–2.181	–2.727
	dd) Variable Fertigungsgemeinkosten	–1.759	–2.182
	Fertigungskosten gesamt	*–11.640*	*–14.534*
5.	**Summe variable Kosten (4.a + 4.b)**	**–11.930**	**–14.914**
6.	**Deckungsbeitrag**	**5.835**	**7.567**
7	Sonstige betriebliche Erträge		
	a) Erträge aus dem Abgang von Anlagevermögen[2]	2	0
	b) Erträge aus der Auflösung von Rückstellungen	33	0
	c) Sonstige betriebliche Erträge	22	30
	Summe sonstige betriebliche Erträge	**57**	**30**
		5.892	7.597
8.	Fixkosten		
	a) Fertigungskosten inkl Materialwirtschaft	–2.502	–3.614
	b) Verwaltungskosten	–1.233	–1.375
	c) Vertriebskosten (ohne var Kosten)	–1.326	–1.461
	Summe Fixkosten	**–5.061**	**–6.450**
		831	1.147
10.	Beteiligungserträge	10	20
	EBIT	**841**	**1.167**

11.	Zinsen und ähnliche Aufwendungen		
	a) Fremdkapitalzinsen (saldiert: 203 – 29)	–174	–185
	b) Eigenkapitalzinsen		
13.	Unternehmensergebnis		
14.	Überleitung in die Aufwandsrechnung, wenn erforderlich		
15.	Ergebnis vor Steuern	667	982
18.	Ertragsteuern	–151	–235
19.	Jahresüberschuss	516	747

[1]   Der Skonto ist im Jahre 2017 schon abgezogen.

[2]   Aus dem für das Jahr 2017 in Zeile 7a dargestellten Ertrag aus Anlagenabgängen in Höhe von (2) und dem Buchwert der verkauften Anlagen gem Anlagenspiegel in Höhe von (12) ergibt sich der Erlös aus der Anlagenveräußerung in Höhe von 14.

8.731 Erläuterungen zur Plangewinn- und -verlustrechnung 2018

1. Ermittlung des geplanten Deckungsbeitrages 2018

Produkte Eigen-produkte		Geplanter Umsatz					Geplante variable Kosten				Deckungs-beitrag	
		Stück-zahl	VKP je Stück	Erlös in 1.000 €	Skonto	Netto-erlös	var HK je Stck[1]	var HK gesamt	Ver-sand-kosten[2]	Va Ko gesamt	in €	in %
	A	75.000	98	7.350	74	7.277	58,00	–4.350	–180	–4.530	2.747	38
	B	25.000	230	5.750	58	5.693	158,80	–3.970	–80	–4.050	1.643	29
	C	12.000	200	2.400	24	2.376	133,00	–1.596	–35	–1.631	745	31
	D	19.000	170	3.230	32	3.198	110,42	–2.098	–48	–2.146	1.052	33
				18.730	187	18.543		–12.014	–343	–12.357	6.186	33
Handels-ware		12.000	300	3.600	36	3.564	210,00	–2.520	–37	–2.557	1.007	28
				22.330	223	22.107		–14.534	–380	–14.914	7.193	33
Sonstige Erlöse[3]				374		374					374	374
Gesamt-erlöse				22.704	223	22.481		–14.534	–380	–14.914		7.567

[1]   Die variablen Herstellungskosten je Stück werden aus den Stücklisten (FM), den Arbeitsgangkarten (FL) und der Grenzplankostenrechnung entnommen.

[2]   Die Verpackungs- und Versandkosten richten sich nach der Größe und dem Gewicht der Motoren.

Folgende Einheitskosten werden errechnet:

A	2,40	D	2,50
B	3,20	HW	3,10
C	2,90		

[3]   Es handelt sich um Schrottverkauf.

2. Ermittlung der variablen Stückkosten

Während die Einzelkosten (FM und FL) auf Grund der Stücklisten und Arbeitsgangaufzeichnungen erfasst werden, werden die variablen Fertigungsgemeinkosten in Form einer Zuschlagskalkulation auf die Fertigungslöhne aufgeschlagen oder ein gemeinsamer Stunden- oder Stücksatz errechnet.

Geplante Fertigungslöhne			2.727
Geplante Fertigungsgemeinkosten	Hilfs- und Betriebsstoffe	625	
	Lohnnebenkosten auf FL	818	
	Sonstige Fertigungsgemeinkosten	739	2.182
			80 %

Die variablen Fertigungsgemeinkosten betragen 80 % der Fertigungslöhne. Daraus ergibt sich nachstehende variable Stückkostenkalkulation der vier erzeugten Produkte. Fertigungsmaterial und Fertigungslohn werden aus den Stücklisten und Arbeitsgangdateien entnommen.

Produkt	A	B	C	D
FM	40,00	85,00	70,00	60,00
FL	10,00	41,00	35,00	28,00
var FGK 80 % der FL	8,00	32,80	28,00	22,42
var HK	**58,00**	**158,80**	**133,00**	**110,42**

Die Verpackungs- und Versandkosten richten sich nach der Größe und dem Gewicht der Motoren, wobei sich folgende Einheits- und Gesamtkosten ergeben:

	Stückzahl	Versandkosten pro Stück in €	Gesamtkosten in 1.000 €
A	75.000	2,40	180
B	25.000	3,20	80
C	12.000	2,90	35
D	19.000	2,50	48
HW	12.000	3,1	37
			380

3. Planung der Umsatzkosten[1]

	A		B		C		D		Summe	Prozent-satz
Stück		75.000		25.000		12.000		19.000		
FM	40,00	3.000	85,00	2.125	70,00	840	60,00	1.140	7.105	48
FL	10,00	750	41,00	1.025	35,00	420	28,00	532	2.727	19
var FGK	8,00	600	32,80	820	28,00	336	22,42	426	2.182	15
var HK	58,00	4.350	158,80	3.970	133,00	1.596	110,42	2.098	12.014	
Handelsware									2.520	
fixe FGK (lt. Plan BAB)									3.614	18
HK Vollkosten inkl Handelsware									18.148	100

[1] Die Umsatzkosten sind die auf die in der Abrechnungsperiode zu verkaufenden (bzw verkauften) Produkte entfallenden Kosten bezogen.

4. Plan-Betriebsabrechnungsbogen 2018[1]

Text	Summe	Gesamt		Produktion und Handelsware		Verwal-tung	Vertrieb	
		variabel	fix	variabel	fix	fix	variabel	fix
Handelsware	2.520	2.520		2.520				
Fertigungsmate-rial	7.284	7.284		7.284				
Hilfs- und Be-triebsst	1.083	843	240	643	220	10	200	10
Bezogene Leistun-gen	50		50		50			
Fertigungslöhne	2.806	2.806		2.806				
Hilfslöhne	515		515		170	120		225
Gehälter	1.004		1.004		344	350		310
Abfertigungsbei-träge	123		123		73	15		35
Altersversorgung	33		33		11	12		10
Pflichtbeiträge	1.283	841	442	841	148	138		156
Sonstige Sozial-aufw	205		205		145	30		30
Abschreibungen	1.437		1.437		1.028	149		260
Sonst betr Aufw	3.440	1.039	2.401	859	1.450	531	180	420

Text	Summe	Gesamt variabel	fix	Produktion und Handelsware variabel	fix	Verwaltung fix	Vertrieb variabel	fix
Sonstige Steuern	25		25			20		5
Summe lt Plan G&V	21.808	15.333	6.475	14.953	3.639	1.375	380	1.461
abz Bestandsveränd	−444			−419	−25			
Gesamtkosten	21.364			14.534	3.614	1.375	380	1.461
HK der verkauften Produkte inkl Handelsw				18.148				

[1]   Die im BAB dargestellten Kosten sind die auf die in der Abrechnungsperiode zu produzierenden (bzw produzierten) Produkte entfallenden Kosten bezogen.

5. Abweichung des produktionsbezogenen BAB von der umsatzbezogenen Deckungsbeitragsrechnung

Die nachfolgend dargestellte Abweichung zwischen der Plan-Erfolgsrechnung ergibt sich aus der Bestandsveränderung zwischen Beginn und Ende der Planungsperiode. Während beim **Gesamtkostenverfahren** die produktionsbezogenen Aufwendungen dargestellt werden und die Bestandsveränderung gesondert ausgewiesen wird, werden diese beiden Größen beim **Umsatzkostenverfahren** saldiert.

	Deckungs-Beitragsrechnung (umsatzbezogen)	**Plan-BAB** (produktions-bezogen)	Bestands-veränderung
Materialverbrauch (inkl Handelsware)	9.625	9.804	−179
Fertigungslohn	2.727	2.806	−79
Sonstige variable betriebliche Aufwendungen/Kosten	2.182	2.343	−161
Fixe Kosten	3.614	3.639	−25[1]
abzüglich Bestandserhöhung		−444	444
Umsatzbezogene Kosten	18.148	18.148	−

[1]   Diese Abweichung ergibt sich auf Grund der Bewertung der Bestände zu vollen Herstellungskosten.

Die im BAB ausgewiesenen Mehrkosten entsprechen der Bestandserhöhung zum Jahresende.

Der Bestand an **Fertigfabrikaten** ergibt sich auf Basis folgender Rechnung:

Endbest 2018		Menge	V HK/ Stck	V HK ges	dav FL
	A	6.510	58,00	378	65,1
	B	700	158,80	111	28,7
	C	1.500	133,00	200	52,5
	D	1.100	110,42	121	30,8
Fertigprodukte zu variablen Kosten am Ende des Budgetjahres				**810**	177,1
zuzüglich anteilige Fixkosten		3.639 von 2.806 = 130 % der FL		230	
Handelsw		980	210,00	206	
Lagerbestand Fertigprodukte und Handelswaren am 31. 12. des Planjahres				**1.246**	
Lagerbestand 1.1. des Planjahres				802	
Lagersteigerung inkl Fixkosten				444	

6. Sonstige betriebliche Erträge

Erträge aus der Auflösung von Rückstellungen wie auch Erlöse aus der Veräußerung stillgelegter Anlagen werden nicht erwartet. Die sonstigen betrieblichen Erträge wurden mit 30 geschätzt.

7. Beteiligungserträge: 20

Die Beteiligungserträge ergeben sich aus dem Budget der Beteiligungsgesellschaft

8. Anlagenspiegel und Abschreibungen

Die Abschreibungen ergeben sich aus der im nachfolgenden Anlagenspiegel geplanten Entwicklung der Anlagen

	Text	Anschaffungs- bzw Herstellungskosten					Kumulierte Abschreibungen				Stand	
		Stand 1.1.	Zu- gang	Ab- gang	Umb	Stand 31.12.	Stand 1.1.	Zu- gang	Ab- gang	Stand 31.12.	Buchwert 31.12.	1.1.
I	Firmenwert	585				585	195	39		234	351	390
		585				**585**	**195**	**39**		**234**	**351**	**390**
II	Sachanlagen											
1.	Grundstücke	5.164				5.164	2.628	249		2.877	2.287	2.536
2.	Techn Anlagen und Maschinen	3.591	1.020	−76	326	4861	1.736	946	−76	2.606	2.255	1.855
3.	Betriebs- und Geschäftsausst	2.109	300			2.409	1.845	203		2.048	361	264
4.	Geleistete Anz und Anl im Bau	176	150		−326	0	0	0		0	0	176
		11.040	**1.470**	**−76**	**0**	**12.434**	**6.209**	**1.398**	**−76**	**7.531**	**4.903**	**4.831**
III	Finanzanlagen											
1.	Beteiligungen	235				235	0	0		0	235	235
2.	Wertrechte	65	15			80	0	0		0	80	65
		300	**15**			**315**					**315**	**300**
	Anlagevermögen	11.925	1.485	−76	0	13.334	6.404	1.437	−76	7.765	5.569	5.521

Darstellung der Entwicklung des Anlagevermögens

	2017	2018
Anfangsbestand	5.514	5.521
Investitionen Sachanlagen	1.002	1.470
Investitionen Finanzanlagen	32	15
Abschreibungen	−1.015	−1.437
Buchwertabgänge Sachanlagen	−12	0
Endbestand	5.521	5.569

9. Planung der Fremdkapitalzinsen

Diese ergeben sich aus der nachfolgenden Finanzplanung

Langfristige Bankkredite 4,5 % von 3.000	135
Kurzfristige Bankkredite 3 % von durchschnittlich 950	28
Abfertigungsrückstellung 3,5 % von 630	22
	185

10. Steuerplanung

a) Latente Steuern

	Stand lt Bilanz		G&V
	1.1.18	31.12.18	Aufl/Neu[1]
Abfertigungsrückstellung (Basis)	614	648	
Aktive latente Steuer 25 %	153	162	−9

[1] Die Erhöhung bzw Senkung der latenten Steuern findet ihren Niederschlag in der Körperschaftsteuer.

b) Körperschaftsteuer gesamt 2018

25 % von 962 (982 − 20[1])	241	
Mehr- oder Weniger-Rechnung (geschätzt)	+3	
− Erhöhung der aktiven latenten Steuern	−9	235

[1] Die geplanten Beteiligungserträge von 20 unterliegen nicht der Körperschaftsteuer.

8.74 Vermögens- und Schuldenplanung

Anlagevermögen

Basis für die Neuanschaffungen bilden teils die aus den Mittelfristplänen (3–4 Jahre) abgeleiteten Investitionspläne und teils die auf Grund des Leistungsprogrammes des Planjahres festgestellten Investitionserfordernisse.

Die geplanten Anschaffungen haben im oben dargestellten Anlagenspiegel ihren Niederschlag gefunden.

Für die in der gegenständlichen Bilanz enthaltenen Rückdeckungsversicherungen existieren entsprechende Verträge.

Die Beteiligung ist eine 20%ige Speditionsunternehmung, auf die kein maßgeblicher Einfluss ausgeübt wird. Dieses Unternehmen führt auch Warentransporte für die Elektromotorenfabrik durch.

Die aktiven latenten Steuern im Umfang von 162 betreffen die Abfertigungsrückstellung und werden anlässlich der Bilanzbereinigung in das langfristige Vermögen übertragen und in der Planbilanz unter dem langfristigen Vermögen geführt.

Auf Grund der erwarteten Lieferzeiten wird bei den **Roh-, Hilfs- und Betriebsstoffen** ein Lagerbestand von 800 geplant. Die Bestände an **Halbfabrikaten** ergeben sich aus der Durchlaufzeit der Produktion und werden mit dem Vorjahresbestand angesetzt. Bezüglich des Bestandes an Fertigfabrikaten und Handelsware in Höhe von 1.246 s Pkt 5.

Bei den **Lieferforderungen** wird auf Grund der Erwartung verstärkter Lieferungen im 4. Quartal ein Stand von 1.730 erwartet.

Sonstige Forderungen: Diese werden mit 250 geplant.

Liquide Mittel: Diese ergeben sich aus dem Finanzplan.

Passiva

Langfristige Rückstellungen: Abfertigungsrückstellung 648, Pensionsrückstellung 90.

Kurzfristige Rückstellungen: Diese werden im Einzelnen bewertet und mit dem wahrscheinlichen Wert von 40 für Steuern und von 1.159 für sonstige Rückstellungen angesetzt.

Verbindlichkeiten

Langfristiger Bankkredit: Das Unternehmen besitzt einen langfristigen Bankkredit von 3.000, verzinst mit 4,5 %.

Kurzfristiger Bankkredit: Der Betriebsmittelkreditrahmen beträgt 1.500. Der Stand am Jahresende ergibt sich aus dem Saldo des Vermögens und der anderen Passiva.

Lieferantenkredite: Diese werden nach Möglichkeit prompt unter Abzug des vollen Skontos bezahlt. Die geplanten Skonti sind in den Materialpreisen berücksichtigt. Infolge verstärkter Lieferungen im 4. Quartal wird für den Jahresabschluss ein Stand der Lieferantenkredite von 1.130 geplant.

Sonstige Verbindlichkeiten: Diese werden im Einzelnen geplant und mit 757 erwartet.

Gewinnverwendung: Es sollen wieder 240 an die Gesellschafter ausgeschüttet werden.

8.75 Planbilanz

	Bereinigte		Bewegungsrechnung	
	Istbilanz	Planbilanz	Mittelauf-bringung	Mittelver-wendung
	31.12.2017	31.12.2018		
Firmenwert	390	351	39	
Sachanlagevermögen	4.831	4.903		72
Beteiligungen	235	235		0
Wertrechte	65	80		15
Aktive latente Steuern	153	162		9
Anlagevermögen	**5.674**	**5.731**	**39**	**96**
Roh- Hilfs- und Betriebsstoffe	981	850	131	
Unfertige Erzeugnisse	536	536		
Fertige Erzeugnisse und Waren	802	1.246		444
Geleistete Anzahlungen	3	0	3	
Forderungen aus Lieferungen	1.316	1.730		414
Sonstige Forderungen	258	250	8	
Kassa, Schecks, Guthaben bei Kreditinstituten[1]	849	152	697	
Rechnungsabgrenzungsposten	2	2		
Umlaufvermögen + RAP	**4.747**	**4.766**	**839**	**858**
AKTIVA	**10.421**	**10.497**	**878**	**954**
Grundkapital	1.200	1.200		
Kapitalrücklage	489	489		
Gewinnrücklage (ohne auszuschüttenden Gewinn)	435	942	507	
Eigenkapital	**2.124**		**507**	
		2.631		
Langfristige Rückstellungen				
Abfertigung	614	648	34	
Pension	78	90	12	
Langfristige Verbindlichkeiten				
Kreditunternehmen	3.000	3.000		
Langfristiges Fremdkapital	**3.692**	**3.738**	**46**	

	Bereinigte		Bewegungsrechnung	
	Istbilanz	Planbilanz	Mittelaufbringung	Mittelverwendung
	31.12.2017	31.12.2018		
Kurzfristige Rückstellungen				
Abfertigung				
Steuern	114	40		74
Sonstiges	1.151	1.159	8	
Kurzfristige Verbindlichkeiten				
Kreditunternehmen	1.302	1.302		0
Lieferungen und Leistungen	1.272	630		642
auszuschüttender Bilanzgewinn/-verlust	240	240		0
Sonstige Verbindlichkeiten	526	757	231	
Kurzfristiges Fremdkapital	**4.605**	**4.128**	**239**	**716**
PASSIVA	**10.421**	**10.497**	**792**	**716**
			1.720	**1.720**

[1] Die Herabsetzung des Standes an liquiden Mitteln ergibt sich auf Grund der Finanzplanung als Saldogröße.

8.76 Finanzplan

Anmerkungen zur Erstellung des Finanzplanes:

Wie schon dargelegt, ist der Finanzplan technisch gesehen eine auf die Zukunft gerichtete Geldflussrechnung. Geldflussrechnung und Finanzplan sollen nach demselben Schema erstellt werden, um einen späteren Soll-Ist-Vergleich zu ermöglichen.

Grundlagen:

- Planerfolgsrechnung
- Planbilanz mit angegliederter Bewegungsbilanz
- Anlagenspiegel für die Investitionen

Die Vergleichsdaten 2017 entsprechen der im Kapitel 7.16 (S 184 ff) dargestellten Geldflussrechnung der Elektromotorenfabrik. Diese Daten wurden gliederungsmäßig der Finanzplanung 2018 angepasst.

Anstelle des Gewinnes vor Steuern in Höhe von 667 wurde als Ausgangsgröße das EBIT ohne Zinserträge herangezogen. Die Zinsen wurden, ebenso wie die Veränderung des Bankkredites, in den Bereich Finanzierung verlagert.

	Finanzplan für das Jahr 2018		2017		2018
1	EBIT (ohne Zinsen) (667+203–29)		841		1.167
2	Ab- und Zuschreibungen auf Vermögens-gegenstände des Investitionsbereiches		1.015		1.437
3	Gewinn/Verlust aus dem Abgang von Anlagevermögen		–2		0
4	Zu-/Abnahme langfristiger Rückstellun-gen[1)]		90		46
Ia	**Geldfluss aus dem Ergebnis**		**1.944**		**2.650**
5	Zu-/Abnahme der Vorräte		–614		–310
6	Zu-/Abnahme der Lieferforderungen		112		–414
7	Zu-/Abnahme sonstiger Forderungen und VG des UV		–33		8
8	Zu-/Abnahme aktive Rechnungsabgren-zungen		4		0
9	Ab-/Zunahme kurzfristiger Rückstellun-gen		121		8
10	Ab-/Zunahme Lieferverbindlichkeiten		–185		–642
11	Ab-/Zunahme sonstiger kurzfristiger Passiva		–45		231
Ib	**Nettogeldfluss aus der Veränderung des Working Capitals**		**–640**		**–1.119**
	Nettogeldfluss aus dem Ergebnis vor Steuern		**1.304**		**1.531**
12	**abzüglich Ertragsteuerzahlungen**				
	Ertragsteuern lt Berechnung	–151		–235	
	Erhöhung Aktive latente Steuer	–16		–9	
	Erhöhung/Senkung Steuerrückstellung	99	–68	–74	–318
I	**Nettogeldfluss aus der Geschäftstätig-keit**		**1.236**		**1.213**

[1)] Zu den langfristigen Rückstellungen gehören in der Regel die Sozialrückstellungen (Abfertigung; Pension; Jubiläum)

Nettogeldfluss aus der Investitionstätigkeit

			2017	2016
13		Einzahlungen aus Anlagenabgang (ohne Finanzanlagen)	14	0
14		Einzahlungen aus Finanzanlagenabgang und sonstigen Finanz-investitionen		
15		Auszahlungen für Anlagenzugang (ohne Finanzanlagen)	−1.002	−1.470
16		Auszahlungen für Finanzanlagen und sonstige Finanzinvestitionen	−32	−15
	II	**Nettogeldfluss aus der Investitionstätigkeit**	**−1.020**	**−1.485**

Nettogeldfluss aus der Finanzierungstätigkeit

			2017	2018
24		Einzahlungen von Eigenkapital		
25		Rückzahlungen von Eigenkapital		
26		Auszahlungen aus der Bedienung von Eigenkapital (zB Dividenden)		−240
	IIIa	**Nettogeldfluss aus der Privat- und Gesellschaftersphäre**		**−240**
28		Aufnahme/Rückzahlung von Bankkrediten	6	
29		Einzahlung/Rückzahlung von Bankguthaben		
30		Zinseinnahmen aus Bankguthaben	29	
31		Auszahlung aus der Bedienung von Bankkrediten (Zinsen)	−203	−185
	IIIb	**Nettogeldfluss aus der Fremdfinanzierung**	**−168**	**−185**
	III	**Nettogeldfluss aus der Finanzierungstätigkeit**	**−168**	**−425**

	IV	**Zahlungsmittelbedarf bzw Überschuss I – III**	**48**	**−697**

	V	**Deckung des Bedarfes bzw Verwendung des Überschusses**		
32		**Veränderung liquide Mittel**		**697**
33		Veränderung der Bankbestände langfristig		0
34		Veränderung der Bankbestände kurzfristig		0
35		Veränderung der Lieferverbindlichkeiten		0
36		Sonstige Mittelbeschaffung bzw Disposition		0

Wie schon dargelegt, werden Zinserträge und Zinsaufwendungen sowie die Veränderung der Bankkredite in der Geldflussrechnung üblicherweise im Bereich Geldfluss aus der laufenden Geschäftstätigkeit erfasst.

Aus diesem Grund beträgt der im Abschnitt 7.16 errechnete Geldfluss aus der laufenden Geschäftstätigkeit 1068 (= 1236 – 174 + 6).

Für die Finanzplanung ist die **Unternehmensfinanzierung** von großer Bedeutung, weshalb diese hier gesondert im Bereich „Geldfluss aus der Finanzierungstätigkeit" erfasst wird.

In der Finanzplanung wurde auch errechnet, dass der zusätzlich benötigte Finanzbedarf des Planjahres 2018 697.000 EUR beträgt, der aber aus den vorhandenen liquiden Mitteln gedeckt werden kann

8.761 Anmerkungen zum Finanzplan

1. Eigenkapitalspiegel für die Geschäftsjahre 2017 und 2018

	Eigenkapital gesamt	Grund- kapital	Kapital- rücklage	Gewinn rücklage	Bilanz- gewinn/Verl.
Stand 31.12.2016 = 1.1.2017	1.848	1.200	489	159	0
Jahresüberschuss	516				516
Zuweisung Gewinnrücklage				276	–276
Stand 31.12.2017 = 1.1.2018	2.364	1.200	489	435	240
Jahresüberschuss geplant	747				747
Gewinnausschüttung	–240				–240
Zuweisung Gewinnrücklage				507	–507
Stand 31.12.2018	2.871	1.200	489	942	240

2. Cashflow aus der Finanzplanung

1a Cashflow aus dem Ergebnis abzgl Steuern (2.650 – 318)	2.332
1b Cashflow aus der Veränderung des Working Capital	–1.119
Nettogeldfluss aus der laufenden Geschäftstätigkeit	**1.213**
Nettogeldfluss aus dem Investitionsbereich	–1.485
Nettogeldfluss aus dem Finanzierungsbereich	–425
Gesamter Geldfluss (Abfluss)	**697**
Beschaffung: Herabsetzung der liquiden Mittel	**697**

Grundsätzlich ist zu sagen, dass sich auf Grund der Finanzplanung für das Planjahr ein finanzieller Bedarf von 697 ergibt, auf Grund dessen die liquiden Mittel (Bankguthaben) insoweit herabgesetzt werden; es ist allerdings darauf zu achten, dass dies eine Zeitpunktbetrachtung zum Jahresende ist. Um die Bankstände während des Jahres festzustellen, ist es erforderlich, die Jahresperiode zumindest in Quartalsperioden zu zerlegen.

Analysiert man die Ergebnisse der Finanzplanung, ergibt sich erstmals nach mehreren Jahren ein knapper Überschuss der Investitionen über die Abschreibungen. Dies sollte die Geschäftsleitung weiterhin zu intensiven Untersuchungen veranlassen, ob mit der seit den Verlustjahren 2015 bis 2017 laufend stattfindenden Desinvestition **Überkapazitäten** abgebaut oder ein **Investitionsnachholbedarf** aufgebaut wird.

Der um 20 % zu steigernde Umsatz führt zu einer Anhebung des Working Capital um 1.119.

8.8 Kennzahlenpyramide der Elektromotoren AG

Mit der Kennzahlenpyramide, die die Zielvorgaben des Unternehmens enthält und die es ermöglicht, bei Zielabweichungen die verschiedenen Alternativmöglichkeiten durchzuspielen, geht die Planung in die Realisation über.

Die Vermögenswerte sind **Durchschnittswerte**:

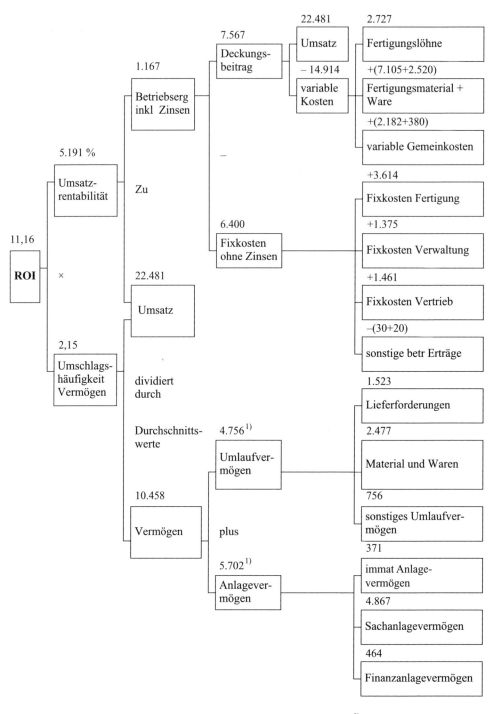

1) Durchschnittswerte

8.81 Erläuterungen zur Kennzahlenpyramide

8.811 Vermögensrentabilität

Erwartete Vermögensrentabilität der **Elektromotoren AG** für 2018:

Geplantes Betriebsergebnis 2018 (EBIT) = 1.167 (Vorjahr: 841)

Durchschn Vermögenseinsatz 2018 (10.421 + 10.497) = 10.458

Durchschn Vermögenseinsatz 2017 (9.819 + 10.421) = 10120

Geplante Vermögensrentabilität 2018= 1167 × 100/10.458 = 11,16 %

Vermögensrentabilität 2017 = 841 × 100/10120 = 8,3 %

Das Unternehmensziel einer Vermögensrentabilität von rd 11 % erscheint im Vergleich zur Entwicklung in den Vorjahren realisierbar.

Durchschnittlicher Fremdkapitalkostensatz der **Elektromotoren AG**:

Durchschn Fremdkapitaleinsatz 2018 ([8297[1)] + 7866]/2 = 8081

[1)] inkl auszuschüttender Bilanzgewinn

Durchschn Fremdkapitaleinsatz 2017 ([7971+8297]/2 = 8134

Fremdkapitalkosten 2018 = 185

Fremdkapitalkosten 2017 = 174 (203 – 29)

Fremdkapitalkostensatz 2018 (185 × 100/8081) = 2,23 %

Fremdkapitalkostensatz 2017 (174 × 100/8134) = 2,14 %

Die Vermögensrentabilität liegt bei der Elektromotoren AG im Jahre 2018 bei 11%, die durchschnittliche Fremdkapitalzinsbelastung bei 2,3 %. Dies würde bedeuten, dass die Elektromotoren AG ihre Fremdkapitalbelastung beliebig ausdehnen könnte, wenn nicht folgende Einwendungen zu erheben wären:

1. Der Fremdkapitalkostensatz erscheint deswegen so niedrig, weil sich unter dem Fremdkapital wirkliche oder scheinbare zinsfreie Kapitalien befinden, deren Kosten nicht unter den Zinsen, sondern unter anderen G&V-Posten erfasst werden. Wie schon hingewiesen, gehören zu den scheinbar zinsfreien Fremdkapitalien vor allem Lieferantenkredite. Scheinbar bedeutet, dass die Kosten für das Fremdkapital nicht in den Zinsaufwendungen, sondern in anderen Aufwandsarten (zB Materialaufwand) enthalten sind. Zieht man nur die offen verzinslichen Kredite als Vergleich heran, ergibt sich bereits eine Belastung von 4,3 %, was im Vergleich zur Vermögensrentabilität von 11% noch immer sehr günstig ist.

2. Wesentlich schwerer wiegt die Fremdkapitalquote, die Ende 2018 bei 75% (7.866[1] zu 10.497) liegt. Obwohl die Fremdkapitalquote durchaus nicht wesentlich über dem Durchschnitt der österreichischen Industrie liegt, hängt die Zinsbelastung weiterer Kredite vom Rating der kreditgebenden Bank ab.

[1] Ohne den auszuschüttenden Gewinn von 240.

8.812 Eigenkapitalrentabilität

Die Eigenkapitalrentabilität kann sowohl vor Steuern als auch nach Steuern festgestellt werden. Das sog KGV bei notierenden Unternehmen und die daraus abgeleitete Dividendenrendite geht von den Gewinnen nach Körperschaftsteuern aus, da den Eigentümern das ihnen zustehende Ergebnis interessiert.

Wie schon dargelegt, ist die **Eigenkapitalrentabilität** im Zuge der Unternehmenssteuerung **zweitrangig**, da sie von den beiden Größen ROI und Fremdkapitalkosten abhängt. Für die Eigentümer des Unternehmens ist sie als das Ergebnis ihres Einsatzes von Bedeutung.

Eigenkapitalrentabilität nach Steuern der **Elektromotoren AG**:

Geplanter Jahresüberschuss 2018 = 747 (Vorjahr 516)

Durchschn Eigenkapital 2018[1] ([2.364 + 2.871]/2) = 2.618

Durchschn Eigenkapital 2017 ([1.848 + 2.364]/2) = 2.106

Eigenkapitalrentabilität 2018 = 747 × 100/2618 = 28,5 %

Eigenkapitalrentabilität 2017 = 516 × 100/2.106 = 24,5 %

[1] Inkl auszuschüttender Gewinn von jeweils 240

Die Eigenkapitalrentabilität kann als sehr gut angesehen werden, wozu vor allem die relativ gute Vermögensrentabilität und die hohe Fremdkapitalquote beitragen (s Leverage-Effekt).

8.813 Umsatzrentabilität 2018 der Elektromotoren AG

Grundsätzlich betrachtet, ist die nachhaltige Umsatzrentabilität, basierend auf dem Deckungsbeitrag, in jedem Unternehmen der eigentliche Gewinntreiber.

Umsatzerlöse	22.481 (Vorjahr 17.765)
EBIT	1.167

Umsatzrentabilität = 1.167 × 100/22.481 = 5,19 %

Die Verwendung des Deckungsbeitrages des Unternehmens für 2018 zeigt somit folgendes Bild:

Umsatz		22.481	100,0
Variable Kosten (inkl Vertriebssonderkosten)		14.914	66,3
Deckungsbeitrag		7.567	33,7 % = 100,0
Verwendung		**6.400**	
Fixkosten	6.450		
− Sonstige betriebliche Erträge	−50	6.400	84,6
Betriebsergebnis = EBIT		**1.167**	**15,4**

8.814 Vermögensumschlagshäufigkeit der Elektromotoren AG 2018

Durchschn Vermögenseinsatz = 10.458

Umschlagshäufigkeit geplant für 2018 = 22.481/10.458 = 2,15

Umschlagshäufigkeit 2017= 17.765/10.120 = 1,76

Die Umschlagshäufigkeit wird gegenüber 2017 von 1,76 auf 2,15 steigen, wodurch die **Umschlagsdauer** (jene Zeit, in der sich das Vermögen einmal umschlägt) von 200 Tagen im Jahre 2017 auf 170 Tage im Jahre 2018 zurückgehen wird.

Die Umschlagshäufigkeit von 2,15 ist für einen Industriebetrieb sehr hoch, wobei die Ursachen nicht immer positiv sind. Eine der Ursachen scheinen das Alter der Sachanlagen (negativ), aber auch die relativ niedrig geplanten Warenbestände (positiv) zu sein.

8.815 Warenumschlagshäufigkeit 2018

Da die Erzeugnisse in der Bilanz zu Vollkosten bewertet werden, müssen die fixen Herstellungskosten lt Gewinn- und Verlustrechnung in die Herstellungskosten eingerechnet werden.

Durchschnittlicher Bestand 2018

	1.1.	31.12.	Durchschnitt
Roh-, Hilfs- und Betriebsstoffe[1]	984	850	917
Halbfabrikate	536	536	536
Fertigfabrikate	802	1.246	1.024
	2.322	2.632	2.477

[1]   Inkl geleistete Anzahlungen

Umsatz zu Herstellungskosten[1] = (14534 +3614) = 18148

[1]   Nicht eingerechnet sind die variablen Versandkosten und Verpackung, wohl aber die anteiligen Fixkosten der Fertigung.

Umschlagshäufigkeit = Umsatz zu HK/durchschn Vorratsbestand

Umschlagshäufigkeit =18.148/2.477 = 7,3

Umschlagsdauer (in welcher Zeit schlägt sich das Warenlager einmal um) =

=Jahrestage/Umschlagshäufigkeit =365/7,3 = 50 Tage

8.816 Debitorenumschlagshäufigkeit der Elektromotoren AG 2018

Der erwartete Jahresumsatz von 22.481 betrifft mit 20 % Österreich und mit 80 % die restlichen Länder der EU. Die gewährten Zahlungsziele sind in beiden Regionen gleich.

	1.1.	31.12.
Debitorenstand 1.1.	1.316	1.730
Umsatz		22.481
davon Österreich 4.496, davon USt		899
Umsatz inkl Umsatzsteuer		23.380
Durchschn Debitorenstand		1.523
Debitorenumschlag		15
Außenstandsdauer		24 Tage

8.82 Budgetzusammenstellung der Elektromotoren AG

Umsatz- und Gewinndaten		
1	Verkaufsumsatz netto	22.481
2	Betriebsgewinn = EBIT	1.167
3	Unternehmensergebnis (vor Steuern)	982
4	Ertragsteuern	235
5	Ergebnis nach Steuern	747
Break-even-Daten		
6	Variable Vertriebskosten	380
7	Variable Herstellungskosten	14.534
8	Variable Kosten gesamt	14.914
9	Deckungsbeitrag in €	7.567
10	Deckungsbeitrag in % (bez auf Umsatzerlöse)	33,7 %
11	Fixkosten inkl Zinsen abz sonstige Erträge	6.585
12	Mindestumsatz (x = Fixkosten/Deckungsbeitrag)	19.540

Durchschnittlicher Vermögenseinsatz		
13	Immaterielles Anlagevermögen	371
14	Sachanlagevermögen	4.867
15	Finanzanlagevermögen inkl aktive latente Steuern	464
16	Sachumlaufvermögen	2.477
17	Lieferforderungen	1.523
18	Sonstiges Umlaufvermögen	756
19	Durchschn Vermögenseinsatz	10.458
Return on Investment		
20	Betriebsergebnis inkl Zinsen	1.167
21	Umsatzrentabilität	5,19 %
22	Kapitals-(Vermögens-)umschlag	2,15
23	Return on Investment	11,16 %
24	Umschlagshäufigkeit des Warenlagers	7,3 = 50 Tage
25	Umschlagshäufigkeit der Debitoren	15 = 24 Tage

8.9 Kennzahlensystem mit dem RONA als Spitzenkennzahl

Wie schon vorne dargelegt, unterscheidet sich der RONA vom ROI dadurch, dass das dem RONA zugrunde gelegte Vermögen dem **Eigenkapital zuzüglich dem verzinsten Fremdkapital** (investierten Kapital) nach Abzug der liquiden Mittel (Net Asset) entspricht. Verschiedene Unternehmen stellen dem RONA die Kosten des Net Asset gegenüber und ermitteln daraus den **Erfolg des Unternehmens**.

8.91 Anwendung des RONA auf die Elektromotoren AG

Geplante Net Assets 2018 auf Basis der Planbilanz (Vergleich 2017: unternehmensrechtliche Bilanz) (bezüglich der Errechnung der Net Assets 2017 siehe auch Kapitel 7.233.22 und 7.241 S 206 f).

	31.12.17	31.12.18
Langfristiges verzinsliches Sozialkapital	692	738
Anleihen und Verbindlichkeiten gegenüber Kreditinstituten	3.000	3.000
Sonstiges verzinsliches Fremdkapital	1.302	1.302
Verzinsliches Fremdkapital gesamt	4.994	5.040
Eigenkapital vor Gewinnausschüttung	2.364	2.871
Verzinsliches Fremdkapital	4.994	5.040
Eigenkapital + verz Fremdkapital	7.358	7.911
Liquide Mittel	−849	−152
Net Asset = invested capital = capital employed	**6.509**	**7.759**

Probe		
Vermögen	10.421	10.497
abzüglich liquide Mittel	−849	−152
abzüglich unverzinstes Fremdkapital[1]	−3.063	−2.586
Net Asset	**6.509**	**7.759**
durchschn Net Assets = Invested Capital (6.509 + 5.945)/2	**6.227**	7.134
EBIT	841	1.167
RONA	13,5 %	16,4 %
Fiktive Steuern vom EBIT 25 %	210	292
NOPAT (EBIT − Steuern)	631	875
Gewichteter Zinssatz in %	8	8
Kapitalkosten (Ø Net Asset × 0,08) = 7.134 × 0,08	498	572
Value Added = (NOPAT − Kapitalkosten) = 875 − 572	**133**	303

[1]   ohne auszuschüttenden Gewinn

Auf Grund der besseren Gewinnprognosen, deren Ursache auch in der höheren Umschlagshäufigkeit des Vermögens liegt, wird der Value Added im Jahre 2018 gegenüber 2017 von 133 auf 302, das ist das 2,3-fache, steigen.

Aber Achtung: Die Zahlen des Jahres 2018 sind **Budgetzahlen**, die noch nicht realisiert sind.

8.92 Das Kennzahlensystem mit dem RONA als Spitzenkennzahl im Zielsystem des Daimlerkonzerns

Die Qualität des **RONA** wird bei Daimler an der Höhe des damit erreichten **Value Added**, dem erklärten Ziel des Konzerns, gemessen. Im zusammengefassten Lagebericht des Geschäftsberichtes für 2016 findet sich im Abschnitt Finanzielle Steuerungsgrößen die Erklärung für diese Vorgangsweise:

> *„Die bei Daimler eingesetzten finanziellen Steuerungsgrößen orientieren sich an den Interessen und Ansprüchen der Kapitalgeber und stellen die Basis für eine wertorientierte Unternehmensführung dar."*
>
> *„Der Value Added ist ein zentrales Element unseres Steuerungssystems, das sowohl auf Konzern- als auch auf Geschäftsfeldebene angewendet wird."*
>
> *„Er ermittelt sich als Differenz aus der operativen Unternehmensgröße(EBIT) und den auf das durchschnittlich gebundene Kapital (Net Asset) anfallenden Kapitalkosten,",,*
>
> *„Übersteigt der RONA die Kapitalkosten, wird Wert für unsere Aktionäre geschaffen"*
>
> *oder*
>
> *„Value Added = RONA abzüglich der Kapitalkosten"*

Der Value Added ergibt sich aus der **operativen Ergebnisgröße abzüglich der Kapitalkosten**, wobei als operative Ergebnisgrößen auf **Konzernebene**

das um die Ertragsteuern verminderte EBIT und auf **Geschäftsfeldebene das EBIT** selbst herangezogen werden.

Die abzuziehenden **Kapitalkosten** ergeben sich aus der Multiplikation der Net Assets (investiertes Kapital) mit dem **gewichteten Kapitalkostensatz aus Eigen- und Fremdkapital (WACC)**. Die Höhe der Kapitalkosten wird entsprechend den Mindestrenditeerwartungen der Anleger angesetzt. Folgende Grundlagen werden für die Ermittlung des gewichteten Kapitalkostensatzes herangezogen:

Gläubiger: Verzinsungsansprüche aus Finanzierungsverbindlichkeiten

Pensionsverpflichtungen: auf Basis der nach IFRS verwendeten Diskontierungssätze

Eigenkapital: Zinsen für langfristige risikofreie Wertpapiere zuzüglich einer Risikoprämie für das spezifische Risiko der Anlage in das eigene Unternehmen

Der Daimlerkonzern hat auf diese Weise einen gewichteten Vorsteuerkapitalkostensatz von 12 % und einen gewichteten Nachsteuerkapitalkostensatz von 8 % errechnet und wendet diese Kapitalkostensätze auf zwei Ebenen an:

Value Added auf Konzernebene (Unternehmensebene) = EBIT nach Ertragsteuern abzgl Ø Net Assets × 0,8

Value Added auf Geschäftsfeldebene = EBIT abzgl Ø Net Assets × 0,12

Gleichzeitig sieht Daimler die **Umsatzrendite** (zweite Ebene der Kennzahlenpyramide) als **zentralen Werttreiber des Unternehmens** und damit als **zentralen Einflussfaktor auf den Value Added**.

Anhang: Kennzahlenverzeichnis

I Kennzahlen der Vermögens- und Kapitalstrukturanalyse			
	Kennzahl	**Kurzbeschreibung**	**Seite**
1	Vermögens-struktur	Anlagevermögen–Umlaufvermögen Langfristiges Vermögen–kurzfristiges Vermögen	29
2	Anlagenintensität	Anteil des Anlagevermögens am Gesamtvermögen	31
3	Sachanlagen-intensität	Anteil des Sachanlagevermögens am Gesamtvermögen	31
4	Umlaufintensität	Anteil des Umlaufvermögens am Gesamtvermögen	31
5	Sachanlagenab-nutzungsgrad	Anteil der kumulierten Abschreibungen bezogen auf die AK/HK der abnutzbaren Sachanlagen	33
6	CAPEX	Capital expenditures = Investitionen in das materielle und immaterielle Anlagevermögen	143
7	Investitionsquote	Anteil der Nettoinvestitionen eines bestimmten Zeitraumes, bezogen auf die AK/HK des Sachanlagevermögens	34
8	Abschreibungs-quote	Jahresabschreibungen bezogen auf AK/HK der abnutzbaren Sachanlagen	33
9	Wachstumsquote	Verhältnis zwischen Nettoinvestitionen und Jahresabschreibungen	35
10	Umschlags-häufigkeit des Vermögens	Umsatzerlöse dividiert durch das durchschnittliche Gesamtvermögen lt Bilanz	36
11	Umschlagdauer des Vermögens	Anzahl der Tage/Umschlagshäufigkeit	36
12	Umschlags-häufigkeit der Vorräte	Vorratsverbrauch/durchschnittliches Lager	37
13	Umschlags-häufigkeit der Forderungen	Umsatz inkl USt/durchschnittlicher Forderungsbestand	39
14	Kapitalstruktur	Eigenkapital – Fremdkapital Langfristiges FK – kurzfristiges FK Verzinsliches FK – nicht verzinsliches FK	43 51 45
15	Effektivverschul-dung	Fremdkapital abz monetäres Umlaufvermögen	49
16	Nettoverschul-dung	Die verzinslichen Fremdkapitalbestandteile abzüglich der liquiden Mittel und kurzfristigen Finanzveranlagungen	47
17	Nettofinanz-verschuldung	Nettoverschuldung abzüglich der Nichtfinanzverbind-lichkeiten (Sozialrückstellungen)	48
18	Umschlagshäu-figkeit der Ver-bindlichkeiten	Materialzugänge inkl USt/durchschnittl Verbindlichkeiten	42

II Liquiditätsanalyse (statisch und dynamisch)

	Kennzahl	Kurzbeschreibung	Seite
1	Eigenkapital-quote	Eigenkapital zu Gesamtkapital	44
2	Fremdkapital-quote	Fremdkapital zu Gesamtkapital	44
3	Verschuldungs-grad	Fremdkapital zu Eigenkapital	45
4	Gearing (Netto-verschuldungs-grad)	Verhältnis der Nettoverschuldung bzw der Nettofinanz-verschuldung zum Eigenkapital	48
5	Anlagende-ckungsgrad I	Risikokapital/Anlagevermögen	55
6	Anlagende-ckungsgrad II	Langfristiges Kapital/langfristiges Vermögen	55
7	Working Capital	Nettoumlaufvermögen = Umlaufvermögen abzüglich kurz-fristiger Verbindlichkeiten	56
8	Trade working capital	Geleistete Anzahlungen auf Waren, Warenbestände und Lieferforderungen, zuzüglich geleistete Anzahlungen, abzüglich Lieferantenkredite und erhaltene Anzahlungen	57
9	Working Capital Ratio	Umlaufvermögen/kurzfristige Verbindlichkeiten	56
10	Cash flow aus der laufenden Geschäftstätigkeit	Aktivitätsbereich I der Geldflussrechnung = Operating Activities	67
11	Dynamischer Verschuldungs-grad	Fremdkapital/Geldfluss aus dem Aktivitätsbereich I	79
12	Dynamischer Liquiditätsgrad	Geldfluss aus dem Aktivitätsbereich I/(kurzfr Verb abz liquide Mittel)	79
13	Cash Burn Rate	Finanzmittelbestand/negativer Geldfluss aus dem Aktivitätsbereich I	79
14	Cashflow aus dem Ergebnis	Der in der Geldflussrechnung im Aktivitätsbereich I ermittelte Cashflow aus dem Ergebnis	68
15	Cashflow aus der Investitionstätig-keit	Aktivitätsbereich II der Geldflussrechnung = Investing Activities	71
16	Free Cashflow	Differenz aus den Aktivitätsbereichen I und II	72
17	Cashflow aus der Finanzierung	Aktivitätsbereich III der Geldflussrechnung = Financing Activities	72
18	Selbstfinanzie-rung	Finanzierung aus stehengebliebenen Gewinnen	59

19	Selbstfinanzie-rungsgrad	Nicht ausgeschüttete Gewinne/Gesamtkapital		60
20	Innenfinanzie-rung	Finanzierung aus stehengebliebenen Gewinnen sowie lang-fristigen Rückstellungen und Abschreibungen		60
21	Innenfinanzie-rungsgrad der Investition	Cashflow aus dem Ergebnis/Nettoinvestition in das Anlagevermögen		61
22	Investitionsgrad	Nettoinvestition in das Anlagevermögen/Cashflow aus dem Ergebnis		61

III Kennzahlen der Erfolgs- und Rentabilitätsanalyse			
	Kennzahl	**Kurzbeschreibung**	**Seite**
1	Erfolgsstruktur	Ertragsstruktur; Aufwandsstruktur Nachhaltig – außergewöhnlich	80 82
2	Materialintensität	Materialaufwand zur Gesamtleistung	82
3	Personalintensität	Personalaufwand zur Gesamtleistung	82
4	Anlagenintensität	Abschreibungen zur Gesamtleistung	82
5	Bruttoge- winnspanne	Bruttoergebnis vom Umsatz zu den Umsatzerlösen	88
6	Handelsspanne	Rohertrag (Umsatz abz Wareneinsatz) zu den Umsatz- erlösen	88
7	EBITDA	Ergebnis vor Zinsen, Steuern, Anlagenabschreibung und Firmenwertamortisation	91
8	EBITA	Ergebnis vor Zinsen, Steuern und Firmenwertamortisation	93
9	EBIT	Gewinn vor Zinsen und Steuern	92
10	NOPAT	Net Operating Profit after (adjusted) Tax = EBIT after Tax	104
11	EBT; EAT	Ergebnis vor Steuern; Ergebnis nach Steuern	94
12	Umsatzrenta- bilität – ROS	EBIT bezogen auf den Umsatz, auch als EBIT-Marge bezeichnet	96
13	ROI=Vermö- gensrentabilität = Gesamtkapital- rentabilität	Return on Investment = Verhältnis des EBIT zum durchschnittlichen Gesamtvermögen (Bilanzsumme)	97
14	ROIC = RONA	Return on invested Capital bzw Return on Net Asset = Verhältnis des EBIT zum Invested capital	104
15	ROCE	Return on Capital Employed = Verhältnis des um die Erträge und Aufwendungen aus dem betriebsfremden (zins- bzw ertragbringenden) Vermögen angepassten NOPAT zum Capital Employed	104
16	ROE = Eigen- kapitalrentabilität	Return on Equity Eigenkapitalrentabilität vor Steuern = EBT bezogen auf das Eigenkapital Eigenkapitalrentabilität nach Steuern = EAT bezogen auf das Eigenkapital	99

IV Börsenkennzahlen

	Kennzahl	Kurzbeschreibung	Seite
1	Börsenkapitali-sierung	Durchschnittliche Anzahl der Akten multipliziert mit dem Aktienkurs zu einem bestimmten Stichtag	137
2	Eigenkapital (Buchwert) je Aktie	Buchmäßiges Eigenkapital/Anzahl der Aktien	108
3	Streubesitz	Frei floatende Aktien	137
4	Aktienkurs zum Jahresschluss	Der an der Börse am Jahresschluss für eine Aktie zu bezahlende Betrag	–
5	Ergebnis je Aktie	Jahresüberschuss/Anzahl der im Umlauf befindlichen Aktien	106, 137
6	Konzernergebnis-anteil der Aktio-näre der Mutter-gesellschaft	Jahresüberschuss, soweit die Aktionäre der Muttergesell-schaft betreffend	137
7	Kurs-/Gewinn-verhältnis (KGV)	Relation zwischen der Ertragsgröße Gewinn und dem Börsenkurs	107, 138
8	Dividende je Aktie	Ausgeschüttete Dividende bezogen auf die Aktie	108
9	Dividendenren-dite bezogen auf den Aktienkurs	Ausgeschüttete Dividende, bezogen auf den Aktienkurs	108, 138
10	Ausschüttungs-quote	Verhältnis des ausgeschütteten Gewinnes bezogen auf den Gewinn pro Aktie = Dividende/Gewinn je Aktie	108, 138
11	Aktienrentabilität	(Kurs Ende GJ abz Kurs Beginn GJ) + Div je Aktie Kurs Beginn GJ	108
12	Cashflow je Aktie	Entspricht in der Regel dem Cashflow aus dem Ergebnis (Aktivitätsbereich I) bezogen auf eine Aktie	107
13	Kurs-Cashflow-Verhältnis (K-CF-V)	Kurs je Aktie/Cashflow je Aktie	107

Stichwortverzeichnis Jahresabschlussanalyse

Das Stichwortverzeichnis ist zweigeteilt. Im Teil eins finden sich die Stichworte für die Jahresabschlussanalyse, im Teil zwei jene für den Abschnitt Unternehmensplanung mit Kennzahlen

Stichwortverzeichnis Unternehmensplanung mit Kennzahlen

L

M

N

O

P

R

S